新编21世纪高等职业教育精品教材

金融类

U0873648

国际金融

（第二版）

主　编　李军燕

副主编　赵　翔　魏　来　张吉平

中国人民大学出版社

·北京·

图书在版编目（CIP）数据

国际金融/李军燕主编．--2版．--北京：中国人民大学出版社，2025.8．--（新编21世纪高等职业教育精品教材）．-- ISBN 978-7-300-33812-5

Ⅰ．F831

中国国家版本馆CIP数据核字第20258063GZ号

新编21世纪高等职业教育精品教材·金融类

国际金融（第二版）

主　编　李军燕

副主编　赵　翔　魏　来　张吉平

Guoji Jinrong

出版发行	中国人民大学出版社		
社　　址	北京中关村大街31号	邮政编码	100080
电　　话	010－62511242（总编室）		010－62511770（质管部）
	010－82501766（邮购部）		010－62514148（门市部）
	010－62511173（发行公司）		010－62515275（盗版举报）
网　　址	http://www.crup.com.cn		
经　　销	新华书店		
印　　刷	天津中印联印务有限公司	版　　次	2021年6月第1版
开　　本	787 mm×1092 mm　1/16		2025年8月第2版
印　　张	17.75 插页1	印　　次	2025年8月第1次印刷
字　　数	430 000	定　　价	49.00元

第二版前言

党的二十大报告明确指出："必须完整、准确、全面贯彻新发展理念，坚持社会主义市场经济改革方向，坚持高水平对外开放，加快构建以国内大循环为主体、国内国际双循环相互促进的新发展格局。""有序推进人民币国际化。"我国经济正处在高质量发展的进程中，且与世界经济的联系日趋紧密，国际金融已成为经济中最现实、最活跃、最敏感的部分。国际金融领域风起云涌，贸易摩擦不断，货币战升级，人民币自由兑换及人民币国际化路途坎坷。如何解读各种国际金融现象？如何通过外汇交易避险或获利？诸多问题，或许能从本教材中找到答案。

本教材承袭第一版的基本框架，按照模块任务方式编写，在反映国际金融学科体系的完整性和系统性的基础之上，更新选用了具有代表性的数据和资讯，突出体现各知识点的实用性和可操作性。教材呈现形式灵活多样，通过"模块导入"，调动学习兴趣；通过"即测即评"，提高教学效果，活跃教学气氛；通过"实战训练"，引导学生主动操作；通过"模块小结"，丰富学习内容。本教材课件、习题等教学资源齐全。

值得一提的是，本教材是省级在线精品开放课程"国际金融"的备选教材，教材编写者均为在线课程的授课教师。该课程依托智慧职教 MOOC 学院在线开放，并已在国家职业教育智慧教育平台上线。

本教材既适合金融类各专业学生使用，也可作为普通的金融知识读本供其他专业学生使用。通过使用本教材，学习者可以了解国际金融的一般知识，掌握国际金融业务的基本操作。

本教材由李军燕任主编，赵翔、魏来、张吉平任副主编。李军燕负责修订模块一、模块二、模块三、模块四、模块五、模块六、模块七、模块八、模块九、模块十二及全书总纂；魏来负责修订模块十、模块十一。

由于作者水平有限，书中难免有不当与疏漏之处，恳请读者和同行专家批评指正。

编者

目　录

模块一

外汇与汇率

学习目标

● 知识目标

了解外汇的内涵、特征、作用与种类；

了解汇率的定义、常用的汇率表示方式；

掌握汇率的三种标价方法；

掌握按不同标准划分的汇率的种类；

熟悉汇率的折算方法。

● 技能目标

能够识别主要的国际货币及其货币符号和货币代码；

能够解读汇率；

会正确使用外汇牌价；

会准确折算汇率。

模块导入

在日常生活中，你会发现自己已经身处国际金融环境中：当你有出国旅行计划时，你可能需要到银行用本币兑换外币现钞，或者登录手机银行用本币购汇；如果你是从事进出口贸易的商人，你就需要将海外市场的销售收入兑换成本币，或者需要从银行购买外汇以支付进口货款；如果国家允许你在国际金融市场投资，你可能有机会进行外汇买卖或者购买外币有价证券。那么，认识外汇与识别汇率对你来说就是至关重要的。即使你没有直接参与涉外活动，你也会从各种财经新闻途径听到或看到有关外汇与汇率的资讯，比如美元、欧元、日元、英镑、港元等货币的汇率波动情况，你可能会好奇，这些货币之间有着怎样的对比关系？这些货币与人民币之间的比价是如何表示的？本模块将带你走进国际金融，为你解读外汇与汇率。

任务一　外汇概述

一、外汇的概念

理解外汇（foreign exchange，FX），需要从动态和静态两个不同的角度出发，而静态的外汇又有广义与狭义之分。

（一）动态的外汇

从动态角度来理解，外汇是指人们将一种货币兑换成另一种货币来清偿各国间债权债务关系的金融行为或金融过程，即“国际汇兑”。

历史上，外汇最早的概念是指动态的外汇，即表示外汇是一个汇兑过程，是经过银行等金融机构把一国货币兑换成另一国货币的一种专门性的经营活动或行为。“汇”是指资金的流动，“兑”是指通过金融机构进行的货币兑换。“汇”与“兑”的结合就是把一种货币兑换成另一种货币，然后以一定的方式（如汇款和托收），借助于各种流通工具，对国与国之间的债权债务关系进行非现金结算的经营活动。所以，动态的外汇既强调了外汇的起源和实质，也揭示了人们为什么需要外汇。在这种含义下，外汇等同于国际结算活动。

（二）静态的外汇

静态的外汇是指以外币表示的可以在国际结算中使用的各种支付手段和各种对外债权。在这种含义下，外汇等同于外币资产。人们更习惯于将外汇理解为静态的含义。

随着国际交往的扩大和信用工具的发展，外汇的内涵也日益丰富，所以静态的外汇还有狭义和广义之分。

1. 狭义的静态外汇

狭义的静态外汇是指以可兑换外币表示的，可以直接用于国际结算的支付手段。通常所说的外汇就是这种含义，主要包括银行存款凭证、汇票、支票、本票和电汇凭证等。其中，外币银行存款是狭义外汇概念的主体。这个定义强调外汇的国际结算功能。

2. 广义的静态外汇

广义的静态外汇泛指一切以外币表示的可作为一国国际储备资产，用于国际结算以及在国际收支逆差时可以动用的一系列金融资产。这个定义强调外汇的对外债权属性。

国际经济交往中大量使用的外汇都是通过银行的结算系统实现收付的。由此可知，在广义外汇中称之为外汇的，在狭义外汇中就不一定属于外汇的范畴。狭义外汇强调的是能直接用于清偿国际债务，广义外汇还包括经过转换（交易）能用于清偿国际债务的部分。例如，以外币表示的有价证券是外币信用凭证，但不能直接用于清偿和支付，只有将它们在金融市场上出售，使其变为在国外的银行存款时才能用于国际结算，故不属于通常意义上的外汇。同样，外国钞票也不能算作外汇，因为外国钞票禁止在非发行国流通，只有把外钞运回发行国，并贷记在银行账户上，从而转换成外币存款，以便进入国际结算过程，才能被称为外汇。

国际货币基金组织（IMF）定义的外汇属于广义的范畴，即外汇是货币行政当局（中央银行、货币管理机构、外汇平准基金组织及财政部）以银行存款、国库券、长短期政府债券等形式所持有的在国际收支逆差时可以使用的债权。它强调外汇是一国货币当局所持有的具有专门用途的债权，实际上仅指一个国家所拥有的外汇储备，而不包括一国普通居民所持有的外国债权。

各国外汇管理法规中也多采用广义外汇的定义。如《中华人民共和国外汇管理条例》（2008 年 8 月）中指出，外汇是指下列以外币表示的可以用作国际清偿的支付手段和资产：(1) 外币现钞，包括纸币、铸币；(2) 外币支付凭证或者支付工具，包括票据、银行存款凭证、银行卡等；(3) 外币有价证券，包括债券、股票等；(4) 特别提款权；(5) 其他外汇资产。

即测即评

我国对外汇的定义中，哪些内容属于狭义的外汇？

二、外汇的特征

一种货币能够充当外汇是有一定的前提条件的，这些条件表明外汇具有一定的属性和特征。

(一) 国际性或普遍接受性

外汇必须是以外国货币表示的国际上能普遍接受和使用的金融资产。本币即使可以换成外币或以外币表示的资产，也不能称为外汇。例如，美元是世界上主要的外汇资产，但它不是美国的外汇。

(二) 可自由兑换性

外汇必须是可以为任何目的、在任何情况下、不受任何限制地兑换成其他支付手段的外币资产。不能自由兑换的就不是外汇。

(三) 可偿付性

外汇必须是在国外能得到偿付的货币债权，其持有人拥有对外币发行国的商品和劳务的求偿权。

外汇属性的延伸理解

三、外汇的作用

(一) 外汇是国际购买手段，可以使国与国的货币流通成为可能

随着国际贸易和银行业务的不断发展，外汇成为国际购买手段而被各国普遍接受。一国如果握有大量外汇，就意味着握有大量的国际购买力。该国可以运用所持有的外汇在国际市场上购买本国所需要的各种商品和劳务，从而使不同国家之间货币购买力的转移成为可能，促进各国间商品流通。

(二) 外汇是国际支付手段，可以节约非生产费用

贸易双方可以通过银行买卖用于国际结算支付手段的外汇，进口商从银行买入外汇，出口商向银行卖出外汇，使国际债权债务关系得以结清。外汇作为国际支付手段，与使用黄金作为国际结算手段相比，不仅弥补了黄金作为支付手段存在的数量有限、开采及运送费用大、容易失窃等缺陷，还大大缩短了支付时间，加速了资金周转，从而促进了国际贸

易的发展。

（三）外汇是国际储备手段，可以弥补国际收支逆差

当今世界各国普遍都把外汇作为一种重要的官方储备资产，其具有调节国际收支、维护汇率稳定的作用。因此，外汇收入及其储备的增加，对于稳定本币币值、保持国际收支平衡、提高一国经济实力与对外地位、增强一国对外借债信誉与偿还能力等都具有重要的作用。当一国国际收支发生逆差时，就可以动用外汇储备进行弥补。外汇在充当国际储备手段时，不像黄金那样必须存放在金库中，成为一种不能带来收益的暂时闲置资产，而是主要以银行存款和安全性好、流动性强的有价证券如外国政府债券为存在形式，从而给持有国带来收益。

（四）外汇是国际信用手段，可以调剂各国间的资金余缺，促进货币信用的国际化

由于世界各国经济发展的不平衡，资金余缺情况不同，因此在国与国之间产生了调节资金余缺的客观需要。一方面，一些发达国家存在着大量过剩资金，迫切需要寻求出路；另一方面，许多发展中国家资金严重短缺，迫切需要引进资金。实现国家间资金余缺的相互调剂，必须依靠外汇这种支付手段。外汇可以加速资金在国家间流动，有助于国际投资和资本转移，使国际资本供求关系得到调节。同时，通过经营外汇业务的银行，并通过各国银行业务的相互联结，可以把国内银行信用扩展为国际银行信用，从而促进货币信用的国际化，使国家间资金余缺的调剂更加便利。

四、外汇的种类

外汇的分类如图 1－1 所示。

- 外汇种类
  - 按外汇兑换时受限制程度划分
    - 自由外汇
    - 记账外汇
  - 按外汇的来源与用途划分
    - 贸易外汇
    - 非贸易外汇
  - 按外汇买卖交割的期限划分
    - 即期外汇
    - 远期外汇

图 1－1　外汇的分类

（一）自由外汇与记账外汇

1. 自由外汇

自由外汇是指不需要货币发行国当局批准就可以自由兑换成其他货币，或是可以向第三国办理支付的外国货币及其支付手段。自由外汇可以成为国际结算货币，但并不是所有可自由兑换的货币都是国际结算货币。世界上虽有不少国家宣布其货币可自由兑换，但鉴于其经济活动总量及该国在世界上的地位，真正能在国际上广泛使用和接受的仅有美元、欧元、英镑、日元、瑞士法郎等少数货币。因而，可自由兑换货币在币种上远远超过国际结算货币。一国可以实行本币的自由兑换，但如果该货币没有被世界上其他国家所接受并用于国际贸易和投资的计价和支付，就不能作为国际结算货币。

2. 记账外汇

记账外汇亦称双边外汇，即不经货币发行国批准，不能自由兑换成其他货币，也不能

对第三国进行支付的外汇。例如，我国曾在对某些发展中国家和苏联的进出口贸易中，为了节省双方的自由外汇，签订双边支付协定，采用记账外汇进行清算。记账外汇有如下特点：(1) 只在双方国家指定银行开立专门账户记载，并由双方协商决定其汇率、记账方法和使用范围。(2) 协定项下的收支定期轧差，差额由双方协商，可结转到下一年度或折算成双方同意的第三国货币。(3) 不能转给第三国使用，也不能自由兑换。记账外汇带有封闭性，与经济全球化不相吻合。

(二) 贸易外汇与非贸易外汇

1. 贸易外汇

贸易外汇是指由商品的输出输入引起收付的外汇。商品输出可赚取外汇，商品输入则需支付外汇。在一般情况下，贸易外汇收入是一个国家最主要的外汇来源，贸易外汇支出则是外汇的主要用途。

2. 非贸易外汇

非贸易外汇是指由非贸易往来而引起收付的外汇，如侨汇、旅游、海运、航空、保险、文化交流等取得和支付的外汇。

(三) 即期外汇与远期外汇

1. 即期外汇

即期外汇又称现汇，一般是指在外汇买卖成交后即日收付或在两个营业日之内办理交割的外汇。

2. 远期外汇

远期外汇又称期汇，是指按远期外汇合同约定的日期在未来某一天办理交割的外汇。远期外汇的交割期限一般为 1 年以内，在多数情况下是 1～6 个月，3 个月期的最多。

任务二　汇率及汇率标价

一、汇率定义与汇率表示

(一) 汇率定义

所谓汇率 (exchange rate) 是用一种货币表示的另一种货币的相对价格，即不同货币之间兑换的比率或比价。汇率也称汇价、外汇牌价或外汇行市。

如果把外汇看作一种特殊商品，汇率就是这种特殊商品的“特殊价格”，它解决了一单位的甲货币能兑换多少单位乙货币的问题。可以说，外汇是对兑换行为质的表述，汇率则是对兑换行为量的度量。一般商品的买卖是在用货币购买商品，商品的价格是用货币表示的，不能反过来用商品表示货币的价格。而在国际汇兑中，货币买卖是用货币购买货币，不同的货币之间可以相互表示对方的价格，因而汇率具有双向表示的特点。如美元与欧元的汇率可以表述为：1 美元＝0.800 0 欧元或 1 欧元＝1.250 0 美元。

汇率在国际经济往来中发挥着重要的作用：

(1) 汇率是货币兑换和外汇买卖的折算标准。没有汇率，外汇交易将无从谈起。

（2）汇率是联系国内外资源价格之间的桥梁。通过汇率，人们可以将以本国货币表示的国内商品、劳务的价格转化为以外币表示的价格；或者反之，将以外国货币表示的国外商品、劳务的价格转化为以本币表示的价格。

（3）汇率是反映经济状况的指示器。汇率变动可以提供经济运行、贸易及资本流动等方面的信息，为人们的涉外活动和决策提供参考。

（4）汇率是一种经济杠杆。通过汇率调整，可以平衡国际收支，实现一国一定时期的经济目标。

（二）汇率的表示方式

每个国家及部分地区有自己的货币与特有的货币名称和符号。为了准确而简明地表示各国及部分地区的货币，国际标准组织（International Standards Organization，ISO）在1978年统一制定了国际标准ISO 4217三字符货币代码，并推广给所有金融机构使用。在ISO货币代码的三个字符中，前两个字符代表该货币所属的国家或地区，第三个字符代表货币单位。如美元为USD，人民币为CNY。表1-1列举了一些国家或地区的货币名称、货币符号及货币代码符号。

表1-1　一些国家或地区的货币名称、货币符号及货币代码符号

国家或地区	货币名称	货币符号	货币代码符号
中国	人民币	￥	CNY
美国	美元	US$	USD
英国	英镑	£	GBP
日本	日元	J￥	JPY
欧元区	欧元	€	EUR
瑞士	瑞士法郎	SF	CHF
加拿大	加拿大元	C$	CAD
澳大利亚	澳大利亚元	A$	AUD
新加坡	新加坡元	S$	SGD
丹麦	丹麦克朗	DKr	DKK
挪威	挪威克朗	NKr	NOK
瑞典	瑞典克朗	SKr	SEK
中国香港	港元	HK$	HKD
俄罗斯	俄罗斯卢布	Rub	RUB
韩国	韩国元	Won	KRW
新西兰	新西兰元	NZ$	NZD

两种货币间的兑换比率要以一定的形式表达出来。通常情况下汇率有三种表示方式：（1）用文字表述；（2）用两种货币代码符号表述；（3）用两种货币的货币符号表述。表1-2具体说明了两种货币间汇率的三种表示方法。

表 1-2 汇率的三种表示方法

(1) 文字表述	(2) 货币代码符号表述（斜线表示“兑换”）	(3) 货币符号表述（斜线表示“每一”）	各种表示方式的含义
美元兑人民币	USD/CNY	¥/US$	每一美元兑换若干数额人民币
港元兑人民币	HKD/CNY	¥/HK$	每一港元兑换若干数额人民币
美元兑日元	USD/JPY	J¥/US$	每一美元兑换若干数额日元
英镑兑美元	GBP/USD	US$/£	每一英镑兑换若干数额美元
欧元兑美元	EUR/USD	US$/€	每一欧元兑换若干数额美元

即测即评

1 美元=7.795 6 港元的含义是什么？如何用货币代码符号和货币符号表示？

（三）外汇牌价

对于那些经常与国外打交道的企业、单位和个人来说，了解外汇的价格是十分重要的。在银行、空港、车站、码头、宾馆等地，到处可以看到外汇牌价表，在银行网站和手机银行 App 上也可以查询当日的外汇牌价。例如查阅我国各外汇银行公布的外汇牌价表，可以看到银行买入某种外币现汇和现钞 100 个单位要付出多少元人民币，银行卖出某种外币现汇和现钞 100 个单位要收取多少元人民币。由于汇率是变动的，因此外汇牌价表均明确标明日期和具体时间。

按照惯例，银行报出的货币汇率有 5 位有效数字（含小数位数）。如 AUD/CNY4.768 8。从右向左依次数，第一位称为“×个（基）点”，第二位称为“×十个（基）点”，第三位称为“×百个（基）点”，第四位称为“×千个（基）点”，以此类推。“点”（basis point，BP）就是汇价基点，是汇率最小变动单位。

大多数货币的 1 个基点为万分之一，即 1 点=0.000 1，报价精度为 4，即小数点后 4 位。如某日 USD/CNY 的汇率为 7.218 5，第二天 USD/CNY 的汇率为 7.216 5，这说明 USD/CNY 的汇率下降了 20 个点。

但是，日元汇率比较特殊，USD/JPY 和 EUR/JPY 的汇率 1 个基点为 0.01，报价精度为 2，即小数点后 2 位。如 USD/JPY 的汇价由 141.35 变为 141.75，说明美元兑日元汇率上升了 40 个基点。

实战训练

利用网络，选择一家银行，查询其当日外汇牌价，找出汇率报价的一般特点。

二、汇率的标价方法

由于汇率是两种货币价值的对比，因此在计算两种货币的比价时，首先要确定用哪个国家的货币作为折算标准，换句话说，是用 A 国货币表示 B 国货币的价格，还是用 B 国货币表示 A 国货币的价格。这便产生了汇率的标价方法问题。目前国际上有三种常见的标价方法：直接标价法、间接标价法和美元标价法。其中直接标价法和间接标价法是针对本币与外币之间兑换而言的。

（一）直接标价法与间接标价法

直接标价法（direct quotation）又称“应付标价法”（giving quotation），是指以一定单位（1 或 100 等）的外国货币为标准，折算为若干单位本国货币的表示方法，或者说是用本国货币表示的外国货币的价格。

目前，除英镑、爱尔兰镑、澳大利亚元、新西兰元、南非兰特、美元和欧元以外，世界上绝大多数国家的货币汇率均采用直接标价法，人民币汇率也主要采用这种标价方法。例如，2024 年 4 月 11 日中国银行挂牌汇率 100 美元＝ 722.64/ 725.52 元人民币。

间接标价法（indirect quotation）又称“应收标价法”（receiving quotation），是指以一定单位的本国货币为标准，折算为若干单位的外国货币的表示方法，或者说是用外国货币表示的本国货币的价格。

世界上只有少数国家采用间接标价法。从历史上看，英镑一直采用这种标价法。例如，某日伦敦外汇市场的汇率 1 英镑＝ 1.253 1 美元。除英镑外，爱尔兰镑以及一些英联邦国家的货币也采用间接标价法，如澳大利亚元、新西兰元和南非兰特等。

美国的纽约外汇市场原先采用直接标价法，后来美元逐步取代英镑而成为国际经济交易的主要计价结算手段，因此，从 1978 年 9 月 1 日开始，纽约外汇市场也改用间接标价法，但美元对英镑仍沿用直接标价法。不过，美国报刊的金融资讯版通常同时刊印两种价格，即外币的美元价格（US＄ equivalent）和美元的外币价格（currency per US＄），以便利各种外汇交易的结算，这实际上是同时采用了直接与间接两种标价方法。

此外，1999 年 1 月 1 日诞生的欧元也采用间接标价法，即以每 1 欧元值若干外币的方式报价。

人民币汇率采用直接标价法，但人民币对马来西亚林吉特、俄罗斯卢布、南非兰特、韩国元、阿联酋迪拉姆、沙特里亚尔、匈牙利福林、波兰兹罗提、丹麦克朗、瑞典克朗、挪威克朗、土耳其里拉、墨西哥比索、泰铢的汇率采用间接标价法。

直接标价法与间接标价法的特点比较见表 1－3。

表 1－3 直接标价法与间接标价法的特点比较

直接标价法的特点	间接标价法的特点
外币数量固定不变，折合成的本币数量随着外币币值和本币币值的变化而变化，表明外汇汇率的涨落	本币的数量固定不变，折合成的外币数额则随着本币和外币币值的变动而变动
如果一定单位的外币折算的本币的数额比原来多，则说明外汇汇率上升，本币汇率下跌；相反，如果一定单位的外国货币折算成本币的数额比原来少，则说明外汇汇率下跌，本币汇率上升	如果一定单位的本币折成外币的数量比原来多，则说明本币汇率上升，外汇汇率下跌；相反，如果一定单位的本币折成外币的数量比原来少，则说明本币汇率下跌，外汇汇率上升
在这种标价方式下，外汇汇率的涨落与本币数量的增减成正比，从中能直接看出外汇的价格	在这种标价法下，外汇汇率的涨落与外币数额的多少成反比，不能直接看出外汇的价格

直接标价法和间接标价法之间存在着一种倒数关系。例如，根据某日中国交通银行用

直接标价法挂牌的汇率 100 美元＝723.48 元人民币，推算得出间接标价的 1 元人民币＝100/723.48＝0.138 2 美元。

即测即评

GBP/USD1.245 5 在伦敦外汇市场和纽约外汇市场分别是什么标价方法？

（二）美元标价法

美元标价法（US dollar quotation）是指以一定单位的美元为标准，折合成若干数额的其他国家货币，即用其他国家的货币表示的美元的价格。例如，从加拿大蒙特利尔向日本的银行询问日元汇率，东京外汇银行不是直接报加拿大元对日元的汇率，而是报美元对日元的汇率。

目前，世界各主要外汇市场银行之间的报价通常采用这种方法。非美元货币之间的汇率则通过各自对美元的汇率套算。这种标价法的特点是：美元的单位始终不变，美元与其他货币的比值是通过其他货币数量的变化体现出来的。

在国际金融市场上，还有少数货币采用非美元标价法，如英镑、爱尔兰镑、澳元、新西兰元、欧元。它们采用每 1 英镑、每 1 爱尔兰镑、每 1 澳元、每 1 新西兰元、每 1 欧元等于若干数额其他货币的标价法。

在上述各种标价法下，数量固定不变的货币为基础货币或基准货币，也称被报价货币，其价格用其他货币的数量来表示；数量发生变化的货币叫标价货币或非基准货币，也称报价货币，其数量用以说明基础货币价格的高低。在直接标价法下，基础货币是外国货币，标价货币是本国货币；在间接标价法下则与之相反，基础货币是本国货币，标价货币是外国货币；在美元标价法下，美元是基础货币，其他各国货币是标价货币。总之，无论采取何种标价法都是以标价货币来表示基础货币的价格。

任务三 汇率种类划分

一、买入汇率、卖出汇率、现钞价与中间汇率

按银行买卖外汇的角度划分，汇率可分为买入汇率、卖出汇率和现钞价。举例如表 1－4 所示。

表 1－4 2024 年 4 月 16 日中国银行外汇牌价 单位：元人民币/100 外币

货币名称	现汇买入价	现钞买入价	现汇卖出价	现钞卖出价	中行折算价
阿联酋迪拉姆	196.49	190.28	197.87	201.46	194.26
澳大利亚元	462.44	453.52	465.54	466.88	461.51
巴西里亚尔		132.36		150.28	139.73
加拿大元	521.93	511.87	525.43	526.95	519.35
瑞士法郎	790.98	775.9	796.54	798.76	783.02

续表

货币名称	现汇买入价	现钞买入价	现汇卖出价	现钞卖出价	中行折算价
丹麦克朗	102.85	100.89	103.67	104.17	101.61
欧元	767.89	752.7	773.27	775.27	759.69
英镑	899.55	881.75	905.58	908.2	889.83
港币	92.29	91.81	92.64	92.64	90.71
印尼卢比	0.044 6	0.043 2	0.045	0.046 7	0.045 7
印度卢比		8.139 5		9.178 5	8.674 7
日元	4.675 6	4.585 5	4.706 9	4.708 8	4.641 9
韩国元	0.516 7	0.506 6	0.520 9	0.529 1	0.518 7
澳门元	89.63	88.84	89.99	90.91	89.86
林吉特	150.59		151.95		148.84
挪威克朗	65.61	64.35	66.13	66.45	65.43
新西兰元	424.24	416.15	427.18	429.05	422.88
菲律宾比索	12.62	12.26	12.78	13.22	12.71
卢布	7.54	7.51	7.84	8.19	7.67
沙特里亚尔		187.68		198.42	190.18
瑞典克朗	65.94	64.68	66.46	66.78	65.8
新加坡元	529	518.92	532.66	534.2	523.77
泰国铢	19.68	19.28	19.84	20.15	19.52
土耳其里拉	22.2	21.11	22.38	25.7	22.02
新台币		21.47		22.68	22.28
美元	722.79	719.08	725.67	725.67	710.28
南非兰特	37.93	35.02	38.19	41.17	37.59

买入汇率（buying rate）也叫买入价（bid price），是指银行向同业或客户买入外汇时所使用的汇率，即银行出价。因它多用于出口商与银行间交易，故也称为“出口汇率”。采用直接标价法时，外币折合成本币数量较少的那个汇率就是买入价；采用间接标价法时，本币折合外币较多的那个汇率就是买入价。

卖出汇率（selling rate）也叫卖出价（offer price or ask price），是指银行向同业或客户卖出外汇时所使用的汇率，即银行要价。因它多用于进口商与银行间交易，故也称为“进口汇率”。采用直接标价法时，外币折合本币数较多的那个汇率就是卖出价；采用间接标价法时，本币折合外币数较少的那个汇率就是卖出价。

不同标价方法下买入价与卖出价的位置见表 1-5。

表 1-5　不同标价方法下买入价与卖出价的位置

直接标价法下	间接标价法下
纽约外汇市场报价 GBP/USD 1.241 2～1.253 6	伦敦外汇市场报价 GBP/USD 1.241 2～1.253 6
前买，后卖 小数买入，大数卖出	前卖，后买 小数卖出，大数买入

买入汇率和卖出汇率之间有一个差价，称买卖差价。这个差价是外汇银行经办外汇业务的收入来源，通常为1‰～5‰。一般情况下，外汇市场越发达，买卖差价越小。

现钞价（bank notes rate）是银行向客户直接买卖外币现钞时所使用的价格。现钞汇率不等于外汇汇率，上述所说的汇率是银行采用电汇方式买卖外汇（外币支付凭证）时的价格。银行在购入外币支付凭证后，通过航邮划账，可以很快地存入国外银行，开始生息，调拨动用。外国现钞不能在本国流通，存放在本国银行没有意义，银行买入外币钞票后需要积累到一定数额，将其运送到发行国并存入银行才能充当流通或支付手段。在此之前，银行要承受一定的利息损失，而运送现钞必须花费一定的运费、保险费等，承担一定的风险，因此，银行在收兑外币现钞时的汇价要低于现汇买入价。而一般情况下，银行卖出外国钞票时，则使用一般的外汇支付凭证的卖出价，即现钞卖出价和现汇卖出价相同。这是因为银行卖出外币现钞不承担相应费用。

中间汇率（medial rate）也叫中间价，是买入价与卖出价的平均数。中间价一般用于报刊和电讯行情对汇率走势的分析。在我国，各外汇银行的买入汇率和卖出汇率通常是以中国外汇交易中心公布的中间汇率为基础，在中国人民银行允许的幅度范围内上下浮动形成的。

即测即评

根据表 1－4，你从中国银行买入 1 000 英镑现钞需要付给银行多少人民币？买入 1 000 港币现钞呢？

二、基本汇率与套算汇率

从制定汇率的不同方法角度，汇率可以分为基本汇率和套算汇率。基本汇率（base rate）也叫基准汇率，是指本国货币与国际上某一关键货币之间的比率。套算汇率（cross rate）也叫交叉汇率，是指两种货币通过基本汇率换算（折算）出来的汇率。

所谓关键货币（key currency），是指该国在国际收支中使用最多的、外汇储备中占比最大的、在国际上被普遍接受的、可以自由兑换的货币。大多数国家都把美元作为关键货币，从而采用美元标价法来制定基本汇率，但也有少数国家如非洲的某些国家由于历史的原因把英镑等作为关键货币，从而采用非美元标价法制定基本汇率。于是，在国际金融市场上进行不同货币的兑换和各种外汇交易时，就存在着用基本汇率来计算套算汇率的问题（详见任务四）。

三、电汇汇率、信汇汇率与票汇汇率

按银行汇兑方式划分，汇率可以分为电汇汇率、信汇汇率和票汇汇率。

电汇汇率（telegraphic transfer rate，T/T Rate）是银行以电信方式买卖外汇时所使用的汇率。例如，银行在售出外汇后，以电报、电传等方式委托其国外分支行或代理行将款项付给收款人时所使用的汇率就是电汇汇率。电汇付款时间快，一般可以当天到达，银行在电汇时不能利用客户资金，并且国际电报、电传费用也比较高，因此，电汇汇率较一般汇率高，并且是计算其他汇率的基础。各国公布的外汇牌价，如无特别说明，均指电汇汇率。

信汇汇率（mail transfer rate，M/T Rate）是银行以信函方式通知收付款时采用的汇率。邮寄信函需要较长时间，银行可以利用客户的资金，且信汇的成本比电汇低，因此信汇汇率低于电汇汇率。在外汇交易中，信汇量较少，主要在我国港澳地区及东南亚一带使用。

票汇汇率（demand draft rate，D/D rate）是银行买卖外汇汇票时使用的汇率。银行卖出外汇时，开立一张由其国外分支机构或代理行付款的汇票交给汇款人，由汇款人自带国外取款或邮寄给国外收款人，这时使用的汇率就是票汇汇率。银行可以利用客户资金大约一个航空邮程的时间，收款人没有从汇入行提取汇款之前，汇出行都可以利用汇款人的资金获取利息收益，因此，票汇汇率低于电汇汇率，相当于一个航空邮程的利息。因汇票有即期和远期之分，所以票汇汇率可分为即期票汇汇率和远期票汇汇率。即期票汇汇率一般等于信汇汇率。对于远期汇票而言，票汇支付期限越长，票汇汇率越低。

四、即期汇率与远期汇率

（一）交割的含义

在外汇交易中，成交是指确定外汇买卖协议。该协议规定了外汇交易的买方和卖方、买卖的币种、数量和价格以及交割标准。成交仅指确定买卖关系，并不发生实际收付货币的行为。成交日（trade date/deal date）即交易双方达成外汇交易的日期，通常用“T”表示。

交割（delivery）是指买卖双方钱货两清或货币两讫的行为，即买卖双方实际收付货币，分别按照对方的要求使卖出的货币进入对方指定的银行账户中。交割发生的当天称交割日或起息日、结算日。

成交和交割是外汇买卖中两个重要的环节，成交在前，交割在后，成交是交割的基础和前提，交割是成交的结果。只有完成了成交和交割，外汇买卖行为才算完成。

即测即评

2024 年 4 月 9 日，某公司用 100 万美元按当时市场 USD1＝JPY152.94 的汇率向银行申请购入日元，银行于 2024 年 4 月 11 日向该公司支付 1.529 4 亿日元，同时该公司从其账户中支付 100 万美元给银行。该笔外汇交易中成交日是哪天？交割日是哪天？

（二）即期汇率、远期汇率和远期差价

按外汇买卖交割期限划分，汇率可以分为即期汇率和远期汇率。

即期汇率（spot rate）又称现汇汇率，是指买卖外汇双方成交后在当日或两个营业日内进行交割时的汇率。

远期汇率（forward rate）又称期汇汇率，是指外汇买卖成交后，在约定的到期日进行交割所使用的汇率。买卖远期外汇的期限一般为 1、3、6、9、12 个月等。

远期汇率与即期汇率之间的差额叫远期差价（forward margin），也叫掉期率（swap

rate），用升水、贴水和平价表示。升水（at premium）表示远期汇率高于即期汇率，或者说远期外汇比即期外汇贵；贴水（at discount）表示远期汇率低于即期汇率，或者说期汇比现汇便宜；平价（at par）表示远期汇率等于即期汇率。在不同的汇率标价方法下，远期汇率的计算方法不同，如表 1-6 所示。

表 1-6 不同标价方法下远期汇率的计算

	直接标价法下	间接标价法下
远期差价为升水	远期汇率＝即期汇率＋升水	远期汇率＝即期汇率－升水
远期差价为贴水	远期汇率＝即期汇率－贴水	远期汇率＝即期汇率＋贴水

即测即评

为什么不同标价法下通过升贴水计算远期汇率的方法不同？

（三）远期汇率的报价方式

在国际外汇市场上，报价银行每天都要报出或公布即期汇率和远期汇率，且均采用双向报价，即包含买入报价和卖出报价。远期汇率的报价方式通常有两种。

1. 直接报价

直接报价即完整汇率报价方式，是指在外汇牌价上直接报出远期外汇的买入价和卖出价。这种报价方式最大的优点是一目了然，通常适用于银行与客户之间的远期外汇买卖。日本和瑞士外汇市场银行同业间的远期交易也采用这种报价方式。

2. 间接报价

间接报价又称掉期率报价方式，包括差价报价和点数报价，是指外汇银行只报出即期汇率和远期差价或升贴水点数而不直接公布远期汇率。远期汇率是在即期汇率的基础上，通过远期差价或升贴水点数来表示的。用掉期率报价的好处是简明扼要，因为虽然在即期汇率变动的同时远期汇率也进行着相应变动，但通常远期差价比较稳定，用间接报价比直接报价要省事。这种报价方式适用于银行同业之间的远期外汇买卖。英国、德国、法国和美国等国家习惯上也采用这种方法。

例 1-1 某日纽约某银行报出的港币买卖价为：

即期汇率 USD/HKD：7.797 2/98

1 个月掉期率 13/10

2 个月掉期率 48/33

3 个月掉期率 70/50

升贴水的幅度一般用基点（basis point，BP）数来表示，每一“点”为万分之一，即 0.000 1。在通常情况下，银行报出的升贴水数只有两位或三位数。如果报两位数，则表示这两位数是升贴水的小数点后第三和第四位数；如果报三位数，则表示这三位数是升贴水的小数点后第二、第三和第四位数。如上述报价中 USD/HKD 3 个月远期差价为 0.007 0/0.005 0。

但 USD/JPY 和 EUR/JPY 为 0.01。如 EUR/JPY 远期点数为 356/366，意味着远期差价为 3.56/3.66。

银行公布升贴水点数时，不必直接说明这是升水还是贴水。根据风险与收益的关系，外汇买卖成交与交割的时间相隔越远风险越大，银行的兑换收益也就要求越高。因此，远期外汇的买卖差价总是大于即期外汇的买卖差价，且期限远的远期差价大于期限近的远期差价。根据这一原则，按照远期点数的排列顺序，即可判断出远期差价是升水还是贴水。

这是因为，在直接标价法下，远期汇率＝即期汇率＋升水，或者，远期汇率＝即期汇率－贴水。如果远期差价小数在前，大数在后，即远期点数按“小/大”排列，即期汇率与远期差价前后数字对应相加的结果反映了远期汇率买卖差价更大，则远期差价为升水；如果远期差价大数在前，小数在后，即远期点数按“大/小”排列，则对应相减的结果反映了远期汇率买卖差价更大，远期差价为贴水。而在间接标价法下刚好相反，远期汇率＝即期汇率－升水，或者，远期汇率＝即期汇率＋贴水。如果远期差价按“小/大”排列，对应相加的结果反映了远期汇率买卖差价更大，则远期差价为贴水；按“大/小”排列，则对应相减的结果反映了远期汇率买卖差价更大，远期差价为升水。

于是，在实际中，不管哪种标价法，远期汇率的计算都可以遵照一个简单的规则进行，即若远期差价以“小/大”排列，则远期汇率等于即期汇率加上远期差价；若远期差价以“大/小”排列，则远期汇率等于即期汇率减去远期差价。也就是，“前小后大往上加，前大后小往下减”。

需要指出的是，无论直接标价法还是间接标价法，升水均指外币升水；贴水均指外币贴水（直接标价法下外币是被报价货币，间接标价法下外币是报价货币）。当然，就两种货币而言，一种货币远期升水必然是另一种货币远期贴水。

上例中纽约的银行报价中，远期差价为“大/小”排序，按计算规则可知，远期汇率＝即期汇率－远期差价。则各期远期汇率分别计算如下：

1 个月远期汇率 USD/HKD：7.795 9/7.798 8

2 个月远期汇率 USD/HKD：7.792 4/7.796 5

3 个月远期汇率 USD/HKD：7.790 2/7.794 8

进一步分析，上述报价为纽约的银行报价，应是间接标价法，港元是外币。由此可知，港元升水，美元贴水。

例 1－2 某日纽约外汇市场银行的报价为：

即期汇率 GBP/USD：1.232 4/29

3 个月远期差价 80/70

则 GBP/USD 3 个月远期买入价＝1.232 4－0.008 0＝1.224 4，GBP/USD 3 个月远期卖出价＝1.232 9－0.007 0＝1.225 9，即 GBP/USD 3 个月远期汇率为 1.224 4/59。

进一步分析，美元对英镑汇率采用的是直接标价法，美元是本币，英镑是外币。这里，英镑贴水，美元升水。

例 1－3 某日交易双方成交一笔美元兑人民币远期交易，报价方报出的即期汇率为 7.157 5/7.157 8，远期点为 45.01/50.33 基点，发起方为卖方，报价方为买方，则远期全价为 7.157 5＋45.01‱＝7.162 001；发起方为买方，报价方为卖方，则远期全价为 7.157 8＋50.33‱＝7.162 833。美元升水，人民币贴水。

我们可以用下面的方法来检验计算结果：如果得到的远期汇率买卖差价比即期汇率差价大，也就是期汇差价＞现汇差价，则计算结果通常正确；如果得到的远期汇率买卖差价反而比即期汇率差价小，则计算结果错误。如例 1－2，即期汇率买卖差价为 5 个点，远期汇率买卖差价为 15 个点。

即测即评

比较例 1－1 中各期的远期汇率买卖差价与即期汇率的买卖差价。

五、开盘汇率与收盘汇率

按外汇买卖的营业时间，汇率可以分为开盘汇率和收盘汇率。

开盘汇率（opening rate）又称开盘价，是指外汇银行在每个营业日开始时买卖外汇所使用的汇率。

收盘汇率（closing rate）又称收盘价，是指外汇市场上外汇银行在每个营业日结束时买卖外汇所使用的汇率，通常是外汇市场交易结束前 30 秒钟或 60 秒钟的汇率。

一个外汇市场的营业从开始到结束虽然只有几个小时，但在汇率急剧波动的情况下，开盘价和收盘价也会相差很大。另外，世界上各个外汇市场的营业时间虽然因时差关系而不一致，但由于各外汇市场之间存在着发达的电信网络和密切的行情联系，一个外汇市场的收盘汇率往往影响另一个外汇市场的开盘汇率。

六、同业汇率与商人汇率

按照外汇买卖的对象划分，汇率可分为同业汇率与商人汇率。

同业汇率（inter-bank rate）是指银行与银行之间买卖外汇的汇率。同业汇率的银行买入价和卖出价的价差较小。

商人汇率（merchant rate）是指银行对客户买卖外汇的汇率。商人汇率是根据同业汇率卖出价增、买入价减一定的差额确定的，所以商人汇率的银行买入价与卖出价的价差较大。

七、固定汇率和浮动汇率

按汇率制度不同，汇率可以分为固定汇率和浮动汇率。

固定汇率（fixed rate）是指一国货币对另一国货币的汇率基本固定，且将汇率的波动幅度限制在一个特定的范围内的汇率。在金本位制下和第二次世界大战后的布雷顿森林货币体系下，世界各国都采用这种汇率。

浮动汇率（floating rate）是指一国货币的对外汇率不予固定，也不规定上下限的波动幅度，而是根据外汇市场的供求状况任其自由涨落的汇率。1973 年布雷顿森林体系崩溃后，主要工业国家都采用这种汇率。

八、官方汇率和市场汇率

按外汇管制的宽严程度不同，汇率可以分为官方汇率和市场汇率。

官方汇率（official exchange rate）是货币当局规定的，要求一切外汇交易都采用的汇率。

市场汇率（market exchange rate）是指在外汇市场上自由买卖外汇的实际汇率。但各国货币金融当局经常运用各种手段干预外汇市场，使市场汇率保持基本稳定或向预定目标变动。

在外汇管制较松的国家，官方汇率往往只起中心汇率的作用，实际外汇买卖都是按市场汇率进行。在实行严格外汇管制的国家，不允许存在外汇自由买卖市场，官方汇率就是实际汇率，规定一切外汇交易都按这一汇率执行。我国在 1994 年以前实行的就是官方汇率。人民币汇率由国家外汇管理局统一制定并公布，并按此汇率进行外汇买卖，没有市场汇率。

九、单一汇率与复汇率

按汇率使用范围的不同，汇率可以分为单一汇率与复汇率。

单一汇率（single rate）是指一个国家的货币对其他国某货币只有一种汇率，通用于该国所有的经济交往中。

复汇率（multiple rate）是指一种货币（或一个国家）有两种或两种以上汇率，不同的汇率用于不同的国际经贸活动。复汇率是外汇管制的一种产物，目前只有一些发展中国家仍实施复汇率，但根据国际货币基金组织的要求，只能依据需要使用简单的复汇率，严格限制实行复杂的复汇率。

十、贸易汇率与金融汇率

根据外汇资金的性质或来源，汇率可以分为贸易汇率和金融汇率。

贸易汇率（trade rate）又称“商业汇率”，是适用于进出口贸易货价及其从属费用结算的汇率。其服务于一国的“奖出限入”的贸易政策，以改善该国的国际收支为目的。

金融汇率（financial rate）是适用于资金流动、旅游事业等非贸易外汇收支的汇率。其以限制资金流出，鼓励资金流入为目的。

十一、名义汇率、实际汇率与有效汇率

从衡量货币价值的角度，汇率可分为名义汇率、实际汇率与有效汇率。

（一）名义汇率

名义汇率（nominal exchange rate）是用一种货币所能兑换的其他货币的数量来表示该货币的汇率，是货币兑换和外汇交易时使用的汇率。由于其不一定体现不同国家的价格水平变动，不一定体现货币购买力的变化情况，不一定真正反映货币的实际价值，因此被称为名义汇率。

（二）实际汇率

实际汇率（real exchange rate）也称真实汇率，是把名义汇率和那些与名义汇率类似、对外汇买卖有影响作用的因素结合在一起的理论汇率。因此，在分析影响国际经济活动的价格因素时，实际汇率的作用常常比名义汇率更重要。实际汇率有两种不同的含义。

第一种含义的计算公式为：

$$实际汇率=名义汇率\pm财政补贴或税收减免$$

实际汇率的这种含义是把名义汇率和财政补贴或税收减免等因素结合在一起，以考察其对进出口的实际影响。例如，我国为了鼓励某些产品的出口，实行出口退税政策。假设

人民币的名义汇率为 1 美元＝6.32 元人民币，某产品出口商每获得 1 美元的出口收入，政府给予其 0.10 元人民币退税，那么，按照上述公式，该出口商在出口了 1 000 万美元的商品后，除了在外汇市场可兑换成 6 320 万元人民币外，还可获得 100 万元人民币的退税。显然，对该出口商而言，实际汇率相当于 1 美元＝6.42 元人民币。同样的原理也可应用于进口关税方面。如果每 1 美元的进口必须支付 0.15 元人民币的关税，则对进口商而言，实际汇率相当于 1 美元＝6.47 元人民币。

第二种含义的计算公式为：

$$e_r = e \times \frac{p^*}{p}$$

式中：e_r为实际汇率，e 为名义汇率，p^* 为外国基期物价指数，p 为本国基期物价指数。

这是以不变价格计算出来的某国货币汇率，是将名义汇率中的物价因素扣除后得出的。实际汇率的这种含义是把价格因素和名义汇率结合在一起，以考察其对国际经济交易的影响。实际汇率主要受三个因素的影响：名义汇率、本国的价格水平、外国的价格水平。影响国际经济交易的因素是实际汇率而不是名义汇率。

（三）有效汇率

有效汇率（effective exchange rate）是指一国货币对一篮子货币经过加权平均计算后得出的汇率。因此，它不是反映两种货币之间的汇率，即双边汇率的指标，而是综合反映一种货币对多种货币的多边汇率平均值。利用有效汇率指数，即不同时期的有效汇率比值，还可以考察一国货币在不同时期的变动幅度。通常以对外贸易比重为权数，用以观察某种货币的总体波动幅度及其在国际经贸和金融领域中的总体地位。其计算公式如下：

$$\begin{matrix}A\text{ 币的}\\ \text{有效汇率}\end{matrix} = \sum_{i=1}^{n} \begin{matrix}A\text{ 国货币对 }i\\ \text{国货币的汇率}\end{matrix} \times \left(\begin{matrix}A\text{ 国同 }i\text{ 国的}\\ \text{贸易值}\end{matrix} \Big/ \begin{matrix}A\text{ 国的全部}\\ \text{对外贸易值}\end{matrix} \right)$$

因此，名义汇率可分为名义双边汇率和名义有效汇率。名义双边汇率是指用另一国货币的数量所表示的某种货币的汇率。各种报刊所登载的汇率都是名义双边汇率。名义有效汇率是指用若干种其他国家货币数量的加权平均数来表示某种货币的汇率，即各种名义双边汇率的加权平均数，所以也被称为汇率指数。

实际汇率可分为实际双边汇率和实际有效汇率。

有效汇率可分为名义有效汇率和实际有效汇率。一国的名义有效汇率等于其货币与所有贸易伙伴国货币双边名义汇率的加权平均数，如果剔除通货膨胀对各国货币购买力的影响，就可以得到实际有效汇率。实际有效汇率不仅考虑了所有双边名义汇率的相对变动情况，而且还剔除了通货膨胀对货币本身价值变动的影响，能够综合地反映本国货币的对外价值和相对购买力。

汇率指数

即测即评

当人们进行货币兑换和外汇买卖时，所使用的汇率是名义双边汇率、实际双边汇率、名义有效汇率、实际有效汇率中的哪一种？

任务四　汇率折算与进出口报价

汇率有直接标价法和间接标价法、美元标价法和非美元标价法等不同的标价方法，并且，汇率按制定方法有基本汇率和套算汇率之分。就两种货币而言，在直接标价法和间接标价法这两种相互对应的标价方法下，其汇率存在着互为倒数的关系；而在国际金融市场上，银行报价多数是以美元为关键货币的，如果是两种非美元货币的交易，就存在着套算汇率的计算问题。因此，不同货币间复杂的比价关系必然要涉及汇率的折算，汇率折算不仅是外汇业务操作的基本内容，也是进出口报价的基础，掌握汇率折算的方法及一般规则是国际金融与国际贸易实务操作最基本的要求。

一、即期汇率折算与进出口报价

世界上除英、美两国外，大多数国家或地区的外汇市场都采用直接标价法或美元标价法挂牌公布即期汇率，即以单位外币或单位美元作标准折合成若干本币，而不采用以本币作标准折合成若干外币的方法来报价。另外，在许多外汇市场上公布的主要是发达国家货币与本币间的比价，而其他一些国家的货币与本币的比价则不公布，需要进行汇率的套算。

（一）由外币/本币到本币/外币的折算与报价

外币/本币是指单位外币折合多少本币；本币/外币是指单位本币折合多少外币。已知外币/本币，将其换算成本币/外币，可以反映直接标价法与间接标价法之间的换算关系。实际中会遇到以下两种情况：

1. 由外币/本币到本币/外币的中间价的折算与报价

在对外贸易中，出口商可能被要求在报出出口商品的本币价格的同时报出其外币价格，这就需要将外币/本币的中间价换算成本币/外币的中间价，然后再对进口商报价，亦即进行由直接标价法转换到间接标价法的中间汇率的折算与报价。

由于直接标价法与间接标价法互为倒数，因此用 1 除以 1 个外币折合成的本币数额即可得出 1 个本币折多少外币数额。

例 1-4　假设 2024 年某日香港外汇市场挂牌汇率为：USD1＝HKD7.752 8。某港商出口商品的本币报价单价是 10 港元。若进口商要求报出其美元价格时，商品单价应是多少？

解析：首先进行汇率折算，然后进行报价。

第一步：汇率折算。把以单位美元作标准的汇率转换成以单位港元作标准的汇率，即将 USD1＝HKD7.752 8 折算为 HKD1＝USD1/7.752 8＝USD0.129 0。

第二步：出口报价。把本币报价折算为外币报价，即将港元报价折算为美元报价。根据折算出的本币对外币的汇率 HKD1＝USD0.129 0，报出商品的外币价格。出口商品的本币单价为 10 港元，USD0.129 0×10＝USD1.29。则该出口商品的美元报价为 1.29 美元。

2. 由外币/本币到本币/外币的买入价和卖出价的折算与报价

汇率的中间价是买入汇率和卖出汇率的平均数，在商品报价时可以选用，而具体到银行对客户的外汇买卖则要使用买入汇率或卖出汇率，这就需要将外币/本币的买入价和卖出价换算成本币/外币的买入价和卖出价，亦即进行由直接标价法转换到间接标价法的买入汇率与卖出汇率的折算与报价。

同样是运用直接标价法与间接标价法之间的倒数关系原理，用1除以给定的汇率。但需要注意的是：若求解本币/外币的买入价，要用1除以原来的外币/本币的卖出价；若求解本币/外币的卖出价，要用1除以原来的外币/本币的买入价。即由直接标价法转换成间接标价法后，买入价和卖出价的位置发生互换。

例1-5 假设2024年某日香港外汇市场挂牌汇率为：USD1＝HKD7.742 6～7.763 0。如果要求银行报出单位港元的美元价格，应是多少？一件商品的出口报价是10港元，则美元报价应是多少？

解析：香港外汇市场采用直接标价法。USD1＝HKD7.742 6的含义是：银行买入1美元，卖出7.742 6港元，则银行买入1/7.742 6＝0.129 2美元，卖出1港元。1港元＝0.129 2美元是间接标价法下港元的卖出价。相反，USD1＝HKD7.763 0的含义是：银行卖出1美元，买入7.763 0港元，则银行卖出1/7.763 0＝0.128 8美元，买入1港元。1港元＝0.128 8美元是间接标价法下港元的买入价。

由此可知，单位港元的美元报价为：HKD1＝USD 0.128 8/0.129 2。一件商品的出口报价是10港元，则美元报价是：10/7.742 6＝10×0.129 2＝1.292美元，即使用美元买入价。

上述折合关系可用表1-7反映如下：

表1-7 不同标价法之间买入价和卖出价的折算

将直接标价法		
	买入价	卖出价
USD1＝	HKD7.742 6	HKD7.763 0
从银行的角度看	（收美元付港元）	（付美元收港元）
转换成间接标价法		
	卖出价	买入价
HKD1＝	USD1/7.763 0＝USD0.128 8	USD1/7.742 6＝USD0.129 2
从银行的角度看	（收港元付美元）	（付港元收美元）

（二）套算汇率——未挂牌货币汇率的折算

如果某种外币与本币或者外币与外币的汇率并未在本国或本地区外汇市场挂牌公布，则需要进行套算汇率的计算。根据国际外汇市场的标价惯例，不同的未挂牌货币之间的汇率套算有以下几种情况：（1）针对两个中间汇率求套算汇率；（2）美元在一种货币汇率中是基础货币，在另一种货币汇率中是标价货币时求套算汇率；（3）在两个汇率中美元均为基础货币时求套算汇率；（4）在两个汇率中美元均为标价货币时求套算汇率。

套算汇率的基本计算方法要么用乘，要么用除，但针对上述不同情形，乘或除的具体规则又有所区别。

（1）针对两个中间汇率求套算汇率（适用于一般电讯行市交叉汇率的计算），规则为：乘或除。

例 1-6 已知 2024 年某日国际外汇市场牌价：

AUD/USD=0.641 4；USD/CAD=1.387 7。

求 AUD/CAD。

解析：AUD/CAD=0.641 4×1.387 7=0.890 1

例 1-7 已知 2024 年某日国际外汇市场牌价：

1 美元=1.387 7 加元；1 美元=0.964 9 瑞士法郎。

求加元与瑞士法郎之间的套算汇率。

解析：将 1 美元=1.387 7 加元转换为 1 加元=1/1.387 7 美元，而 1 美元=0.964 9 瑞士法郎，那么：1 加元=0.695 3 瑞士法郎（1/1.387 7×0.964 9)。

例 1-8 已知 2024 年某日国际外汇市场牌价：

EUR/USD=1.092 1，GBP/USD=1.257 4。

求 GBP/EUR。

解析：将 EUR/USD=1.092 1 转换为 USD/EUR=1/1.092 1

则：GBP/EUR=1.257 4×1/1.092 1=1.257 4÷1.092 1=1.151 4

例 1-9 香港某出口商接到挪威进口商的要求，要向其发出出口商品的港元与挪威克朗两种货币的报价。如果商品单价是 50 港元，那么挪威克朗报价是多少？

解析：香港外汇市场不公布港元对挪威克朗的牌价，因而需要计算交叉汇率。

首先，列出港元对某一挂牌关键货币（如英镑）的中间汇率，1 英镑=12.280 港元；然后，查阅当天或最近一天主要国际金融市场（如伦敦外汇市场）英镑对挪威克朗的中间汇率，1 英镑=10.946 挪威克朗。

计算交叉汇率：1 港元=0.891 4 挪威克朗（10.946÷12.280)。

则该商品挪威克朗报价为：50×0.891 4=44.57 挪威克朗。

（2）中介货币分别为基础货币和标价货币（如美元在一种货币汇率中是基础货币，在另一种货币汇率中是标价货币），求另一基础货币与标价货币间的套算汇率。规则为：同边（垂直）相乘。

例 1-10 已知：1 美元=133.68/133.98 日元，1 英镑=1.408 3/1.411 3 美元。

求：英镑兑日元的交叉汇率。

解析：运用上述规则可得：

银行买入价：1 英镑=188.26 日元（133.68×1.408 3)。

银行卖出价：1 英镑=189.09 日元（133.98×1.411 3)。

则英镑兑日元的汇率为：1 英镑=188.26/189.09 日元。

英镑对日元的买入汇率 1 英镑=188.26 日元，意味着银行买入英镑的同时卖出日元，而站在客户的角度则意味着客户卖出英镑的同时买入日元。思路是：1）客户卖出英镑的同时买入美元，银行为买入英镑卖出美元，因此选择英镑对美元汇率中的银行买入价，即客户按 1 英镑=1.408 3 美元的汇率卖出 1 英镑买入 1.408 3 美元；2）客户卖出美元的同时买入日元，银行为买入美元卖出日元，因此选择美元对日元汇率中的银行买入价，即客户按 1 美元=133.68 日元的汇率卖出 1.408 3 美元，买入 133.68×1.408 3=188.26 日元。

英镑对日元的卖出汇率 1 英镑＝189.09 日元，意味着银行卖出英镑的同时买入日元。思路是：1）银行卖出英镑的同时买入美元，因此选择英镑对美元汇率中的银行卖出价，即银行按 1 英镑＝1.411 3 美元的汇率卖出 1 英镑买入 1.411 3 美元；2）银行卖出美元的同时买入日元，因此选择美元对日元汇率中的银行卖出价，即银行按 1 美元＝133.98 日元的汇率卖出 1.411 3 美元，买入 133.98×1.411 3＝189.09 日元。

（3）基础货币相同，标价货币不同（如美元在两个汇率中均为基础货币），求标价货币间的套算汇率。规则为：交叉相除。具体做法是：在套算汇率中，处于基础货币位置上的、原来给定的含有该基础货币的汇率为分母，原来给定的含有标价货币的汇率为分子，交叉的是分母。

例 1－11　已知 USD/CHF：1.624 0～1.624 8；USD/EUR：0.811 0～0.811 8。计算 EUR/CHF 的汇率。

解析：运用上述规则可得：

已知的两个汇率中美元均为基础货币，所求交叉汇率 EUR/CHF 中，EUR 为基础货币，原来给定的汇率中含有该基础货币的汇率数 0.811 0～0.811 8 作为分母，并将其交叉；CHF 为标价货币，原来给定的汇率中含有该标价货币的汇率数 1.624 0～1.624 8 作为分子。则：

EUR/CHF 的买入价为：1.624 0÷0.811 8＝2.000 5。

EUR/CHF 的卖出价为：1.624 8÷0.811 0＝2.003 5。

交叉汇率为：EUR/CHF：2.000 5～2.003 5。

EUR/CHF 的买入汇率意味着银行买进欧元卖出瑞士法郎，而客户卖出欧元买进瑞士法郎。1）客户卖出欧元买进美元，表明银行买进欧元卖出美元，用美元对欧元汇率的卖出价，即 0.811 8。其含义是银行卖出 1 美元，收到客户 0.811 8 欧元。于是客户卖出 1 欧元，换进 1/0.811 8 美元。2）客户再将换进的美元出售给银行换进瑞士法郎，对银行来说是买进美元，卖出瑞士法郎，用美元对瑞士法郎的买入价，即 1.624 0。其含义是客户卖出 1 美元可得 1.624 0 瑞士法郎。于是客户卖出 1/0.811 8 美元得到 1/0.811 8×1.624 0＝1.624 0÷0.811 8＝2.000 5 瑞士法郎。则 EUR1＝CHF2.000 5 为交叉汇率的买入价。

EUR/CHF 的卖出汇率意味着银行卖出欧元买进瑞士法郎。1）银行卖出欧元买进美元，用美元对欧元汇率的买入价，即 0.811 0。其含义是银行买进 1 美元，付出 0.811 0 欧元。于是银行卖出 1 欧元买进 1/0.811 0 美元；2）银行卖出美元买进瑞士法郎，用美元对瑞士法郎的卖出价，即 1.624 8。其含义是银行卖出 1 美元可得 1.624 8 瑞士法郎。于是银行卖出 1/0.811 0 美元得到 1/0.811 0×1.624 8＝1.624 8÷0.811 0＝2.003 5 瑞士法郎。则 EUR1＝CHF2.003 5 为交叉汇率的卖出价。

例 1－12　假设在某外汇市场，已知美元、丹麦克朗、瑞典克朗间的汇率如下：USD1＝DKK5.791 7～5.799 7；USD1＝SEK8.286 1～8.296 1。请分别套算出 DKK/SEK 和 SEK/DKK 的汇率。

解析：可先将给定的两个汇率分别转换成另一种标价方法，注意买入价和卖出价的位置发生互换，得到：

DKK1＝USD1/5.799 7～1/5.791 7

SEK1＝USD1/8.296 1～1/8.286 1

然后可运用同边相乘法求交叉汇率。

1）由 USD1＝SEK8.286 1～8.296 1 和 DKK1＝USD1/5.799 7～1/5.791 7 得到：

$$
\begin{aligned}
\text{DKK1} &= \text{SEK8.286 1}\times 1/5.799\ 7\sim 8.296\ 1\times 1/5.791\ 7\\
&= 8.286\ 1\div 5.799\ 7\sim 8.296\ 1\div 5.791\ 7\\
&= 1.428\ 7\sim 1.432\ 4
\end{aligned}
$$

即 DKK/SEK1.428 7～1.432 4。

2）由 USD1＝DKK5.791 7～5.799 7 和 SEK1＝USD1/8.296 1～1/8.286 1 得到：

$$
\begin{aligned}
\text{SEK1} &= \text{DKK5.791 7}\times 1/8.296\ 1\sim 5.799\ 7\times 1/8.286\ 1\\
&= 5.791\ 7\div 8.296\ 1\sim 5.799\ 7\div 8.286\ 1\\
&= 0.698\ 1\sim 0.699\ 9
\end{aligned}
$$

即 SEK/DKK0.698 1～0.699 9。

（4）基础货币不同，标价货币相同（如美元在两个汇率中均为标价货币），求基础货币间的套算汇率。规则为：交叉相除。具体做法是：在套算汇率中，处于基础货币位置上的、原来给定的含有该基础货币的汇率为分子，原来给定的含有标价货币的汇率为分母，交叉的是分母。

例 1-13 已知：AUD/USD：0.735 0～0.736 0；GBP/USD：1.587 0～1.588 0。

计算 GBP/AUD 的汇率。

解析：运用上述规则可得：

已知的两个汇率中美元均为标价货币，所求交叉汇率 GBP/AUD 中，GBP 为基础货币，原来给定的汇率中含有该基础货币的汇率数 1.587 0～1.588 0 作为分子；AUD 为标价货币，原来给定的汇率中含有该标价货币的汇率数 0.735 0～0.736 0 作为分母，并将其交叉。则：

GBP/AUD 的买入价为：1.587 0÷0.736 0＝2.156 3。

GBP/AUD 的卖出价为：1.588 0÷0.735 0＝2.160 5。

交叉汇率为 GBP/AUD：2.156 3～2.160 5。

本例解析思路与上面类似。

总结（2）（3）（4）三种情形的计算结果会发现，因为交叉汇率的计算考虑了两次交易费用，所以无论用乘法还是用除法，每次将中介货币相抵消时交易费用就增加一次，因而交叉汇率的买入价和卖出价之间的价差就增大一次，大于原有给定的基本汇率的价差。我们也可用此方法验算计算结果。

银行在公布本币与其他国家货币的汇率时，并不说明哪个汇率是基本汇率或交叉汇率。如果客户向银行询问非美元货币间的汇率，银行通常会直接报出交叉汇率。虽然交叉汇率已经日益普遍，也为专业交易者所接受，但仍然不是主要的交易形式，对于银行来说，交叉汇率的交易仍被视为两笔对美元的交易。

（三）即期汇率表是确定进口报价可否接受的主要依据

利用不同货币的即期汇率进行套算，不仅对出口商做好出口报价有着极其重要的作用，而且也是进口商核算进口报价是否合理、可否接受的一个简便的方法。

假设某出口商给出两种货币的报价，进口商就可以对即期汇率进行折算，以判断用哪种报价更为划算。具体有两种方法可供进口商选择使用：一是把两种货币报价统一折算为本币报价然后进行比较；二是把不同币种报价折算为同一币种报价然后进行比较。

例 1-14 我国某公司从德国进口一种仪表，出口商给出了欧元与美元两种报价，每只仪表单价为 100 欧元或 118 美元。假设当天我国某银行外汇牌价上人民币对欧元及美元的即期汇率分别为：EUR100＝CNY874. 11～881. 13，USD100＝CNY682. 03～684. 77。那么，哪种货币报价对进口商更有利呢？

解析： 首先要明确在进行汇率折算时应选择卖出价，因为进口商为支付进口货款需到银行购买外汇，进口商买外汇的过程，是银行在卖外汇。

方法一：将不同币种报价统一折成人民币报价进行比较。

欧元报价是 100 欧元，折成人民币报价为 881. 13 元人民币；美元报价是 118 美元，折成人民币报价为 684. 77÷100×118＝808. 03 元人民币。

可见，美元报价的人民币成本低于欧元报价的人民币成本，因而如果不考虑其他因素，进口商应选择接受美元报价。

方法二：将不同币种报价折算为同一币种报价进行比较。

先将 EUR1＝CNY8. 811 3 和 USD1＝CNY6. 847 7 两个卖出汇率进行套算，得到：

EUR1＝USD8. 811 3÷6. 847 7＝USD1. 286 8

USD1＝EUR6. 847 7÷8. 811 3＝EUR0. 777 1

然后改变报价以比较价格高低。

100 欧元报价折成美元报价为 100×1. 286 8＝128. 68 美元，大于 118 美元报价，不划算；118 美元报价折成欧元报价为 118×0. 777 1＝91. 698 欧元，小于 100 欧元报价，划算。

从这两个比较结果可以看出，以美元报价对进口商来说更加便宜，因而进口商更愿意接受美元报价。

二、远期汇率折算与进出口报价

远期汇率可以用来为进出口商在延期支付结算中锁定成本或收益，而且远期汇率的运用同样也存在着汇率折算和进出口报价的问题。

（一）将外币/本币的远期汇率折算为本币/外币的远期汇率

国际上有许多外汇市场是用公布升水或贴水的点数来进行远期汇率标价的。所以，远期汇率折算时要利用市场给出的这些相关信息。

1. 从外币/本币转换到本币/外币的远期汇率点数折算的基本公式

当外汇市场只给出外币/本币的即期汇率和远期汇率的升贴水点数，而客户希望了解本币/外币的远期汇率情况时，就需要对远期汇率进行折算。根据直接标价法与间接标价法之间关系转换的基本原理，远期汇率点数折算的基本公式为：

$$P^{*} = P/(S \times F)$$

式中：S 为外币/本币下的即期汇率；F 为外币/本币下的远期汇率；P 为外币/本币的远期点数，P^{*} 为本币/外币的远期点数。

该公式推理过程如下：

由于 $P=F-S$，即外币/本币的远期汇率升（贴）水等于远期汇率与即期汇率的差额。

则：$P^{*}=1/S-1/F$，即本币/外币的远期汇率升（贴）水等于即期汇率与远期汇率的差额。

于是：$P^{*}=1/S-1/F=(F-S)/(S\times F)=P/(S\times F)$

例 1－15 假设香港外汇市场某日公布的美元/港元的即期汇率中间价为：USD1＝HKD7.797 0，3 个月远期汇率升水点数为 230。求港元/美元的远期汇率中间价点数。

解析：港元/美元的远期汇率中间价点数为：

$$P^{*}=P/(S\times F)=0.023\,0\div[7.797\,0\times(7.797\,0+0.023\,0)]=0.000\,4$$

即港元/美元 3 个月远期汇率贴水点数为 4。

2. 从外币/本币远期汇率买入价和卖出价转换到本币/外币远期汇率的卖出价和买入价的折算

可以运用上述公式分别计算出本币/外币远期汇率的卖出价和买入价。注意折算时买入价和卖出价要互换位置。

例 1－16 假设香港外汇市场上某日公布的美元/港元即期买入汇率和卖出汇率为：USD1＝HKD7.797 0～7.816 0，3 个月远期升水点数为 230～280。求港元/美元的远期差价。

解析：港元/美元即期汇率为：

HKD1＝USD1/7.816 0～1/7.797 0

根据 $P^{*}=P/(S\times F)$，则港元/美元远期点数为：

卖出价贴水点数为：

$$0.028\,0\div[7.816\,0\times(7.816\,0+0.028\,0)]\approx0.000\,5(\text{美元})。$$

买入价贴水点数为：

$$0.023\,0\div[7.797\,0\times(7.797\,0+0.023\,0)]\approx0.000\,4(\text{美元})。$$

即港元/美元 3 个月远期汇率贴水点数为：5～4。

（二）软币远期贴水是出口商延期收款的报价标准

软币是指预期其未来汇率呈下跌走势的货币；硬币是指预期其未来汇率呈上升走势的货币。一般情况下，进口商付汇愿意使用软币，以降低购汇成本；出口商收汇愿意使用硬币，以提高结汇利润。但对于出口商来说，有时为了达成出口交易，不得不妥协而收软币。在这种情况下，出口商为了减少以软币报价的损失，就会将计价结算货币的预期贬值率考虑到商品价格中去，即以软币的远期贴水点数或贴水年率作为商品加价的标准。

1. 用软币的远期贴水点数作为商品加价数额的标准

用软币的远期贴水点数作为出口商延期收款报价中商品加价数额的标准，目的是要分析以软币收款的出口商品的加价数额。

例 1－17 假设某企业出口商品，原来以美元报价，单价为 2 000 美元，3 个月后付款。现应进口商要求，改为瑞士法郎报价。出口商会怎样做？又假设交易当天纽约外汇市场上美元/瑞士法郎的汇价如下：即期汇率：USD1＝CHF1.603 0～1.604 0；3 个月远期点数：135～140。

解析： 纽约外汇市场上，美元为本币，瑞士法郎为外汇，汇率标价为间接标价法，前一个数字为卖出汇率，后一个数字为买入汇率。出口商原本是收美元货款，现改为收瑞士法郎货款，需要将瑞士法郎换成美元，即把瑞士法郎卖给银行，而银行则是买入瑞士法郎，因此出口商选择汇率时首先应确定用买入汇率，即后面的数字 1.604 0 和 140。另外，从远期点数 135～140 的排序中可以看出，3 个月期的瑞士法郎远期汇率贴水，这对出口商不利。则出口商在商品报价时，就应把瑞士法郎远期贴水点数加在单价上。因此，原报价 2 000 美元的出口商品，若 3 个月后付款，则瑞士法郎报价为：

$$\text{CHF}(1.604\,0+0.014\,0)\times 2\,000=\text{CHF}3\,236$$

否则，如果不把瑞士法郎远期贴水点数加到出口商品单价上，商品单价为 CHF1.604 0×2 000＝CHF3 208，出口商就会受到收入减少的损失。

2. 用软币的贴水年率作为商品加价幅度的标准

用软币的贴水年率作为出口商延期收款报价中商品加价幅度的标准，目的是要分析以软币收款的出口商品的加价幅度。计算升贴水年率（或掉期成本年率）可用下面的公式：

$$\text{升贴水年率}=\frac{\text{升水或贴水具体数字}}{\text{即期汇率}}\times\frac{12}{\text{远期月数}}\times 100\%$$

例 1－18 假设某企业出口商品，原以英镑报价，每吨单价 GBP1 150，6 个月后付款。应进口商要求，改为以港元报价。当日伦敦外汇市场英镑/港元即期汇率标价为：GBP1＝HKD9.454 5～9.457 5，6 个月远期点数为 1 412～1 586。出口商会怎么做？

解析： 同上例一样，出口商报价应选择后一数字，并且这里港元 6 个月远期贴水。但同上例不同的是，这里是要用港元远期贴水年率作标准来加价，这需要分为两个步骤。

第一步，用英镑/港元的中间汇率计算出时间（t）为 6 个月的港元贴水年率。

$$\text{即期汇率中间价}=(9.454\,5+9.457\,5)\div 2=9.456\,0$$

$$\text{远期点数中间值}=(0.141\,2+0.158\,6)\div 2=0.149\,9$$

$$\text{贴水年率}=(S-F)/S\times 12/t\times 100\%$$

$$\text{则港元贴水年率}=0.149\,9/9.456\,0\times 12/6\times 100\%=3.17\%$$

第二步，用英镑/港元的买入价加上 6 个月期的港元贴水年率折算出该商品的港元报价。

$$\text{HKD}9.457\,5\times(1+3.17\%\times 6/12)\times 1\,150=\text{HKD}11\,048.51$$

如果不加价，该出口商品的港元报价为：HKD9.457 5×1 150＝HKD10 876.13，则出口商将受损失。

因此，当出口商接受以软币计价成交时，采用加价保值法可以转嫁外汇风险损失。

$$\text{加价后的商品价格}=\text{原商品价格}\times(1+\text{计价货币预期贬值率})$$

（三）远期汇率是进口商延期付款时接受进口报价软币加价幅度的依据

虽然在国际贸易中进口商更愿意用软币支付货款，但此时出口商肯定要求对商品加价。所以进口商要把握加价的幅度以防止进口成本增加。进口用软币付汇时的加价幅度要以远期汇率为最高界限，否则不如用硬币支付。

例 1-19 假设某企业进口商品原以瑞士法郎报价，单价为 CHF100，3 个月后付款。与出口商协商后可以改用美元支付货款。但由于 3 个月远期美元为贴水，因而用美元支付必须加价。交易当天苏黎世外汇市场美元/瑞士法郎即期汇率为 USD1＝CHF1.613 0～1.614 0，3 个月远期贴水点数为 135～125。则进口商所能接受的商品报价最高是多少？

解析：首先明确苏黎世外汇市场瑞士法郎是本币，美元是外汇。计算该进口商品改为美元报价需要分为两个步骤。

第一步，折算出瑞士法郎/美元的汇率。

先折算出瑞士法郎/美元的即期汇率的卖出价和买入价（美元是外汇），即：

$$CHF1 = USD1/1.614\,0 \sim 1/1.613\,0 = USD0.619\,6 \sim 0.620\,0$$

再利用公式 $P^{*} = P/(S \times F)$ 折算出瑞士法郎/美元的 3 个月远期点数，即：

$$\begin{aligned} & USD0.012\,5/[1.614\,0 \times (1.614\,0 - 0.012\,5)] \sim 0.013\,5/[1.613\,0 \times (1.613\,0 - 0.013\,5)] \\ & = USD0.012\,5/(1.614\,0 \times 1.601\,5) \sim 0.013\,5/(1.613\,0 \times 1.599\,5) \\ & = USD0.004\,8 \sim 0.005\,2 \end{aligned}$$

即瑞士法郎/美元的 3 个月远期升水点数为：48～52。

第二步，用瑞士法郎/美元的买入汇率加上其 3 个月远期点数折算出该商品的美元报价。

选用买入汇率是因为：进口商支付美元货款，本应是进口商买入美元银行卖出美元，用卖出汇率。但进口商所能接受的最高报价不超过该进口企业如果用硬币瑞士法郎报价，需要卖出美元买入瑞士法郎的汇率，进口商卖美元的过程是银行买入美元的交易，因此用买入价。其道理同出口商用软币报价要将软币贬值的幅度加到商品价格里时选用买入价一样。超过这一数额，则进口商宁肯接受用硬币报价。

$$USD(0.620\,0 + 0.005\,2) \times 100 = USD0.625\,2 \times 100 = USD62.52$$

此即进口商接受的该商品进口报价的最高界限。超过这一数额，则进口商宁肯接受用硬币报价。

（四）远期套算汇率的计算

远期套算汇率是指两种货币的远期汇率以第三种货币为中介而折算出来的交叉汇率。远期交叉汇率的计算方法与即期交叉汇率相似，不过要注意的是：如果远期汇率采用直接报价方式，可按交叉汇率的计算方法直接计算；如果远期汇率采用间接报价方式，则需要根据升贴水情况，首先分别计算出两种货币与第三种货币之间的远期汇率，然后将远期基本汇率根据不同的标价方式，交叉相除或同边相乘即可以得到远期交叉汇率。

例 1-20 某日国际外汇市场牌价即期汇率：USD/HKD：7.797 2/82，GBP/USD：1.832 4/29。对应 3 个月远期差价分别为：135/139；192/184。求 GBP/HKD 的 3 个月远期汇率。

解析：1）分别计算 USD/HKD 和 GBP/USD 的 3 个月远期汇率。

USD/HKD：7.797 2＋0.013 5＝7.810 7，7.798 2＋0.013 9＝7.812 1。

即 USD/HKD 3 个月远期汇率为 7.810 7/21。

GBP/USD：1.832 4－0.019 2＝1.813 2，1.832 9－0.018 4＝1.814 5。

即 GBP/USD 3 个月远期汇率为 1.813 2/45。

2）按一般交叉汇率的计算方法计算 GBP/HKD 的 3 个月远期交叉汇率。

美元兑港币汇率属美元标价法，英镑兑美元汇率属非美元标价法，采用同边相乘。

GBP/USD	1.813 2	1.814 5
（同边相乘）	↓	↓
USD/HKD	7.810 7	7.812 1

GBP/HKD 的远期买入价为：1.813 2×7.810 7＝14.162。

GBP/HKD 的远期卖出价为：1.814 5×7.812 1＝14.175。

即 GBP/HKD 的 3 个月远期汇率为 14.162/75。

例 1-21　已知某日外汇市场即期汇率和 1 个月远期汇率如下：

美元/瑞士法郎	1.486 0/1.487 0	55/44
美元/日元	104.00/104.20	218/208[①]

求瑞士法郎对日元 1 个月远期汇率是多少？

解析：第一步，计算美元对瑞士法郎 1 个月远期汇率：

1.486 0－0.005 5＝1.480 5

1.487 0－0.004 4＝1.482 6

即美元对瑞士法郎 1 个月远期汇率为 1.480 5/1.482 6。

第二步，计算美元对日元 1 个月远期汇率：

104.00－2.18＝101.82

104.20－2.08＝102.12

即美元对日元 1 个月远期汇率为 101.82/102.12。

第三步，计算交叉汇率。美元/瑞士法郎与美元/日元均属美元标价法，美元同属于基础货币，若求两种标价货币即瑞士法郎对日元之间的远期汇率，可按交叉相除规则计算。

美元/日元	101.82 / 102.12
（交叉相除）	╳
美元/瑞士法郎	1.480 5 / 1.482 6

瑞士法郎对日元 1 个月远期的买入汇率为：101.82÷1.482 6＝68.676 6。

瑞士法郎对日元 1 个月远期的卖出汇率为：102.12÷1.480 5＝68.976 7。

因此，瑞士法郎/日元 1 个月远期汇率为：68.676 6/68.976 7。

三、合理运用汇率的买入价和卖出价

汇率的买入价和卖出价之间一般相差 1‰～5‰，进出口商如果在货价折算、对外报价与履行支付义务时考虑不周全，计算不精确，就会遭受损失。

对出口商而言，在运用汇率的买入价和卖出价进行折算报价时，由于涉及不同货币之

---

① 1 日元＝100 点。

间价格的比例关系及其转换，因此必须明确市场所采用的汇率标价是直接标价法还是间接标价法，进而弄清买入价和卖出价的前后位置；同时了解折算货币与外汇市场所在地的关系，即明确折算货币是本币还是外币，才能避免在汇率折算的环节遭受损失。为此，出口商在进行汇率折算和报价时，需要遵循以下一些基本原则。这些原则在即期汇率和远期汇率折算中都适用。

（一）本币折外币时应使用买入价

如果出口商品底价为本币，而要改为外币报价时，则以单位外币/本币或单位本币/外币的买入价进行折算。其道理在于：因为出口商原为收取本币，现改为收取外币。则收到货款后需将外币卖给银行换回本币。而在出口商卖出外汇时，银行为买入外汇，因此用买入价进行折算。

例如，假设某香港企业出口产品底价为100 000港元，应客户要求改为以美元报价，则出口商应选择买入价折算该出口商品的美元报价。如果贸易谈判当天香港外汇市场美元/港元的比价为：USD1＝HKD7.712 6～7.790 2，则：HKD1＝USD1/7.790 2～1/7.712 6。该出口商品的美元报价应为：

USD1/7.712 6×100 000＝USD12 965.80

否则，以卖出价折算为USD1/7.790 2×100 000＝USD12 836.64，出口商将受到损失。

（二）外币折本币时应使用卖出价

如果出口商品底价为外币，而要改为本币报价时，则应该以外币/本币或本币/外币的卖出价来折算。其道理在于：因为出口商原为收取外币，现改为收取本币。所以收到货款时，需将本币卖给银行换回外币。而出口商卖出本币，买入外币，即为银行卖出外币，所以应该用卖出价进行折算。

例如，某港商出口商品底价为100美元，应客户要求改为港元报价，则应以卖出价折算该商品的港元报价。如果交易当天香港外汇市场美元/港元的比价为USD1＝HKD7.712 6～7.790 2。则该出口商品的港元报价为：

HKD7.790 2×100＝HKD779.02

否则，以买入价折算为HKD7.712 6×100＝HKD771.26，出口商将受到损失。

（三）按市场牌价进行汇率折算时视外汇市场所在地货币为本币

在不同标价方法下，无论买入价和卖出价的位置如何排列，遇到两种外币互相折算时，都应视国际外汇市场所在地货币为本币。然后按照本币折外币用买入价、外币折本币用卖出价的原则进行折算报价。

例如，假设港商出口产品底价为100美元，应客户要求改为英镑报价。对港商而言，美元和英镑均属外币，这种情况就属于以一种外币折算为另一种外币，可应用上述原则。如果按照纽约外汇市场外汇牌价折算，应视美元为本币；而如果按照伦敦外汇市场外汇牌价折算，则应视英镑为本币。然后，按照本币折外币时用买入价，外币折本币时用卖出价的原则进行折算。无论按照哪个外汇市场的外汇牌价折算，同一笔交易都会出现大致相同的结果。

（1）假设当时纽约外汇市场外汇牌价为GBP1＝USD1.253 2～1.255 8。在纽约外汇市场上，英镑/美元的比价采用直接标价法，买入价在前，卖出价在后。按此牌价计算该出口商品的英镑报价，本币折外币应用买入价。则英镑报价为：

GBP1/1.253 2×100＝GBP79.80

（2）假设同日伦敦外汇市场外汇牌价为 GBP1＝USD1.253 7～1.256 3。在伦敦外汇市场上，英镑/美元的比价采用间接标价法，卖出价在前，买入价在后。按此牌价计算该出口商品的英镑报价，外币折本币应用卖出价。则英镑报价为：

GBP1/1.253 7×100＝GBP79.76

上述原则主要针对出口商，这是由于在国际贸易中，出口商是站在出口报价的角度，以某币种报出出口商品的底价，或应进口商要求改变报价货币的币种，因而在出口报价时就要面对不同币种之间比较复杂的汇率折算问题。

而对进口商而言，进口商主要是站在询盘问价的角度，或直接接受出口商报出的底价，或要求出口商进行改变。而在进口商认可或接受报价后，只需按照双方约定的货币进行支付。如果约定的结算货币为本币，则直接用本币支付，一般不必涉及汇率折算问题。如果约定的结算货币为外汇，则用购买合同约定的外汇来支付货款。当进口商在为满足支付货款的需要而购买外汇时，是银行在卖出外汇，因而用卖出价。所以，尽管进口商也需要掌握汇率折算关系，但所遇到的问题相对于出口商所面对的问题而言就比较简单。而且，由于进出口商双方所持立场是相对的，所以进口商也可以站在相反的立场上运用上述原则，或视具体情况的不同而采取相应的方法。

模块小结

任务一	外汇概述	外汇是以外币表示的可以在国际结算中使用的各种支付手段和对外债权。外汇具有国际性或普遍接受性、可自由兑换性、可偿付性。
任务二	汇率及汇率标价	汇率是用一种货币表示的另一种货币的相对价格，即不同货币之间兑换的比率或比价。汇率有直接标价法、间接标价法和美元标价法。
任务三	汇率种类划分	按照不同的标准，汇率可以划分成不同的种类。如买入汇率、卖出汇率、中间汇率和钞价；基本汇率和套算汇率；电汇汇率、信汇汇率和票汇汇率；即期汇率和远期汇率；固定汇率和浮动汇率等。
任务四	汇率折算与进出口报价	即期汇率折算和远期汇率折算的方法及一般规则是国际金融与国际贸易实务操作最基本的要求。

模块测评

◎ 简述题

1. 我国对外汇的定义是什么？
2. 外汇的特征是什么？
3. 汇率的标价方法有哪些？
4. 按照不同的划分标准，汇率有哪些类型？

5. 什么叫远期差价？如何计算远期差价？

◎ 实务题

1. 某年 8 月 21 日银行间外汇市场人民币汇率中间价为：1 美元对人民币 7.286 8 元，人民币 1 元对 2.589 8 南非兰特，而前一交易日（8 月 20 日）1 美元对人民币 7.295 6 元，人民币 1 元对 2.608 2 南非兰特。这里，人民币汇率采用直接标价法还是间接标价法？这些数据表明人民币汇率的变动情况分别是怎样的？能否直接用上述汇率进行人民币与相应外币之间的兑换和买卖？为什么？

2. 表 1-8 是中国工商银行 2024 年 4 月 16 日即期外汇牌价。请根据该牌价计算并回答下列问题：

表 1-8　2024 年 4 月 16 日中国工商银行人民币即期外汇牌价

单位：人民币/100 外币

币种	现汇买入价	现钞买入价	现汇卖出价	现钞卖出价
美元（USD）	722.70	718.07	725.45	725.45
港币（HKD）	92.28	91.68	92.62	92.62
日元（JPY）	4.673 3	4.566 9	4.705 2	4.705 2
欧元（EUR）	767.57	750.09	772.80	772.80
英镑（GBP）	898.37	877.91	904.49	904.49

(1) 王女士出国旅游后手中结余 500 美元现钞，她到中国工商银行要求兑换成人民币，银行会付给她多少人民币？

(2) 刘同学计划 9 月份到香港上大学，想兑换 2 000 港元现金，他需要付出多少人民币？

(3) 张先生要到日本进行商务考察，需要购汇 50 万日元，他需持多少人民币到银行办理？

(4) 一位客户欲将其外汇账户中的 1 000 英镑兑换成等值的人民币，能兑换多少人民币？

(5) 一家出口企业到中国工商银行以 100 万美元即期结汇，能兑换多少等值的人民币？

(6) 一家进口企业需支付给出口商 10 万欧元现汇货款，折合成人民币是多少？

3. 某日外汇市场行情如下：

新加坡市场：即期 USD1＝SGD1.411 3/25，3 个月远期升（贴）水为 210/220；

伦敦市场：即期 GBP1＝USD1.238 9/94，3 个月远期升（贴）水为 120/110。

请问：USD/SGD、GBP/USD 的 3 个月远期汇率分别是多少？各货币远期差价情况如何？

4. 某日，某国际外汇市场牌价为：USD/CAD：1.386 6/1.400 6，USD/JPY：107.23/108.31。请计算 CAD/JPY 的汇率。

5. 我国某外贸服装厂向丹麦出口服装一批，每套服装报价为 300 元人民币，现丹麦进口商要求我国出口商向其发出克朗的报价。已知交易当天我国某商业银行外汇牌价为：DKK100＝CNY104.09/104.88。那么，我国出口商应报多少丹麦克朗为宜？

模块二

国际收支

学习目标

- 知识目标

  理解国际收支的含义；

  掌握国际收支平衡表的账户设置及内容；

  掌握国际收支平衡表的编制；

  掌握国际收支状态分析的基本方法；

  了解我国国际收支和国际投资头寸状况。

- 技能目标

  能够根据实际经济交易编制国际收支平衡表；

  能够解读分析我国国际收支平衡表和国际投资头寸表。

模块导入

每年大约3月份，国家外汇管理局会在其官方网站公布上一年我国国际收支平衡表，并发布《中国国际收支报告》。你可能想知道，什么是国际收支？国际收支平衡表是如何呈现的？它主要包含哪些内容？国与国之间的全部经济交易都用国际收支来记录吗？本模块将为你解读国际收支和国际收支平衡表。

任务一　国际收支概述

一、国际收支的概念

国际收支（balance of payments，BOP）是国际金融学中最重要、使用频率最高的核心概念之一。国际收支源于世界各国间经济、政治、文化等方面的往来活动，其含义也随着各国经济交往的扩大而不断发展和丰富。

（一）早期的国际收支

随着国际经济交易的变化与发展，国际收支被赋予不同的内涵。最早的国际收支概念出现在 17 世纪初叶重商主义时代，当时最主要的国际经济交易是对外贸易，并由此产生了国际结算清偿与金银货币的收付。而重商主义者认为，贸易顺差可以聚集金银，经常维持出口超过进口是国家致富的永恒原则。因而，国际收支被表述为一国对外贸易的差额。这一概念流行了很长时间，一直到金本位制崩溃。这期间，由于一些主要国家的贸易收支始终处于顺差状态，因此国际收支问题并未引起太多重视。

（二）狭义的国际收支

第一次世界大战后，国际经济与金融交往不断扩大，出现了大规模短期资本流动和巨额战争赔款，人们开始把国与国之间的债权债务关系以及由此产生的清偿问题列为国际收支的内容。由于各国货币制度不同，国际结算大都以外汇票据作为主要工具，构成了外汇的收入和支付。国际收支的概念演化为一个国家在一定时期内由于政治、经济、文化等各种对外交往而发生的、又必须立即结清的、来自其他国家的货币收入总额与付给其他国家的货币支出总额的对比，简言之，就是一国的外汇收支。这是狭义的国际收支概念。这一概念具有两个特点：一是以支付为基础，即只有现金支付的国际经济交易才能计入国际收支；二是外汇的收支必须立刻结清。这一时期许多国家国际收支相对平衡的局面被打破，各国开始重视国际收支问题。

（三）广义的国际收支

第二次世界大战结束后，国际经济活动的内涵、外延有了新的发展，对外贸易已不能涵盖全部的国际经济交易，诸如政府之间的无偿援助、赔偿、私人侨汇、资本的大规模国际流动等频繁发生，极大地丰富了国际经济交易的内容。另外，虽然国际收支的绝大部分要通过外汇进行，而且外汇收支的盈余或亏损所形成的国家外汇储备的增减变化对一国具有重要意义，但并非所有的国际经济交易都表现为外汇的收与支，例如易货贸易、补偿贸易、无偿援助和私人捐赠中的实物部分、清算支付协定下的记账、以实物进行的国际直接投资等，而这些在国与国之间的往来中时有发生，影响愈来愈大。因此，以支付为基础的狭义的国际收支概念已不能反映一国对外往来的实际情况和总量。目前，世界各国广泛采用广义的国际收支概念，即国际收支是指一个经济体在一定时期内其居民与国外非居民之间的以货币形式表示的全部经济交易的系统记录。它反映了一国对外经济往来的全部货币价值总和，包括货物、服务和收入、对世界其他地方的金融债权和债务的交易以及无偿转移项目。

为了进一步统一和明确国际收支的含义，国际货币基金组织在《国际收支手册》中对国际收支做出如下解释："国际收支是指一经济体在一定时期内（通常为 1 年）全部对外经济往来的系统的货币记录。它包括：(1) 一个经济体与世界其他经济体之间商品、劳务和收益的交易；(2) 该经济体持有的货币黄金、特别提款权的所有权变动与其他变动，以及这个经济体对世界其他经济体的债权、债务的变化；(3) 无偿转移，以及从会计意义上讲，需要对上述不能相互抵消的交易和变化加以平衡的对应记录。"

二、国际收支的特征

要正确理解广义的国际收支概念及国际货币基金组织对国际收支的定义，必须把握其基本特征：

（一）国际收支以经济交易为基础

国际收支所反映的内容是以经济交易为基础，而不是以外汇支付为基础。

国际收支中的经济交易涉及所有的从一个经济实体向另一个经济实体转移的经济价值，既包括用外汇收付的经济交易，也包括以实物、技术形式进行的经济交易，这些交易不涉及货币收支或根本无须货币支付，如易货贸易、补偿贸易、以实物形式提供的无偿援助等，但需将其折算成货币记录在国际收支中，因而国际收支记录的是全部的国际经济交易。其具体包括：（1）物物交换：商品、服务与商品、服务之间的交换，如易货贸易、补偿贸易等；（2）物币交换：金融资产与商品、服务之间的交换，如商品进出口、劳务输出和输入等；（3）金融资产与金融资产之间的交换，如货币资金借贷、货币或商品的直接投资，有价证券投资以及无形资产（如专利权、版权）的转让等；（4）无偿的商品、服务转移，如无偿的物资捐赠、服务和技术援助等；（5）无偿的金融资产转移，如债权国对债务国给予债务注销，富有国家对低收入国家的投资捐赠等；（6）根据推论存在的交易，如以直接投资的投资收益对当地进行再投资，并没有发生实际资源（资金或商品）在两国间的流动，但根据推论它是属于居民与非居民之间的交易，因而也需要在国际收支中予以记录。

（二）国际收支是一个流量的概念

国际收支记录的是在一段时期（通常指1年）内，一国与他国发生的各项经济往来情况。这与记录一个国家在一定日期对外资产和对外负债的国际借贷不同。

国际借贷是指一个国家或地区在一定日期对外资产和对外负债的汇总记录，它反映的是某一时点上一国居民对外债权债务的综合情况。国际借贷与国际收支既有联系，又有区别。二者的联系是，在非现金结算条件下，国家之间的经济交往总是先形成债权债务关系，如商品、劳务和资本的输出、输入等，两国在未进行结算前，输出国形成对外债权，输入国形成对外债务，这种关系就是国际借贷关系。国际借贷关系一经结算即告消失，但在结算过程中却引起国际收支的发生，债权国会得到外汇收入，债务国会支出外汇，这就分别形成两个国家的国际收支。可见，国际借贷是产生国际收支的直接原因。但有时，国际收支又会反作用于国际借贷，因为国际收支的某些变化会引起国际借贷活动的展开。

二者的区别表现在：（1）国际借贷表示一个国家在一定时期对外债权债务的综合情况；而国际收支则表示一个国家在一定时期对外全部经济交易的综合情况。（2）国际借贷是个静态的概念，表示的是一种存量（余额）；国际收支是个动态的概念，表示的是一种流量（发生额）。（3）国际借贷只包括形成债权债务关系的经济交易，范围小；国际收支则包括一切对外发生的经济交易，范围大。

因此，国际借贷关系用国际投资头寸账户反映；国际收支关系用国际收支平衡表反映。

（三）国际收支统计的主体是“经济体”，而不是“国家”

国际货币基金组织强调，国际收支统计的是一个经济体与世界上其他经济体之间的各种经济交易。一个经济体由作为特定经济领土居民的所有机构单位组成。我国大陆与香港、澳门、台湾之间的各种经济往来应纳入国际收支范畴。

（四）国际收支记录的是居民与非居民间的交易

判断一项经济交易是否应包括在国际收支范围内，所依据的不是交易双方的国籍，而是依据交易双方是否分属居民与非居民的范畴。所谓居民（resident），是指在一个国家的经济领土内居住达一年或一年以上的具有一个经济利益中心的机构单位，否则为非居民（non-resident）。

国际货币基金组织在《国际收支和国际投资头寸手册》中指出："一个机构单位，如果在一经济领土内有某种场所、住所、生产地或者其他建筑物，并且在这些地方或者从这些地方，无限期地或者有限期但却长期地从事或者打算继续从事大规模经济活动和交易，那么该单位是该经济领土内的居民。机构单位的地点无须固定，而只需在同一经济领土内。在实际操作时，将机构单位在一个实际或预计地点的时间定义为一年或一年以上。尽管将一年作为具体的期间有些武断，但可避免不确定性，并促进国际上的统一。"

因此，理解居民的概念应准确把握一个国家的经济领土、经济利益中心和机构单位这三个关键的词。

1. 经济领土

最常用的经济领土概念是指由一个政府有效实施经济管理的地区。一个国家的经济领土包括：（1）一国政府所管辖的陆地区域；（2）该国领空；（3）领海和邻近水域下的大陆架，包括对捕鱼权、燃料或矿物权行使管辖的所在区域；（4）在海上领土中，属于该领土的岛屿；（5）该国在世界其他地方的领土飞地。飞地是明确划分的经所在国政府同意由本国政府拥有或租用，用于外交、军事、科学或其他目的的地区，如大使馆、领事馆、军事基地、科学站、移民办事处、援助机构、具有外交身份的中央银行代表处等。货币联盟与经济联盟被视为经济领土。

2. 经济利益中心

经济利益中心是指一个经济单位在一个国家的经济领土内已经有一年或一年以上的时间大规模地从事经济活动或交易，或计划如此行事。

3. 机构单位

机构单位即居民单位，包括家庭和组成家庭的个人、政府、企业和非营利机构等。

居民与居民之间的经济交易属于国内交易，不属于国际收支范畴。只有居民与非居民之间的经济交易才属于国际收支范畴。居民与公民在概念上有交叉，但二者并不等同。公民是一个法律上的概念，仅指个人，是基于国籍标准来划分的，而居民是一个经济上的概念，是以居住地为标准划分的，包括个人、政府、法人和社会团体等经济体。

按照上述原则，移民属于其工作所在国的居民。一个企业国外子公司是其所在国的居民，是其母公司所在国的非居民。官方外交使节、驻外军事人员永远是派出国的居民，所在国的非居民。国际性机构，如联合国、国际货币基金组织、世界银行等是任何国家的非居民。出国进行全日制学习的人员一般继续属于其出国学习前常住领土的居民，即使其学习课程的时间超过了一年。但如果他们打算在完成学业后继续留在其学习的领土内，那么则转为其学习所在领土内的居民。如果认为学生迁移到另一个不同领土的动机是暂时的，即他们的主要经济利益中心仍然在本国领土，那么其居民地位所在的领土将不发生改变。学生在其东道国经济体内的学费和其他支出纳入旅行类别。对于到国外求医的人员，同留学生一样，其主要利益中心仍然在其求医前具有居民身份的领土内。

我国国际收支的所有交易均发生在我国大陆居民（不包括港、澳、台地区）与非我国大陆居民之间。我国居民是指：(1) 除外国驻华使领馆外籍工作人员及其家属以外的所有在我国境内居留一年以上的自然人；(2) 我国短期出国人员（在外居留时间不超过一年）、在外留学、就医人员及我国驻外使领馆工作人员及其家属；(3) 所有在我国境内登记注册的企事业单位；(4) 我国各级政府机关（含我国所有的驻外使领馆）、部队以及除国际组织驻华办事处、外国驻华使领馆以外的所有法人或团体。

即测即评

我国向世界卫生组织缴纳的会费是否计入我国的国际收支？

任务二 国际收支平衡表

一、国际收支平衡表的概念

一国国际收支的具体内容反映在该国的国际收支平衡表中。国际收支平衡表是国家间经济、金融联系的账面表现，它反映一国在国际经济中的地位和实力变化的情况。因此，国际收支和国际收支平衡表是国际金融研究的基础和主线。

国际收支平衡表（balance of payments statement，BPS），也称国际收支账户，是系统地记录一国一定时期（年度、半年或季度）内各种国际经济交易项目及其金额的一种统计报表，它集中反映了一国国际收支的总貌和具体构成。通常，国际收支平衡表的货币单位是国际收支平衡表编制国的货币。在作为国际收支基础的复式记账会计制度下，每笔交易的记录由两个分录组成，贷方分录合计金额与借方分录合计金额相等。

二、国际收支平衡表的账户结构和内容

国际收支平衡表在编制时需要以某一特定的货币为计量单位、按照复式簿记原理（每个项目都有相等金额的借方记录和贷方记录）、采用简明的表格形式，将一个国家在某一特定时期内与世界上其他国家间发生的经济交易反映出来。它所包含的内容十分繁杂，其账户或项目一般应根据国际经济交易的内容与范围，按照经济分析的需要来设置。但由于世界各国对外交易的内容与范围不尽相同，经济分析的需要也不完全一样，因而各国编制的国际收支平衡表也有所不同。

（一）国际货币基金组织确定的国际收支平衡表的标准格式

为规范成员国际收支平衡表的编制，国际货币基金组织用专门的《国际收支手册》对各国在编制国际收支平衡表中使用的概念和规则给出建议；国际货币基金组织定期发布有关各成员方国际收支情况的《国际收支统计年报》。目前，2008 年更名出版的《国际收支和国际投资头寸手册（第六版）》（简称为 BPM6）为通用版本，对国际收支账户的标准构成做出了相关规定，不同于原有的账户设置；同时，强调国际投资头寸

国际货币基金组织《国际收支手册》各版之演变

账户统计的重要性。其中，国际收支内的不同账户根据提供和获得经济资源的性质加以区分，即包括经常账户（货物和服务账户、初次收入账户、二次收入账户）、资本账户、金融账户、误差与遗漏账户四大类（见表 2-1）。BPM6 的国际收支统计与国民收入统计、货币金融统计在概念和数据上保持一致。

表 2-1 国际收支平衡表 单位：

国际收支	贷方	借方
1. 经常账户		
经常账户差额（+顺差；-逆差）		
1. A 货物和服务		
货物和服务差额（+顺差；-逆差）		
1. A. a 货物		
货物贸易差额（+顺差；-逆差）		
1. A. a. 1 国际收支口径的一般商品		
1. A. a. 2 转手买卖下的货物净出口		
1. A. a. 3 非货币黄金		
1. A. b 服务		
服务贸易差额（+顺差；-逆差）		
1. A. b. 1 对他人拥有的实物投入的制造服务（加工服务）		
1. A. b. 2 别处未涵盖的维护和维修服务		
1. A. b. 3 运输		
1. A. b. 4 旅行		
1. A. b. 5 建设		
1. A. b. 6 保险和养老金服务		
1. A. b. 7 金融服务		
1. A. b. 8 别处未涵盖的知识产权使用费		
1. A. b. 9 电信、计算机和信息服务		
1. A. b. 10 其他商业服务		
1. A. b. 11 个人、文化和娱乐服务		
1. A. b. 12 别处未涵盖的政府货物和服务		
1. B 初次收入		
初次收入差额（+顺差；-逆差）		
1. B. 1 雇员报酬		
1. B. 2 投资收益		
1. B. 2. 1 直接投资		
1. B. 2. 1. 1 股权和投资基金份额收益		
1. B. 2. 1. 2 利息		
1. B. 2. 2 证券投资		
1. B. 2. 2. 1 股权和投资基金份额的投资收益		
1. B. 2. 2. 2 利息		
1. B. 2. 3 其他投资		
1. B. 2. 3. 1 准公司收益提取		
1. B. 2. 3. 2 利息		
1. B. 2. 3. 3 归属于保险、养老金计划和标准化担保计划投保人的投资收益		
1. B. 2. 4 储备资产		
1. B. 2. 4. 1 股权和投资基金份额收益		
1. B. 2. 4. 2 利息		

续表

国际收支	贷方	借方
1.B.3 其他初次收入		
1.B.3.1 生产税和进口税		
1.B.3.2 补贴		
1.B.3.3 租金		
货物、服务和初次收入差额（+顺差；-逆差）		
1.C 二次收入		
二次收入差额（+顺差；-逆差）		
1.C.1 广义政府		
1.C.1.1 对所得、财富等征收的经常性税收		
1.C.1.2 社会保障缴款		
1.C.1.3 社会福利		
1.C.1.4 经常性国际合作		
1.C.1.5 广义政府的其他经常转移		
1.C.2 金融公司、非金融公司、住户和为住户服务的非营利机构		
1.C.2.1 个人转移（居民和非居民住户间的经常转移）		
1.C.2.2 其他经常转移		
1.C.3 养老金权益变化调整		
2. 资本账户		
资本账户差额（+顺差；-逆差）		
2.1 非生产非金融资产的取得（借记）/处置（贷记）总额		
2.2 资本转移		
2.2.1 广义政府		
2.2.1.1 债务减免		
2.2.1.2 其他资本转移		
2.2.2 金融公司、非金融公司、住户和为住户服务的非营利机构		
2.2.2.1 债务减免		
2.2.2.2 其他资本转移		
净贷出（+）/净借入（-）（经常账户和资本账户差额）		
国际收支	**金融资产的净获得**	**负债的净产生**
3. 金融账户		
净贷出（+）/净借入（-）（金融账户）		
3.1 直接投资		
3.1.1 股权和投资基金份额		
3.1.2 债务工具		
3.2 证券投资		
3.2.1 股权和投资基金份额		
3.2.2 债务证券		
3.3 金融衍生工具（储备除外）和雇员认股权		
3.3.1 中央银行		
3.3.2 存款性公司，中央银行除外		
3.3.3 广义政府		
3.3.4 其他部门		
3.4 其他投资		
3.4.1 其他股权		
3.4.2 货币和存款		

续表

国际收支	金融资产的净获得	负债的净产生
3.4.3 贷款		
3.4.4 保险、养老金和标准化担保计划		
3.4.5 贸易信贷和预付款		
3.4.6 其他应收/应付款——其他		
3.4.7 特别提款权		
3.5 储备资产		
3.5.1 货币黄金		
3.5.2 特别提款权		
3.5.3 在国际货币基金组织的储备头寸		
3.5.4 其他储备资产		
4. 资产/负债总计		
国际收支	**贷方**	**借方**
误差与遗漏净额		

资料来源：国际货币基金组织．国际收支和国际投资头寸手册．6版．2008.

（二）我国的国际收支平衡表

我国的国际收支平衡表是反映特定时期内我国（不含香港、澳门和台湾）与世界其他国家或地区的经济交易的统计报表。我国2019年国际收支平衡表如表2-2所示。

表2-2　2019年中国国际收支平衡表　　单位：亿美元

项目	行次	2019年
1. 经常账户	1	1 413
贷方	2	29 051
借方	3	−27 638
1.A 货物和服务	4	1 641
贷方	5	26 434
借方	6	−24 793
1.A.a 货物	7	4 253
贷方	8	23 990
借方	9	−19 737
1.A.b 服务	10	−2 611
贷方	11	2 444
借方	12	−5 055
1.A.b.1 加工服务	13	154
贷方	14	157
借方	15	−4
1.A.b.2 维护和维修服务	16	65
贷方	17	102
借方	18	−37
1.A.b.3 运输	19	−590
贷方	20	462

续表

项目	行次	2019 年
借方	21	－1 052
1. A. b. 4 旅行	22	－2 188
贷方	23	358
借方	24	－2 546
1. A. b. 5 建设	25	51
贷方	26	144
借方	27	－93
1. A. b. 6 保险和养老金服务	28	－62
贷方	29	48
借方	30	－110
1. A. b. 7 金融服务	31	15
贷方	32	39
借方	33	－24
1. A. b. 8 知识产权使用费	34	－278
贷方	35	66
借方	36	－344
1. A. b. 9 电信、计算机和信息服务	37	80
贷方	38	349
借方	39	－270
1. A. b. 10 其他商业服务	40	194
贷方	41	692
借方	42	－498
1. A. b. 11 个人、文化和娱乐服务	43	－31
贷方	44	10
借方	45	－41
1. A. b. 12 别处未提及的政府服务	46	－21
贷方	47	16
借方	48	－37
1. B 初次收入	49	－330
贷方	50	2 358
借方	51	－2 688
1. B. 1 雇员报酬	52	31
贷方	53	143
借方	54	－112
1. B. 2 投资收益	55	－372
贷方	56	2 198
借方	57	－2 570
1. B. 3 其他初次收入	58	11

续表

项目	行次	2019 年
贷方	59	18
借方	60	−7
1. C 二次收入	61	103
贷方	62	259
借方	63	−157
1. C. 1 个人转移	64	1
贷方	65	40
借方	66	−40
1. C. 2 其他二次收入	67	102
贷方	68	219
借方	69	−117
2. 资本和金融账户	70	567
2. 1 资本账户	71	−3
贷方	72	2
借方	73	−5
2. 2 金融账户	74	570
资产	75	−1 987
负债	76	2 558
2. 2. 1 非储备性质的金融账户	77	378
资产	78	−2 180
负债	79	2 558
2. 2. 1. 1 直接投资	80	581
2. 2. 1. 1. 1 直接投资资产	81	−977
2. 2. 1. 1. 1. 1 股权	82	−849
2. 2. 1. 1. 1. 2 关联企业债务	83	−128
2. 2. 1. 1. 1. a 金融部门	84	−175
2. 2. 1. 1. 1. 1. a 股权	85	−191
2. 2. 1. 1. 1. 2. a 关联企业债务	86	16
2. 2. 1. 1. 1. b 非金融部门	87	−802
2. 2. 1. 1. 1. 1. b 股权	88	−658
2. 2. 1. 1. 1. 2. b 关联企业债务	89	−144
2. 2. 1. 1. 2 直接投资负债	90	1 558
2. 2. 1. 1. 2. 1 股权	91	1 313
2. 2. 1. 1. 2. 2 关联企业债务	92	246
2. 2. 1. 1. 2. a 金融部门	93	184
2. 2. 1. 1. 2. 1. a 股权	94	159
2. 2. 1. 1. 2. 2. a 关联企业债务	95	25
2. 2. 1. 1. 2. b 非金融部门	96	1 374

续表

项目	行次	2019 年
2.2.1.1.2.1.b 股权	97	1 153
2.2.1.1.2.2.b 关联企业债务	98	221
2.2.1.2 证券投资	99	579
2.2.1.2.1 资产	100	−894
2.2.1.2.1.1 股权	101	−293
2.2.1.2.1.2 债券	102	−601
2.2.1.2.2 负债	103	1 474
2.2.1.2.2.1 股权	104	449
2.2.1.2.2.2 债券	105	1 025
2.2.1.3 金融衍生工具	106	−24
2.2.1.3.1 资产	107	14
2.2.1.3.2 负债	108	−37
2.2.1.4 其他投资	109	−759
2.2.1.4.1 资产	110	−323
2.2.1.4.1.1 其他股权	111	−15
2.2.1.4.1.2 货币和存款	112	−863
2.2.1.4.1.3 贷款	113	331
2.2.1.4.1.4 保险和养老金	114	−12
2.2.1.4.1.5 贸易信贷	115	368
2.2.1.4.1.6 其他	116	−132
2.2.1.4.2 负债	117	−437
2.2.1.4.2.1 其他股权	118	0
2.2.1.4.2.2 货币和存款	119	−557
2.2.1.4.2.3 贷款	120	425
2.2.1.4.2.4 保险和养老金	121	18
2.2.1.4.2.5 贸易信贷	122	−288
2.2.1.4.2.6 其他	123	−35
2.2.1.4.2.7 特别提款权	124	0
2.2.2 储备资产	125	193
2.2.2.1 货币黄金	126	0
2.2.2.2 特别提款权	127	−5
2.2.2.3 在国际货币基金组织的储备头寸	128	0
2.2.2.4 外汇储备	129	198
2.2.2.5 其他储备资产	130	0
3. 净误差与遗漏	131	−1 981

注：1. 本表根据《国际收支和国际投资头寸手册》（第六版）编制。

2. “贷方”按正值列示，“借方”按负值列示，差额等于“贷方”加上“借方”。本表除标注“贷方”和“借方”的项目外，其他项目均指差额。

3. 本表计数采用四舍五入原则。

4. 数据来源于国家外汇管理局。

即测即评

我国国际收支平衡表的账户设置与国际货币基金组织标准设置之间有什么不同？

三、国际收支平衡表的编制

国际收支统计以权责发生制为统计原则，并采用复式记账法。从微观上看，计入国际收支平衡表的每笔交易都是一国居民单位与他国居民单位之间发生的具体的经济往来。但从宏观上看，国际收支平衡表中的会计主体是国家，不是该国的任一经济单位。国际收支平衡表是以一个国家为整体，反映该国与整个外部世界的交易情况。

（一）国际收支平衡表的编制原理和记账规则

国际收支平衡表是按照"有借必有贷、借贷必相等"的复式记账原理来编制的，对每笔国际经济交易都要以相同金额分别记录在借、贷两方。这是因为，绝大多数交易都是商品、服务或金融资产的双向转移，即以提供或取得一种经济价值的资产换取另一种经济价值的资产的交易。不过，也有些国际经济往来不是用于交换，而是基于特殊原因而发生的单方面转移，如甲国向乙国捐赠救灾物资，这一行为形成了甲国的商品出口，应记录在其国际收支平衡表"货物"项下"出口"的贷方。但这种官方捐赠是一种无偿转移交易，不能自动成双，不像真正的出口那样能带来对等的收入，为此需要设置一个抵消性账户（如经常转移即二次收入）来达到平衡，因此甲国还要记录在"二次收入"项下的借方。对乙国而言，与甲国相反，视同进口，获得经济价值资产，但没有放弃或丧失相应的经济价值资产，因此记录在其国际收支平衡表"货物"项下"进口"的借方和"二次收入"项下的贷方。这样，每笔国际经济交易都会产生金额相同的一项借方记录和一项贷方记录。因此，从理论上说，国际收支平衡表的借方总额和贷方总额是相等的，国际收支平衡表也由此而得名。

凡是收入项目以及资产（本国对外金融资产）的减少和负债（外国在本国的金融资产）的增加都记录在贷方，称为正号项目，记为"＋"；凡是支出项目以及资产的增加或负债的减少都记录在借方，称为负号项目，记为"－"。换言之，一笔交易的结果如果是收到外国货币，就在贷方记录；相反，如果是向外国支出货币就在借方记录。贷方是一个"加"的概念，它表示外汇的流入；借方是一个"减"的概念，它表示外汇的流出。上述规则可以用下面的等式来反映：

> 贷方项目＝外国居民向本国居民支付的交易＝引起本国外汇供给的项目（货物和服务出口，应收收入，资产减少或负债增加）
>
> 借方项目＝本国居民向外国居民支付的交易＝引起本国外汇需求的项目（货物和服务进口，应付收入，资产增加，或负债减少）

（二）国际收支平衡表的计量基础

1. 使用市场价值衡量流量和存量

国际收支平衡表采用统一的计价原则，即以市场价格为依据。在可以得到市场价格的情况下，国际收支交易按市场价格对交易定值。对于不在市场上交易的金融项目（主要是不同形式的贷款和存款等债务工具），则以它的账面价值作为它的市场价格来定值。在市场价格不存在的情况下，应按其由生产要素所决定的成本计算或按若销售资源可能得到的款项来计算。比如在易货交易、税收支付、单方面转移等交易中，习惯的做法是利用同等条件下形成的已知市场价格推算需要的市场价格。

2. 按权责发生制进行计量

一项国际经济交易可能涉及若干个日期，如签约日期、所有权变更日期、货物装运日期、交货日期、结算付款日期等。按照国际货币基金组织的规定，在编制国际收支平衡表时，应以商品、服务和金融资产的所有权变更日期为准。如一般商品在货物通过海关边境时记录，对外金融资产负债交易在交易主体进行会计账务处理时记录。但受数据源所限，部分交易采用收付实现制记录，如服务贸易、二次收入的部分项目采用了国际交易报告系统采集数据，其为收付实现制数据。

3. 总额和净额的计量

经常账户、资本账户采用全额方式记录贷方和借方发生额，金融账户采用净额方式记录资产负债的净变动。

四、国际收支平衡表各项目的含义

下面以我国国际收支平衡表为例解析国际收支平衡表中各个不同层次项目的具体含义。

(一) 经常账户（current account）

经常账户，也译为“经常项目”或“往来账户”，是指对实际资源在国际上的流动行为进行记录的账户。经常账户显示居民与非居民之间的货物、服务、初次收入和二次收入的流量。这是本国与外国进行经济交易而经常发生的会计项目，是国际收支平衡表中最基本、最重要的项目。

1. A 货物和服务：包括货物和服务两部分。

1. A. a 货物（goods）：指经济所有权在居民与非居民之间发生转移的货物交易。货物是经常项目乃至整个国际收支平衡表中最重要的项目，记录一国商品的进口和出口。其中，借方记录进口总额，贷方记录出口总额，商品进出口的差额称为贸易差额，即有形贸易收支（balance of visible trade）。在“货物”项目下，包括一般商品贸易、转口商品贸易、非货币黄金。

货物账户数据主要来源于海关进出口统计，但与海关统计存在以下主要区别：一是国际收支中的货物只记录所有权发生了转移的货物（如一般贸易、进料加工贸易等贸易方式的货物），所有权未发生转移的货物（如来料加工或出料加工贸易）不纳入货物统计，而纳入服务贸易统计。二是计价方面，国际收支统计要求进出口货值均按离岸价格（free on board，FOB）记录。海关出口货值为离岸价格，但进口货值为到岸价格（cost insurance and freight，CIF），即成本加保险费、运费。因此国际收支统计从海关进口货值中调出国际运保费支出，并将二者纳入服务贸易统计。三是补充部分进出口退运等数据。四是补充海关未统计的转手买卖下的货物净出口数据。

1. A. b 服务（services）：服务是经常项目中的第二大项目。相对于商品的有形贸易来说，服务贸易是无形贸易（invisible trade），主要记录服务的输出和输入。包括加工服务，维护和维修服务，运输，旅行，建设，保险和养老金服务，金融服务，知识产权使用费，电信、计算机和信息服务，其他商业服务，个人、文化和娱乐服务以及别处未提及的政府服务。贷方记录提供的服务，借方记录接受的服务。

1. A. b. 1 加工服务：又称“对他人拥有的实物投入的制造服务”，指货物的所有权没有在所有者和加工方之间发生转移，加工方仅提供加工、装配、包装等服务，并从货物所有者处收取加工服务费用。贷方记录本国居民为非居民拥有的实物提供的加工服务，借方记录本国居民接受非居民的加工服务。

1. A. b. 2 维护和维修服务：指居民或非居民向对方所拥有的货物和设备（如船舶、飞机及其他运输工具）提供的维修和保养工作。贷方记录本国居民向非居民提供的维护和维修服务，借方记录本国居民接受的非居民维护和维修服务。

1. A. b. 3 运输：指将人和物体从一地点运送至另一地点的过程以及相关辅助和附属服务，以及邮政和邮递服务。贷方记录居民向非居民提供的国际运输、邮政快递等服务，借方记录居民接受的非居民国际运输、邮政快递等服务。

1. A. b. 4 旅行：指旅行者在其作为非居民的经济体旅行期间消费的物品和购买的服务。贷方记录本国居民向在该国境内停留不足一年的非居民以及停留期限不限的非居民留学人员和就医人员提供的货物和服务，借方记录本国居民境外旅行、留学或就医期间购买的非居民货物和服务。

1. A. b. 5 建设：指建筑形式的固定资产的建立、翻修、维修或扩建，工程性质的土地改良、道路、桥梁和水坝等工程建筑，相关的安装、组装、油漆、管道施工、拆迁和工程管理等，以及场地准备、测量和爆破等专项服务。贷方记录本国居民在经济领土之外提供的建设服务，借方记录本国居民在该国经济领土内接受的非居民建设服务。

1. A. b. 6 保险和养老金服务：指各种保险服务，以及同保险交易有关的代理商的佣金。贷方记录本国居民向非居民提供的人寿保险和年金、非人寿保险、再保险、标准化担保服务以及相关辅助服务，借方记录本国居民接受非居民的人寿保险和年金、非人寿保险、再保险、标准化担保服务以及相关辅助服务。

1. A. b. 7 金融服务：指金融中介和辅助服务，但不包括保险和养老金服务项目所涉及的服务。贷方记录本国居民向非居民提供的金融中介和辅助服务，借方记录本国居民接受非居民的金融中介和辅助服务。

1. A. b. 8 知识产权使用费：指居民和非居民之间经许可使用无形的、非生产/非金融资产和专有权以及经特许安排使用已问世的原作或原型的行为。贷方记录本国居民向非居民提供的知识产权相关服务，借方记录本国居民使用的非居民知识产权服务。

1. A. b. 9 电信、计算机和信息服务：指居民和非居民之间的通信服务以及与计算机数据和新闻有关的服务交易，但不包括以电话、计算机和互联网为媒介交付的商业服务。贷方记录本国居民向非居民提供的电信服务、计算机服务和信息服务，借方记录本国居民接受非居民提供的电信服务、计算机服务和信息服务。

1. A. b. 10 其他商业服务：指居民和非居民之间其他类型的服务，包括研发服务，专业和管理咨询服务，技术、贸易相关等服务。贷方记录本国居民向非居民提供的其他商业服务，借方记录本国居民接受的非居民其他商业服务。

1. A. b. 11 个人、文化和娱乐服务：指居民和非居民之间与个人、文化和娱乐有关的服务交易，包括视听和相关服务（电影、收音机、电视节目和音乐录制品），其他个人、文化娱乐服务（健康、教育等）。贷方记录本国居民向非居民提供的相关服务，借方记录本国居民接受的非居民相关服务。

1. A. b. 12 别处未提及的政府服务：指在其他货物和服务类别中未包括的政府和国际组织提供和购买的各项货物和服务。贷方记录本国居民向非居民提供的别处未涵盖的货物和服务，借方记录本国居民向非居民购买的别处未涵盖的货物和服务。

1. B 初次收入（income）：指由于提供劳务、金融资产和出租自然资源而获得的回报，是生产要素在国际上流动而引起的要素报酬收支，包括雇员报酬、投资收益和其他初次收入三部分。

1. B. 1 雇员报酬：指根据企业与雇员的雇佣关系，因雇员在生产过程中的劳务投入而获得的酬金回报。贷方记录本国居民个人从非居民雇主处获得的薪资、津贴、福利及社保缴款等，借方记录本国居民雇主向非居民雇员支付的薪资、津贴、福利及社保缴款等。

需要注意的是，由于侨民已经是其所在国的居民，因此他向其原属国的汇款不能列入收入一项，而是计入经常性转移。

1. B. 2 投资收益：指因金融资产投资而获得的利润、股息（红利）、再投资收益和利息，但金融资产投资的资本利得或损失不是投资收益，而是金融账户统计范畴。贷方记录本国居民因拥有对非居民的金融资产权益或债权而获得的利润、股息、再投资收益或利息，借方记录本国居民因对非居民投资者有金融负债而向非居民支付的利润、股息、再投资收益或利息。

需要注意的是，这里只记录跨国投资的收入，而不记录跨国投资值。跨国投资值的变化应记录在资本与金融账户的金融项目中的各个对应项。

1. B. 3 其他初次收入：指将自然资源让渡给另一主体使用而获得的租金收入，以及跨境产品和生产的征税和补贴。贷方记录本国居民从非居民获得的相关收入，借方记录本国居民向非居民进行的相关支付。

1. C 二次收入：指居民与非居民之间的经常转移（current transfers），包括现金和实物。经常转移是商品、劳务或金融资产在居民与非居民之间转移后，并未得到任何直接的经济价值的补偿与回报的转移，因而也被称为无偿转移（unrequited transfers）或单方面转移（unilateral transfers）。贷方记录本国居民从非居民处获得的经常转移，借方记录本国居民向非居民提供的经常转移。

各种不同类型的经常转移计入本账户，表明其在经济体间收入分配过程中的作用，显示收入的再分配。初次收入影响国民收入，二次收入与初次收入共同影响国民可支配总收入。资本转移不影响可支配收入，因此，资本转移列示于资本账户中。

上述账户的差额称为经常账户差额，显示的是出口和应收收入之和与进口和应付收入之和之间的差额（出口和进口指货物和服务，收入指初次收入和二次收入）。

（二）资本和金融账户（capital and financial account）

资本和金融账户是指对资产所有权在国际上流动行为进行记录的账户，它包括资本账户和金融账户两大部分。

2. 1 资本账户（capital account）：指居民与非居民之间的资本转移，以及居民与非居民之间非生产、非金融资产的取得和处置。贷方记录本国居民获得非居民提供的资本转移，以及处置非生产、非金融资产获得的收入；借方记录本国居民向非居民提供的资本转移，以及取得非生产、非金融资产支出的金额。资本账户包括资本转移和非生产、非金融资产的收购/出售。

(1) 资本转移（capital transfer），是指固定资产所有权的无偿转移、同固定资产收买或放弃相联系的或以其为条件的资金转移、债权人不索取任何回报而取消的债务等，因而主要记录投资捐赠和债务注销。投资捐赠是指一方提供用于资本目的的资源，但该方没有得到任何直接经济价值回报，它可以是实物形式，也可以是现金形式。债务注销是指债权国放弃债权，而不要求债务国给予回报。

资本账户下的资本转移和经常账户下的经常转移完全不同。经常转移指的是所有非资本转移项目，包括商品、劳务、金融资产的单方面转移，且该项目经常发生，规模较小，并直接影响捐助者与受援者的可支配收入和消费，所以记录在经常账户下；而资本转移不经常发生，但规模较大，也不直接影响捐助者与受援者的可支配收入和消费，记录在资本和金融账户下，主要记录的是投资捐赠（如非居民遗产税的征收、交通设备的捐赠等）和债务注销。

(2) 非生产、非金融资产的收买或放弃，记录不是由生产创造出来的有形资产（土地和地下资产）和无形资产（专利、版权、商标、经销权等）的收购或出售。

无形资产在资本账户中引起的收支与在经常账户中的服务项目下引起的收支有所不同。经常账户中的服务项目下记录的无形资产，是无形资产的运用所引起的收支；而在资本项目下记录的无形资产，是无形资产所有权的买卖所引起的收支。

即测即评

向使馆出售土地属于什么项目？

2.2 金融账户（financial account）：指发生在居民与非居民之间、涉及金融资产与负债的各类交易。

经常账户与资本账户按全值列示交易，金融账户则按净额分别列示金融资产和负债交易（即资产的获得减去资产的减少，而不是资产减负债）。根据会计记账原则，当期对外金融资产（居民对非居民的投资和提供的信贷）净增加记录为负值，净减少记录为正值；当期对外负债（非居民对居民的投资和提供的信贷）净增加记录为正值，净减少记录为负值。金融账户细分为非储备性质的金融账户和储备资产。

2.2.1 非储备性质的金融账户：包括直接投资、证券投资、金融衍生工具和其他投资。

2.2.1.1 直接投资（direct investment）：以投资者寻求在本国以外运行企业获取有效发言权为目的的投资。直接投资者对在外国投资的企业拥有10%或10%以上的普通股或投票权，从而对该企业的管理拥有永久性权益，即拥有控股权或经营管理权，包括直接投资资产和直接投资负债两部分。相关投资工具可划分为股权和关联企业债务。股权包括股权和投资基金份额，以及再投资收益。关联企业债务包括关联企业间可流通和不可流通的债权和债务。

2.2.1.1.1 直接投资资产：指本国作为直接投资者对在外直接投资企业的净资产，作为直接投资企业对直接投资者的净资产，以及对境外联属企业的净资产。

2.2.1.1.2 直接投资负债：指本国作为直接投资企业对外国直接投资者的净负债，作为直接投资企业对直接投资者的净负债，以及对境外联属企业的净负债。

2.2.1.2 证券投资（portfolio investment）：包括证券投资资产和证券投资负债，相关投资工具可划分为股权和债券。股权包括股权和投资基金份额，记录在证券投资项下的股权和投资基金份额均应可流通（可交易）。股权通常以股份、股票、参股、存托凭证或类似单据作为凭证。投资基金份额指投资者持有的共同基金等集合投资产品的份额。债券指可流通的债务工具，是证明其持有人（债权人）有权在未来某个（些）时点向其发行人（债务人）收回本金或收取利息的凭证，包括可转让存单、商业票据、公司债券、有资产担保的证券、货币市场工具以及通常在金融市场上交易的类似工具。

2.2.1.2.1 证券投资资产：记录本国居民投资非居民发行或管理的股权、投资基金份额的当期净交易额。

2.2.1.2.2 证券投资负债：记录非居民投资于本国居民发行或管理的股权、投资基金份额的当期净交易额。

2.2.1.3 金融衍生工具：全称为金融衍生工具和雇员认股权，用于记录本国居民与非居民金融工具和雇员认股权交易情况。金融衍生工具是一种金融工具，该金融工具与另一特定的金融工具、指标或商品相联系，可以独立在金融市场上针对特定金融风险（例如，利率风险、外汇风险、股权和商品价格风险、信用风险等）进行交易；雇员认股权指向公司雇员提供的一种购买公司股权的期权，通常作为公司对其雇员的一种报酬。

2.2.1.3.1 金融衍生工具资产：又称金融衍生工具和雇员认股权资产，用于记录本国居民作为金融衍生工具和雇员认股权资产方，与非居民的交易。

2.2.1.3.2 金融衍生工具负债：又称金融衍生工具和雇员认股权负债，用于记录本国居民作为金融衍生工具和雇员认股权负债方，与非居民的交易。

证券投资、金融衍生工具可以称作间接投资，与直接投资不同。直接投资是为形成对外国企业的生产经营有直接影响力的投资，能够控制企业的经营管理；而间接投资是对外国金融资产的投资，是一种纯粹的金融行为，不能控制企业的经营管理。影响直接投资与间接投资的因素也有很大差异。直接投资着眼于长期利益，因此区位优势（如低工资、劳动力密集、市场潜力大）等长期因素是其重要影响因素；而间接投资着眼于短期利益，因此，利率等短期因素是其重要影响因素。

2.2.1.4 其他投资（other investment）：除直接投资、证券投资、金融衍生工具和储备资产外，居民与非居民之间的其他金融交易，包括其他股权、货币和存款、贷款、保险和养老金、贸易信贷和其他。

2.2.1.4.1.1/2.2.1.4.2.1 其他股权：指不以证券投资形式（上市和非上市股份）存在的、未包括在直接投资项下的股权，通常包括：在准公司或非公司制企业中的、表决权小于10%的股权（如分支机构、信托、有限责任和其他合伙企业，以及房地产和其他自然资源中的所有权名义单位）、在国际组织中的股份等。资产项记录本国居民投资于非居民的其他股权，负债项记录非居民投资于本国居民的其他股权。

2.2.1.4.1.2/2.2.1.4.2.2 货币和存款：货币包括由中央银行或政府发行或授权的，有固定面值的纸币或硬币。存款是指对中央银行、中央银行以外的存款性公司以及某些情况下其他机构单位的、由存单表示的所有债权。资产项记录本国居民持有外币及开在非居民处的存款资产变动，负债项记录非居民持有的人民币及开在本国居民处的存款变动。

2.2.1.4.1.3/2.2.1.4.2.3 贷款：指通过债权人直接借给债务人资金而形成的金融资

产，其合约不可转让。贷款包括普通贷款、贸易融资、透支、金融租赁、证券回购和黄金掉期等。资产项记录本国居民对非居民的贷款债权变动，负债项记录本国居民对非居民的贷款债务变动。

2.2.1.4.1.4/2.2.1.4.2.4 保险和养老金：全称为保险、养老金和标准化担保计划，主要包括非人寿保险技术准备金、人寿保险和年金权益、养老金权益以及启动标准化担保的准备金。资产项记录本国居民作为保单持有人或受益人所享有的资产或权益，负债项记录本国作为保险公司、养老金或标准化担保发行者所承担的负债。

2.2.1.4.1.5/2.2.1.4.2.5 贸易信贷：又称贸易信贷和预付款，是因款项支付与货物所有权转移或服务提供非同步进行而与直接对手方形成的金融债权债务。如相关债权债务不是发生在货物或服务的直接交易双方，即不是基于商业信用，而是通过第三方或银行信用形式发生，则不纳入本项统计，而纳入贷款或其他项目统计。资产项记录本国居民与非居民之间因贸易等发生的应收款或预付款，负债项记录本国居民与非居民之间因贸易等发生的应付款或预收款。

2.2.1.4.1.6/2.2.1.4.2.6 其他（资产/负债）：除直接投资、证券投资、金融衍生工具、储备资产、其他股权、货币和存款、贷款、保险准备金、贸易信贷、特别提款权负债外的对非居民的其他金融债权或债务。资产项记录债权，负债项记录债务。

2.2.1.4.2.7 特别提款权（负债）：指作为基金组织成员分配的特别提款权，是成员的负债。

2.2.2 储备资产（reserve assets）：指本国中央银行可随时动用和有效控制的对外资产，包括外汇、货币黄金、特别提款权、在基金组织的储备头寸。

2.2.2.1 货币黄金：指本国中央银行作为国际储备持有的黄金。

2.2.2.2 特别提款权：是国际货币基金组织根据成员认缴的份额分配的，可用于偿还国际货币基金组织债务、弥补成员政府之间国际收支赤字的一种账面资产。

2.2.2.3 在国际货币基金组织的储备头寸：指在国际货币基金组织普通账户中成员可自由提取使用的资产。

2.2.2.4 外汇储备：指本国中央银行持有的可用作国际清偿的流动性资产和债权。

2.2.2.5 其他储备资产：指不包括在以上储备资产中的、本国中央银行持有的可用作国际清偿的流动性资产和债权。

储备资产项目有时单独列项，起到最终使国际收支平衡表平衡的作用。一国国际收支中经常账户的差额和资本与金融账户（不包括储备资产）的差额所形成的总差额经常会出现不平衡，需要用储备资产来调节。如果总差额为顺差，则官方储备增加，其中主要是外汇储备增加；或者将顺差余额贷放给外国，从而使官方对外短期债权增加；或者以此顺差余额偿还官方的对外债务，从而使官方短期负债减少。资产增加、负债减少计入借方。如果总差额为逆差，则官方储备减少，其中主要是外汇储备减少；或者索回原来中央银行贷放给外国官方的贷款加以弥补，从而使官方短期债权减少；或者向外国中央银行借入外汇资金加以弥补，从而使官方短期债务增加。资产减少、负债增加记入贷方。

需要注意的是，国际收支平衡表中的各项都是流量概念，揭示的是在某个既定时间内各个指标的变化。因此，无法在某一时期的国际收支平衡表中找到截至该时期该国外汇储备的存量，只能找到当年的储备资产的变化。

（三）净误差与遗漏（errors and omissions）

净误差与遗漏是一种人为设置的抵消账户，用来抵消编制报表时出现的净的借方或贷方余额。原则上，国际收支平衡表采用复式记账法，借方与贷方总额应当是相等的，差额为零。但实际上，一国的国际收支平衡表不可避免地会出现净的借方余额或净的贷方余额，形成统计残差项，很难达到平衡。这个余额是统计资料错漏和时点不同等原因而造成的：(1) 技术原因，表现为统计资料不完整、统计数字重复计算和漏算、资料本身缺乏真实性和准确性。比如，统计资料有的来自海关，有的来自银行，有的来自官方主管机构，难免造成错算和漏算，有的数据是估算出来的。(2) 投机或安全原因。比如，当事人故意瞒报或虚报统计数据，商品走私、以隐蔽形式进行的资本外逃等。

为此，需要人为地在平衡表中设置一个单独的“误差与遗漏”项目，以使差额为零。净误差与遗漏账户的数字是总差额（经常账户和不包括储备资产的资本与金融账户所形成的差额）与官方储备实际收付数字之差。若总差额是顺差，则会引起官方储备增加（以负号记）。当两者余额为正时，在净误差与遗漏项目下的借方列入此余额；当两者余额为负时，在净误差与遗漏项目下的贷方列入此余额。若总差额是逆差，则会引起官方储备减少（以正号记）。同样，当两者余额为正时，在净误差与遗漏项目下的借方列入此余额；当两者余额为负时，在净误差与遗漏项目下的贷方列入此余额。总之，当官方统计结果是贷方数字大于借方数字时，即外汇收入大于支出时，就在净误差与遗漏项下的借方列出与余额相等的数字；反之，当官方统计结果是存在借方余额，则在净误差与遗漏的贷方列出与余额相等的数字。

一国国际收支中的净误差与遗漏必须是有限度的。国际公认的合理范围是净误差与遗漏占同期货物进出口额的比重一般不宜超过±5%。

五、国际收支平衡表的编制举例

现以美国为例来说明国际收支平衡表的编制原理和记账规则。假定美国在某一年发生下列几笔对外经济交易，做出会计分录，并编制其国际收支平衡表。

例 2-1　美国企业向英国商人出口价值 40 万美元的机器设备，并开具一张以英国商人为付款人的见票后 30 天付款的汇票，要求英国商人见票后 30 天，将款项付入纽约银行伦敦分行的美国企业账户。

解析：商品出口应记入货物项目下的贷方。同时，由于该笔交易使得美国企业在海外银行的存款（资产）相应增加，美国对外短期债权增加，应记入其他投资项目的借方。

借：金融账户——其他投资（对外国私人短期债权）　　40 万美元

　贷：货物——商品出口　　40 万美元

例 2-2　美国公司从中国购买 300 万美元的机电产品，用纽约银行的美元支票付款。

解析：商品进口应记入货物项目的借方。同时，中国在纽约银行的美元存款增加，意味着美国私人对外短期负债增加，应记录在其他投资的贷方。

借：货物——商品进口　　300 万美元

　贷：金融账户——其他投资（对外国私人短期负债）　　300 万美元

例 2-3　一批法国游客在美国花费了 10 万美元，所需美元是在美国机场银行用欧元兑换的。

解析：美国为外国居民提供了服务，是服务输出，应在贷方的服务项目下记录。同时，美国银行在巴黎的欧元存款增加，即美国持有的外币资产增加，应在借方的其他投资项目中记录。

借：金融账户——其他投资（私人对外短期资产） 10 万美元

贷：服务——旅行 10 万美元

例 2－4 美国石油进口商租用希腊经营的油轮，支付 30 万美元，用支票支取在瑞士银行的存款结余。

解析：美国从国外获得服务，是劳务输入，应列入借方。同时，美国在国外短期资产（瑞士银行的结余）减少，应列入贷方。

借：服务——运输 30 万美元

贷：金融账户——其他投资（美国的海外资产） 30 万美元

例 2－5 美国华人为中国的希望工程捐款 5 万美元。

解析：美国对外国无偿转让，应在借方的二次收入中反映。同时，中国希望工程基金会的银行账户增加了 5 万美元，即美国对外短期负债增加，应在贷方的其他投资项目中反映。

借：二次收入（私人） 5 万美元

贷：金融账户——其他投资（对外私人短期负债） 5 万美元

例 2－6 美国以价值 500 万美元的设备投入墨西哥，兴办合资企业。

解析：美国对外国直接投资，应反映在借方的金融账户中。同时，以实物投资相当于向被投资国出口商品，应反映在贷方的商品出口中。

借：金融账户——直接投资 500 万美元

贷：货物——商品出口 500 万美元

例 2－7 德国居民在纽约股票交易所买进 50 万美元的普通股。纽约德国银行的美元结余减少。

解析：美国输入长期证券投资，应列入贷方的资本和金融账户。同时，美国银行对外负债减少，应列入借方的其他投资项目。

借：金融账户——其他投资（对外私人短期负债） 50 万美元

贷：金融账户——证券投资 50 万美元

例 2－8 英国居民在伦敦股票交易所购买美国十年期国债 35 万美元。

解析：美国政府由于出售公债而使官方持有 35 万美元的储备资产，应记入官方储备的借方。同时，美国获得从国外输入的长期资本，应记入资本和金融账户中的贷方。

借：储备资产 35 万美元

贷：金融账户——证券投资 35 万美元

例 2－9 美国政府动用外汇库存 40 万美元向印尼提供无偿援助。

解析：美国向外国无偿捐赠属于转移支出，应记入借方。同时美国的外汇储备减少，应记入贷方。

借：二次收入（政府） 40 万美元

贷：储备资产 40 万美元

例 2－10 美国某企业在海外投资所得利润 200 万美元。其中 120 万美元用于当地的再投资，30 万美元购买当地商品运回国内，50 万美元调回国内结售给政府以换取本国货币。

解析：美国对外直接投资所得利润应在贷方项目的投资收益中反映。同时，利润再投资相当于美国对海外直接投资，购买被投资国物品视为商品进口，将外汇结售给政府使得官方储备增加，这些都应该在借方项目中反映。

借：金融账户——直接投资　　120 万美元

　　货物——商品进口　　30 万美元

　　储备资产　　50 万美元

　贷：初次收入（海外投资利润收入）　　200 万美元

上述各笔交易可编制成一完整的国际收支平衡表（见表 2-3）。

表 2-3　美国国际收支平衡表　　单位：万美元

项目	差额	贷方（+）	借方（-）
A. 经常账户	+345	750	405
1. 货物	+210	①40+⑥500	②300+⑩30
2. 服务	-20		
(1) 旅行		③10	
(2) 运输			④30
3. 初次收入	+200	⑩200	
4. 二次收入	-45		⑤5+⑨40
B. 资本和金融账户	-345	460	805
1. 资本账户	0		
2. 金融账户	-345		
(1) 直接投资	-620		⑥500+⑩120
(2) 证券投资	+85	⑦50+⑧35	
(3) 其他投资	+235	②300+④30+⑤5	①40+③10+⑦50
(4) 金融衍生工具			
(5) 储备资产	-45	⑨40	⑧35+⑩50
C. 错误和遗漏			
总　计	0	1 210	1 210

注：为方便，所有账户均按总额登录，且差额、贷方、借方各自成列。

会计意义上的国际收支平衡表全部项目的借方总额与贷方总额应是相等的，其净差额为零。但在实际中，对国际收支平衡表每个具体的明细项目来说，借贷双方的金额不一定相等，而是经常出现差额，这种差额被称为局部差额。当收入大于支出而有盈余时，局部差额被称为顺差或黑字；当支出大于收入时，局部差额被称为逆差或赤字。上例结果表明：美国在该年度国际收支是顺差（总差额为经常账户与除储备资产外的资本与金融账户之综合：+345 万美元-300 万美元=+45 万美元），储备资产增加 45 万美元。

六、国际投资头寸表

如前所述，国际收支与国际借贷之间有着内在的联系，但也有区别。国际收支用国际收支平衡表来反映，国际借贷用国际投资头寸表来反映。

国际投资头寸（IIP）表是反映特定时点上一个国家或地区对世界其他国家或地区金融资产和负债存量的统计报表。包括：一个经济体的居民对非居民的债权或作为储备资产持有的金块等金融资产，以及一个经济体的居民对于非居民的负债，而完整的国际投资头寸报表反映了不同时点的状况，即有一个期初值（在期间开始时的值）和一个期末值（在期间结束时的值）。国际投资头寸的变动是由特定时期内交易、价格变化、汇率变化和其他调整引起的。

根据国际货币基金组织《国际收支和国际投资头寸手册（第六版）》制定的标准，国际投资头寸表在计价、记账单位和折算等核算原则上均与国际收支平衡表保持一致，并与国际收支平衡表共同构成一个国家或地区完整的国际账户体系。

此外，根据国际货币基金组织的标准，国际投资头寸表的项目按对外金融资产和对外负债设置。资产细分为直接投资、证券投资、金融衍生工具、其他投资、储备资产五部分；负债细分为直接投资、证券投资、金融衍生工具、其他投资四部分。净头寸是指对外金融资产减去对外负债。具体的项目含义与国际收支平衡表的项目含义一致。

《国际收支和国际投资头寸手册（第六版）》提供了国际账户概览表示例，包括国际收支账户和国际投资头寸账户两个报表（见表2-4）。

表2-4 国际账户概览表

单位：万美元

国际收支	贷方	借方	差额
经常账户			
货物和服务	540	499	41
货物	462	392	70
服务	78	107	—29
初次（主要）收入	50	40	10
雇员报酬	6	2	
利息	13	21	
公司的已分配收益	17	17	
再投资收益	14	0	
租金	0	0	
二次（次要）收入	17	55	—38
对所得、财富等征收的经常性税收	1	0	
非寿险净保费	2	11	
非寿险索赔	12	3	
经常性国际转移	1	31	
其他经常转移	1	10	
养老金权益变化调整			
经常账户差额			13
资本账户			
非生产、非金融资产的取得/处置	0	0	
资本转移	1	4	
资本账户差额			—3
净贷出（+）/净借入（—）（来自经常账户和资本账户）			10
金融账户（按职能类别）	资产净获得	负债净产生	差额
直接投资	8	11	
证券投资	18	14	

续表

国际收支			贷方	借方	差额
金融衍生产品（储备除外）和雇员认股			3	0	
其他投资			20	22	
储备资产			8		
资产/负债变化总额			57	47	
净贷出（+）/净借入（－）（来自金融账户）					10
误差与遗漏净额					0
国际投资头寸	期初头寸	交易（金融账户）	其他数量变化	重新定值	期末头寸
资产（按职能类别）					
直接投资	78	8	0	1	87
证券投资	190	18	0	2	210
金融衍生工具（储备除外）和雇员认股权	7	3	0	0	10
其他投资	166	20	0	0	186
储备资产	833	8	0	12	853
资产总额	1 274	57	0	15	1 346
负债（按职能类别）					
直接投资	210	11	0	2	223
证券投资	300	14	0	5	319
金融衍生工具（储备除外）和雇员认股权	0	0	0	0	0
其他投资	295	22	0	0	317
负债总额	805	47	0	7	859
国际投资头寸净额	469	10	0	8	487

资料来源：国际货币基金组织．国际收支和国际投资头寸手册．6 版．2008.

任务三 国际收支平衡表的分析

如前所述，国际收支平衡表是根据复式簿记原理来编制的，一笔国际经济交易总是会产生金额相同、方向相反的借方记录和贷方记录。因此，一国的国际收支在账面上总是平衡的，即使由于统计误差造成借贷方失衡，也会通过错误与遗漏项目加以平衡。但这种平衡只是会计意义上的平衡。在实际当中，国际收支经常存在不平衡，即国际收支总会出现不同程度的顺差或逆差，称之为国际收支失衡。各国政府和国际经济组织都将国际收支平衡作为金融运行良好的指标，而把国际收支失衡作为政策调整的重要对象。这就需要对国际收支平衡表进行分析，找出产生国际收支顺差或逆差的原因，并采取相应对策，使国际收支状况朝着有利于本国经济发展的方向变化。国际收支平衡表的分析方法一般包括静态分析法、动态分析法和比较分析法，其中静态分析法中的差额分析是对国际收支平衡表进行分析的基本方法。

一、静态分析法

静态分析法又称差额分析法或微观分析法，是指对某国在某一时期（1 年、半年或 1 季）的国际收支平衡表中各个项目及其差额进行定量的账面上的分析。尽管各国编制国际收支平衡表的格式和口径有所差别，计算国际收支差额的方法也不尽相同，但在考察国际收支状况时，对以下几个项目差额的分析一般都比较重视。

（一）贸易收支差额（trade balance，TB）

贸易收支差额即货物进出口差额，用公式表示为：

$$TB=X-M$$

式中：X 代表出口，M 代表进口，TB 表示货物进出口差额。

这是传统上用得比较多的一个口径。它集中反映一国在国际市场上的竞争能力，也在一定程度上表现出一国的经济实力。实际上，贸易账户仅仅是国际收支的一个组成部分，绝不能代表国际收支的整体。但对多数国家来说，贸易收支在全部国际收支中所占的比重相当大，贸易收支差额在很大程度上决定了国际收支的总差额。同时贸易收支的数字尤其是商品贸易收支的数字易于通过海关的途径收集，能较快地反映出一国对外经济交往情况。此外，贸易收支在国际收支中还有特殊重要性，商品的进出口情况综合反映了一国的产业结构、产品质量和劳动生产率状况，同时也反映了该国产业在国际上的竞争能力。因此，对贸易收支的差额进行分析是十分重要的，甚至可将贸易收支作为国际收支的近似代表。通过分析，可以看出一国商品进出口的结构和地区分布是否合理，进而了解该国产业结构、生产技术水平是否与世界经济发展相适应，其贸易条件在世界贸易中所占的地位和比重如何，从而找出贸易出超或入超的原因。如果贸易差额出现逆差，必须有某种资金来源与之相抵，或是靠经常项目中服务和转让收支项目的顺差来抵补，或是靠金融项目中的外资流入，也可能是用国家的储备资产来解决。贸易差额如果是顺差，也必然会引起国际收支其他项目作相应的变化。

此外，货物进出口总额，即 $X+M$ 还常被当作一国经济开放性的重要指标，用来衡量一国经济的对外开放程度。

（二）经常账户收支差额（current account balance）

经常账户收支包括贸易收支、无形贸易收支（即服务和收入）和经常转移收支。虽然经常账户收支也不能代表全部国际收支，但它综合反映了一个国家对外经济交易的一般态势，各国和国际货币基金组织都特别重视经常账户差额情况。如果经常账户有逆差，表示从国外净动用了一些商品、服务供国内使用，相应地减少本国在外国的资产或是增加对外的负债。如果经常账户有顺差，表示向国外净供应了一些商品和服务，相应地会增加本国对外资产或减少对外的负债。

（三）资本和金融账户（剔除官方储备）差额（capital and financial account balance）

资本和金融账户差额具有两方面的分析作用。首先，通过资本和金融账户余额可以看出一个国家金融市场的开放和发达程度，对一国货币政策和汇率政策的调整提供有益的借鉴。一般而言，金融市场开放的国家资本和金融账户的流量总额较大。其次，资本与金融账户和经常账户之间具有融资关系，所以资本与金融账户的余额可以折射出一国经常账户的状况和融资能力。根据复式记账原则，在国际收支中一笔贸易流量通常对应一笔金融流量，在不考虑错误与遗漏因素时，经常账户中的余额必然对应着资本和金融账户在相反方向上的数量相等的余额，也就是说经常账户余额与资本和金融账户余额之和等于零。当经常账户出现赤字时，必然对应着资本和金融账户的相应盈余，这意味着一国利用金融资产的净流入为经常账户赤字融资。但是，值得注意的是，该项目中直接投资和证券投资对经常项目逆差的弥补效果是不同的，直接投资不构成一国的对外债务，而其他方面的投资则是要偿还的。因此，若一国国际收支平衡是通过金融账户中证券投资和其他投资的顺差来弥补经常项目的逆差而获得的，则此平衡是不健康的；反之，若平衡是由经常项目盈余或直接投资引起的，则此平衡是良性的。

（四）综合账户差额或总差额（overall balance）

综合收支账户是指经常账户与资本和金融账户中的资本账户、直接投资、证券投资、其他投资账户等所构成的余额，也就是将国际收支账户中的官方储备账户剔除后的总体余额（包括“误差与遗漏”项）。由于综合差额必然导致官方储备的反方向变动，因此综合账户的意义在于可以用它来衡量国际收支对一国储备造成的压力。综合差额为正，则储备资产记负号，表示该国储备资产增加，国际收支顺差；反之，综合差额为负，则储备资产记正号，表示该国储备资产减少，国际收支逆差。通常人们讲的国际收支盈余或赤字就是指综合收支差额盈余或赤字。

有些国家还注重分析基本差额的情况。基本差额是经常项目差额与长期资本差额之和，它反映一国用长期资本流动来调节经常项目差额的情况。

二、动态分析法

动态分析是指对一国若干连续时期的国际收支平衡表进行分析的方法。分析一国的国际收支，只对其某一年的国际收支平衡表进行分析是不够的，还要分析以往的情况。一国连续多年的国际收支之间有着密切的联系，可以将历年国际收支平衡表的各个项目、总体情况及差额并列起来进行综合分析，考察各指标在一个较长时期内的发展变化，力求实现国际收支的动态平衡。国际收支动态平衡，亦称国际收支均衡，它是以经济实际运行可能实现的计划期为平衡周期，保持周期内国际收支的平衡。只有通过动态分析，才能了解一国国际收支的均衡状况，并通过一系列调节措施，促使该国保持最佳的国际储备水平，促进该国货币汇率均衡与经济正常发展。

三、比较分析法

比较分析是指将一国的国际收支平衡表与其他国家，尤其是主要的经济大国的国际收支平衡表进行比较，找出本国与他国国际收支顺逆差的异同及原因，分析本国与他国的国际收支结构以及调节措施，只有这样才能了解本国和他国在世界经济中的地位，正确认识国际金融格局，并能够借鉴他国经验，为调节本国国际收支所用。

任务四　我国的国际收支

我国的国际收支活动主要是在1978年经济体制改革、经济对外开放以后逐渐大规模开展起来的，国际收支平衡表的编制也是在我国恢复了国际货币基金组织合法席位后，随着外汇管理体制改革的不断深入而逐步完善起来的。

一、我国国际收支平衡表的编制

我国在相当长的历史时期内都未编制国际收支平衡表，只是通过编制外汇收支平衡表来反映一定时期内已经发生的对外贸易和非贸易外汇收支情况。外汇收支平衡表是建立在狭义的国际收支含义基础上的，它不能反映对外经济交往的全部内容。

1980年4月我国恢复了在国际货币基金组织的合法席位后，于1981年制定了国际收支统计制度。1985年，国家外汇管理局按照基金组织的要求，以《国际收支和国际投资头寸手册（第四版）》为依据，首次公布了1982—1984年我国国际收支概览表。从1987年起，我国每年定期公布上一年的国际收支状况。

1994年我国开始实行国际收支统计申报制度，并于1996年1月1日正式施行《国际收支统计申报办法》，建立了一套较为完整、系统的国际收支数据收集体系。1997年起，我国按《国际收支和国际投资头寸手册（第五版）》标准逐年编制并对外公布国际收支平衡表。2001年起改为每年两次公布国际收支平衡表。2005年11月，国家外汇管理局首次发布《中国国际收支报告》，以后每半年发布一次。2010年7月我国公布当年第一季度国际收支平衡表，从此我国国际收支平衡表的公布时间改为一年四次。我国国际收支统计制度不断健全完善。

从2015年开始，我国按照《国际收支和国际投资头寸手册（第六版）》的标准编制和公布国际收支平衡表和国际投资头寸表。

需要注意的是，国家外汇管理局公布的我国国际收支数据包括三类：初步数（对应期间结束后1个月左右发布）、正式数（对应统计期结束后三个月内发布）和修订数（在发布下一年第四季度BOP数据时同步发布）。因此，国际收支数据在次年年度数据发布时会予以修订。

二、我国国际收支平衡表的分析

（一）动态分析

1.20世纪80、90年代中国国际收支概况

20世纪80年代是中国经济起飞时期，国内生产总值年均增长率达15%，国际收支总量持续扩大。随着经济高速增长对进出口的需求变化，从1982年开始至20世纪末，中国的国际收支呈现出顺逆差交替的状况。

1982—1984年，由于世界经济从危机走向复苏，形成了一个良好的外贸环境，我国在1981年开始实行人民币汇率的“贸易内部结算价”，在一定程度上起到了“奖出限入”的作用，加上利用行政手段进行外汇及外贸管制，因此我国对外贸易和经常项目均出现顺差。

1985—1986 年，经济发展过快，经常项目出现较大逆差，外汇储备下降。

1987 年，在“调整、改革、整顿、提高”八字方针指引下，国际收支得到了改善。

1988—1989 年，贸易收支逆差较大，外汇储备下降。

实际上，从 1985 年至 1989 年，我国的贸易收支一直是巨额逆差。其原因之一是我国经济的快速发展带动了进口需求的急剧增长。1984—1988 年，我国按现价计算的国内生产总值虽然年均增长 19.4%，但同一时期全社会固定资产投资却年均增长 25.8%。巨大的投资需求带动了进口的持续增长，导致贸易收支逆差。

1990—1999 年，国际收支状况明显好转。按《国际收支和国际投资头寸手册（第五版）》标准统计，经常账户除 1993 年为逆差外，其余年份均为顺差；资本与金融账户除 1998 年为逆差外，其余年份均保持净流入。这二者使我国储备资产不断增加。

2. 21 世纪以来中国国际收支状况

21 世纪至今，国际经济金融环境主要经历了三个阶段，即 2007 年前的全球经济繁荣时期、2008—2013 年的国际金融危机爆发和应对时期、2014 年以来的全球经济缓慢复苏和分化时期。我国对外经济交往发展强劲，经常账户和资本与金融账户双顺差曾较长时间成为我国国际收支的一个突出特点。在 2012 年前，我国都保持经常账户、资本和金融账户的双顺差，外汇储备较快增长。2012 年之后，我国国际收支在一些年份呈现出“一顺一逆”的格局，具体表现为 2012 年、2014—2016 年、2020—2023 年，我国经常账户顺差、非储备性质的金融账户逆差，外汇储备因此减少。

（二）静态分析

表 2-5 是我国 2023 年国际收支平衡表，针对其进行差额分析。

表 2-5 2023 年中国国际收支平衡表　　单位：亿美元

项目	行次	2023 年
1. 经常账户	1	2 530
贷方	2	37 887
借方	3	−35 357
1. A 货物和服务	4	3 861
贷方	5	35 112
借方	6	−31 252
1. A. a 货物	7	5 939
贷方	8	31 792
借方	9	−25 853
1. A. b 服务	10	−2 078
贷方	11	3 321
借方	12	−5 399
1. A. b. 1 加工服务	13	120
贷方	14	130
借方	15	−10
1. A. b. 2 维护和维修服务	16	41

续表

项目	行次	2023 年
贷方	17	100
借方	18	−59
1. A. b. 3 运输	19	−731
贷方	20	870
借方	21	−1 601
1. A. b. 4 旅行	22	−1 717
贷方	23	248
借方	24	−1 965
1. A. b. 5 建设	25	79
贷方	26	158
借方	27	−78
1. A. b. 6 保险和养老金服务	28	−92
贷方	29	69
借方	30	−162
1. A. b. 7 金融服务	31	7
贷方	32	44
借方	33	−37
1. A. b. 8 知识产权使用费	34	−317
贷方	35	110
借方	36	−427
1. A. b. 9 电信、计算机和信息服务	37	193
贷方	38	581
借方	39	−388
1. A. b. 10 其他商业服务	40	380
贷方	41	982
借方	42	−602
1. A. b. 11 个人、文化和娱乐服务	43	−26
贷方	44	14
借方	45	−40
1. A. b. 12 别处未提及的政府服务	46	−15
贷方	47	15
借方	48	−30
1. B 初次收入	49	−1 482
贷方	50	2 400
借方	51	−3 882
1. B. 1 雇员报酬	52	72
贷方	53	226
借方	54	−154
1. B. 2 投资收益	55	−1 590
贷方	56	2 128

续表

项目	行次	2023 年
借方	57	−3 718
1. B. 3 其他初次收入	58	35
贷方	59	45
借方	60	−10
1. C 二次收入	61	152
贷方	62	375
借方	63	−223
1. C. 1 个人转移	64	17
贷方	65	65
借方	66	−48
1. C. 2 其他二次收入	67	135
贷方	68	310
借方	69	−175
2. 资本和金融账户	70	−2 151
2. 1 资本账户	71	−3
贷方	72	2
借方	73	−5
2. 2 金融账户	74	−2 148
资产	75	−2 282
负债	76	134
2. 2. 1 非储备性质的金融账户	77	−2 099
资产	78	−2 234
负债	79	134
2. 2. 1. 1 直接投资	80	−1 426
2. 2. 1. 1. 1 直接投资资产	81	−1 853
2. 2. 1. 1. 1. 1 股权	82	−1 109
2. 2. 1. 1. 1. 2 关联企业债务	83	−744
2. 2. 1. 1. 1. a 金融部门	84	−210
2. 2. 1. 1. 1. 1. a 股权	85	−191
2. 2. 1. 1. 1. 2. a 关联企业债务	86	−18
2. 2. 1. 1. 1. b 非金融部门	87	−1 643
2. 2. 1. 1. 1. 1. b 股权	88	−917
2. 2. 1. 1. 1. 2. b 关联企业债务	89	−726
2. 2. 1. 1. 2 直接投资负债	90	427
2. 2. 1. 1. 2. 1 股权	91	717
2. 2. 1. 1. 2. 2 关联企业债务	92	−289
2. 2. 1. 1. 2. a 金融部门	93	17
2. 2. 1. 1. 2. 1. a 股权	94	39
2. 2. 1. 1. 2. 2. a 关联企业债务	95	−22
2. 2. 1. 1. 2. b 非金融部门	96	410

续表

项目	行次	2023 年
2.2.1.1.2.1.b 股权	97	678
2.2.1.1.2.2.b 关联企业债务	98	−267
2.2.1.2 证券投资	99	−632
2.2.1.2.1 资产	100	−773
2.2.1.2.1.1 股权	101	−552
2.2.1.2.1.2 债券	102	−221
2.2.1.2.2 负债	103	141
2.2.1.2.2.1 股权	104	74
2.2.1.2.2.2 债券	105	66
2.2.1.3 金融衍生工具	106	−75
2.2.1.3.1 资产	107	−49
2.2.1.3.2 负债	108	−27
2.2.1.4 其他投资	109	34
2.2.1.4.1 资产	110	441
2.2.1.4.1.1 其他股权	111	−2
2.2.1.4.1.2 货币和存款	112	249
2.2.1.4.1.3 贷款	113	373
2.2.1.4.1.4 保险和养老金	114	−26
2.2.1.4.1.5 贸易信贷	115	−106
2.2.1.4.1.6 其他	116	−46
2.2.1.4.2 负债	117	−407
2.2.1.4.2.1 其他股权	118	0
2.2.1.4.2.2 货币和存款	119	−178
2.2.1.4.2.3 贷款	120	−292
2.2.1.4.2.4 保险和养老金	121	0
2.2.1.4.2.5 贸易信贷	122	−236
2.2.1.4.2.6 其他	123	299
2.2.1.4.2.7 特别提款权	124	0
2.2.2 储备资产	125	−48
2.2.2.1 货币黄金	126	0
2.2.2.2 特别提款权	127	−24
2.2.2.3 在国际货币基金组织的储备头寸	128	11
2.2.2.4 外汇储备	129	−35
2.2.2.5 其他储备资产	130	0
3. 净误差与遗漏	131	−379

注：1. 本表根据《国际收支和国际投资头寸手册》（第六版）编制，统计的是中国居民与非居民之间发生的一切经济交易。中国居民遵循经济体原则，不包括中国香港和中国澳门特别行政区、中国台湾地区的机构和个人等。

2. “贷方”按正值列示，“借方”按负值列示，差额等于“贷方”加上“借方”。本表除标注“贷方”和“借方”的项目外，其他项目均指差额。

3. 2023 年直接投资负债“股权”项下资本金新增 1 200 亿美元。

4. 本表计数采用四舍五入原则。

资料来源：国家外汇管理局。

1. 国际收支运行环境

2023 年，全球经济增长动能趋弱，美欧主要发达经济体维持紧缩货币政策，地缘政治局势依然复杂。我国加大宏观调控力度，国民经济回升向好，经济增长内生动力不断恢复，高质量发展持续推进。我国外汇市场韧性明显增强，市场预期基本平稳，外汇交易理性有序。

2. 国际收支概况

2023 年，我国国际收支运行总体稳健，年末外汇储备保持在 3.2 万亿美元以上。经常账户顺差 2 530 亿美元，与国内生产总值（GDP）之比为 1.4%，继续处于合理均衡区间。其中，货物贸易顺差 5 939 亿美元，为历史次高值，体现了我国持续推进产业升级以及外贸多元化发展的成效；服务贸易逆差 2 078 亿美元，居民跨境旅游、留学有序恢复但仍低于疫情前水平，生产性服务贸易发展势头良好。非储备性质的金融账户逆差与经常账户顺差保持自主平衡格局。其中，来华各类投资呈现恢复发展态势，外商直接投资延续净流入，四季度规模稳步回升；外资对我国证券投资由 2022 年净流出转为净流入，四季度投资境内债券明显提升向好；外债变化总体趋稳。境内主体稳步开展对外直接投资，对外证券投资趋稳放缓。2023 年末，我国对外净资产 2.9 万亿美元，较 2022 年末增长 20%。

3. 国际收支主要项目状况

（1）经常账户和非储备性质金融账户呈现“一顺一逆”的自主平衡格局。2023 年，我国经常账户顺差 2 530 亿美元，非储备性质的金融账户逆差 2 099 亿美元，储备资产稳中有增，年末外汇储备余额稳定在 3.2 万亿美元以上。

表 2-6 列出了我国 2016—2023 年国际收支差额主要构成。

表 2-6 中国国际收支差额主要构成　　单位：亿美元

项目	2016 年	2017 年	2018 年	2019 年	2020 年	2021 年	2022 年	2023 年
经常账户差额	1 913	1 887	241	1 029	2 488	3 529	4 434	2 530
与 GDP 之比	1.7%	1.5%	0.2%	0.7%	1.7%	2.0%	2.5%	1.4%
非储备性质的金融账户差额	−4 161	1 095	1 727	73	−611	−303	−2 573	−2 099
与 GDP 之比	−3.7%	0.9%	1.2%	0.1%	−0.4%	−0.2%	−1.4%	−1.2%

资料来源：根据国家外汇管理局和国家统计局相关数据（修订数）整理。

（2）货物贸易顺差保持高位。2023 年，我国货物贸易出口 31 792 亿美元，较 2022 年下降 5%；进口 25 853 亿美元，下降 4%；货物贸易顺差 5 939 亿美元，为历年次高值（见图 2-1）。

（3）服务贸易逆差有序恢复。2023 年，服务贸易逆差 2 078 亿美元（见图 2-1），低于 2019 年水平。一方面，旅行、运输仍为服务贸易逆差的主要项目。其中，旅行项目逆差 1 717 亿美元，我国居民赴境外旅游、留学支出规模恢复至 2019 年的近八成。另一方面，服务贸易顺差项目保持增长。其中，咨询、广告等其他商业服务顺差 380 亿美元，为近年来较高水平；电信、计算机和信息服务顺差 193 亿美元，较 2022 年增长 7%。

（4）初次收入逆差有所下降。2023 年，初次收入项下收入 2 400 亿美元，较 2022 年下降 11%；支出 3 882 亿美元，下降 9%；逆差 1 482 亿美元，下降 4%（见图 2-1）。其中，雇员报酬顺差 72 亿美元；投资收益逆差 1 590 亿美元，下降 1%。

（5）二次收入延续小幅顺差。2023 年，二次收入项下收入 375 亿美元，较 2022 年下降 16%；支出 223 亿美元，下降 8%；顺差 152 亿美元，下降 25%（见图 2-1）。

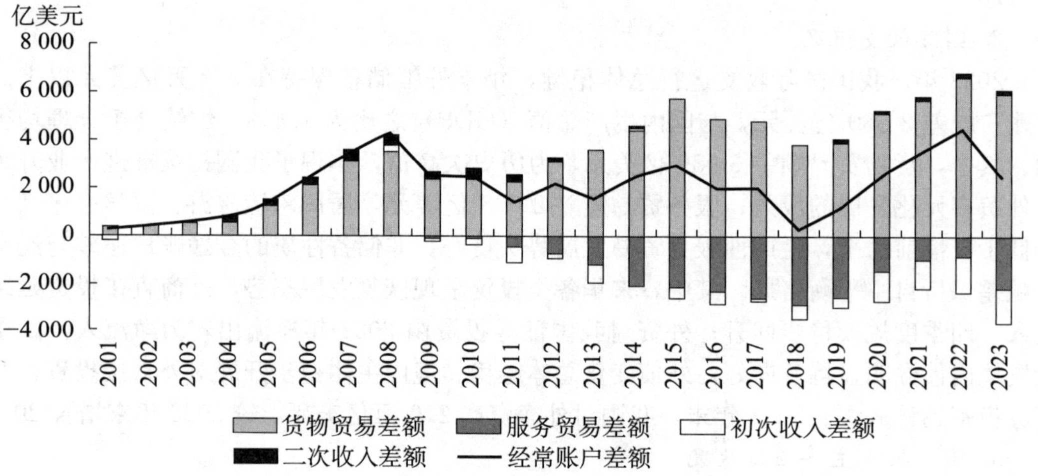

图 2-1 经常账户主要子项目的收支状况

资料来源：国家外汇管理局。

（6）直接投资呈现逆差。2023 年，直接投资逆差 1 426 亿美元（见图 2-2）。我国对外股权性质直接投资（资产净增加）1 109 亿美元，企业跨境投资活动有序开展；外商股权性质直接投资（负债净增加）717 亿美元，其中，新增资本金 1 200 亿美元，显示跨国公司在华中长期投资保持稳定流入。

（7）证券投资逆差明显收窄。2023 年，证券投资逆差 632 亿美元（见图 2-2），较 2022 年下降 78%。其中，我国对外证券投资（资产净增加）773 亿美元；境外对我国证券投资由 2022 年净流出（负债净减少）转为净流入（负债净增加）141 亿美元，显示更多外资来华配置人民币资产。

（8）其他投资延续小幅顺差。2023 年，存贷款、贸易应收应付等其他投资顺差 34 亿美元（见图 2-2）。其中，我国对境外的其他投资净回流（资产净减少）441 亿美元，较 2022 年下降 72%；境外对我国的其他投资净流出（负债净减少）407 亿美元，下降 55%。

（9）储备资产保持稳定。2023 年，因交易形成的储备资产（剔除汇率、价格等非交易价值变动影响）增加 48 亿美元。其中，外汇储备增加 35 亿美元。

三、我国的国际投资头寸表

2006 年 5 月 25 日，国家外汇管理局首次公布我国国际投资头寸表。自 2015 年起，根据国际货币基金组织《国际收支和国际投资头寸手册（第六版）》的标准编制国际投资头寸表，并按季度、年度公布，记录我国居民（不含港澳台）与非居民之间的金融资产和负债存量情况。2023 年末我国的国际投资头寸表如表 2-7 所示。

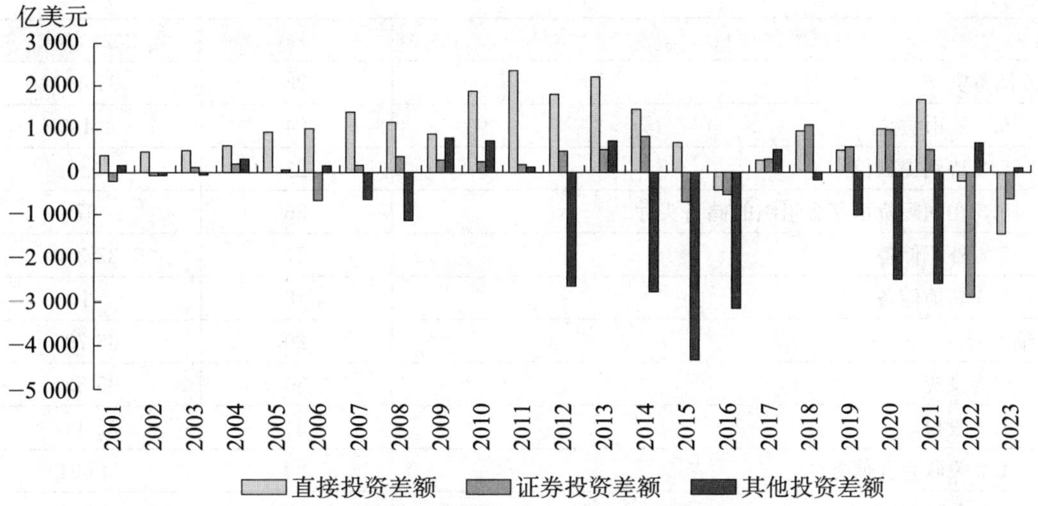

图 2－2　资本和金融账户主要子项目的收支状况

资料来源：国家外汇管理局。

表 2－7　2023 年末中国国际投资头寸表　　单位：亿美元

项目	行次	2023 年末
净头寸	1	29 082
资产	2	95 817
1 直接投资	3	29 391
1.1 股权	4	25 580
1.2 关联企业债务	5	3 811
1.a 金融部门	6	4 094
1.1.a 股权	7	3 868
1.2.a 关联企业债务	8	226
1.b 非金融部门	9	25 297
1.1.b 股权	10	21 712
1.2.b 关联企业债务	11	3 584
2 证券投资	12	10 984
2.1 股权	13	6 226
2.2 债券	14	4 758
3 金融衍生工具	15	190
4 其他投资	16	20 755
4.1 其他股权	17	99
4.2 货币和存款	18	5 015
4.3 贷款	19	8 068
4.4 保险和养老金	20	287
4.5 贸易信贷	21	6 440
4.6 其他应收款	22	847

续表

项目	行次	2023年末
5 储备资产	23	34 497
5.1 货币黄金	24	1 482
5.2 特别提款权	25	536
5.3 在国际货币基金组织的储备头寸	26	97
5.4 外汇储备	27	32 380
5.5 其他储备	28	1
负债	29	66 735
1 直接投资	30	35 531
1.1 股权	31	32 437
1.2 关联企业债务	32	3 094
1.a 金融部门	33	1 993
1.1.a 股权	34	1 765
1.2.a 关联企业债务	35	228
1.b 非金融部门	36	33 538
1.1.b 股权	37	30 672
1.2.b 关联企业债务	38	2 866
2 证券投资	39	17 016
2.1 股权	40	10 211
2.2 债券	41	6 805
3 金融衍生工具	42	194
4 其他投资	43	13 993
4.1 其他股权	44	0
4.2 货币和存款	45	4 943
4.3 贷款	46	3 660
4.4 保险和养老金	47	269
4.5 贸易信贷	48	3 911
4.6 其他应付款	49	724
4.7 特别提款权	50	486

注：1. 本表计数采用四舍五入原则。

2. 净头寸是指资产减负债，“+”表示净资产，“−”表示净负债。

3. 从2015年一季度开始，本表按照国际货币基金组织《国际收支和国际投资头寸手册》（第六版）标准进行编制和列示。

资料来源：国家外汇管理局。

截至2023年末，我国国际投资头寸的基本状况如下：

（一）对外金融资产和负债保持较高规模，对外净资产规模增长

2023年末，我国对外金融资产为95 817亿美元，较2022年末增长4.0%；对外负债为66 735亿美元，较2022年末略降1.8%；对外净资产为29 082亿美元，较2022

年末增长 20.1%（见图 2-3），我国继续为全球第三大净债权国。

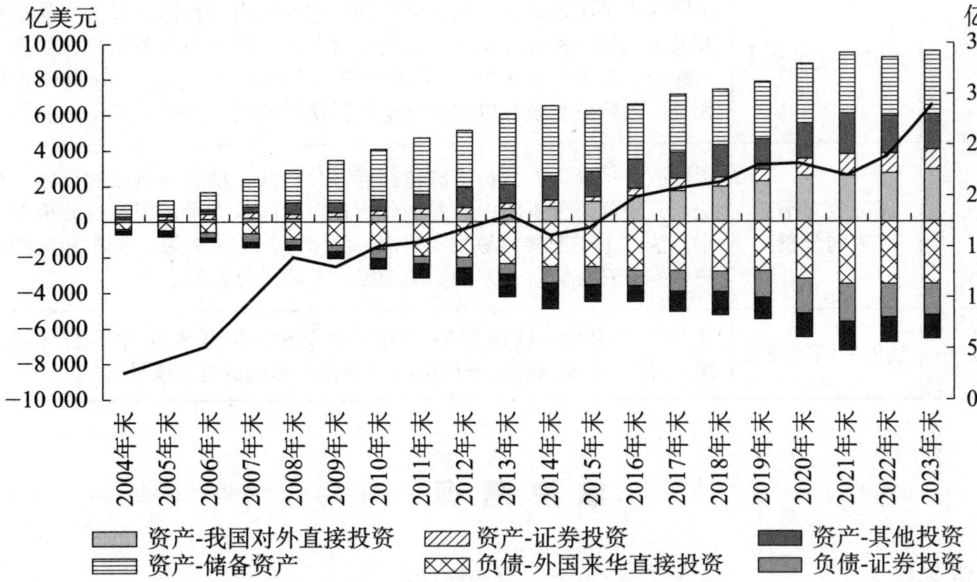

图 2-3 对外金融资产、负债及净资产状况

资料来源：国家外汇管理局。

（二）对外资产中储备资产保持稳定，企业等主体持有资产规模增长

2023 年末，我国对外金融资产中，国际储备资产余额为 34 497 亿美元，继续位居全球首位，占我国对外金融资产总额的比重为 36%。对外非储备资产余额为 61 320 亿美元，较 2022 年末增长 3.8%，占我国对外金融资产总额的比重为 64%。近年来随着我国对外开放程度加深，企业等主体对外投资有序开展，我国对外直接投资和对外证券投资稳步增加，在对外资产中的占比持续上升。其中，直接投资资产为 29 391 亿美元，占资产总额的比重为 31%，较 2022 年末上升 0.8 个百分点；证券投资资产为 10 984 亿美元，占比为 11%，较 2022 年末提高 0.3 个百分点；金融衍生工具资产为 190 亿美元，占比为 0.2%；存贷款、贸易信贷等其他投资资产为 20 755 亿美元，占比为 22%。

（三）对外负债结构稳定，以来华直接投资为主

2023 年末，我国对外负债中，来华直接投资为 35 531 亿美元，继续位列对外负债首位，占对外总负债的比重为 53%，较 2022 年末提高 0.6 个百分点。来华证券投资为 17 016 亿美元，占比为 25%；境外投资者对我国境内证券市场持仓市值约 9 538 亿美元，其中，股票持仓量占 A 股总市值的 4.0%，债券持仓量占境内债券托管总量的 2.4%。存贷款等其他投资负债为 13 993 亿美元，占比为 21%。

模块小结

任务一	国际收支概述	国际收支是指一个经济体在一定时期内其居民与国外非居民之间的以货币形式表示的全部经济交易的系统记录。

续表

任务二	国际收支平衡表	国际收支平衡表是系统地记录一国一定时期内各种国际经济交易项目及其金额的一种统计报表，包括经常账户（货物和服务账户、初次收入账户、二次收入账户）、资本账户、金融账户、误差与遗漏账户四大类。国际收支统计以权责发生制为统计原则，并采用复式记账法。
任务三	国际收支平衡表的分析	国际收支平衡表的分析方法包括静态分析法、动态分析法和比较分析法，其中静态分析法中的差额分析是对国际收支平衡表进行分析的基本方法。主要考察贸易收支差额、经常账户收支差额、资本和金融账户（剔除官方储备）差额、综合账户差额或总差额。
任务四	我国的国际收支	从2015年开始，我国按照《国际收支和国际投资头寸手册（第六版）》的标准编制和公布国际收支平衡表和国际投资头寸表。

模块测评

◎ 简述题

1. 什么是国际收支？

2. 什么是国际投资头寸？

3. 怎样定义居民？

4. 国际收支平衡表和国际投资头寸表有什么联系？

5. 综合收支差额的构成如何？

6. 国际货币基金组织《国际收支和国际投资头寸手册（第六版）》对国际收支平衡表的项目设计是怎样的？

◎ 实务题

1. 某时期A国与世界其他国家间的经济交易如下：

(1) A国购买中国某企业制造的服装；

(2) A国人从法国航空公司购买飞机票；

(3) 英国人购买A国某公司的股票；

(4) 瑞士政府购买A国国库券；

(5) A国向墨西哥提供物资援助。

上述各项分别属于A国国际收支平衡表中的哪个项目？是收入还是支出？

2. 请对下列几笔甲国对外发生的经济交易进行会计处理。

(1) 甲国居民到外国旅游花销30万美元，这笔费用从该居民的海外存款账户中扣除。

(2) 外商以价值1 000万美元的设备投入甲国，兴办合资企业。

(3) 甲国居民动用其在海外存款40万美元，用以购买外国某公司的股票。

3. 针对下列几笔假想的我国在2030年与世界上其他国家发生的经济往来项目，作会计分录，编制国际收支平衡表，并简要分析我国该年国际收支状况。

(1) 我国某出口商向日本出口了价值500万美元的大米，日本进口商以在我国某银行短期美元存款支付货款。

(2) 我国某进口商从英国进口价值200万美元的设备，该进口商以其在英国某商业银行的美元存款支付货款。

(3) 我国某石油进口商租用德国经营的油轮，支付40万美元，该进口商以其在德国某商业银行的美元存款支付款项。

(4) 我国某投资者获得投资于美国政府债券利息60万美元，他将此收入存入其在美国的某商业银行账户上。

(5) 我国政府对泰国提供50万美元的外汇储备和价值80万美元的粮食作为经济援助。

(6) 我国某公司投资200万美元与新加坡某企业合资在新加坡办厂，其中150万美元以我国公司在新加坡的美元存款支付，50万美元以机器设备形式支付。

4. 假设一国国际收支平衡表中经常账户和资本与金融账户所形成的缺口数字为+1 180亿美元，而该国官方储备实际增加数为1 200亿美元，则错误与遗漏应怎样在表中反映？

5. 网络实训：登录国家外汇管理局网站，了解我国国际收支状况。

模块三

汇率变动与汇率制度

学习目标

● **知识目标**

理解不同货币制度条件下汇率的决定基础；

掌握影响汇率变动的因素；

掌握汇率变动对经济的影响；

熟悉汇率制度的基本类型；

理解现行人民币汇率制度；

理解港元联系汇率制度。

● **技能目标**

能够解读当前经济运行与汇率变动之间相互影响的关系；

能够对不同的汇率制度进行评析和选择。

模块导入

2005年7月21日起，中国开始实行以市场供求为基础、参考一篮子货币进行调节、有管理的浮动汇率制度；人民币对美元即日升值2%，从1美元兑8.27元人民币升值至1美元兑8.11元人民币。2006年5月15日，人民币对美元汇率中间价突破8∶1，达到1美元兑换7.998 2元人民币，此后人民币汇率加速上升。2008年4月10日人民币对美元汇率中间价报1美元兑换6.992 0元人民币，突破7∶1的整数关口，美元兑人民币进入“6时代”。近年来，中美贸易冲突不断升级，我国出口受阻，国际收支顺差收窄，2019年美元兑人民币汇率重返“7时代”。这些现象可能会引发你的思考：不同货币之间的汇率水平是依据什么而确定的？为什么汇率会变动？汇率变动的影响会是怎样的？世界各国的汇率安排是统一的吗？如何理解人民币汇率实行以市场供求为基础的、有管理的浮动汇率制度？如何理解港元联系汇率制度？本模块将解读汇率变动与汇率制度。

任务一　汇率决定

两种货币之间的兑换比率是如何确定的？为什么一国货币与另一国货币之间的汇率是某一个特定的数值而不是其他的数值？要回答这个问题，就要弄清汇率的决定基础是什么。

汇率的决定基础与货币制度密切相关。在不同的货币制度下，各国货币所具有或所代表的价值是不一样的，各种货币之间兑换比例确定的标准也是不同的，因此，汇率的决定基础也不同。

一、金本位制下的汇率决定基础

（一）金币本位制度下汇率的决定基础

在金币本位制度下，两国金铸币含金量之比叫铸币平价，铸币平价是决定汇率的基础，汇率变动的范围是黄金点。

金币本位制是典型的金本位货币制度。在金币本位制下，各国使用黄金为币材，并规定单位金铸币的含金量，同时规定金币可以自由铸造、自由熔化，银行券可以自由兑换黄金，黄金可以自由流出或流入国界。因而，金币是当时各国的主要通货，并可以自由对外进行支付结算。各国的金币虽然形状、大小各不相同，但金币含金量是固定的，可以用含金量体现出它们所具有的价值，而含金量之比即铸币平价就是两种货币之间的比价。

例如，在金本位时期，每1英镑铸币的重量为123.274 47格令，成色为22K金，则每英镑含有的纯金为113.001 6格令（123.274 47×22÷24）。而当时每1美元金铸币重量为25.8格令，成色为9成（9/10），则美元的含金量为23.22格令。因此英镑与美元的铸币平价为：1英镑＝113.001 6÷23.22＝4.866 5美元，它决定了英镑与美元的兑换比率。

各国虽然在法律上认定两国货币的汇率是铸币平价，但铸币平价并不是外汇市场上的实际汇率，而是决定汇率的价值基础。由于当时各国之间已开始使用以外汇为支付手段的非现金结算方式，外汇买卖已很普遍，实际汇率是在外汇市场的供求机制下形成的。如果市场上某种外汇供过于求，其汇率就会跌到铸币平价以下；反之，如果某种外汇供不应求，其汇率就会涨到铸币平价以上。然而在金本位制度下，汇率的下跌或上涨不是漫无边际的，而是以铸币平价为中心，在一定幅度内上下波动，波动幅度的界限就是黄金输送点，也称黄金点。黄金输送点是指金币本位制下，由于外汇汇率涨落引起黄金输出、输入国境的界限，它等于铸币平价加（减）运送黄金的费用。在直接标价法下：

黄金输出点＝铸币平价＋黄金运杂费

黄金输入点＝铸币平价－黄金运杂费

例如，在第一次世界大战之前，把1英镑黄金由英国运往美国的运杂费为0.03美元，对美国来说：

黄金输出点为：1英镑＝4.866 5美元＋0.03美元＝4.896 5美元

黄金输入点为：1 英镑＝4.866 5 美元－0.03 美元＝4.836 5 美元

也就是说，美国黄金输出点为 4.896 5 美元，黄金输入点为 4.836 5 美元，英镑与美元汇率的波动界限在 4.836 5 美元至 4.896 5 美元。

黄金输送点之所以成为汇率波动的上下限，是由于金本位时期存在着现金和非现金两种对外结算方式。尽管黄金是世界货币，但在国际结算中用黄金作为支付手段要发生很多费用和麻烦，如运费、保险费和安全问题等，所以一般的贸易往来都采用非现金结算，即用汇票作为支付手段，而汇票结算就必然带来汇率波动问题。因此，在汇率围绕铸币平价波动的幅度不超过运输黄金的费用时，人们会选择非现金结算方式；而当汇率波动幅度超过运输黄金的费用时，人们宁愿选择现金结算方式，即不再买卖外汇，而直接运送黄金支付。

例如，美国商人进口英国的商品，用美元购买英镑外汇支付给英国商人，致使英镑外汇需求大于供给，汇率上升。当英镑汇率上升到 1 英镑＝4.896 5 美元以上时，美国债务人觉得购买外汇不合算，不如直接向英国运送黄金有利，这样最多花 4.896 5 美元就可以支付 1 英镑的债务。于是，美国进口商就不再购买英镑外汇，而是直接运送黄金支付货款。英镑外汇需求减少，致使英镑汇率不再上升，黄金流出美国，1 英镑＝4.896 5 美元是美国的黄金输出点，也同时是制约英镑汇率上升、美元汇率下跌的界限。

反之，若美国向英国出口，美国商人出售英镑货款换回美元，使英镑供给大于需求，英镑汇率不断下跌。当英镑汇率下跌到 1 英镑折合 4.836 5 美元以下时，美国的债权人就不要外汇，而宁肯自己从英国运送黄金到美国，这样，1 英镑的债权至少也能收回 4.836 5 美元。于是，美国出口商就不再出售英镑外汇，而是直接运送黄金到美国，此时英镑汇率不再下降，黄金流入美国，1 英镑＝4.836 5 美元是美国的黄金输入点，也同时是制约英镑汇率下跌、美元汇率上升的界限。

由此可见，在金币本位制时期，铸币平价是决定汇率的基础，黄金输送点是汇率波动的界限，汇率是以铸币平价为基础，在黄金输送点内依据外汇供求状况而形成的。由于运送黄金的各项费用仅为黄金价值的 0.5%～0.7%，所占比重较小，因此汇率波动的幅度也比较小，汇率基本上是稳定的。

（二）金块本位和金汇兑本位制度下汇率的决定基础

在金块本位制度下，黄金已经很少直接充当流通手段和支付手段，金块的绝大部分为政府所掌握，其自由输出和输入受到了影响。同样，在金汇兑本位制度下，黄金储备集中在政府手中，在日常生活中，黄金不再具有流通手段的职能，其输出和输入受到了极大限制。因而在这两种货币制度下，两种货币之间的汇率由纸币所代表的含金量之比来决定，称为法定平价。法定平价也是金平价的一种表现形式。实际汇率因供求关系而围绕法定平价上下波动。

但这时，汇率波动的幅度已不再受制于黄金输送点。黄金输送点存在的必要前提是黄金的自由输出和输入。在金块本位和金汇兑本位下，由于黄金的输出和输入受到了限制，因此，黄金输送点实际上已不复存在。在这两种削弱了的金本位制度下，虽说决定汇率的基础依然是金平价，但汇率波动的幅度则由政府来规定和维护。政府通过设立外汇平准基金来维护汇率的稳定。当外汇汇率上升，便出售外汇；当外汇汇率下降，便买进外汇，以此使汇率的波动局限在允许的幅度内。显然，与金币本位制度时的情况相比，金块本位和金汇兑本位下汇率的稳定程度已降低了。

二、纸币流通时期的汇率决定基础

(一) 纸币规定有法定含金量时期汇率的决定

在纸币规定有法定含金量时期，即金本位制度崩溃之后的纸币流通初期及第二次世界大战以后的布雷顿森林货币制度下，各国政府规定了本国货币所代表的（而不是具有的）含金量。两种货币的法定含金量之比叫黄金平价，黄金平价是汇率的决定基础。汇率以黄金平价为中心在人为规定的幅度内变动，各国政府有义务将汇率稳定在这一波动幅度之内。

例如，1934 年美国政府规定每 1 美元的含金量是 0.888 671 克纯金，也就是说，1 美元纸币在流通中所代表的价值量相当于 0.888 671 克黄金。同样，英国政府规定每 1 英镑的含金量是 3.881 344 克纯金，即 1 英镑纸币在流通中所代表的价值量与 3.881 344 克黄金相同。所以，1 英镑＝3.881 344 ÷ 0.888 671＝4.37 美元，即英镑与美元间的黄金平价就是决定英镑与美元汇率的基础。

纸币所代表的含金量之比决定汇率，与金本位制下铸币所具有的含金量之比决定汇率有着本质的差别。后者是一种实实在在的价值之比，而前者只是一种虚设的价值之比。纸币既不能兑换黄金，也不能像金币一样通过执行流通手段与贮藏手段的转换来调节流通中的货币量；纸币发行量过大或过小都会使纸币所代表的价值量同政府规定的含金量不相符，这时纸币的汇率显然不能由其名义上的含金量来决定，而应由其实际所代表的含金量来决定。如果纸币所代表的含金量与名义上规定的含金量相差太远，以至于中央银行难以用有限的外汇平准基金干预外汇市场以使汇率稳定在规定的上下限之内，政府就会宣布本国纸币贬值或升值，称为货币法定贬值或法定升值。

货币法定贬值是指在纸币具有法定含金量时期，单位纸币实际所代表的含金量大大低于名义含金量，或是当通货膨胀程度较高、国际收支存在逆差时，政府用法令宣布降低单位纸币的含金量，使之与实际所代表的含金量相符合的措施。20 世纪 60 年代，美元在经历了三次危机之后，实际所代表的含金量与政府宣布的 0.888 671 克的含金量不相符，于是尼克松政府被迫在 1971 年 12 月宣布美元法定贬值 7.89%，即贬值后的 1 美元的含金量为 0.818 513 克纯金，从而使美元对英镑汇率由原来的 1 英镑合 2.40 美元变为 1 英镑合 2.605 7 美元。

货币法定升值是指在纸币具有法定含金量时期，单位纸币实际所代表的含金量超过其名义含金量，或是当通货膨胀程度较低、国际收支存在顺差时，在国际收支逆差较大的国家的压力下，政府通过法令宣布提高单位纸币的含金量的措施。1969 年在各国压力下，联邦德国政府宣布马克法定升值，每马克的含金量由 0.222 168 克纯金提高到 0.242 806 克纯金，马克对美元的汇率也由 1 美元合 4 马克提高到 1 美元合 3.66 马克。

(二) 纸币不规定含金量时期汇率的决定

在纸币不规定含金量时期，即现行的货币制度下，汇率由购买力平价决定，在外汇供求状况影响下自由浮动。

1973 年后，随着布雷顿森林体系的解体，各国普遍实行信用货币制度。各国政府不再规定纸币的含金量，纸币的价值不再以含金量来体现，纸币所具有的购买一定数量商品的能力表现了纸币在流通中所代表的实际价值。两国货币之间的汇率取决于它们各自在国内所代表的实际价值，也就是说货币对内价值决定货币对外价值；而货币的对内价值又是用其购买力来衡量的。纸币所代表的价值量之比，或两种货币购买力之比叫购买力平价，购买力平价是汇率的决定基础。汇率的涨跌没有波动幅度的限制，而是随外汇市场供求的变化自由浮动。

汇率的变动表现为汇率的上浮与下浮。两种货币的汇率随着外汇市场的外汇供求状况而变动。当外汇供不应求、兑换本币数量增多时，叫作汇率的上浮，意味着外汇升值、本币贬值；当外汇供过于求、兑换本币数量减少时，叫作汇率的下浮，意味着外币贬值、本币升值。

任务二　汇率变动

一、影响汇率变动的主要因素

影响汇率变动的因素很多，这些因素通过引起两种货币币值的对比发生变化和外汇供求状况发生变化，进而引起汇率发生变动。

（一）国际收支差额

一国的国际收支状况直接决定着该国外汇供求状况，从而引起汇率变动。当国际收支出现顺差时，外汇收入大于外汇支出，国际储备增加，使外汇的供给大于需求，会引起外汇汇率下降和本币汇率上升；当国际收支出现逆差时，外汇支出大于外汇收入，外汇储备减少，使外汇的需求大于外汇供给，会引起外汇汇率上升和本币汇率下降。

一般而言，暂时的、小规模的国际收支差额可以被国际资本流动、相对利率和通货膨胀率的变动、政府在外汇市场上的干预等因素抵消，从而只对汇率产生较小的影响，只有巨额的、长期的国际收支差额才会影响汇率，并且由于国际收支差额对汇率的影响要通过外汇市场上的供求状况的变化才能逐步体现出来，因此，国际收支差额是影响汇率变动的中长期因素。

国际收支中的经常项目差额对汇率的影响是最重要的。在固定汇率制下，经常项目收支不平衡往往是货币法定贬值的先导，政府往往迫于市场的压力而改变汇率；在浮动汇率制下，该项目收支的不平衡在经历一个时滞后会导致本币汇率的变动。而在经常项目中，贸易收支一直是在中长期决定汇率走势的主要因素。贸易收支的不平衡，在第二次世界大战后的外汇史上始终是汇率变动，特别是汇率较大变动的最主要原因。典型的事例如下：1967 年 11 月的英镑贬值；1971 年 12 月的美元第一次贬值；1977—1978 年以及 1985—1988 年和 1995 年的美元兑日元等汇率的大幅度下跌。

国际收支中的资本项目差额，会在短期内对汇率产生直接影响。例如，当资本输出时，本币换成外币的要求造成本币贬值的压力；当资本输入时，本币汇率将会上升。当然，资本项目中的直接投资，对汇率的影响比较复杂。因为当本国对外国直接投资时形成资本输出，引起本币贬值而外币升值；而当投资一定时期后，会给企业带来一定利润，利润汇回形成资本流入，又会抵消资本输出的贬值压力。

（二）相对通货膨胀率

在其他经济条件不变的情况下，若一国发生通货膨胀，该国单位货币所代表的价值量减少，对内贬值，则其对外价值也下降，外汇汇率上升，本币汇率下跌。

另外，由于通货膨胀使国内物价上涨、出口商品成本增加，对出口不利，同时使进口商品的盈利空间增大或处于有利的价格态势，刺激进口，这样会使贸易收支恶化、外汇需求增加，导致本币汇率下浮、外币汇率上浮。

考察通货膨胀程度对汇率的影响，不能仅从一国来观察，还应观察其他国家通货膨胀率的变化并进行比较。一般来说，相对通货膨胀率较高的国家，其货币的对内价值下降的速度更快，于是其货币汇率也会随之下降；如果两国通货膨胀率大体相等，则汇率的变化数值不会太大。此外，通货膨胀对汇率的影响有一个过程，这一过程需要半年或更长时间，但这种影响一旦起作用，其延续时间就会比较长。因此可以说，通货膨胀对汇率具有长期的影响，往往成为影响汇率变动趋势的因素。

（三）相对利率

利率是资金的交易价格，是使用资金的代价或放弃使用资金的收益。利率的高低代表了一国金融资产对外的吸引力，会直接引起国际套利资本的流动，并导致汇率波动。一般认为，在考察利率变动影响时，不仅要比较内外利率，而且要比较内外通货膨胀率，即要比较内外实际利率。当不同国家实际利率存在差异时，投资者为了追求较高的收益，必然把低利率货币兑换成高利率货币，这样就会影响到不同货币的需求与供给，从而影响汇率的变动。

利率高的国家资金收益较高，吸引外资流入，使市场上外汇供给增加，从而导致外汇汇率下跌、本国货币汇率上升；反之，利率低的国家外汇汇率上升、本国货币汇率下跌。另外，一国提高利率，是为了紧缩国内银根，控制投资膨胀和经济过热，于是单位货币价值量增加，该国货币汇率在短期内上升；反之，一国降低利率是为了放松银根，刺激投资增加和经济增长，于是单位货币价值量减少，该国货币汇率在短期内下降。所以，在其他因素不变的情况下，利率在一定条件下对汇率的短期影响很大，高利率货币汇率上浮，低利率货币汇率下浮。

利率对于汇率的另一个重要作用是导致远期汇率的变化，外汇市场远期汇率升水、贴水的主要原因在于货币之间的利率差异。高利率货币会引起市场上对该货币现汇的需求，以期获得一定期限的高利息收入。但为了防止将来投资到期时该种货币汇率下跌带来损失，人们在购进这种货币现汇时往往会采取掉期交易，即卖出这种货币的远期，从而使该货币远期贴水；同样的道理，低利率的货币则有远期升水（参见模块一和模块八相关内容）。

（四）经济增长率的国际差异

一国经济发展状况可以用其经济增长率来表示，国内外经济增长率的差异对汇率产生多方面的影响。一国的经济增长率上升，说明该国经济景气，出口旺盛，因此该国币值稳定，外国对该国货币有信心，在国际交易中愿意使用该种货币，该种货币的汇率一般会上升；反之，该种货币汇率会下降。但是发展中国家情况有所不同，经济发展较快，国民收入有较大的增长，进口需求增加，如果本国货币不是自由兑换货币，对外汇需求量增大，在供求影响下，外汇汇率会上升，而本币汇率会下降。总体来说，高经济增长率短期内由于贸易收支问题可能会不利于本币的汇率，但长期中却是支持本币成为国际硬通货的有利因素。

（五）中央银行的外汇干预

中央银行（货币当局）的外汇干预是指一国中央银行或多国中央银行联合在外汇市场上参与外汇买卖活动，以影响一国货币汇率或几种主要的自由兑换货币汇率变动的行为。

不论是在固定汇率制度下，还是在浮动汇率制度下，一国货币当局都会被动地或主动地干预外汇市场，稳定汇率，以避免汇率波动对经济造成不利影响，实现自己的政策目标。浮动汇率制下的外汇干预体现了汇率是一种管理浮动。

虽然外汇干预有助于稳定一国货币的汇率，但同时也会改变该国的货币存量。这是因为当该国中央银行抛售外汇时，它同时也回笼了（按当时汇率折算的）等量的本国货币，国内的货币存量就因之下降。反之，当中央银行买进一定量的外汇时，它也就释放了等量的本国货币，从而增加国内的货币存量。因此，货币存量的增减变化就成了外汇干预不可避免的一种副产品。更进一步地，这种由于外汇干预引起的基础货币的增减会通过货币乘数的作用使货币存量最终发生成倍的增减。

故此，按是否引起本国货币供应量的变化来划分，中央银行的外汇市场干预可分为两种方式：冲销干预和非冲销干预。

（1）冲销干预（sterilized intervention）是指中央银行在外汇市场上进行外汇买卖的同时，通过其他货币政策工具，主要是国债市场上的公开市场业务实施反向操作，来抵消外汇买卖对货币供应量的影响，使本币供应量维持不变的外汇市场干预行为。

（2）非冲销干预（non-sterilized intervention）是指不存在相应冲销措施的外汇市场干预，中央银行买卖外汇会引起国内市场上货币供应量的变动。

比如，当本币承受贬值压力时，为维持汇率稳定，货币当局会在外汇市场上卖出外币，买入本币，这一干预行为将导致国内货币存量下降。如果货币当局通过在公开市场上买入政府债券等资产的形式增加货币存量，从而抵消外汇市场干预行为对货币存量的影响，那么这种干预行为就是冲销干预。如果货币当局不在公开市场上买卖资产以抵消外汇市场干预对货币存量的影响，那么这种干预就是非冲销干预。

反之，当本币承受升值压力时，中央银行进行冲销干预与非冲销干预的作用机理如表3-1所示。

表3-1 冲销干预与非冲销干预的作用机理

本币承受升值压力	冲销干预	买外汇、抛本币本币汇率↓本币供应量↑（引起MS>MD，物价上升，通货膨胀）（同时）卖出政府债券，回笼基础货币本币供应量不变
	非冲销干预	买外汇、抛本币本币汇率↓本币供应量↑（引起MS>MD，物价上升，通货膨胀）本国利率↓资本流出↑本币贬值越大↓

由此可见，在浮动汇率制下，中央银行在外汇市场上进行非冲销干预达到调整汇率的目的效果更好，因为非冲销干预会导致货币存量变化，从而引起利率的相应变化，进而导致资本流动，汇率变化。而冲销干预不影响货币供给，进而不影响货币市场的均衡，但会打破债券市场的均衡，中央银行干预外汇市场带来的外国资产的变化等于其持有国内政府债券数量的变化。

但非冲销干预可能导致宏观调控的内外目标相冲突，即汇率干预的目标可能会妨碍内部经济目标的实现。所谓外部目标，是指官方在外汇市场上干预要达到的汇率目标；所谓内部目标，指的是国内经济增长、充分就业和物价稳定。当官方在外汇市场上干预要避免和纠正汇率升值时，国内的货币存量会上升，必然导致物价上升、就业增加。如果此时国内经济已处于通货膨胀状态，那么此时的非冲销干预与国内物价稳定的目标相悖。当然，如果国内经济处于萧条状态，则非冲销干预与内部经济目标的实现是一致的。

即测即评

中央银行实施冲销干预，在外汇市场上买进或卖出外汇的同时，在公开市场上（　　）或（　　）政府债券。

中央银行的外汇市场干预虽不能从根本上改变汇率，但在短期内确实可以有效地影响汇率。固定汇率制度在第二次世界大战后维持了 28 年之久，足以显示中央银行干预的成效。特别是 20 世纪 80 年代以来，西方主要国家在管理浮动汇率制度的基础上进行联合干预，更使得中央银行的行为成为外汇市场上影响汇率的不可忽视的力量。如 1985 年 9 月 G5 国家（美、日、德、法、英）签订“广场协议”，五国联合干预外汇市场以期使日元对美元升值。再如，2011 年 3 月 11 日日本发生大地震及海啸后，日元汇率一度高涨，17 日早盘东京外汇市场日元对美元汇率一度达到约 76∶1，刷新 1995 年 4 月创下的纪录。

七大工业国集团（即 G7，包括美国、日本、德国、法国、英国、意大利和加拿大）于 18 日对外汇市场进行联合干预，以期阻止汇率过度和无序波动对经济和金融稳定造成的负面影响。经过 G7 联合干预，日元汇率才相对稳定下来。而在 2011 年 8 月 4 日和 10 月 31 日，日本政府又两次干预外汇市场，大规模买进外汇，以避免日元汇率的大幅度上升。

广场协议与卢浮宫协议

（六）一国的宏观经济政策

一国为增加就业、稳定物价，促进经济增长和改善国际收支，往往采取宏观经济政策对国内经济加以调控。这些政策对经济增长率、物价上涨率、利息率和国际收支状况等都会产生一定影响，这样必然会影响到汇率的变动。

一般来说，扩张性的财政、货币政策造成的巨额财政收支逆差和通货膨胀，会使本国货币对外贬值；紧缩性的财政、货币政策会减少财政支出，稳定通货，而使本国货币对外升值。但这种影响是相对短期的，财政、货币政策对汇率的长期影响则要视这些政策对经济实力和长期国际收支状况的影响如何而定，如果扩张政策能最终增强本国经济实力，促使国际收支顺差，那么本币对外价值的长期走势必然会提高，即本币升值；如果紧缩政策导致本国经济停滞不前，国际收支逆差扩大，那么本币对外价值必然逐渐削弱，即本币贬值。

（七）市场预期心理

在国际外汇市场上，市场参与者对汇率走势的预期将决定其交易行为，进而决定汇率。它是影响汇率变动各因素中最难把握的，包括对国际收支状况的预期、相对通货膨胀率的预期、相对利率或相对资产收益率的预期，以及对汇率本身的预期等。如果人们预期某国的通货膨胀率比较高，实际利率水平较低，经常项目收支将产生逆差，或者该国经济将遇到不利因素，那么人们就会预期该国货币将贬值，该国货币将在外汇市场上被抛售，从而使该国货币真正贬值；反之，该国货币则会升值。例如，交易者认为欧元汇率将上升、美元汇率将下降，便会立即买进欧元抛出美元，使欧元需求大于供给、美元供给大于需求，引起欧元汇率上升、美元汇率下降；反之，亦然。

市场预期中重要的因素之一是外汇投机者的预期，它在短期内会引起资金的大规模流动，改变货币的供求状况，引起汇率大起大落。当外汇市场处于上涨行情时，一些微不足道的利多消息就会刺激看好心理，引起该种货币汇率上升；当外汇市场处于下降行情时，即使是一些大的利好消息也无力挽回该种货币汇率疲软的趋势，而一些微小的利空消息却会使汇率急剧下降。

（八）政局动荡和突发事件

政局动荡和突发事件对汇率变动也有重要影响。政治形势的变化会引起外汇市场的波动，一个国家政局稳定，各项政策相对稳定且可持续，其经济平稳增长，国内物价平稳，各国也对该国有信心，这有利于维持该国货币汇率稳定。反之，一国政局不稳，外汇交易者为免遭损失，会大量抛售该国货币，导致其货币汇率下降。

一些突发事件的出现，如战争、恐怖袭击及重大自然灾害等，也会引起主要货币汇率的急剧波动。例如，“9·11”事件当天，美元对欧元和英镑汇率分别下跌近2%，对瑞士法郎则下跌了3%。

二、汇率变动对经济的影响

汇率变动会影响经济运行，在浮动汇率制和世界经济全球化背景下，尤其如此。

（一）汇率变动对一国对外经济的影响

汇率变动对一国对外经济的影响实际上表现为对一国国际收支的影响。汇率和国际收支之间是互相影响、互相制约的关系。在浮动汇率制下，国际收支状况的好坏会直接影响汇率波动；反过来，汇率的上下波动，也会对国际收支产生直接影响。

1. 汇率变动对贸易收支的影响

汇率变化最为直接也是最为重要的影响就是对贸易收支的影响，这种影响有微观的和宏观的两个层面。从微观上讲，汇率变动会改变进出口企业成本、利润的核算；从宏观上讲，汇率变化因对商品进出口总值产生影响而使贸易收支差额以至于国际收支差额发生变化。如果一国货币的汇率下浮，即本币对外贬值、外币升值，则有利于该国增加出口、抑制进口，因而会减少贸易逆差，增加贸易顺差；反之，如果一国货币汇率上浮，即本币升值、外币贬值，则有利于进口，不利于出口，因而会减少贸易顺差或扩大贸易逆差。

以一国货币汇率下浮即本币贬值为例，它对该国出口的影响是增加出口。这是因为：（1）国外对该国商品需求增加，出口扩大。等值本币的出口商品在国际市场上会折合比以前更少的外币，以外币表示的出口商品价格就会下降，竞争力增强，而当出口商品具有较大价格需求弹性时，会诱使国外居民增加对该国出口商品的需求，使出口大幅度增加。（2）出口企业积极性提高，出口扩大。因为如果出口商品在国际市场上的外币价格保持不变，则本币贬值会使等值的外币兑换成比以前更多的本币，出口同样数量的商品，换回本国货币的数量更多，出口企业的利润增加，从而刺激其出口的积极性，增加出口数量。

本币贬值对该国进口的影响是使进口受到抑制。这是因为：（1）贬值后，以外币计价的进口商品在国内销售时折合的本币价格比贬值前提高，使该国商品与进口商品的性能价格比发生变化，购买进口商品变得不经济，从而该国居民对进口商品的需求减少；而进口企业成本增加，利润减少，进口数量相应减少。(2) 如果维持原有的国内销售价，则需要压低进口品的外币价格，这又会招致外国商人的反对。因此，本币贬值会自动地抑制外国商品的进口。相反，如果一国货币汇率上浮即本币升值，则会鼓励进口而使出口受阻。

如果本币贬值有效地促进了出口，限制了进口，则会改善一国的贸易收支，但是本币贬值起到扩大出口、限制进口的作用需要满足一定的条件（参见模块四相关内容）。

2. 汇率变动对非贸易收支的影响

一国货币汇率下浮或上浮，对该国国际收支经常项目中的旅游和其他劳务收支的状况也会产生一些影响。如果一国货币汇率下浮即本币贬值，外国货币的购买力相对提高，该国的劳务商品价格相对降低，这对外国游客或客户无疑增加了吸引力，会扩大贸易收入的来源。反之，如果一国货币汇率上浮即本币升值，外国货币购买力相对下降，该国的旅游等劳务的相对价格上升，会减少非贸易收入来源；同时，由于本国货币购买力的相对提高，使外国劳务商品价格相对降低，还会刺激非贸易支出的增加。

3. 汇率变动对资本流动的影响

如果一国货币汇率有下浮趋势而尚未下浮时，资本就会从国内流向国外；如果一国货币汇率有上浮趋势而尚未上浮时，就会形成资本内流。

汇率变动对一国资本流动的影响，取决于人们对汇率未来变动趋势的预期。当一国货币对外贬值时，如果人们普遍产生该国货币汇率将进一步贬值的预期，资本所有者担心由于汇率下跌造成损失，就会将资本转到国外，以避免遭受更大损失；但如果市场普遍认为贬值已使该国货币处于均衡水平，或认为贬值过度，该国货币汇率将出现反弹，则人们会将资金从他国转移至该国以获利。相反，该国货币汇率具有上升趋势时，资本所有者为了取得货币汇率上浮带来的收益，就会将资本转到该国，而一旦该国货币汇率上升并终止，资本流入就会停止。

4. 汇率变动对外汇储备的影响

汇率变动对外汇储备的影响表现在两个方面：一是汇率变动会引起外汇储备实际价值的变动。如果储备货币汇率上升，会增加外汇储备的折算价值；如果储备货币汇率下跌，则会减少外汇储备的折算价值。二是汇率变动会引起一国国际收支的变动，从而引起外汇储备变动。如果一国货币汇率下浮，则有利于出口而抑制进口，导致贸易顺差，会增加该国外汇储备；由于该国存在贸易顺差，其货币有升值的趋势，就会吸引外资流入，又将导致资本项目的顺差，也会增加该国外汇储备。相反，若一国货币汇率上浮，则会形成贸易项目和资本项目的双逆差，会减少该国外汇储备。

在现行储备货币多元化的条件下，汇率变化对外汇储备的影响也是多样化的。有时外汇市场汇率波动较大，但因储备货币中升值货币和贬值货币的力量均等，外汇储备就不会受到影响；有时虽然多种货币汇率保持稳定，但占比重较大的储备货币汇率下跌，外汇储备总价值也会大幅度下降。

（二）汇率变动对一国国内经济的影响

1. 汇率变动对一国国内物价的影响

在货币发行量一定情况下，本币汇率上升会引起国内物价水平下降。因为本币汇率上升、外汇汇率下降，就会使以本币表示的进口商品在国内售价相对便宜，刺激进口增加，并带动用进口原料生产的本国产品价格下降。另外，由于本币汇率上升，以外币表示的出口商品在国外市场价格升高，降低了出口商品的竞争力，促使一部分出口商品转内销，增加了国内市场供给量，也会引起国内物价水平的下降。

在货币发行量一定的情况下，本币汇率下浮会引起国内物价水平上升。因为本币汇率下浮，一方面有利于本国商品出口，出口商品数量增加会使国内市场供应发生缺口，促使价格上涨。另一方面，进口商品用本币表示的价格因本币汇率下跌而上升，促使进口的生产资料价格提高，导致以此为原料的国产商品价格上涨，同时，进口的消费资料也因本币汇率的下浮而价格上涨，进口商品数量减少，国内市场商品供应相对减少，引起国内物价总水平上涨。

此外，本币贬值如果使得国际收支出现顺差，则会造成外汇储备增加，这又意味着中央银行本币投放的增加。因为这些本币都是基础货币，在货币乘数的作用下会呈现成倍地放大，所以会导致货币供应量急剧增加。因此，汇率与本国物价之间的关系是十分密切的，而且互为因果。现实中，一国发生通货膨胀会导致本币对外贬值，本币贬值又会产生物价上涨的压力；如果政府当局不能有效地加以控制，则会陷入本币贬值→出口增加、进口减少→价格上升、通货膨胀→出口减少、进口增加→本币进一步贬值的恶性循环中。

2. 汇率变动对国内利率水平的影响

在货币发行量一定的条件下，本国货币汇率上升，使国内利率总水平上升。因为本币汇率上升会对商品出口和资金流入产生不利的影响，而对商品进口和资金流出产生有利的影响，引起本国外汇收入减少、外汇支出增加，从而使国内资金总供给减少，引起国内利率总水平上升。相反，本国货币汇率下降，有利于增加本国外汇收入，国内资金供应增加，导致国内利率总水平下降。

3. 汇率变动对社会总产出的影响

一国货币贬值后，由于“奖出限入”的作用，贸易收支往往会得到改善。如果该国还存在闲置的生产要素，则一国的总产出将通过净出口增加的乘数效应扩大。此外，贸易收支改善后，增加的外汇积累若用于进口先进的机器设备等资本品，在存在闲置生产要素的条件下，可进一步增强该国生产能力，从而增加总产出。

4. 汇率变动对就业及国民收入的影响

在其他条件不变时，本币汇率下跌，有利于出口而不利于进口，从而有利于本国第一产业、第二产业和第三产业的发展，促进国内就业岗位增多和国民收入增加；反之，由于本国货币汇率上升，不利于出口而有利于进口，限制了本国经济的发展，必然减少国内就业量和国民收入的增加。

5. 汇率变动对资源配置的影响

一国货币贬值后，以外币计价的出口商品价格下降，出口增多；同时，在国内商品市场上，进口商品本币价格一般会上升，进口替代品价格也会上升。这样整个贸易品部门相对于非贸易品部门更加有利可图，由此会引发一国的生产性资源从非贸易部门转移并配置到贸易部门，从而呈现出更为开放的产业结构。

（三）汇率变动对世界经济的影响

一国货币汇率的变动不仅会影响本国自身的经济，而且会对其他国家的经济产生影响。其影响的范围和程度取决于该国的经济发展状况、外汇管制以及该国的市场情况等。

发展中国家经济规模较小，而且发展中国家的货币一般不能作为国际经济中的支付手段和计价手段，所以，其汇率变化只能对贸易伙伴国的经济产生影响，即一国货币贬值引起贸易顺差，其伙伴国的贸易就可能产生逆差。

对发达国家来讲，其汇率变化对其他国家经济的影响，无论是在范围还是在程度上都是相当大的。这是因为：第一，发达国家的货币一般能够充当国际经济往来中的计价手段和支付手段，其货币汇率波动会影响所有国家的经济。尤其是美元汇率的变动，对世界经济的影响特别大。在当前的国际贸易和国际金融活动中，普遍以美元为计价和支付手段，某些特殊的商品，如黄金和石油，则仅以美元计价结算。而且有一些发展中国家尽力维持对美元的固定汇率。如果美元汇率上升，则与美元保持固定汇率的发展中国家货币汇率会随同美元对其他国家货币的汇率上升，这可能对它们的贸易收支产生不利影响。第二，发达国家货币升值或贬值会产生巨额贸易差额，这也意味着其他与之贸易的国家出现相应的巨额贸易不平衡，从而显著地影响其他国家的国际收支。第三，发达国家货币往往是各国国际储备中的储备货币，其汇率波动会影响其他国家储备资产的价值。第四，发达国家货币往往充当国际信用工具，其汇率波动会影响其他国家的债务负担。

任务三　汇率制度

汇率制度（exchange rate system 或 exchange rate regime），又称汇率安排（exchange arrangement），是指一国货币当局对本国汇率变动的基本方式所做的一系列安排或规定。其中包括规定本国货币对外价值的确定原则及方法，规定汇率波动的方式及幅度，以及如何采取措施对汇率进行维持、干预或调节等内容。汇率制度既可以通过正式的法律规范（de jure）得到表现，也可以通过政府的实际行为和做法（de facto）予以认定。

传统的两分法按照汇率的稳定程度把汇率制度划分为两大类型：固定汇率制度和浮动汇率制度。目前国际上公认的汇率制度类别是国际货币基金组织公布的汇率制度。

一、固定汇率制度

（一）固定汇率制度的类型

固定汇率制（fixed exchange rate system）是指本币对外币规定有货币平价，现实汇率受货币平价制约，只能围绕平价在很小的范围内波动的汇率制度。固定汇率制度有两种类型：一是金本位制度下的固定汇率制；二是布雷顿森林体系下的固定汇率制度。

1. 金本位制度下的固定汇率制度（1816—1943 年）

在典型的金本位制即金币本位制下，其货币汇率是由铸币平价决定的，汇率的波动受黄金输送点的限制，在很小的范围内波动。铸币平价是由一国通过立法程序规定的，一经确定一般不会轻易改动，因此作为汇率基础的铸币平价是比较稳定的。而实际汇率受外汇供求关系影响在黄金输送点的限度内波动，一般为5‰～7‰。可以说，金本位制度下的固定汇率制度是典型的固定汇率制度。

第一次世界大战后实行的金块本位制和金汇兑本位制，各国货币也规定了含金量，货币兑换比率仍由货币所代表的含金量决定。但由于黄金的流通和兑换受到一定限制，原来的银行券蜕化成不可兑换的纸币继续流通，这种以纸币的含金量的对比来确定各国货币之间的汇率，已经不稳定了。

2. 布雷顿森林体系下的固定汇率制度（1944—1973 年）

1944 年 7 月在美国布雷顿森林召开了一次国际货币金融会议，确立了以美元为中心的固定汇率制度。这种汇率制度属于纸币流通下的固定汇率制度，其汇率安排实行“双挂钩”，即美元与黄金挂钩，其他各国货币与美元挂钩。规定美元的含金量为 1 美元含 0.888 671 克纯金，黄金官价为 35 美元一盎司；其他货币均规定含金量，并按含金量的对比确定与美元的汇率，使各国货币钉住美元；汇率的决定基础是黄金平价，但货币的发行与黄金无关；各国的中央银行有义务使本国货币与美元汇率围绕黄金平价在规定的范围（上下各 1%的幅度）内波动。

（二）两种固定汇率制度的特点比较

1. 产生的基础不同

金本位制下的固定汇率制度，是在各主要国家普遍实行金本位制的基础上自发形成的；而布雷顿森林体系下的固定汇率制度，是在纸币本位制下通过国际货币基金组织建立起来的，并受其监督。

2. 调节机制不同

在典型的金本位制度下，汇率的波动由黄金自由地输出入而进行自动调节，各国货币当局不参与外汇市场活动；而布雷顿森林体系下的固定汇率制度，主要是靠各国货币当局利用外汇平准基金直接干预外汇市场来维持汇率的稳定。

3. 货币内在价值不同

在典型的金本位制度下，金币本身按其含金量的多少而具有实际的价值；而布雷顿森林体系下的固定汇率制度，纸币本身没有价值，是靠法定含金量来人为确定其代表的价值，并以此来决定汇率水平。

4. 汇率的稳定程度不同

金本位制下的汇率波动受黄金输送点的限制，通过黄金的自由铸造、自由熔化、自由兑换和自由输出入使汇率稳定；而布雷顿森林体系下的固定汇率制度下，当一国的国际收支出现根本性不平衡时，经国际货币基金组织同意可以变更其货币的含金量，即实行本币的法定贬值或升值。

（三）国家维持固定汇率制的主要调节措施

1. 运用货币政策

当外汇汇率上升，有超过汇率波动上限的趋势时，该国货币当局常常提高再贴现率，带动利率总体水平的上升。这一方面使通货收缩，本币实际币值提高；另一方面吸引外国资本流入，增加本国的外汇收入，从而减少国际收支逆差，使本币汇率上升、外币汇率下降，将汇率维持在规定的波动范围之内。当外汇汇率下跌、低于规定下限时，则降低再贴现率、带动利率总体水平的下降，使国内货币供给增加、本币对内价值降低、资本外流，本国外汇需求增加，最终使汇率在规定的幅度内变化。

2. 调整外汇黄金储备

一国为了满足其对外政治、经济往来需要，都必须保有一定数量的黄金和外汇储备。管理当局经常利用所掌握的黄金和外汇储备参与外汇市场上的交易，来平抑外汇供求关系，以维持汇率在规定的上下限内波动。逆差国的货币当局通过拿出黄金和外汇储备在市场上出售，增加外汇供给，以平抑外汇上涨的幅度；顺差国则进行相反的操作。

3. 实行外汇管制

一国国际收支状况异常严峻和长期恶化，黄金外汇储备不足，无力在外汇市场上大量买卖外汇进行干预，则需借助外汇管制手段，如逆差国为稳定汇率，采用直接限制外汇支出的手段，甚至直接控制汇率的变动。

4. 向国际货币基金组织借款

一国出现暂时的国际收支逆差并且有可能导致汇率波动超过规定幅度时，还可以向国际货币基金组织申请借款，这会减轻逆差国为调节国际收支不平衡而对本国货币宣布贬值或采取紧缩性宏观政策及外汇管制等措施给经济发展带来的消极影响。

5. 实行货币法定升值或贬值

当国际收支长期出现巨额逆差，通过以上措施不能使汇率稳定时，货币当局就常常实行货币法定贬值，即规定减少本国货币的含金量或降低本国货币对外币的法定比价。而长期的国际收支顺差可以导致该国货币汇率大幅度上升，超过规定上限，货币当局就可以对本国货币实行法定升值。据统计，在 1947—1970 年间共发生过 200 多次货币法定贬值，而货币法定升值仅有 5 次。

二、浮动汇率制度

浮动汇率制度（floating exchange rate system）是指本币对外币不规定货币平价，也不规定汇率的波动幅度，现实汇率随外汇市场供求状况变动而波动的汇率制度。

布雷顿森林体系下的固定汇率制度崩溃后，主要西方国家普遍实行浮动汇率制度。1976 年 1 月，国际货币基金组织承认浮动汇率合法化，并于 1978 年 4 月正式废止了以美元为中心的国际货币体系，由此形成了国际性的浮动汇率制度。

（一）自由浮动和管理浮动

按照政府对汇率是否干预，浮动汇率制度分为自由浮动和管理浮动。

（1）自由浮动（free float）又称清洁浮动（clean float）或不干预浮动，指汇率完全由外汇市场供求关系决定，自由涨落，自由调节，政府不加干预的汇率制度。纯粹的自由浮动在现实生活中并不存在，没有哪个国家实行完全的自由浮动，货币当局或多或少都会对外汇市场进行不同程度的干预，使汇率符合本国利益。

（2）管理浮动（managed float）又称肮脏浮动（dirty float）或干预浮动，指政府对外汇市场进行公开或不公开的干预以影响外汇供求关系，使汇率向有利于自己的方向变动。它是现实生活中客观存在的浮动汇率制。

（二）单独浮动、联合浮动、钉住浮动和联系汇率制

按照汇率的浮动方式，汇率制度可分为单独浮动、联合浮动、钉住浮动和联系汇率制。

（1）单独浮动（single float 或 independent float），是指一国货币不与任何国家货币发

生固定联系，其汇率根据外汇市场供求变化而自动调整。

（2）联合浮动（joint float）又称共同浮动，是指国家集团在成员国之间实行固定汇率，同时对非成员国货币采取共同浮动的方法。欧盟的前身——欧洲经济共同体曾实行联合浮动，最终形成欧洲货币体系。

（3）钉住浮动（pegged float）汇率制，指一个国家采取使本国货币同某外国货币或一篮子货币保持固定比价关系，随外币的浮动而浮动。根据钉住货币种类不同，钉住浮动汇率制分为钉住单一货币浮动和钉住一篮子货币或合成货币浮动两种。

1）钉住单一货币浮动，是指一些国家由于历史、地理等原因，其对外贸易和金融往来主要集中于某一发达国家，或主要使用某一外国货币，这些国家使本币汇率钉住该国货币变动，将其作为“货币锚”（currency anchor），货币当局通过在外汇市场买卖该种外币以维持本币与货币锚之间的汇率，对其他国家货币的汇率则随该“货币锚”浮动。如一些美洲国家货币钉住美元，一些英联邦国家货币钉住英镑，一些前法国殖民地国家的货币则曾经钉住法国法郎。

2）钉住一篮子货币或合成货币浮动，是指一些国家将本币与一篮子货币或合成货币（如特别提款权）挂钩。一篮子货币通常是由几种世界主要货币或与本国经济联系最为密切国家的货币组成的。

钉住汇率制实际上属于固定汇率制范畴，但不同于布雷顿森林体系下的各国货币都钉住美元的做法。因为当时美元是同黄金挂钩的，并且其代表的黄金量是固定的。然而1973年以后一些国家所钉住的货币的汇率本身却是浮动的。也正因如此，1973年后的汇率制度才被称为浮动汇率制度。

（4）联系汇率制是特殊钉住汇率制，即将本币与某特定外币的汇率固定下来，并严格按照既定兑换比例，使货币发行量随外汇存储量联动的货币制度。

三、国际货币基金组织的汇率分类体系

国际货币基金组织对汇率制度的分类大致分为两个阶段：1999年之前的分类称为名义分类，1999年之后的分类称为实际分类。

所谓名义分类，即IMF根据成员自己申报的即官方宣布的汇率制度进行的分类，每年发布在IMF《汇率安排与汇兑限制年报》中。1982年IMF将汇率制度分成三大类：钉住汇率，包括钉住单一货币和钉住一篮子货币；有限弹性汇率，包括对单一货币汇率区间浮动和汇率合作安排；弹性汇率制度，包括管理浮动和自由浮动。

但是，各国官方宣称的汇率制度常常和实际汇率安排有很大差异，不能真实反映各国实际实行的汇率制度。比如一些申报为固定汇率的国家为了提高国际竞争力而频繁实行货币贬值政策，而一些申报为浮动汇率的国家，特别是新兴市场国家，往往由于国内金融市场不完善而害怕浮动（fear of floating），或者一些国家为其反通货膨胀目标树立信誉而采取事实上的钉住汇率。因此，自1999年起，IMF根据各成员汇率安排的实际情况，按照汇率的弹性程度，以及各种正式的和非正式的对汇率变化路径的承诺，对成员的汇率制度进行事实分类，即所谓实际分类。

1999年IMF将汇率制度分为三大类：第一类是硬钉住（hard pegs），包括：无独立法定货币的安排；货币局制度。第二类是软钉住（soft pegs），包括：传统的固定钉住制度；

水平带内钉住制度；爬行钉住制度；爬行带状浮动制度。第三类是浮动汇率安排，包括：管理浮动；单独浮动。

2009 年 IMF 采用新的汇率分类法，将汇率制度分为四大类共 10 种，这种分类规则至今没有发生变化。第一类是硬钉住，包括无独立法定货币的安排、货币局安排；第二类是软钉住，包括传统的钉住安排、稳定化安排、爬行钉住安排、类似爬行钉住的安排、水平带内的钉住安排；第三类是浮动，包括浮动安排、自由浮动安排；第四类是其他有管理的安排。

（一）无独立法定货币的安排

这是指实行该汇率制度的国家其国内流通的法定货币是以其他国家的货币来代替自己的货币。采用这种货币制度基本上避免了汇率问题，并且意味着货币当局完全放弃了货币政策的独立性。例如，美元化国家完全放弃了自己的货币，直接使用美元代替本币进行流通，包括巴拿马、津巴布韦等。

美元化

（二）货币局安排

这是指通过法律的形式规定货币当局发行货币时必须有等值的外汇储备作为保障，由政府承诺以一个特殊的机制来维持固定汇率，保证当地货币可以按照固定汇率兑换成外币。

货币局安排是一种关于货币发行和兑换的制度安排，具有突出的固定汇率特征。其运行机制是：货币发行机构按照法定汇率以 100%的外汇储备作为本币发行的保证，当市场汇率高于法定汇率时，货币发行机构卖出外汇从而回笼本币；当市场汇率低于法定汇率时，货币发行机构买进外汇从而发行本币，以保证市场汇率的稳定。

货币局安排制度始于 1849 年的毛里求斯，后来有 70 多个国家和地区采用过类似的制度，其中多数是受英国殖民统治的国家和地区。货币局并没有自主发行货币的职能，因而是一种功能比较原始和简单的管理金融事务的政府机构。随着 20 世纪中后期殖民地国家的相继独立，带有殖民色彩的货币局安排制度被中央银行制度所代替。从 20 世纪 90 年代开始，货币局安排制度又在部分发展中国家复兴。

（三）传统的钉住安排

这是指将本国货币钉住另一种货币（作为货币锚）或若干种货币（作为货币篮子），使本国货币与这些外币的汇率保持相对的稳定，而对其他国家的货币则随该货币锚或货币篮浮动的一种汇率制度。货币篮子通常选择主要的贸易伙伴国和金融伙伴国的货币组成，权重反映了该国贸易、服务和资本流动的地理分布。货币篮子也可以标准化，比如钉住 SDR（特别提款权）。

在这种汇率制度下，钉住并不意味着一国承诺永久维持某一固定平价。名义汇率可以在中心汇率上下 1%的幅度内波动，或者说汇率的总的波动幅度要小于 2%，而且要维持至少 6 个月。货币当局通过直接干预（买卖外汇）或者间接干预（运用利率政策、外汇管理等）来维持固定的平价。

（四）稳定化安排

这是指市场汇率波动幅度至少连续 6 个月不超过 2%。汇率的参考标准可以是一种货币，也可以是一篮子货币。在这种汇率制度下，稳定的汇率水平是货币当局政策实施的结果。

（五）爬行钉住安排

这是指一国汇率以固定速率或因所选数量指标的变化而定期小幅度调整。所选指标可以是本国和主要贸易伙伴国之间的历史通货膨胀率之差、主要贸易伙伴国的通货膨胀目标值与预期值之差。爬行的速率可以根据通货膨胀或其他指标，也可以根据事先宣告的固定速率予以确定。维持爬行钉住对货币政策的约束类似于钉住汇率制度。

（六）类似爬行钉住的安排

这是指在货币当局维持下，汇率波动幅度至少连续 6 个月不超过 2%，并且年平均波动率在 1%以上。相对于稳定化安排，类似爬行钉住的波动幅度要更大。

（七）水平带内的钉住安排

这是指汇率的波动范围维持在中心汇率上下至少 1%（或者说总的波幅超过 2%），并且中心汇率或波幅以固定的速率或因所选数量指标的变化而定期调整。汇率灵活程度与波幅有关。货币政策的独立性也与波幅宽度有关，将名义汇率保持在波幅以内的承诺约束了货币政策。

（八）浮动安排

这是指汇率基本由市场决定，没有确定的路径和目标。汇率管理指标是概括性的宏观指标（例如国际收支状况、国际储备、平行市场发展程度），没有确定的汇率水平。对汇率的干预可以是直接的，如外汇市场干预，也可以是间接的，如运用利率政策。

（九）自由浮动安排

这是指汇率由市场决定，货币当局仅在市场严重失调的情况下才进行干预，且在过去 6 个月内对汇率干预不超过 3 次、每次干预不超过 3 个交易日。

（十）其他有管理的安排

这是指汇率安排不符合其他所有的分类。当一国汇率制度频繁变动时可能被归入此类。

四、汇率制度的选择

浮动汇率制与固定汇率制孰优孰劣是国际金融领域一个长期争论不休的话题，争论的焦点在于两种汇率制度在对国际贸易和投资的影响、调节国际收支的效率、实现内外均衡的政策效益等方面的优劣。

（一）固定汇率制度的利弊分析

1. 固定汇率制度的优点

（1）减少国际贸易和投资中因汇率波动带来的不确定性。

（2）减少外汇投机产生的汇率大幅波动的概率。

（3）避免汇率对通货膨胀传递的棘轮效应，为一国宏观经济政策提供自律。

2. 固定汇率制度的缺点

（1）汇率基本不能发挥调节国际收支的经济杠杆作用。

（2）维护固定汇率制的措施会破坏内部经济平衡。

（3）容易招致国际游资的冲击。

（二）浮动汇率制度的利弊分析

1. 浮动汇率制度的优点

（1）存在着调节国际收支的汇率机制。在固定汇率制度下，当一国国际收支出现逆差时，不能及时地通过汇率变动使国际收支自动达到平衡。

在浮动汇率制度下，一国国际收支的不平衡可以通过外汇市场上外汇供求关系的变化影响到汇率的变动，进而自动地恢复平衡。当一国发生国际收支逆差时，外汇市场上就会出现外汇供不应求，汇率就会迅速做出反应，通过外汇汇率的上浮，可以刺激外汇供应，抑制外汇需求，国际收支趋于平衡。

（2）可以避免外汇储备的流失，减少国际储备需求。在固定汇率制度下，一国维持汇率稳定和调节国际收支逆差往往会引起黄金外流或动用外汇储备，国际清偿能力减弱。

在浮动汇率制度下，弥补国际收支逆差可以不动用外汇储备，因而可以避免国家外汇储备的大量流失。同时，货币当局没有必须进行外汇干预的义务，因而不必保留过多的国际储备，外汇储备的需求量也会因此减少。

（3）确保国内经济政策的自主性。在固定汇率制度下，各国政府为了维持汇率的上下限，必须保持其外部的平衡。当一国的国际收支出现逆差时，只能采取紧缩性货币政策或财政政策，减少进口和国内开支，改善国际收支，但这会使国内经济增长受到抑制、失业增加。

在浮动汇率制度下，通过汇率杠杆对国际收支进行自动调节，在一国发生暂时性和周期性失衡时，政府不必急于采取破坏国内经济平衡的货币和财政政策来调节国际收支，而一定时期内的汇率波动不会立即影响国内的货币流通。于是，国际收支由汇率来调节，从而实现对外均衡，国内均衡则可依赖财政货币政策，内外均衡不会发生冲突。这表明实施经济政策的自主性比较强，有利于保持国内经济相对稳定。

（4）可以减缓国际游资的冲击。在固定汇率制度下，汇率与货币币值可能存在严重背离，国际金融市场上的游资为了谋求汇率变动收益而纷纷抢购硬币、抛售软币。而且，投机者常常表现出一致的行为，即共同抛售某一种货币，抢购另一种货币，形成所谓“单向投机”，这样使软硬货币都受到冲击，引起国际金融市场的动荡和混乱。

在浮动汇率制度下，汇率基本上由外汇市场供求关系决定，与固定汇率制度下通过政府干预而形成的汇率相比更符合货币的实际价值，软硬货币不再十分确定，可以减少货币受冲击的可能性。

2. 浮动汇率制度的缺点

（1）不利于国际贸易和国际投资。在固定汇率制度下，汇率具有相对稳定性，汇率的波动通过自发或人为的维持被控制在很小的范围内，这使得进出口商品的价格确定、贸易成本的计算和控制、国际债权债务的清偿都能比较稳定地进行，减少了汇率波动的风险。

在浮动汇率制度下，汇率波动导致国际市场价格波动，进出口结算成本和对外投资损益的不确定性加大，汇率风险加大，使国际贸易和投资受到很大的影响。

当然，在浮动汇率制下，经济主体可以通过套期保值等方法回避和减少外汇风险，但各种防范汇率风险的做法可能会导致交易成本的提高，或者可能无法覆盖所有的外汇风险。

（2）助长国际金融市场上的投机活动。在固定汇率制度下，汇率比较稳定，外汇投机产生的汇率大幅波动的概率减少，在一定程度上抑制了外汇投机活动。

在浮动汇率制下，虽然“单向投机”不复存在，但汇率波动频繁而剧烈，波幅明显加大，为日常的外汇投机提供了可乘之机。随着世界经济的发展和财富的迅速增长，国际投机资金的数额也日趋庞大。这种巨额资金在国际外汇市场上的涌动加剧了国际金融局势的动荡。

（3）可能引发货币战。实行本币汇率下浮政策可以刺激出口，抑制进口，减少国际收支逆差，进而增加生产和就业，促进国内经济增长。在浮动汇率制度下，各国都以货币贬值为手段，在损害别国利益的前提下改善本国国际收支状况，这种竞争性货币贬值引发的货币战使国际经济关系趋于紧张。

（4）诱发通货膨胀。在固定汇率制度下，政府为了维持汇率水平，就不能以可能引发通货膨胀的速度增加货币供应量，以免本币受到贬值压力，这就是所谓的货币纪律（monetary discipline）。

在浮动汇率制度下，由于国际收支可能完全依赖汇率的自由浮动而得到调节，在缺乏货币纪律约束的情况下，货币当局就会偏好采取扩张性政策来刺激国内的经济增长，而不必顾忌其对国际收支的不利影响，极可能带来通货膨胀。另外，本币汇率的下浮固然有助于改善国际收支，但会抬高经汇率折算的进口商品价格，由此又带动国内价格水平上涨；而在棘轮效应（价格刚性）的作用下，货币汇率上浮的国家价格水平并不下跌。这些因素都会推动整个世界的通货膨胀。

（三）影响汇率制度选择的因素

1. 本国经济的结构性特征

如果一国是小国，那么它就较适宜采用较为固定的汇率制度，因为这类国家一般与少数几个大国的贸易依存度较高，汇率的浮动会给它的国际贸易带来不便；同时，小国经济内部价格调整的成本较低。相反，如果一国是大国，则一般以实行浮动性较强的汇率制度为宜，因为大国的对外贸易多元化，很难选择一种基准货币实施固定汇率；同时，大国经济内部调整的成本较高，并倾向于追求独立的经济政策。

2. 特定的政策目的

政策意图在汇率制度选择上发挥着重要的作用。一国为防止从外国输入通货膨胀而往往选择浮动汇率政策，因为浮动汇率制下一国的货币政策自主权较强，从而赋予了一国抵御通货膨胀于国门之外同时选择适合本国的通胀率的权力。另外，出口导向型国家与进口替代型国家对汇率制度的选择也是不一样的。

3. 地区性经济合作情况

一国与其他国家的经济合作情况也对汇率制度的选择有着重要影响。例如，当两国存在非常密切的贸易往来时，两国间货币保持固定汇率比较有利于相互间经济关系的发展。尤其是在区域内的各个国家，其经济往来的特点往往对它们的汇率制度选择有着非常重要的影响。

4. 国际和国内经济条件的制约

一国在选择汇率制度时还必须考虑国际和国内条件的制约。例如，在国际资金流动数量非常庞大的背景下，对于内部金融市场与外界联系非常紧密的国家来说，如果本国对汇率市场干预的实力因各种条件限制，如没有足够多的外汇储备，那么采用固定性较强的汇率制度的难度无疑是相当大的。

任务四 人民币汇率制度

人民币汇率制度经历了几个阶段的演进。

一、1994年外汇体制改革前的人民币汇率制度

（一）国民经济恢复时期的人民币汇率制度（1949—1952年）

这一阶段的人民币汇率变化频繁，经历了一个先降后升的过程。

1948年12月1日，中国人民银行成立并发行了我国统一的货币——人民币。为适应对外经济贸易往来的需要，华北、华东、华南等地区的中国人民银行先后制定了人民币对外国货币的汇价。

1949年初至1950年3月，人民币汇率以美元为基础且频繁下跌，由1949年1月18日的1美元兑换人民币80元（旧币），调整到1950年3月的1美元兑换人民币42 000元（旧币），一年多时间人民币汇率下调52次，相差525倍。这主要是为了调动私营出口商的积极性，增加外汇收入，以满足国民经济恢复时期的进口需要。同时也因为该阶段国内物价不断上升，而国外物价相对稳定，所以以人民币表示的外币价格不断上升。在制定人民币汇率时，实行"奖出限入，照顾侨汇"的方针，并随时机动地调整人民币汇率。"奖出"是指奖励出口，保证对75%～80%的大宗出口物资的出口有利，对私营出口商则保证他们获得5%～15%的利润；"限入"是指限制奢侈品的进口。"照顾侨汇"就是保证侨汇汇入后的实际购买力，不使侨胞、侨眷吃亏。1950年全国财经工作会议召开后，人民币实行了统一汇价，由中国人民银行总行公布。

1950年3月至1952年12月，人民币汇率由不断下跌转为持续上涨，到1952年12月底为1美元兑换26 170元（旧币），人民币对美元的汇率上涨60.5%。这是因为全国统一财经工作会议后，国内物价开始下跌，趋于稳定。与此同时，美国发动侵朝战争，刺激了世界性物价上涨。另外，为了打破以美国为首的其他国家对我国实行的"封锁禁运"措施，推动必要物资的进口，根据形势的发展，我国人民币汇率的制定原则由奖励出口改为"奖励出口，兼顾进口"，所以当时人民币汇率的适当升值是必要的。由于当时国内物价水平的下降，虽然人民币汇率上升，同等数量的侨汇换取的人民币数量有所下降，但其实际的购买力并未降低。

由于人民币没有规定含金量，因此无法按两国黄金平价来确定。这一时期的人民币汇率是以购买力平价理论为依据，以"物价对比法"为基础来确定的。

这一时期人民币汇率的决定与调整，对稳定国内经济秩序，调节进出口贸易，增加侨汇收入，恢复工农业生产起到了积极的作用。它的特点是：（1）汇率的安排采取钉住美元的方法；（2）汇率的制定有较大的自主性和灵活性；（3）汇率的调整在很大程度上反映了国内外物价水平的变化。

（二）实行中央集中计划经济时期的人民币汇率制度（1953—1980年）

总的来看，这一时期人民币汇率基本稳定，根据当时国际货币制度情况，可分为固定汇率制时期和浮动汇率制时期两个阶段。

1. 从1953年到1973年2月，人民币汇率基本稳定阶段

自1953年起，我国进入社会主义建设时期，国民经济实行集中计划的管理体制，人民币实行固定汇率制度。同时，在布雷顿森林体系的固定汇率制下，西方各国货币之间的汇率变化不大，国际金融秩序基本稳定。因此，人民币汇率除对个别国家货币的公开贬值或升值做出相应调整外，总体上保持了相对稳定。1955年中国人民银行实行货币改革，新币以1∶10 000的比例取代旧币，同年1月15日公布的人民币对美元的统一汇率为1美元兑换新人民币2.461 8元，这一汇率一直维持到1971年12月才进行调整，改为1美元兑换新人民币2.267 3元。在这近20年间，由于长时间未作调整，导致汇率与物价脱节，汇率偏离了人民币在国际市场上的购买力水平。

2. 从1973年初至1980年底，以美元为中心的固定汇率制度崩溃，西方国家开始实行浮动汇率制度，汇率波动频繁

在这种形势下，人民币汇率的制定和调整由原来以美元为基准货币改为钉住一篮子货币的办法，即选用与中国对外贸易有关的若干种重要货币，根据这些货币加权平均汇价的变动情况，计算出人民币对某种货币的汇率（如对美元的汇率），然后按国际市场上的外汇牌价，折算出与其他外币的汇率。在此期间，人民币汇率调整到1美元兑换1.50元（见表3-2），使人民币汇率高估问题更加严重。

表3-2 改革开放前人民币汇率情况 单位：人民币元/美元

年份	1953	1965	1973	1975	1976	1977	1978	1979	1980
汇率	2.24	2.46	2.05	1.86	1.94	1.86	1.68	1.56	1.50

资料来源：吴念鲁，陈全庚．人民币汇率研究．北京：中国金融出版社，1989.

采用钉住一篮子货币的办法，可使人民币汇率保持相对稳定，防止外部经济变化对我国经济造成过大的冲击；但是，这种办法使得人民币汇率缺乏弹性，难以真实反映国内外经济形势的变化，其造成的严重后果之一是国内外价格的偏离。

（三）贸易内部结算价与官方汇率并存的人民币汇率制度（1981年1月—1985年底）

从1979年开始我国着手进行外贸体制改革：下放外贸经营权和新设各类外贸公司，打破少数大企业长期垄断外贸的局面。但是外贸开始实行多渠道分散经营后，出口亏损成为一个迫切需要解决的问题。由于长期高估人民币汇率，使得出口部门亏损、进口部门盈利，在"统负盈亏"体制下，进口盈利可以弥补出口亏损，而且盈亏额比较好掌握。但在外贸体制改革后，部分进出口商品转由各部委、地方自营进出口公司和一些"工贸""技贸"企业经营。分散经营调动了各部门和地方发展出口贸易的积极性，但由于人民币官方牌价低于全国平均出口换汇成本，出口越多亏损越多，与国家财政负担能力形成尖锐的矛盾。为了适应外贸经营体制的变化，国务院决定自1981年1月1日起，试行人民币对美元的贸易内部结算价，规定人民币对美元的折算率为1美元合2.8元人民币。这与1980年底的1美元合1.5元人民币的官方对外牌价相比，人民币贬值了45%。与此同时，由于存在国内外基本消费品价格的差距，国家还保留了较为高估的官方牌价，沿用按一篮子货币加权平均的方法作为官方牌价调整的依据。官方牌价主要用于侨汇、旅游、外国领事馆、我国驻外机构、运输保险等非贸易项下的外汇结算。人民币汇率体制在改革开放初期形成了对外贸易内部结算价和官方正式牌价并存的双重汇率体制。

实行贸易内部结算价的意义是明显的，在长达20多年的计划体制下，人民币汇率失去了同国内价格的联系，虽然20世纪70年代人民币对美元汇率不断调整，但都是依据一篮子货币汇率变化而做出的，并不反映国内价格体系的实际情况，而内部结算价是我国自1953年以来首次参照国内价格状况，对汇率做出的调整。尽管当时国内价格仍然是扭曲的，但在客观上缓和了人民币汇率的高估，代表着人民币汇率改革方向。然而对人民币贸易内部结算价的作用也不能估计过高，当时由于外贸管理体制改革缓慢，除少数省份实行外贸包干外，大部分仍由外贸部统负盈亏，汇率只对出口换汇成本低于1美元或2.8元人民币的出口商品和实行自负盈亏的地方或部门的外贸公司起作用。在进口方面，由于我国进出口商品是国内生产需要和人民生活必需品，按照国家确定的指令性计划进口，因此汇率对进口调节作用并未发挥。此外实行双重汇率，由于难以区分贸易外汇和非贸易外汇而出现管理混乱，增加了管理难度。在对外关系方面，国际货币基金组织认为双重汇率不符合国际货币基金组织协定，建议取消；还有一些国家认为双重汇率是政府对出口的补贴，要对从我国进口的商品征收反补贴税。

为了解决双重汇率的问题，在国际外汇市场美元汇率上浮的情况下，我国逐步调低对外公布的人民币汇率，使之与贸易外汇内部结算价相接近。1984年底，人民币官方汇率已调至1美元合2.796 3元人民币，与贸易外汇内部结算价相同，从1985年1月1日起取消贸易外汇内部结算价、恢复单一汇率制度，都按1美元合2.8元人民币结算，出现了第一次汇率并轨。

本阶段人民币汇率的变化较大，并且具有这样几个特点：(1) 汇率的安排采取钉住一篮子货币的方法，而不是以某种主要货币为基准；(2) 人民币汇率由单一汇率走向双重汇率，又从双重汇率走回单一汇率；(3) 汇率调整的次数增多，汇率变化的幅度加大。

(四) 外汇调剂价与官方牌价并轨的人民币汇率制度（1986年1月—1993年底）

1986年1月起人民币汇率实行管理浮动，以取代原来钉住一篮子货币的汇率制度。这种变化适应了中国经济改革与开放不断深入的需要，也是人民币汇率制度历史演变过程中的重要转折点。

实行管理浮动后，人民币汇率呈下跌趋势，一方面是为了消除人民币币值的历史性高估，另一方面也反映了国民经济发展中各种基本要素对外汇供求的影响。1986年1月至1986年7月4日人民币对美元的汇率平稳地保持在1美元兑换人民币3.2元的水平上。1986年7月5日人民币汇率一次性下调到1美元兑换人民币3.72元，跌幅为15.8%。经历了较长时间的稳定后，1989年12月15日人民币汇率大幅度下调到1美元兑换人民币4.72元，跌幅为21.2%。1990年11月，人民币汇率再做一次性下调，由1美元兑换人民币4.72元调到1美元兑换人民币5.22元，跌幅为9.57%，并将该汇率水平维持到1991年4月9日。1991年4月9日人民币汇率继续下调到1美元兑换人民币5.27元。至1993年12月31日，人民币官方汇率为1美元兑换人民币5.80元。

在这一阶段，中国的外汇管制有所放松，外汇市场开始发育，从而形成了外汇调剂市场和外汇调剂价格。外汇调剂价格已成为人民币公开牌价之外的一种汇率安排，并且较好地反映了我国外汇市场的供求关系。截止到1993年12月31日，外汇调剂价为1美元合8.7元人民币。

本阶段人民币汇率的决定和变化，反映出人民币汇率制度从单一计划管理转向计划与市场共同发挥作用的深层次变革，具有这样几个特点：(1) 汇率的安排逐步从钉住一篮子货币迈向管理浮动，表现出较高的弹性；(2) 多重汇率并存，外汇的公开牌价、调剂价相互影响，相互制约；(3) 人民币汇率依然高估，突出地反映为人民币汇率公开牌价与外汇市场调剂价之间的差额；(4) 人民币汇率的管理浮动在一定程度上体现了外汇市场的供求关系，但国家的计划管理和美元的汇率涨落还主要决定着人民币的汇率水平。

二、1994 年外汇体制改革后的人民币汇率制度

（一）1994 年 1 月外汇管理体制改革（1994 年 1 月 1 日—2005 年 7 月 20 日）

为加快社会主义市场经济发展和对外经济开放的步伐，国务院决定从 1994 年 1 月 1 日起进一步改革人民币汇率制度，1994 年 1 月 1 日起实行外汇公开牌价与调剂价并轨，汇率为 1 美元兑 8.7 元人民币，成为改革开放以来的第二次汇率并轨。从此，人民币汇率实行以市场供求为基础的、单一的、有管理的浮动汇率制。

根据这次外汇体制改革的决定，从 1994 年 1 月 1 日起，中国对进出口商实行结售汇制，原有的外汇调剂市场发展成外汇指定银行间外汇市场。中国人民银行根据全国外汇交易中心当日人民币对美元、日元和港币的交易分别计算加权平均汇率，由此得出的汇率又分别作为第二天人民币对美元、日元和港币交易的基准汇率。在此基准汇率的基础上，各外汇指定银行可在中国人民银行规定的幅度内自行挂牌交易。人民币汇率由市场供求关系确定，形成人民币市场汇率，取消了人民币官方汇率。

由于通货膨胀得到遏制，国际收支顺差较大，外汇储备激增，人民币汇率从 1994 年 4 月 1 日到 1996 年 12 月 31 日有较大的升值，美元对人民币市场加权汇率从 1 美元兑换 8.698 8 元人民币下跌到 1 美元兑换 8.298 4 元人民币，跌幅为 4.6%。但 1997 年亚洲金融危机延缓了完善人民币有管理的浮动汇率制度的进程。为应对亚洲金融危机和稳定国内经济秩序，我国宣布人民币不贬值，并收窄汇率浮动区间，人民币汇率一直保持在 1 美元兑换 8.27 元人民币左右，出现了“管理有余，浮动不足”的现象。人民币钉住美元的汇率制度特征极为突出。

本阶段人民币汇率变化总体上呈现出稳中有升的态势，其特点是：(1) 官方汇率与外汇调剂价格并轨，所有外汇交易都以人民银行公布的汇率为基础进行结算；(2) 人民币汇率不再由人民银行通过行政方式来决定，实行以市场供求为基础、有管理的浮动汇率制；(3) 允许汇率在人民银行公布的基准汇率的一定范围内上下浮动；(4) 人民银行通过外汇管理局和外汇交易中心对外汇交易和汇率变化进行管理。

（二）2005 年 7 月人民币汇率制度改革（2005 年 7 月 21 日—2010 年 6 月 18 日）

2005 年 7 月 21 日，中国人民银行发布了《关于完善人民币汇率形成机制改革的公告》。此后，人民币汇率制度改革不断推进，其总体目标是建立健全以市场供求为基础的、有管理的浮动汇率体制，保持人民币汇率在合理、均衡水平上的基本稳定。

自 2005 年 7 月 21 日起，我国开始实行以市场供求为基础、参考一篮子货币进行调节、有管理的浮动汇率制度。人民币汇率不再盯住单一美元，形成更富弹性的人民币汇率机制。这包括三个方面的内容：一是以市场供求为基础的汇率浮动，发挥汇率的价格信号作用；二是根据经常项目主要是贸易平衡状况动态调节汇率浮动幅度，发挥“有管理”的优势；三是参考一篮子货币，即从一篮子货币的角度看汇率，不片面地关注人民币与某个

单一货币的双边汇率。

如前所述，自1994年外汇管理体制改革开始，我国已经实行人民币汇率以市场供求为基础的、单一的、有管理的浮动汇率制，在IMF的文献中，1998年底前我国是管理浮动制，但自1999年初IMF采用了新的汇率制度分类法以后，我国被列为传统的固定钉住汇率制。而2005年汇率改革之际，货币当局阐明将人民币不再钉住美元，这实际上反证了以往人民币与美元之间的钉住关系。

2008年8月5日我国公布修订后的《中华人民共和国外汇管理条例》，其中第五章第二十七条指出："人民币汇率实行以市场供求为基础的、有管理的浮动汇率制度。"

紧接着在2008年秋季爆发的国际金融危机期间，我国适当收窄了人民币波动幅度，人民币汇率对美元双边汇率保持了基本稳定。实质上人民币汇率重新钉住美元，固定在1美元兑6.81～6.85元人民币。人民币汇率在2009年和2010年被IMF归为稳定化安排。

（三）2010年6月人民币汇率制度改革（2010年6月19日起至今）

2010年6月19日，根据国内外经济金融形势和我国国际收支状况，中国人民银行决定进一步推进人民币汇率形成机制改革，事实上结束了两年来钉住美元的制度，重新采取参考一篮子货币进行调节，有管理的浮动汇率制度，增强人民币汇率弹性，保持人民币汇率在合理、均衡水平上的基本稳定。至此，人民币小幅升值，双向浮动特征明显，汇率弹性显著增强。2011年IMF将人民币汇率制度从稳定化安排归为类似爬行钉住汇率制度，标志着人民币汇率波动特征增强。

三、人民币汇率中间价的形成及汇率浮动幅度的规定

2005年7月21日之前，中国人民银行公布人民币汇率基准价。2005年7月21日人民币汇率形成机制改革实施后，中国人民银行于每个工作日闭市后公布当日银行间外汇市场美元等交易货币对人民币汇率的收盘价，作为下一个工作日该货币对人民币交易的中间价。

历经不断改革，目前的人民币汇率中间价是指中国外汇交易中心根据中国人民银行的授权，每日计算和发布人民币对美元等主要外汇币种汇率中间价。

（一）人民币汇率中间价币种选择

中国人民银行所确立的人民币对非美元货币中间价最初主要是人民币对日元和人民币对港元。之后货币种类不断增加。

（1）自2002年4月2日起公布人民币对欧元中间汇率。

（2）自2006年8月1日起公布人民币对英镑汇率中间价。

（3）自2010年8月19日起公布人民币对林吉特（MYR）汇率中间价。

（4）自2010年11月22日起公布人民币对俄罗斯卢布（RUB）汇率中间价。

（5）自2011年11月28日起公布人民币对澳大利亚元、加拿大元汇率中间价。

（6）自2014年3月19日起公布人民币对新西兰元汇率中间价。

（7）自2014年10月28日起公布人民币对新加坡元汇率中间价。

（8）自2015年11月10日起公布人民币对瑞士法郎汇率中间价。

（9）自2016年6月20日起公布人民币对南非兰特（ZAR）汇率中间价。

（10）自2016年6月27日起公布人民币对韩元（KRW）汇率中间价。

（11）自2016年9月26日起公布人民币对阿联酋迪拉姆（AED）、沙特里亚尔（SAR）汇率中间价。

（12）自2016年12月12日起公布人民币对匈牙利福林（HUF）、波兰兹罗提（PLN）、丹麦克朗、瑞典克朗、挪威克朗、土耳其里拉（TRY）、墨西哥比索（MXN）汇率中间价。

（13）自2018年2月5日起公布人民币对泰铢汇率中间价，2018年2月5日前为人民币对泰铢参考价。

（二）人民币汇率中间价的形成机制

（1）人民币对美元汇率中间价的形成方式为：交易中心于每日银行间外汇市场开盘前向外汇市场做市商询价。外汇市场做市商参考上日银行间外汇市场收盘汇率，综合考虑外汇供求情况以及国际主要货币汇率变化进行报价。交易中心将全部做市商报价作为人民币对美元汇率中间价的计算样本，去掉最高和最低报价后，将剩余做市商报价加权平均，得到当日人民币对美元汇率中间价，权重由交易中心根据报价方在银行间外汇市场的交易量及报价情况等指标综合确定。

（2）人民币对港元汇率中间价由交易中心分别根据当日人民币对美元汇率中间价与上午9时国际外汇市场港元对美元汇率套算确定。

（3）人民币对欧元、日元、英镑、澳大利亚元、新西兰元、新加坡元、瑞士法郎、加拿大元、林吉特、俄罗斯卢布、兰特、韩元、阿联酋迪拉姆、沙特里亚尔、匈牙利福林、波兰兹罗提、丹麦克朗、瑞典克朗、挪威克朗、土耳其里拉、墨西哥比索和泰铢汇率中间价形成方式为：交易中心于每日银行间外汇市场开盘前向银行间外汇市场相应币种的做市商询价，去掉最高和最低报价后，将剩余做市商报价平均，得到当日人民币对欧元、日元、英镑、澳大利亚元、新西兰元、新加坡元、瑞士法郎、加拿大元、林吉特、俄罗斯卢布、兰特、韩元、阿联酋迪拉姆、沙特里亚尔、匈牙利福林、波兰兹罗提、丹麦克朗、瑞典克朗、挪威克朗、土耳其里拉、墨西哥比索和泰铢汇率中间价。

（4）此外，根据中国人民银行授权，为便于有关主体了解未在中国外汇交易中心挂牌交易货币对人民币的折算汇率情况，交易中心计算并公布人民币参考汇率。具体计算方法是交易中心分别根据每月最后一个交易日人民币对美元汇率中间价与上午9时国际外汇市场相应货币对美元汇率套算形成。该汇率每月最后一个交易日更新，仅供参考使用。

（三）人民币汇率浮动幅度

为加大市场决定汇率的力度，建立以市场供求为基础、有管理的浮动汇率制度，中国人民银行决定扩大外汇市场人民币兑美元汇率浮动幅度。自2014年3月17日起，银行间即期外汇市场人民币兑美元交易价浮动幅度由1%扩大至2%。即每日银行间即期外汇市场人民币兑美元的交易价可在中国外汇交易中心对外公布的当日人民币兑美元中间价上下2%的幅度内浮动。这是自2005年7月人民币汇率形成机制改革以来，中国人民银行第3次扩大人民币兑美元汇率浮动幅度。前两次分别是2007年5月21日人民币汇率浮动幅度由0.3%扩大至0.5%，以及2012年4月16日浮动幅度由0.5%扩大至1%。

此外，2014年7月2日，取消银行对客户美元挂牌买卖价差管理。中国人民银行将继续完善人民币汇率市场化形成机制，进一步发挥市场在人民币汇率形成中的作用，增强人民币汇率双向浮动弹性，保持人民币汇率在合理、均衡水平上的基本稳定。

现阶段，关于每日银行间即期外汇市场外币对人民币中间价的汇率波幅规定是：美元对人民币的交易价在中国外汇交易中心对外公布的美元交易中间价上下2%的幅度内浮动；人民币对瑞士法郎、林吉特、俄罗斯卢布、韩元、阿联酋迪拉姆、沙特里亚尔、匈牙利福林、波兰兹罗提、丹麦克朗、瑞典克朗、挪威克朗、土耳其里拉和墨西哥比索的交易价在外汇交易中心对外公布的该货币交易中间价上下5%的幅度内浮动；银行间外汇市场人民币对南非兰特、泰铢的交易价在外汇交易中心对外公布的该货币交易中间价上下10%幅度内浮动；其他非美元货币对人民币的交易价在外汇交易中心对外公布的该货币交易中间价上下3%的幅度内浮动（见表3-3）。

表3-3　人民币汇率浮动幅度

货币对	汇率浮动幅度
USD/CNY	2%
EUR/CNY JPY/CNY HKD/CNY GBP/CNY AUD/CNY NZD/CNY SGD/CNY CAD/CNY	3%
CHF/CNY CNY/MYR CNY/RUB CNY/KRW CNY/AED CNY/SAR CNY/HUF CNY/PLN CNY/DKK CNY/SEK CNY/NOK CNY/TRY CNY/MXN	5%
CNY/ZAR CNY/THB	10%

注：银行间外汇市场仅人民币外汇即期交易（包括T+0、T+1和T+2）设置汇率波动幅度，人民币外汇远期、掉期、货币掉期、期权和外币对交易无汇率波动幅度限制。

即测即评

人民币汇率采用什么标价方法？

任务五　港元联系汇率制度

联系汇率制（简称联汇制）是指将本币与某特定外币的汇率固定下来，并严格按照既定兑换比例，使货币发行量随外汇存储量联动的货币制度。联系汇率制度实质是一种货币局安排制度。根据货币局安排制度的规定，货币基础的流量和存量都必须得到外汇储备的十足支持。换言之，货币基础的任何变动必须与外汇储备的相应变动一致。如港元联系汇率制度依赖于香港庞大的外汇储备的支持。

一、香港汇率制度的历史演变

香港自1935年放弃银本位制以来，先后实行过英镑汇兑本位制和纸币管理本位制，与之相应，在汇率制度方面，也分别采取过与英镑挂钩的固定汇率制、与美元挂钩的浮动汇率制和港币完全自由浮动的浮动汇率制。

（一）1935年12月至1972年6月，港元与英镑挂钩的固定汇率制

香港自1935年起实施钉住英镑的汇率制度。1935年12月至1967年11月间，1英镑

可兑换 16 港元。由于第二次世界大战后美元逐步取代英镑成为主要国际货币，英镑地位日渐衰弱。1967 年英镑贬值 14.3%。1967 年 11 月至 1972 年 6 月，1 英镑可兑换 14.55 港元。

（二）1972 年 7 月至 1974 年 10 月，港元与美元挂钩的浮动汇率制

20 世纪 70 年代初，布雷顿森林体系开始解体。1972 年 6 月 23 日，英镑放弃钉住美元的汇率制度，实行浮动汇率。同年 7 月 6 日，当时的港英当局宣布港币脱离英镑，改与美元挂钩，挂钩汇率为 1 美元兑 5.65 港元，波动幅度为±2.25%。

（三）1974 年 11 月至 1983 年 9 月，港元实行单独浮动。

1974 年国际外汇市场剧烈波动，美元跌势凶猛。为减少美元贬值对港元的冲击，港英当局于同年 11 月 26 日宣布港元与美元脱钩，实行单独浮动，港币同外币汇率根据外汇市场供求变化自由浮动。

（四）1983 年 10 月至今，港元实行联系汇率制度

自 1977 年开始，香港经济环境不断恶化，贸易赤字增加，通货膨胀高企，加之实行以港币存款支持港币发行的、保障不足的港币自由发钞制度，为港币信用危机埋下祸根。1979 年 5 月，港英当局颁布了修正的《外汇基金条例》，规定发钞行必须为外汇基金的存款保有 100%的流动资产，以控制货币发行。但是，由于香港中央银行缺位，港英当局没有能力对金融市场进行调节，更无法及时有效地推动金融政策。当时发行货币的是汇丰银行和渣打银行，而对货币供应量和利率的控制客观上由银行公会和市场供求自发调节。承担最终贷款人职能的是汇丰银行，但作为私人性质的商业银行，汇丰银行不可能为了公共利益而牺牲自己的商业利益。在缺乏有效金融监管和外资大量流入的情况下，贷款需求极度膨胀，泡沫经济随之产生。

20 世纪 80 年代初，香港面临回归谈判问题。1982 年，恒隆银行受到挤提被港英当局收购；1983 年初，7 家接受存款的公司倒闭；香港房地产出现大幅度滑坡，股市出现股灾，香港公众和外国投资者对香港未来前途产生怀疑，导致对港元信心出现动摇，港元不断贬值，爆发港元危机。危机在 1983 年 9 月达到高峰。1983 年 9 月 24 日，受中英政府关于香港问题谈判挫折的影响，市场上出现了大量抛售港币、收购美元的现象。9 月 1 日港元汇率为 1 美元兑换 7.580 港元，到 9 月 26 日急跌至 1 美元兑 9.600 港元的历史低点。

在此背景下，为挽救香港金融体系，1983 年 10 月 15 日港英当局决定实行联系汇率制度，港元再次与美元挂钩，实行 1 美元兑 7.8 港元的官定汇价。

二、港元联系汇率制度的主要内容

（1）从 1983 年 10 月 17 日起，汇丰、渣打和中银（中国银行香港分行在 1994 年 5 月 2 日获准开始发行港币）三家发钞银行在增发港元纸币时，必须按 7.8 港元等于 1 美元的汇价向外汇基金缴纳等值美元，换取无息的港元“负债证明书”，以作为发行钞票的依据。

（2）回笼港币时，发钞银行可将港币的负债证明书交回外汇基金换取等值的美元。

（3）这一机制又被引入了同业现钞市场，即当其他持牌银行向发钞银行取得港币现钞时，也要以百分之百的美元向发钞银行进行兑换，而其他持牌银行把港元现钞存入发钞银行时，发钞银行也要以等值的美元付给它们。

（4）1美元兑换7.8港元的固定汇率只适用于发钞行和外汇基金之间，发钞行和其他银行之间，以及银行同业、银行与客户之间的港币现钞交易全部按市场汇率进行交易。

三、联系汇率制度的运作机制

联系汇率是与港币的发行机制高度一致的。香港没有中央银行，是世界上由商业银行发行钞票的少数地区之一。而港币则是以外汇基金为发行机制的。外汇基金是香港的财政储备，是香港外汇储备的唯一场所，因此是港币发行的准备金。

发钞银行在发行钞票时，必须以百分之百的外汇资产向外汇基金交纳保证金，换取“负债证明书”，以作为发行钞票的依据。在此制度下，香港存在两个平行的外汇市场，即由外汇基金与发钞银行因发钞关系而形成的公开外汇市场和发钞银行与其他持牌银行因货币兑换而形成的同业现钞外汇市场。相应地，存在着官方固定汇率和市场汇率两种平行的汇率。

当港元对美元的市场汇率上升到7.9时，所有发钞行都会向外汇基金交回负债证明书而以7.8的汇率赎回美元，再以7.9的汇率在市场上抛出。反之，当市场汇率下降到7.7时，发钞行都愿意以7.7的汇价购买美元，再以7.8的价格将美元出售给外汇基金。

但是，在香港的公开外汇市场上，港币的汇率却是自由浮动的，即无论在银行同业之间的港币存款交易（批发市场），还是在银行与公众间的现钞或存款往来（零售市场），港币汇率都是由市场的供求状况来决定的，实行市场汇率。

联系汇率与市场汇率、固定汇率与浮动汇率并存，是香港联系汇率制度最重要的机理。一方面，政府通过对发钞银行的汇率控制，维持着整个港币体系对美元汇率的稳定联系；另一方面，通过银行与公众的市场行为和套利活动，使市场汇率一定程度地反映现实资金供求状况。联系汇率令市场汇率在1∶7.8的水平上做上下窄幅波动，并自动趋近之，不需要人为去直接干预；市场汇率则充分利用市场套利活动，通过短期利率的波动，反映同业市场情况，为港币供应量的收缩与放大提供真实依据。

四、港元联系汇率制度的利弊

香港实行联系汇率制度之后，港币的汇率一直保持在1美元兑7.8港元的水平上，其间经历了1987年全球股市暴跌、1994年墨西哥金融危机和1997年东南亚金融危机，依然运行至今。

联系汇率制度最大的优势在于其具有自我调节、自我稳定的机制。因此，港元联系汇率制有助于稳定香港经济和金融，有助于巩固和加强香港国际金融中心、国际贸易中心和国际航运中心的地位，增强市场信心。一方面，联系汇率制度可以减低外国经济及汇率上的波动对香港的冲击，亦可减低与香港从事贸易以及外国投资者在香港投资的汇率风险；另一方面，由于香港的原材料、食品与消费品等，大部分依赖进口，这种汇率安排亦可稳定香港的物价。

但是联系汇率制度也存在一些缺陷。第一，联系汇率制度使香港的经济行为及利率、货币供应量指标过分依赖于美国，从而削弱了运用利率和货币供应量杠杆调节本地区经济的能力；第二，采用联系汇率制度，货币管理当局无法发挥最终贷款人的作用，不能通过放宽货币政策提供流动性，也不能直接融资来支援陷入问题的商业银行，实际上把货币政策的决策权让给了所联系货币的管理当局；第三，联系汇率制度也使通过汇率调节国际收支的功能无从发挥。

模块小结

任务一	汇率决定	金币本位制度下汇率的决定基础是铸币平价，汇率变动的范围是黄金输送点。纸币规定有法定含金量时期汇率的决定基础是黄金平价，各国政府有义务将汇率稳定在一定的波动幅度之内。在纸币不规定含金量时期，即现行的货币制度下，汇率由购买力平价决定，在外汇供求状况影响下自由浮动。
任务二	汇率变动	影响汇率变动的因素有：国际收支差额、相对通货膨胀率、相对利率、经济增长率的国际差异、中央银行的外汇干预、一国的宏观经济政策、市场预期心理、政局动荡和突发事件。汇率变动对一国国际收支和外汇储备，以及对一国国内物价、利率、就业和国民收入等都会产生影响。
任务三	汇率制度	汇率制度是指一国货币当局对本国汇率变动的基本方式所做的一系列安排或规定，包括固定汇率制度和浮动汇率制度。目前国际上公认的汇率制度类别是国际货币基金组织公布的汇率制度。
任务四	人民币汇率制度	人民币汇率实行以市场供求为基础的、有管理的浮动汇率制度。
任务五	港元联系汇率制度	港元联系汇率制度是将港元与美元挂钩，按照1美元兑7.8港元的官定汇价，使港元货币发行量随美元外汇存储量联动的货币制度。其实质是一种货币局安排制度。

模块测评

◎ 简述题

1. 不同货币制度下的汇率决定基础是什么？
2. 影响汇率变化的因素有哪些？
3. 汇率变化对经济的影响表现在哪些方面？
4. 汇率制度有哪些分类？
5. 目前 IMF 是如何对汇率制度进行分类的？
6. 比较固定汇率制和浮动汇率制的优劣。
7. 现行人民币汇率制度的基本内容是什么？
8. 简述港元联系汇率制度的运作机制及作用。

◎ 实务题

1. 假设 iPhone15 在美国的价格为 829 美元，在中国的价格为 6 028 元人民币。那么，美元和人民币的汇率应当是USD/CNY=7.271 4。也就是说，按照一价定律，汇率是单个商品在两个国家的相对价格。请据此分析汇率的决定机制。

2. 2005年7月21日19时，人民币汇率制度改革，人民币对美元汇率中间价从近1美元兑8.27元人民币调整为1美元兑8.11元人民币，试计算人民币的升值幅度。

模块四 国际收支管理

学习目标

● 知识目标

掌握国际收支不平衡的原因及类型；
理解国际收支不平衡对经济的影响；
理解国际收支自动调节机制；
掌握国际收支政策调节措施。

● 技能目标

能够结合不断发展变化的国际经济关系，分析研判各国国际收支调节措施。

模块导入

在纸币流通条件下，通货膨胀时有发生。通货膨胀与国际收支失衡之间是互为影响的。事实上，国际收支不平衡的原因非常多，国际收支不平衡也会给一国经济造成诸多影响。那么，国际收支失衡及国际收支失衡的调节，就成为影响一国经济内外均衡的关键因素之一。本模块将为你解读国际收支调节。

任务一　国际收支不平衡的原因及类型

国际收支是否平衡，不仅影响一国的对外贸易与金融关系，影响其货币汇率的稳定及政府的对外经济政策，而且对其国内经济的稳健运行与发展也产生重要的影响。因此，大多数国家都将国际收支平衡作为其宏观经济的目标之一。

一、国际收支平衡与不平衡的判断标准

分析和判断国际收支平衡与否的主要依据，是各国的国际收支平衡表。国际收支平衡表是按照复式簿记原理编制的，借方总额与贷方总额相等，国际收支最后总是平衡的。但这种平衡显然只是会计意义上的平衡，不能反映一国国际收支的真实情况，不能因此断定国际收支就是平衡的。在实践中，对国际收支平衡与不平衡的理解和判断并非如此简单，需要找到一个衡量标准。如何判断一个国家的国际收支是否平衡，涉及两个概念：自主性交易和调节性交易。这是由于各种国际经济交易的动机和目的不同而形成的不同的交易类型。

其一，自主性交易，亦称事前交易，是指一国居民基于特定的经济目的而自主进行的对外交易。具体地说，这是消费者根据效用最大化原则、厂商根据利润最大化原则参与国际经济交易的结果，如为追求利润而进行的商品和劳务的输出入、海外直接投资等。经常账户的各项交易、不包含储备资产的资本与金融账户中的一些交易都属于自主性交易。这种交易活动体现的是各居民主体的意志，不代表哪一个国家和政府的意志，具有自发性和分散性的特点。而这种自发交易引起的收支活动，总是会产生差额，或者收大于支，或者支大于收，不可能完全相等。

其二，调节性交易，亦称事后交易或适应性交易，是指货币当局出于调节国际收支差额的目的而进行的交易活动。具体地说，这是金融账户中由官方调节性措施引起的短期资本流动及储备资产变动。这种交易活动体现的是一国政府的意志，具有被动性和集中性的特点。因为它是被动地接受自主性项目行为结果的项目，当自主性交易出现较大差额时，需要增减官方储备和利用短期投融资人为地进行弥补或调节。比如，当国际收支盈余时，政府就会吸纳自主性项目下创造的多余的外汇收入；当国际收支赤字时，官方储备就会减少以满足自主性项目下多余的外汇需求，因而调节性交易主要是指官方储备资产。

由于自主性交易反映的是国际收支中最主要的也是最重要的内容，其本质代表着一个国家的对外交易能力，因此，一国在一个长时期里自主性交易平衡（自动相等或基本相等），无须依靠调节性交易来弥补，那么这个国家的国际收支就是平衡的；反之，一国自主性交易失衡，需要通过调节性交易来实现平衡，而形成一种虚假的形式上的平衡时，国际收支就是不平衡的。因此，自主性交易是否平衡，是衡量国际收支平衡与否的一个重要标准。

即测即评

我国国际收支平衡表中非储备性质的金融账户是自主性交易还是调节性交易？

二、国际收支不平衡的原因及类型

一国的国际收支不平衡可以由多种原因引起，按照这些原因，国际收支不平衡可以分为以下六种类型。

（一）结构性不平衡（structural disequilibrium）

结构性不平衡是指国内经济、产业结构不能适应世界市场的变化而发生的国际收支失

衡。结构性失衡通常反映在贸易账户或经常账户上。结构性失衡有两层含义。第一层含义是指因经济和产业结构变动的滞后和困难所引起的国际收支失衡。比如，一国的国际贸易在一定的生产条件和消费需求下处于均衡状态。当国际市场发生变化，新产品不断淘汰老产品，新款式、高质量产品不断淘汰旧款式、低质量产品，新的替代品不断出现的时候，如果该国的生产结构不能及时根据形势加以调整，那么其原有的贸易平衡就会遭到破坏，贸易逆差就会出现。这种含义的结构性不平衡，在发达国家和发展中国家都有发生。第二层含义的结构性不平衡，是指一国的产业结构比较单一，或其产品出口需求的收入弹性低，或虽然出口需求的价格弹性高，但进口需求的价格弹性低所引起的国际收支失衡。这层含义的结构性不平衡在发展中国家表现得尤为突出。结构性具有长期性，扭转起来相当困难。

（二）货币性不平衡（monetary disequilibrium）

货币性不平衡是指在一定汇率水平下，一国货币成本与一般物价水平与他国相比发生变化而引起的国际收支失衡。一国发生通货膨胀，物价普遍上升，从而导致国际收支逆差；反之，如果通货紧缩，则国际收支顺差。货币性失衡可以是短期的，也可以是中期的或长期的。

（三）周期性不平衡（cyclical disequilibrium）

周期性不平衡是指一国处于经济周期不同阶段所引起的国际收支失衡。一般地，其是指受本国经济周期波动的影响。当一国经济处于衰退期时，社会总需求下降，进口需求也相应下降，国际收支发生盈余。反之，如果一国经济处于扩张和繁荣时期，国内投资与消费需求旺盛，对进口的需求也相应增加，尤其是就发展中国家而言，其经济增长常常依赖于附加值较大、价格较高的先进技术和机器设备的大量进口，国际收支便出现逆差。这种周期性不平衡在发展中国家和第二次世界大战前的发达资本主义国家中表现得比较明显。在战后，其表现经常受到扭曲，即繁荣时期国际收支出现顺差，萧条时期出现逆差。例如，1981—1982 年发达国家（除日本外）在衰退期普遍伴有巨额的贸易逆差。

周期性不平衡还有另一种含义，即受世界经济周期影响而造成的国际收支失衡，主要是指西方发达国家的经济周期变动对世界其他国家国际收支所产生的影响。当发达国家经济陷入萧条或不景气时，往往会采取缩减进口的措施，从而减少世界其他国家或发展中国家的出口，而导致后者国际收支产生逆差。

（四）收入性不平衡（income disequilibrium）

收入性不平衡是指因一国国民收入发生变化而引发的国际收支不平衡。国民收入变动的原因可能是经济周期的变化，也可能是经济增长率的高低不同。前者引发的收入性失衡，属周期变动；后者所引发的收入性失衡，则属持久性失衡。当国民收入相对快速增长，导致进口需求的增长超过出口增长或其他方面的国际支付增加时，国际收支容易发生逆差；相反，国民收入减少，居民消费和投资的需求都会下降，进口也会减少，国际收支容易发生顺差。

（五）临时性不平衡（temporary disequilibrium）

临时性不平衡是短期的、由非确定或偶然因素引起的国际收支失衡。例如，由生产和消费的季节性变化、自然灾害、外汇投机等因素造成国内产量下降、出口供应减少、进口需求增加，或资本外逃等而引起国际收支逆差，或相反的效果。这种性质的国际收支失衡程度一般较轻、持续时间不长、带有可逆性，可以认为是一种正常现象。在浮动汇率制度下，这种性质的国际收支失衡有时根本不需要政策调节，市场汇率的波动有时就能将其纠正。在固定汇率制度下，一般也不需要采用政策措施，只需动用官方储备便能加以克服。

（六）冲击性不平衡（shock disequilibrium）

冲击性不平衡是指由于游资（hot money）流动而引起的国际收支不平衡。这是 20 世纪 90 年代以来出现的新现象。目前世界上存在着追逐高息而流动的高达数万亿美元的短期资本，被称为国际游资。这些游资大多时候并非为了躲避风险而流动，而是有意狙击一个甚至几个国家和地区，造成这些国家和地区金融秩序动荡，国际收支严重失衡。

一般而言，经济结构性因素和经济增长率变化造成的收入性因素所引起的国际收支不平衡，具有长期性和持久性，被称为持久性不平衡。其他因素所引起的国际收支不平衡仅具有临时性，被称为暂时性不平衡。

任务二　国际收支不平衡对经济的影响

在现实经济生活中，一国的国际收支不平衡不仅是不可避免的，而且在某种意义上，一定限度内的国际收支顺差或者逆差对该国甚至是有益无害的。例如，一定的顺差会使一国的国际储备得到适度增长，增强对外支付和应付国际游资冲击的能力；一定的逆差可使一国适度地利用外国资源，加快国内经济的发展。但是，一国的国际收支如果出现了持续、大量的不平衡而又得不到改善，即发生了国际收支严重失衡或国际收支危机，那么，无论是顺差国还是逆差国，其经济发展都会受到不利的影响。

一、国际收支逆差的影响

持续的、大量的国际收支逆差通常会带来以下不利的影响。

（一）导致外汇储备大量流失

一国发生持续性逆差时，一般都会采取三种方式来弥补：一是动用外汇储备；二是对外举债；三是调整经济结构。如果主要以动用外汇储备来弥补，必然会消耗该国的储备资产，削弱其对外支付能力。

（二）使经济增长受阻

这表现在三个方面：

（1）一国由于存在着长期的巨额逆差，外汇储备减少，国际清偿能力降低，必然会影响发展经济所必需的生产资料的进口，使经济增长受到抑制，导致失业的增加和国民收入增长率的相对与绝对下降。

（2）逆差会使该国货币汇率承受下跌的压力，货币当局如果要维护本币的地位，就要对外汇市场进行干预，抛售外汇而买进本币，形成国内货币紧缩，促使利率上升，使投资受到抑制，进而影响经济增长。

（3）本币贬值或汇率下浮引起进口商品价格和国内物价上涨，加重通货膨胀。严重的通货膨胀还会引起资本大量外逃，国内资金短缺，影响国内投资和金融市场稳定，阻碍经济增长。

（三）不利于对外经济交往，损害国际信誉

在浮动汇率制下，存在持续逆差的国家，会增加对外汇的需求，促使外汇汇率不断上升，本币不断贬值且国际地位日益下降，对本国的对外经济交往产生消极的影响。与此同时，长期的国际收支逆差会使一国的偿债率降低，如果陷入债务困境不能自拔，又会影响到该国的经济和金融实力，损害该国的国际信誉。

二、国际收支顺差的影响

持续的、大量的国际收支顺差会产生以下影响。

（一）本币持续坚挺，出口受到影响

长期的巨额顺差会使外汇供过于求，迫使本国货币汇率上升。本币过于坚挺，会引发大规模的套汇、套利和外汇投机活动，破坏国内和国际金融市场的稳定；同时，会使出口处于不利的竞争地位，影响出口贸易的发展，从而加重国内的失业问题。

（二）导致通货膨胀

持续顺差使得外汇储备急剧上升，外汇占款（外汇储备与 M1 之比）大幅度增加；同时，会增加外汇的供给和对本币的需求，货币当局不得不在外汇市场上购入大量外汇进行干预。两种情况都会迫使国内货币投放量扩大，物价上涨，从而引发通货膨胀。

（三）持有储备的机会成本上升

国际收支盈余会导致外汇储备增加，巨额外汇储备的囤积使得持有储备的机会成本增加，外汇资金的使用缺乏效率。因为持有储备的机会成本常以实物投资的收益率来衡量，而外汇储备的持有形式通常是外国的政府债券，其风险小，变现能力强，但收益率低，该收益远远小于实物投资的收益。所以在一定程度上，过多的外汇储备持有是一种资源的浪费。

（四）不利于发展国际经济关系

一国的国际收支出现大量的顺差，意味着有关国家国际收支发生逆差，常常表现为出口和进口的失衡，因而容易引起贸易摩擦，影响国际经济关系。20 世纪 80 年代美国和日本的贸易摩擦，21 世纪我国和美国、欧盟国家的贸易争端，都是典型的例子。

即测即评

如果我国对美国贸易收支顺差，则美国贸易（　　）。

尽管国际收支顺差和逆差都会产生种种不利影响，相对而言，逆差所产生的影响更为显著，各国都注重对逆差采取调节措施。但也不能一概而论，无论从持续时间还是从产生原因方面看，顺差也应引起重视。比如，如果国际收支顺差主要是由于资本流入带来的，而不是经常项目的顺差，则说明该国的国际竞争力较差，一旦外资大量流出就会造成逆差，经济实力显现出脆弱性。通常国际收支偏离平衡程度越大，持续时间越长，带来的不利影响也越大。

任务三　国际收支不平衡的自动调节机制

当一国发生国际收支失衡而影响其经济运行时，就需要对国际收支进行管理和调节，从而使国际收支状态恢复平衡。国际收支失衡的调节包括自动调节和政策调节。从理论上讲，在完全或接近完全的市场经济条件下，国际收支不平衡可以通过市场经济变量的调节自动恢复平衡。

国际收支自动调节机制，即国际收支市场调节机制，是指国际收支失衡必然会直接或间接地引起市场经济系统内其他经济变量发生变化，后者又反作用于国际收支，在不考虑政府干预的情况下，这一相互作用的过程会引起国际收支失衡缩小并趋于平衡。

虽然这种国际收支的自动调节机制只有在纯粹的自由经济中才会起作用，而且需要的中间过程较长，其作用的程度和效果也无法衡量。但是，国际收支市场（自动）调节机制能够自发地促使国际收支趋向平衡，不需要政府付出成本加以干预，可以避免各种人为的价格扭曲。因此，各国政府都不同程度地为市场调节机制创造适宜的环境。

一、货币-价格机制

货币-价格机制的较早阐述者是18世纪英国哲学家和经济学家大卫·休谟（David Hume），他在1752年提出价格-铸币流动机制（即价格-现金流动机制，或称休谟机制）。货币-价格机制与价格-现金流动机制的主要区别是货币形态。休谟处在国际上普遍实行金本位制的时期，金属铸币参与流通，而在当代，则完全是纸币流通。不过，这两种机制论述的国际收支自动调节原理是一样的。

当一个国家国际收支发生逆差时（顺差情况正好相反），意味着对外支付大于收入，货币外流；在其他条件既定的情况下，物价下降，本国出口商品价格也下降，出口增加，贸易差额因此得到改善。货币-价格机制的自动调节过程如图4-1所示。

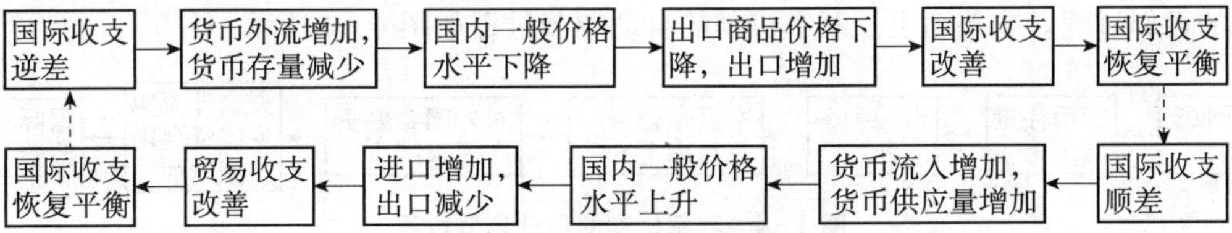

图4-1　货币-价格机制的自动调节过程

上述过程描述的是国内货币存量与一般物价水平变动对国际收支的影响。货币-价格自动调节机制的另一种表现形式是相对价格，而不是一般价格水平变动对国际收支的影响。当国际收支发生逆差，对外支出大于收入，对外币需求的增加使外国货币汇率上升，本国货币汇率下降，由此引起以外币表示的本国出口商品价格相对下降，以本币表示的外国进口商品价格相对上升，从而使出口增加、进口减少，贸易收支得到改善。这一过程如图4-2所示。

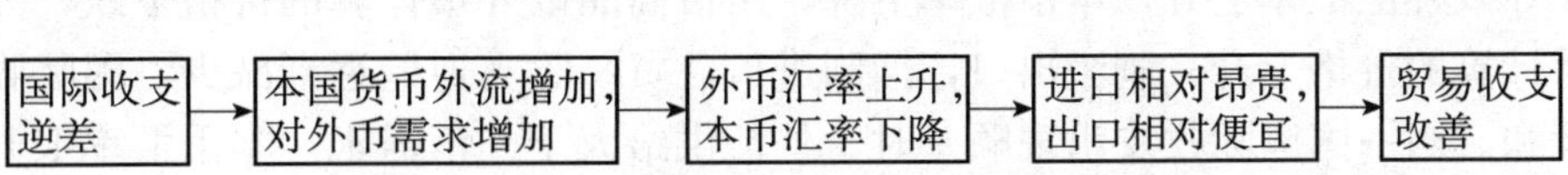

图4-2　货币-价格自动调节机制的另一种形式

二、收入机制

收入机制是指当一国国际收支不平衡时，其国民收入水平也会随之改变，进而影响社会总需求及进口需求，而这些变动反过来又会减弱国际收支的不平衡。

当一国国际收支出现逆差时，国民收入也随之减少，引起社会总需求下降，进口需求下降，贸易逆差逐渐缩小，国际收支恢复平衡；反之，当一国国际收支出现顺差时，国民收入也随之增加，社会总需求上升，进口需求上升，贸易顺差减少，国际收支恢复平衡。收入机制的自动调节过程如图 4-3 所示。

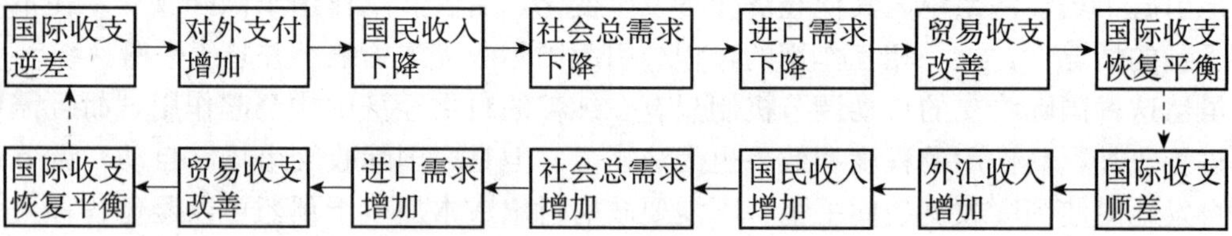

图 4-3 收入机制的自动调节过程

国民收入变动不仅能改善贸易收支，而且也能改善经常项目的其他收支和资本项目收支。比如，国民收入下降会使对外国劳务和金融资产的需求也不同程度地下降，从而促使国际收支得到全面改善。

三、利率机制

利率的自动调节机制是指一国国际收支不平衡会影响利率的水平，而利率水平的变动反过来又会对国际收支不平衡起到一定的调节作用。

当国际收支发生逆差时，本国货币的存量（供应量）相对减少，利率上升，表明本国金融资产的收益率上升，从而对本国金融资产的需求相对上升，对外国金融资产的需求相对减少，于是资金外流减少或资金内流增加，国际收支得到改善。国际收支顺差时则呈现相反的运作过程，顺差缩小。利率机制的自动调节过程如图 4-4 所示。

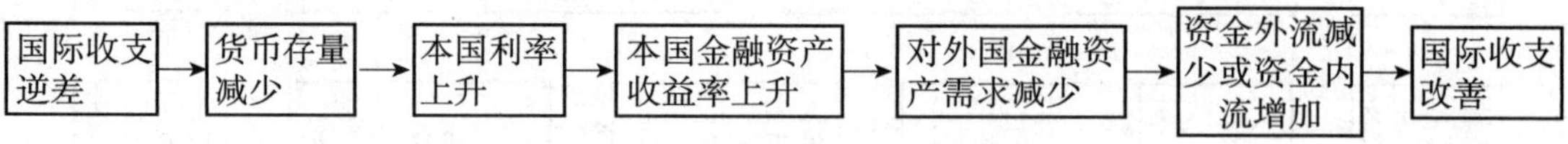

图 4-4 利率机制的自动调节过程

四、汇率机制

汇率机制是指在浮动汇率制度下，汇率的自发变动在很大程度上具有自动调节国际收支的功能。

当一国国际收支出现逆差时，外汇市场上本外币供求关系发生变化，外汇需求大于外汇供给，导致外汇汇率上升，本币汇率下降，出口商品以外币计算的价格下跌，而进口商品以本币计算的价格上升，刺激出口，抑制进口，贸易收支逆差逐渐减少，国际收支不平衡得到缓和。当一国国际收支出现顺差时，外汇供给大于外汇需求，本币汇率上升，进口商品以本币计算的价格下跌，而出口商品以外币计算的价格上涨，因此，出口减少，进口增加，贸易顺差减少，国际收支不平衡得到缓和。汇率机制的自动调节过程如图 4－5 所示。

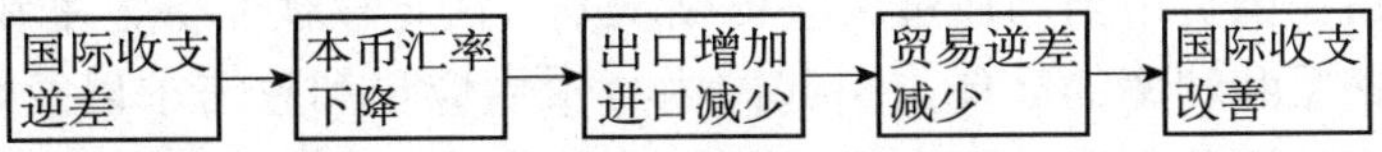

图 4－5　汇率机制的自动调节过程

任务四　国际收支不平衡的政策调节

国际收支的自动调节机制虽然有优点，但它们只有在某些条件或经济环境下才会发生作用，而且作用的程度和效果无法保证，在市场失灵时会被削弱或失效，调节所需要的过程也比较长。因此，当各国面临国际收支失衡时，不能完全依靠经济体系的自动调节机制来使国际收支恢复均衡，政府或货币当局一般会主动采取各种适当的经济政策和措施对国际收支加以人为的调节。

当一国国际收支出现失衡时，政府面临着三个层次的政策选择。以国际收支赤字为例：

首先，必须决定是通过融资来弥补国际收支赤字，还是通过调节来消除赤字，或是寻求弥补与调节的某种适当的组合。前者是指政府通过动用外汇储备或借款向外汇市场提供外汇，以弥补外汇市场的供求缺口；后者是指政府通过各种调节政策来消除外汇市场的供求缺口。

其次，如果确定用调节手段，则在确定调整程度后，政府必须决定是用支出变更政策还是使用支出转换政策来达到增加外汇收入、减少外汇支出的目的。前者是指改变支出的水平，后者是指改变支出的结构，即改变支出在外国产品与本国产品之间的比重。

最后，转换政策可以通过贬值或贸易政策得以实现，即通过提高外币的价格使进口数量减少、出口数量增加，或通过外汇管制和进口配额等来直接限制进口的数量，通过出口补贴、出口退税等措施来奖励出口。因此，一国在实施支出转换时，还必须在这两类手段之间进行权衡。

具体来说，一国政府所能采取的政策性调节措施主要有财政和货币政策、汇率政策、直接管制、外汇缓冲政策和信用手段、国际经济合作政策等。

一、财政和货币政策

（一）财政政策

财政政策是指一个国家通过扩大或缩小政府财政开支，提高或降低税率的办法来平衡国际收支。当一国国际收支逆差时，政府可以实行紧缩的财政政策，削减财政开支或提高税率，抑制投资和消费，降低社会总需求，迫使物价下跌，从而促进出口、抑制进口，逐步消除国际收支逆差。反之，一国国际收支顺差时，则实行扩张性的财政政策，增加政府开支或降低税率，刺激投资和消费，增加对商品的需求，从而使物价上升，抑制出口，增加进口，达到减少国际收支顺差的目的。但是一国最终会实行什么样的财政政策，主要取决于国内经济的需要。

（二）货币政策

货币政策是指一国货币当局通过调整再贴现率、法定存款准备金率和公开市场操作等手段影响银根的松紧和利率的高低，引起国内货币供应量和总需求以及物价水平的变化，以实现对国际收支的调节。当一国出现国际收支逆差时，一般采取紧缩性的货币政策，中央银行提高再贴现率及法定存款准备金比率，或在公开市场上出售政府债券，回笼基础货币，从而使市场利率提高，银行缩减信贷规模，货币供应量减少，社会总需求受到抑制，物价下跌，进而促进出口、限制进口，同时吸引国外资本流入，进而改善国际收支。当一国出现国际收支顺差时，则实行扩张性的货币政策，中央银行调低再贴现率和法定准备金率，或在公开市场上买入债券，投入基础货币，利率下降，投资就会增加，总需求增加，从而经济扩张，外汇支出增加，使国际收支顺差减少。但是，在实施货币政策调节国际收支时，要注意货币政策对国内经济会同时发生影响作用。

上述财政政策和货币政策作用的机理都是通过改变社会总需求或国民经济中支出总水平来调节国际收支的，故这类政策被统称为支出变更型政策（或称支出增减政策）。支出变更型政策就是通过改变社会总需求或总支出水平，来改变对外国商品、劳务和金融资产的需求，以此来调节国际收支失衡的一种政策。

然而，这类政策的局限性在于，国际收支的改善是以牺牲国内经济为代价的，往往与国内经济目标发生冲突。紧缩性政策在减少进口支出的同时也抑制了本国居民对国内产品的需求，由此会导致失业和生产能力过剩。如果所造成的负担主要落在投资上，还会影响长期的经济增长。因此，特别在本国经济业已不振、失业已经严重的情况下，国际收支赤字的出现常常使当局的宏观经济政策陷入左右为难的境地。只有在国际收支赤字是由总需求大于充分就业条件下的总供给引起的情况下，采取紧缩性经济政策才不至于牺牲国内经济目标。因此，这类政策适宜于用来纠正国际收支的周期性赤字。

二、汇率政策

汇率政策是指一个国家通过调整汇率改变外汇的供求关系，影响进出口商品的价格和资本流出入的实际收益，进而达到调节国际收支失衡的一种政策。汇率政策同财政和货币政策不同，它不是通过改变社会总需求和总支出，而是通过改变需求和支出的方向来调节国际收支的，因而也被称为支出转换政策。一般来说，一国货币贬值或汇率下浮，该国出口商品和劳务价格相对下降，出口竞争力提高，出口增加；同时会使进口商品和劳务的价格相对上升，从而使居民将一部分支出转移到购买进口替代品上来，进口减少，国际收支因此改善。相反，一国货币升值或汇率上浮，则会起到扩大进口、抑制出口的作用，减少国际收支顺差。

在不同的汇率制度下，各国制定汇率政策的方式是不一样的。在固定汇率制度下，政府通过直接制定汇率水平来实施其汇率政策，并采用货币法定贬值或升值的方法来调节国际收支。当一国国际收支出现逆差时，实行本币法定贬值，刺激出口，抑制进口，缩小国际收支逆差；反之，当国际收支出现顺差时，实行本币法定升值，减少国际收支盈余。在浮动汇率制度下，汇率是由外汇市场的供求关系决定的，政府的汇率政策是通过对外汇市场进行干预，人为地促使本国货币下浮或上浮来实现国际收支平衡的。当一国国际收支发生逆差时，政府会买进外汇以提高外汇汇率，降低本币汇率，扩大出口，抑制进口。反之，当一国国际收支出现顺差时，政府会卖出外汇以降低外汇汇率，提高本币汇率，扩大进口，抑制出口。

汇率政策能否奏效，要视其他具体情况和因素而定。

（一）汇率政策有效与否取决于进出口商品的需求弹性

著名的马歇尔-勒纳条件，即出口商品的国外需求弹性与进口商品的国内需求弹性之和大于1，是本币贬值改善贸易收支的前提。

马歇尔-勒纳条件的取得源自弹性分析理论。弹性分析理论产生于20世纪30年代，是由英国经济学家马歇尔首先提出，后经英国经济学家琼·罗宾逊和美国经济学家勒纳等人补充、发展而形成的一种适用于纸币流通制度的国际收支调节理论。该理论把汇率调整作为调节国际收支的手段，考察汇率变动对国际收支的影响，并指出在一定的假设条件下，汇率变动能否改善国际收支取决于进出口商品的需求弹性。

弹性分析法的前提假定包括：(1) 其他一切条件不变，只考虑汇率变动对进出口的影响，即收入、偏好、其他商品价格不变，进出口商品的需求就是这些商品价格的函数；(2) 贸易商品的供给几乎有完全弹性，因而只考虑需求弹性变化对国际收支的影响；(3) 没有资本流动，国际收支等于贸易收支。

弹性分析理论的基本观点是：如果一国采取汇率变动的办法来调节国际收支，则货币贬值能够改善国际收支赤字，货币升值则能够改善国际收支盈余。从前者来讲，本币贬值会引起进出口商品的相对价格变动。即本币贬值后使得单位外币兑换的本币比以前多，因此在出口商品的本币价格不变的情况下，以外币表示的出口商品价格就会降低；同时，在进口商品的外币价格不变的情况下，以本币表示的进口商品价格就比以前高。如果进出口商品的需求弹性足够大，则出口商品相对价格的降低会刺激出口需求量的大量增加，从而使出口总值增加；而进口商品相对价格的上升则会抑制进口需求，从而大量减少进口，导致进口总值减少，因此使国际收支逆差得以改善。

但是，如果进出口商品的需求弹性不够大，本币贬值就不能起到改善国际收支的作用。这就涉及马歇尔-勒纳条件。马歇尔-勒纳条件是以本币贬值为改善国际收支的充分必要条件。用公式表示为：

$$|e_{xd}+e_{md}|>1$$

式中：e_{xd}表示出口商品需求弹性，即出口商品需求量变动率与出口商品外币价格变动率的比值；e_{md}表示进口商品需求弹性，即进口商品需求量变动率与进口商品本币价格变动率的比值。

商品的需求弹性，表示商品的需求量对商品价格变动的反应程度。如果需求弹性充足，意味着由商品价格变动引起的商品需求量变动幅度大于商品价格的变动幅度；如果需求弹性不足，则意味着由商品价格变动引起的商品需求量变动幅度小于商品价格的变动幅度；如果需求弹性为1，则意味着由商品价格引起的商品需求量变动幅度等于商品价格的变动幅度。

马歇尔-勒纳条件说明，只有当$|e_{xd}+e_{md}|>1$时，即只有当进出口商品相对价格变动引起的进出口商品需求量变动幅度大于其价格的变动幅度时，本币贬值才可能起到增加出

口总值或减少进口总值，从而改善国际收支的作用。如果 $|e_{xd}+e_{md}|=1$，则本币贬值虽然会使进出口商品数量发生变化，但由于商品的数量变动与商品的相对价格变动作用相抵消，进出口总值不会发生变化，因而国际收支逆差不会改变。而如果 $|e_{xd}+e_{md}|<1$，则本币贬值可能会使出口总值下降大于进口总值的下降，不但不会改善国际收支逆差，反而会使国际收支更加恶化。

即测即评

本币贬值一定会改善贸易收支吗？

（二）汇率政策受“时滞”因素的影响

国际经济学中著名的“J曲线效应”（J-curve effect）指出：汇率调整不会立刻显示出其有利于国际收支的一面，而是有一个时间滞后的过程，有时还表现为对经济先产生不利影响，而后才转为产生有利影响。

在实际经济生活中，汇率变动调节国际收支存在着时滞，即使马歇尔-勒纳条件成立，也会出现贸易收支先恶化后改善的过程。此过程描绘出来形似英文字母“J”，因此这种现象被称为J曲线效应。它反映了如下关系：一国货币贬值后在短期内会使国际收支状况进一步恶化，只有经过一段时间后才会使贸易差额得到改善。

如图4-6所示，假定在 t_0 点本国货币实行贬值，但贬值并没有带来贸易收支的迅速改善，在 t_0 至 t_1 阶段，贸易差额越来越大，在 t_1 点贸易收支的恶化达到顶点。此后，贸易收支状况开始好转。在 t_2 时，贸易收支平衡。经过 t_2 时期之后，进出口对货币贬值的反应充分大，贸易收支将从逆差变为顺差。之所以存在这种效应是因为：

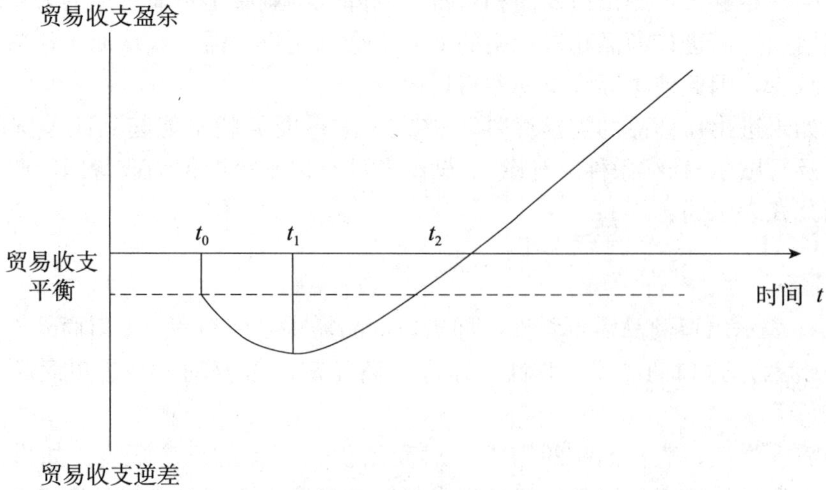

图4-6 J曲线效应

（1）在贬值前已经签订的贸易协议仍然必须按原来的数量和价格执行。贬值后，凡以外币定价的进口折合成本币后的支付将增加；凡以本币定价的出口，折合成外币的收入将减少。这样，贸易收支趋向恶化。

（2）即使在贬值后签订的贸易协议，出口增长仍要受认识、决策、资源、生产周期等的影响，出口品生产的扩大也需要一段时间；从进口来看，进口商可能会认为贬值还会继续，从而加速订货。基于这些原因，贬值后可能使贸易收支首先恶化，经过半年到一年的时间，在出口供给和进口需求做了相应调整之后，出口商品的价格优势将使出口额增加，同时进口商品因价格劣势而需求受到遏制，贸易收支才会逐渐改善。

（三）人们的预期往往会抵消汇率调整的效应

当汇率下调时，如果人们预期汇率还将进一步下跌，那么，本国资金就会大量外逃，以避免贬值所带来的损失，因而汇率下调不但起不到改善国际收支的作用，还可能恶化国际收支状况。

（四）本国现有生产能力是否已得到充分利用

这是由于本币贬值后可能产生的社会需求转换必须依靠本国贸易品（出口品和进口替代品）部门供给的增加来满足。

（五）汇率政策的使用是有限度的

一味使用汇率政策会引发连锁的负面反应。货币对外贬值很容易引起对内贬值，从而引起对外贬值和对内贬值的恶性循环。本币对内贬值所引起的国内物价上涨，如果不能为社会各界所承受，也会阻碍国内经济的发展。此外，一国的货币贬值可能会引起其贸易伙伴国货币也宣布贬值，引发货币战，货币贬值的效果势必会抵消，所以，只有在各国没有贸易限制和不采取报复措施的条件下，货币贬值才能扩大出口。

三、直接管制

直接管制是指政府通过发布行政命令对国际经济交易进行直接的行政干预，以求实现国际收支平衡的政策措施。其主要包括外汇管制、贸易管制和财政管制等手段。

（一）外汇管制

外汇管制是指国家通过颁布外汇管理法令、法规和条例，对外汇买卖、国际结算、资本流动和外汇汇率等直接加以管制，以控制外汇供给或需求，维持本国货币汇率的稳定，调节国际收支。当一国国际收支发生长期逆差时，一般要加强外汇管制，使逆差减少；当一国国际收支发生长期顺差时，则放松外汇管制，使顺差减少。常用的外汇管制措施有：

(1) 限制私人持有外汇，如规定出口商收入的外汇必须全部或部分卖给中央银行，用以控制出口结汇；

(2) 限制私人购买外汇，如限制进口商购买外汇的数量，用以控制外汇；

(3) 限制资本输出或输入；

(4) 禁止黄金输出；

(5) 实行复汇率，即针对国际结算的不同商品或不同项目分别为本国货币规定不同的汇率。

（二）贸易管制

贸易管制是指对商品输出和输入实行管制，旨在增加外汇收入，限制外汇支出，改善国际收支。常采用的限制进口的手段有：

(1) 进口配额制；

(2) 进口许可证制；

(3) 规定苛刻的进口技术标准，包括卫生检疫条件、绿色环保要求、安全性能指标、技术性能指标、包装和标签条例等；

（4）歧视性采购政策；

（5）歧视性税收政策。

（三）财政管制

财政管制是一国政府在关税、补贴、出口信贷等方面采取相应措施以实施“奖出限入”政策，改善国际收支。其一般做法包括：

（1）进口关税政策；

（2）出口补贴政策；

（3）出口信贷政策；

（4）出口退税政策。

直接管制和汇率政策一样，也属于支出转换政策，但汇率政策属于全面性控制工具，而直接管制属于择类性控制工具。

实施直接管制的好处在于比较灵活、见效快，各国可以对维持生产和生活水平所必需的中间产品和消费品进口、扩大生产能力所需的资本品（机器设备等）进口不实行限制，或者限制程度轻一些，而对奢侈品进口则严加控制，同时在出口方面可以重点奖励重要的或非传统的产品生产和出口；也可以按照本国的不同需要，对进出口贸易和资本流动区别对待，通常能起到迅速改善国际收支的效果，同时又不会牵动整个经济。

但是，直接管制政策也有很多局限性：

首先，它并不能真正解决国际收支失衡问题，只是将显性国际收支赤字变为隐性国际收支赤字；一旦取消管制，除非经济结构得到改善，否则国际收支赤字仍会重新出现。

其次，管制政策的实行容易引起他国报复，导致贸易伙伴国之间的“贸易战”，使管制措施不能达到预期效果。

再次，容易造成本国产品生产效率低下，对外竞争力减弱。

最后，直接管制手段可能产生寻租行为，如配额、许可证分配中经常出现权力和金钱的交换。因此，一国应当对采用直接管制政策持谨慎态度。

四、外汇缓冲政策和信用手段

外汇缓冲政策和信用手段统称为“资金融通政策”，即利用自有储备或借入储备来调节国际收支。一般适用于一国国际收支出现暂时性的不平衡的调节。

（一）外汇缓冲政策

外汇缓冲政策是指一国政府将持有的黄金、外汇储备作为缓冲体，在外汇市场上进行操作，来消除国际收支不平衡所形成的外汇供求缺口，从而使国际收支不平衡所产生的影响仅限于外汇储备的增减。具体做法可以由中央银行拨出一定数量的外汇储备，建立外汇平准基金，当国际收支发生短期不平衡时，通过中央银行在外汇市场上买卖外汇来调节外汇供求关系，以影响汇率，把汇率稳定在一定的水平，使之起到推动出口、增加外汇收入和改善国际收支的作用。

（二）信用手段

信用手段是指一国政府利用国际信贷来调节国际收支。逆差国可以向国际金融市场借款，也可以利用国际金融机构贷款和政府贷款。一般来讲，国际金融市场贷款利率高，但限制较少，目前已成为逆差国弥补逆差的主要资金来源；国际金融机构贷款和政府贷款利率较低，但数量不大，而且其运用还要受到限制。反之，顺差国可以利用国际信贷把其国际收支盈余投向国际金融市场，或贷款给国际金融机构和其他国家政府。

资金融通政策是一种简便易行、收效迅速的调节方法，当一国发生临时性国际收支逆差时，运用外汇储备或通过对外举债方式来抵消市场的超额外汇需求，稳定汇率，进而平衡国际收支。但是这种方法也有局限性。由于一国外汇储备的数量是有限的，因而外汇缓冲政策不适合于调节长期、巨额的国际收支逆差，如果完全依靠动用外汇储备，将可能造成外汇储备枯竭。而借款最终是要偿还的，利用信用手段来填补外汇储备的不足，会加重外债负担，不能从根本上解决国际收支失衡问题。因此，外汇缓冲政策和信用手段适合于作为支出政策的辅助手段，与之配合使用，可以缓解支出政策所带来的冲击，更有效地调节国际收支。

五、国际经济合作政策

各国政府调节国际收支都是以本国利益为出发点，可能会对别国经济产生不利影响。因为一国的国际收支顺差往往是另一国的国际收支逆差。这样很容易导致其他国家采取相应的报复措施，引发贸易战、汇率战等，最终会使国际经济秩序遭到破坏，并且也会使各国利益受到损害。因此，要在世界范围内解决国际收支不平衡的问题，必须加强国际经济和金融的合作，如成立国际金融机构、协调各国金融政策、开展贸易谈判等。国际货币基金组织、世界银行、世界贸易组织就是国际经济合作较为成功的典范。例如，国际货币基金组织在调节各国国际收支短期不平衡、协调各国金融关系、维持国际金融秩序等方面发挥了重要作用；世界银行帮助各国调节国际收支长期不平衡、提供国际信贷支持等；世界贸易组织协调各国贸易收支不平衡、组织国际贸易谈判等，它们从不同方面对世界各国国际收支失衡的调节都起着不同程度的帮助作用。

总之，调节国际收支失衡的政策是多样化的，每种政策都有各自的特色与调节功效，因此，一国可根据具体情况予以取舍。其基本原则是：

第一，应根据国际收支失衡的具体原因选择调节政策；

第二，应多通过政策搭配的方式来调节国际收支；

第三，选择调节手段时，应尽量不与国内经济发生冲突，达到国内平衡与对外平衡的协调；

第四，尽量减少来自他国的压力，以免影响各国间正常的经济秩序。

模块小结

任务一	国际收支不平衡的原因及类型	自主性交易是否平衡，是衡量国际收支平衡与否的一个重要标准。国际收支不平衡的原因及类型包括：结构性、货币性、周期性、收入性、临时性、冲击性。
任务二	国际收支不平衡对经济的影响	持续的、大量的国际收支逆差会导致外汇储备大量流失；使经济增长受阻；不利于对外经济交往，损害国际信誉。持续的、大量的国际收支顺差会使本币持续坚挺，出口受到影响；导致通货膨胀；持有储备的机会成本上升；不利于发展国际经济关系。

续表

任务三	国际收支不平衡的自动调节机制	国际收支不平衡的自动调节机制包括：货币-价格机制、收入机制、利率机制、汇率机制。
任务四	国际收支不平衡的政策调节	国际收支不平衡的政策性调节措施主要有财政和货币政策、汇率政策、直接管制、外汇缓冲政策和信用手段、国际经济合作政策。

模块测评

◎ 简述题

1. 什么是自主性交易？什么是调节性交易？
2. 国际收支不平衡的原因有哪些？
3. 国际收支失衡对一国经济会造成怎样的影响？
4. 国际收支自动调节机制是如何发挥作用的？
5. 调节国际收支失衡的政策措施有哪些？
6. 什么是支出变更政策？什么是支出转换政策？

◎ 实务题

网络实训：登录国家外汇管理局网站，点击中国国际收支平衡表、中国国际收支统计报告，了解我国国际收支状况，解读我国国际收支平衡表。

模块五 外汇管制

学习目标

- 知识目标

  理解外汇管制的含义和目的；
  掌握外汇管制的主要内容；
  掌握不同兑换性的货币的界定；
  了解我国外汇管理体制改革进程。

- 技能目标

  能够结合各国经济关系现实分析外汇管制的利弊；
  能够解读人民币可兑换与人民币自由兑换。

模块导入

假设你有购汇需求，当你向银行咨询相关事宜时会得知：无论你购买哪种外汇，按汇率折算，一年内你所购外汇数额不能超过5万美元。因为国家外汇管理局《个人外汇管理办法实施细则》中规定：对个人结汇和境内个人购汇实行年度总额管理，年度总额分别为每人每年等值5万美元。你可能会想，在货币兑换方面国家为什么会有这样的规定？是不是所有的商品国家都鼓励出口？对所有的进口商品都征收关税吗？有的国家为什么要实施贸易保护主义政策？一国居民可以随意进行跨境投资吗？诸如此类的问题，都涉及一国的外汇管制。本模块将为你解读外汇管制。

任务一 外汇管制概述

一、外汇管制的概念

外汇管制（foreign exchange control）也称外汇管理（foreign exchange management），是指一个国家通过法律、法令、条例等形式对外汇资金的收入和支出、汇入和汇出、存款和放款、本国货币与外国货币的兑换方式以及兑换比率所进行的限制。

外汇管制是国际经济关系发展到一定阶段的产物。当代世界各国为了平衡国际收支、应对国际金融领域中的不稳定因素，都不同程度地实行外汇管制。

二、外汇管制的产生和发展

（一）第一次世界大战期间严格的外汇管制

第一次出现外汇管制是在第一次世界大战期间。第一次世界大战前世界各国普遍实行金币本位制。在这种货币制度下，各国货币都可以自由兑换为黄金，黄金可以自由输出入，国际交易可用黄金也可用外汇结算，但黄金是最后的支付手段。因此各国货币汇率比较稳定，外汇买卖也不受数量限制，不存在外汇管制。第一次世界大战爆发后，西方各国以纸币流通代替金本位制，大量发行纸币以支持军需，从而造成严重的通货膨胀和巨额的国际收支逆差。各国纷纷取消了外汇自由买卖，实行黄金禁运，外汇管制从此开始。

（二）第一次世界大战后短暂放松的外汇管制

第一次世界大战结束后国际经济关系逐步恢复正常，世界经济和政治处于相对稳定时期，各国逐步取消了外汇管制。

（三）第一次经济大危机时期严格的外汇管制

第二轮外汇管制是在 1929—1933 年第一次经济大危机期间。经济大萧条与严重危机使各国不得不重新实行严格的外汇管制。一些债务国，如德国、日本等开始对外汇实行全面的集中和分配；而债权国，如美国、英国等则利用汇率等手段，对外倾销商品，恶化了国际经济状况；外汇资金较充裕、外汇市场较发达的国家还通过设立外汇平准基金来维持汇率稳定。如 1932 年 4 月英国财政部正式设立了外汇平准账户。

（四）第二次世界大战期间及战后初期严格的外汇管制

第二次世界大战爆发导致了又一轮更大范围的外汇管制。1940 年，在 100 多个国家和地区中，只有远离战火的美国、中立国瑞士等 11 个国家没有实行严厉的外汇管制。战后初期外汇管制更加全面和严格。这一时期，西方一些国家经济危机频繁发生，危机周期缩短，通货膨胀日益加重，而美国利用其战后对其他国家的政治经济优势，加紧资本输出，占领国际市场，在本国则高筑关税壁垒，限制其他国家商品输入，使其他西方国家国际收支存在大量逆差，黄金外汇储备大量外流，各国普遍存在“美元荒”，为了把外汇用于本国经济恢复和解决国际收支困难，不仅没有放松外汇管制，反而加强了外汇管制。

（五）20 世纪 60 年代开始放松的外汇管制

20 世纪 50 年代末 60 年代以来，日本及欧洲各主要工业化国家率先加快了贸易自由化和金融自由化的步伐，经济实力逐渐增强，外汇储备逐渐增加并足以与美国相抗衡，而且它们力图恢复伦敦、巴黎、法兰克福等地的金融贸易中心地位，便陆续放宽外汇管制，并且从 1958 年开始，各国不同程度地恢复了货币自由兑换。1961 年，大部分国际货币基金组织的成员方表示承担《国际货币基金组织协定》第八条所规定的义务，即实行货币可兑换。20 世纪 70 年代以后，各国相继放弃固定汇率制度而采用浮动汇率制度，严格的外汇管制才进入逐步取消的时期。

（六）20世纪80年代后至今放松及规范化的外汇管制

20世纪80年代以后，发达国家进一步放松外汇管制，发展中国家的经济也在不断成长，许多新兴市场国家崇尚贸易自由化，积极推进市场化进程。虽然有些国家的外汇管制时宽时严，但总体趋势是普遍放松并趋于稳定及规范化。如1984年日本宣布日元国际化和金融自由化；1990年欧共体宣布其成员国原则上完全取消外汇管制；新兴市场国家纷纷成为IMF第八条款国，实现国际收支经常账户下的可兑换，有的国家也开放了资本和金融账户；同时，IMF和关贸总协定对各国外汇管制的实施与协调制定了一套规则，对规范国家之间的外汇管制发挥了重要作用。

20世纪90年代中后期至今，在欧洲经济联盟和北美自由贸易区形成，世界经济趋于一体化，以及金融危机频频爆发的背景下，绝大多数国家仍在不同程度上实行适时的外汇管制，但放松外汇管制的总趋势未变。

三、外汇管制的目的

（一）促进国际收支平衡

各国实施外汇管制最普遍的目的是改善本国的国际收支，防止发生巨额的结构性逆差。外汇管制有助于较快地平衡国际收支，从而消除国际收支失衡对一国经济的各种消极影响。

对于国际收支长期逆差的国家，国际储备会大量流失，本币汇率不断下降，国际地位也将不断下降。国内资本的大量外流，将导致国内投资严重不足，经济长期停滞甚至衰退，从而加剧本国国际收支逆差。实行外汇管制，可以防止国内资本外逃，鼓励国际资本流入，通过“奖出限入”措施改善贸易差额，缓解国际收支逆差，促进国际收支平衡。

对于国际收支长期顺差的国家，其币值坚挺会削弱本国商品的国际竞争力；大量的资本流入，又会使国内货币投放增加，诱发或加剧通货膨胀，而且可能会使本国经济命脉受制于外国投资者。实行外汇管制，限制外国资本流入，则可减少其对国内经济的冲击。

（二）维持本币汇率稳定

汇率频繁大幅度的波动所造成的外汇风险会严重阻碍一国对外贸易和国际借贷活动的进行，拥有大量外汇储备的国家或有很强的借款能力的国家可以通过动用或借入储备来稳定汇率。对于缺乏外汇储备的发展中国家来说，实行外汇管制是稳定本币对外币汇率、防止发生不利于本国经济的汇率波动的重要手段。

（三）增加国际储备

任何国家都需要持有一定数量的国际储备资产。国际储备不足的国家可以通过多种途径来增加国际储备，但是其中多数措施需要长期施行才能取得明显成效。外汇管制有助于政府实现增加国际储备的目的。在外汇管制条件下，国际收支顺差的实现和外汇集中的措施有助于增加一国的国际储备，储备的增加所形成的信用保证意味着国际清偿能力的增强。

（四）有效利用外汇资金，推动重点产业优先发展

外汇管制使政府拥有更大的外汇资金的支配权：或限制某些商品的进口以保护本国相对幼稚的产业；或将稀缺的外汇资源用于本国急需和优先发展的产业。

（五）增强本国产品国际竞争能力，保护民族工业的发展

发展中国家因经济实力薄弱，外汇资金匮乏，在本国企业不足以保证产品的国际竞争能力的条件下，政府可以借助外汇管制为企业开拓国外市场。例如，规定官方汇率是外汇管制的重要手段之一，当政府直接调低本币汇率时，或限制短期资本流入时，都有助于本国增加出口，所以一些国家实行外汇管制是为了保证本国经济的独立发展，防止大量进口外国商品冲击本国民族工业。

（六）维护本国金融市场的稳定

经济实力较弱的国家存在着非常多的可供投机资本利用的缺陷，而投机冲击很容易形成货币危机甚至金融危机。例如，在经济高速发展时商品价格、股票价格、房地产价格往往上升得高于其内在价值。在没有外汇管制的情况下，这会吸引投机性资本流入，后者会显著加剧价格信号的扭曲。一旦泡沫破灭，投机性资本外逃，又会引发一系列连锁反应，造成经济局势迅速恶化。外汇管制的目的是抑制投机资本的冲击，防止破坏性的资本流入和流出，维护本国金融市场的稳定。

（七）增强金融安全

金融安全是指一国在金融国际化条件下具有抵抗内外金融风险和外部冲击的能力。一国开放程度越高，维护金融安全的责任和压力越大。影响金融安全的因素既包括国内不良贷款、金融体制改革和监管等内部因素，也涉及外债规模和使用效益、国际游资冲击等涉外因素。发展中国家经济发展水平较低，经济结构有种种缺陷，特别需要把外汇管制作为增强本国金融安全的手段。

四、外汇管制的主体和客体

（一）外汇管制的主体

外汇管制的主体是指外汇管制的执行者，即外汇管理机构，主要负责制定外汇管制的政策、法令、制度并监督实施，并根据需要采取各项措施，控制外汇收支活动。目前世界各国外汇管理机构主要有以下几种类型：

（1）由政府授权中央银行来负责外汇管理，大多数国家都是如此，如英格兰银行就是英国的外汇管制的主体机构。

（2）由国家设立专门的外汇管理机构，如法国、意大利等国都设立专门的外汇管理局来负责外汇管理，中国的外汇管理机构为国家外汇管理局。

（3）由国家的行政部门直接负责外汇管理，如美国是由财政部负责，日本是由大藏省、通产省负责。

（4）有一些国家是由它的中央银行指定一些大商业银行作为经营外汇业务的指定银行，并按照外汇法令集中办理一切外汇业务。

（二）外汇管制的客体

外汇管制的客体是指外汇管制的对象。一般包括以下几方面：

（1）对人的管制。这里的人包括自然人和法人。根据自然人和法人居住地点和期限的不同划分为居民和非居民。一般来说，由于居民的外汇收支对本国的国际收支影响较大，故对居民的外汇管制较严，对非居民的管制较宽松。

（2）对物的管制。这是指对外汇及外汇有价物进行管理。主要包括外国纸币和铸币；

外币支付工具，如汇票、本票、支票、旅行信用证等；外币有价证券，如股票、公司债券、人寿保险单、存折等；输出入境的本币；有的国家将黄金、白银、铂金等贵金属也包括在内。

(3) 对地区的管制。这是指有些国家对本国不同地区实行的外汇管制的要求有所区别。比如对特别行政区、经济特区、出口加工区、保税区、自由港等通常实行较宽松的外汇管制政策。

对地区的管制还常指因政治经济关系而形成的国家集团之间，如欧洲联盟，以美国为中心的北美自由贸易区等。在这些国家集团之间办理国际结算与资本流动基本上是自由的，但对集团之外的结算和收付有不同程度的管制。

五、外汇管制的内容

(一) 对贸易外汇的管制

由商品进出口引起的贸易外汇收支是一国国际收支中最大的项目，对国际收支状况起着决定性的影响，所以外汇管制的国家尤其是逆差国通常对贸易外汇收支实行比较严的管制，目的是集中出口外汇收入，限制进口外汇支出，实现贸易收支平衡。

1. 对出口外汇的管制

(1) 出口收入归国家。实行比较严格外汇管制的国家，对于出口收汇一般都规定出口商必须将其所得外汇结售给国家指定的银行，也就是说出口商必须向外汇管理机构申报出口价款、结算所使用的货币、支付方式和支付期限等，在收到出口货款后又必须向外汇管理机构申报，并按官方汇率将全部或部分外汇结售给外汇指定银行。

(2) 实行外汇分成制以鼓励出口。即规定出口商必须把一定比例的外汇收入按官方汇率结售给指定银行，另一部分外汇收入可由出口商自行支配，用于本企业进口或者按市场汇率高价转售他人。这其实是一种变相的差别汇率。

(3) 采取出口补贴、出口退税、减税或迟付税款等财政措施，以及采取出口信贷、政府机构对出口汇率风险提供担保等金融措施以鼓励出口。

(4) 出口许可证。对一些国内急需的、供应不足的或对国计民生有重大影响的商品、技术及战略物资通常实行出口许可证制度以限制出口。

2. 对进口外汇的管制

(1) 进口存款预交制。要求进口商在进口某种商品时，必须以无息方式将一定比例的进口款项存放在指定银行，此后一定时间或购买外汇时银行将这笔款项退还。由于这样的存款是无息的，因而可抬高进口成本，起到抑制进口的作用。

(2) 进口许可证制。规定进口商只有取得主管机关签发的进口许可证才能购买进口所需的外汇。政府在颁发许可证时，一般会收取一定的手续费，实际上就构成了一种变相的进口附加税，从而可以达到限制进口付汇的目的。

(3) 进口配额制。外汇管理机构按计划给进口商分配进口额度，进口商在规定的有效期内，进口总额不得超过分配的限额，银行也只在限额内供汇。

(4) 征收外汇税。规定进口商购买外汇时要缴纳一定比例的外汇税，以提高其进口成本。

此外，对进口的限制还表现为：规定以进口商获取外国一定数额的出口信贷为进口的前提条件；限制商业银行对某些商品进口提供融资；规定信用证的押金数额；等等。

（二）对非贸易外汇的管制

非贸易外汇收支的范围较广，主要包括：与贸易有关的运输费、保险费、佣金；与资本输出入有关的股息、利息、专利费、许可证费、特许权使用费、技术劳务费等；与文化交流有关的版权费、稿费、奖学金、留学生费用等；与外交有关的驻外机构经费；旅游费和赡家汇款等。

1. 对非贸易外汇收入的管制

对非贸易外汇收入的管制类似于对出口外汇收入的管制，即非贸易外汇收入按官方汇率结售给指定银行。而为了鼓励人们获取非贸易外汇收入，也会实行外汇留成制度，允许居民将个人劳务收入和携入款项在外汇指定银行开设外汇账户，并免征利息所得税。

2. 对非贸易外汇支出的管制

对非贸易外汇支出的管制一般严于对非贸易外汇收入的管制。有些国家对个人用汇，如旅费、留学生活费用、对国外亲属汇款等，规定一定的限额，在限额内指定银行直接供给外汇，或控制购买非贸易外汇的间隔时间和控制对外支付的时间，来进行非贸易外汇支出管制。政府有时还通过征收外币兑换税和外币兑换附加费来加强对非贸易外汇支出的管制。

（三）对资本流动的管制

资本流动属于非实体经济的活动，具有所谓虚拟性，由于其流动的规模大、速度快，而且是可逆的，因此对实体经济影响很大，并对一国国际收支的顺逆差有着直接的影响。所以无论是发达国家还是发展中国家都非常重视资本管制。资本管制包括流入管制和流出管制以及相应的外汇买卖的限制。流入管制主要是限制非居民在本国从事某些行业，如国防工业和房地产等的直接投资以及购买本国证券和相应的结汇；流出管制主要是限制本国居民对外直接投资和证券投资以及相应的购汇。一般而言，国际收支顺差的国家倾向于鼓励资本流出，限制资本流入；国际收支逆差的国家倾向于限制资本流出，鼓励资本流入。

1. 发展中国家对资本输出入的管制

发展中国家国力较弱，外汇短缺，为发展本国经济，往往采取鼓励资本流入、限制资本流出的政策。对资本输入实行各种优惠政策，以吸引各种外国资金，例如对外商投资企业给予税收减免、土地使用的优惠并允许其汇出利润等。

而针对资本输出，过去发展中国家大都严格阻止资金外流，一般不允许个人和企业自由输出（或汇出）外汇资金。但是近年来，随着区域经济一体化和贸易集团化趋势的出现，不少发展中国家开始积极向海外投资，以期通过直接投资来打破地区封锁，带动本国出口贸易的增长。

2. 发达国家对资本输出入的管制

一些经济实力强的发达国家，一般对资本输出入没有管制，但当资本流动足以影响到本国物价、汇率的稳定及国际收支平衡时，也要采取管制手段。

例如日本、德国、瑞士等国在 20 世纪 60 年代中后期，由于国际收支连年顺差，本币汇率经常处于上升的状况，成为国际投机资本的主要冲击对象；同时长期的国际收支顺差也导致这些国家国际储备大幅度增长，又加剧了这些国家的通货膨胀风险，因此这些国家便采取了一些限制外国资本输入的措施。如规定银行吸收非居民存款缴纳较高的存款准备金；规定银行对非居民存款不付利息或倒收利息；禁止非居民购买本国有价证券或规定非居民购买本国证券要交纳保证金等。

另外，发达国家一般采取鼓励资本输出的政策，例如日本从1972年起对于居民购买外国有价证券和投资于外国的不动产取消限制。但在某一特定时期，如面临国际收支逆差时，也采取一些限制资本输出的政策，主要包括：规定银行对外贷款的最高额度；限制企业对外投资的国别和部门；对居民境外投资征收利息平衡税，如20世纪60年代美国金融当局为了阻碍居民购买在纽约市场上发行的国外债券而对其征收累进税；对居民购买国外证券规定保证金，如20世纪80年代末意大利曾对几乎所有的资金流出实行50%的保证金要求，大大增加了对外国证券的投资成本，从而起到了抑制资金流出的作用。

(四) 汇率管制

为调节国际收支、稳定本币价值，各国需要对本国所采用的汇率制度和汇率水平进行管理。

1. 法定汇率制度

法定汇率制度是指一国政府指定某一部门制定、调整和公布汇率，并规定各项外汇收付必须按照官定汇率来买卖外汇，否则属于非法。

一般而言，实行外汇管制是一国外汇短缺的结果，因而其出发点是鼓励外汇收入，限制外汇支出。发展中国家的经济对进口投资品依赖较大，为了保持这种进口的低成本，又要避免进口过多的消费品而浪费宝贵的外汇，还要促进本国的出口，在这种互相冲突的目标中，唯一可行的协调措施就是以法定汇率制度高估本币汇率，同时实行外汇管制，以应对外汇短缺现象。

2. 复汇率或法定的差别汇率制度

这是指货币当局对本币与外币的汇率人为规定两个或两个以上高低不同的汇率，针对不同的涉外交易使用不同的优惠性汇率或限制性汇率。在这样的汇率安排下，官方汇率与市场汇率混合使用，可以达到对某些行为的鼓励或限制。或者，实行贸易汇率与金融汇率分开，可以抵制游资的侵扰与流入。

例如，对鼓励出口的大部分商品，允许收汇后全部或部分按市场汇率高价卖出，使出口商获得更多的收入；对限制出口的少量商品，规定出口商必须把外汇按官价卖给指定银行，则会减少其出口收入。对限制进口的大部分商品，规定进口商全部或部分从自由市场高价购汇，使进口商支付更多的交易成本；对鼓励进口的国内紧缺商品，允许进口商按官方汇率购汇，则会降低其进口成本。

(五) 黄金、现钞输出输入管制

实行严格外汇管制的国家对黄金交易也进行管制，一般禁止私人或企业私自输出输入黄金，也不允许黄金用于国际买卖和借贷，由中央银行独家办理黄金的买卖和输出入；对于携带贵金属饰品及工艺品出境也有一定数量的限制；有的国家对黄金输出采取征收黄金税的措施。

实行外汇管制的国家一般也禁止本币现钞出境，货币自由兑换国家对本币现钞出境通常会规定最高限额和用途，有时甚至禁止携带本国货币出境以防止本国货币输出用于商品进口和资本的外逃以及冲击本国货币。对输入本国的现钞，有的国家规定限额，有的则不加管制，但规定输入的现钞必须用于指定的用途。对外币现钞的输入一般须向海关申报；

携带外币出境时，须出示有关文件，证明携带外币是合法所得或是入境时携带的外币。

六、外汇管制的负面影响

外汇管制的负面影响是指实施外汇管制需要付出一定的成本，包括直接成本和间接成本。

（一）外汇管制的直接成本

外汇管制的直接成本由管制本身产生，包括给政府和企业带来的管理成本和交易成本。

1. 管理成本

管理成本是指外汇管制作为代替或补充市场机制不足的行为，需要政府投入大量的人力、物力和财力，设立不同形式的管理机构，制定各种管理规定，从而使行政开支增大。

2. 交易成本

交易成本是指外汇管制会增加被管制对象的费用支出，如会计和法律等费用，从而使微观经济主体的效率降低，交易成本增加。

（二）外汇管制的间接成本

作为一项经济政策，外汇管制能保障一国经济稳定发展。但由于它限制了市场机制作用的充分发挥，降低了资源在世界范围内的有效配置，因此它对整个世界经济的发展是不利的。外汇管制的间接成本主要包括以下几方面：

1. 阻碍国际贸易的均衡发展

采取外汇管理措施，有利于双边贸易的开展。但实行严格的外汇管制，限制货币自由兑换，必然限制多边贸易的开展。此外政府对汇率进行干预和控制，使汇率不能充分反映外汇供求的真实情况，常出现高估或低估现象。本币汇率高估对出口产生不利影响，而低估对进口又产生不利影响，因此汇率水平的不合理会对进出口贸易的均衡发展产生不利影响。

2. 价格机制失效，资源难以有效配置

严格的外汇管制会扭曲汇率，使价格机制失效，资源难以有效配置。无论是政府规定官方汇率，还是政府限制外汇买卖，都会使汇率偏离市场均衡汇率，限制了市场机制的作用，妨碍了外汇供求关系自动调节汇率的作用机制。管制下的汇率不能真实反映货币的实际价值，使进出口商品的国内价格和国际价格相背离，一国不能充分参加国际分工和利用国际贸易中的比较利益原则来发展本国经济，资源不能在全球范围内实现最佳配置。而限制货币的自由兑换、限制外汇资金的自由输出输入，使资金盈余的国家不能将其资金顺利调出，资金短缺的国家又不能利用这些资金，在抑制投机资本流动的同时，也限制了资本在全球范围内更有效的配置。

3. 加剧国与国之间的摩擦与纠纷

实行外汇管制，限制了自由的国际结算制度，使贸易往来和资本流动带有歧视性和不公平性，必然引起贸易伙伴国的不满，导致别国的报复，引发贸易战、汇率战，加剧经济摩擦和利益冲突。

4. 产生寻租现象

外汇管制增加了管理部门配置外汇资源的权力，这种权力导致了各式各样的寻租现象。寻租过程中发生的种种成本完全是一种资源浪费，而且导致了交易和竞争的不公平性。

5. 不符合 IMF 宗旨和经济全球化趋势

IMF 宗旨之一就是“协助建立成员间经常性交易的多边支付制度，并消除妨碍世界贸易发展的外汇管理”。在当代经济、金融全球化的背景下，外汇管制的国家越来越难以被国际社会接受。

因此，对经济刚起飞或脆弱的经济体来讲，短期内实施适当的外汇管制，其收益可能大于成本。但长期实施外汇管制将付出巨大的代价，尤其是在经济已具备一定实力的条件下，尽早放松外汇管制更有利于经济的快速发展。

即测即评

外汇管制的正面影响即有利方面有哪些?

任务二　货币兑换管理

货币兑换管理是外汇管制最基本、最主要的内容。外汇管制的宽严程度可以通过货币可兑换性来反映，二者存在着密切的关系，一国货币的可兑换性程度越高，意味着外汇管制越宽松，居民和非居民在外汇买卖方面的限制越少。一般来说，发达的市场经济国家外汇管制宽松，实行货币完全可兑换，即其货币为自由兑换货币。大多数发展中国家都实施外汇管制，其货币或是完全不可兑换的，或是不完全可兑换的。

货币按其可兑换性与国际化程度，可分为不同的层次或种类。对此，存在着两种不同的见解。其一，认为货币分为五个层次：不可兑换货币、可兑换货币、自由兑换货币、国际货币、世界货币；其二，认为货币分为三个层次：不可兑换货币、可兑换货币、自由兑换货币，即将自由兑换货币等同于国际货币，将国际货币等同于世界货币。但无论哪种观点，货币的各个层次之间都是一种递进的关系，很难同时过渡或跨越，货币的兑换性变化一般都要经历从限制兑换，到有条件可兑换，再到完全可兑换等若干过程。

一、不可兑换货币

凡是保留对“国际性经常往来的付款和资金转移”的限制的货币均被称为不可兑换货币。这是根据《国际货币基金组织协定》第十四条的规定做出的界定，这类货币的发行国一般都保留严格的外汇管制，被称为“第十四条款国”。

货币不可兑换有两大基本原因：(1) 这类货币发行国经济十分落后，存在着“资金缺口”和“外汇缺口”。外汇需求远远大于外汇供给，政府不得不加强外汇管制来提高外汇资金使用效益，如采取外汇统收统支政策，将外汇收入全部结售给政府，而外汇支出由政府配给。(2) 货币可兑换意味着经济开放，如果该国经济实力差，国内企业的国际竞争力弱，则经济开放后该国经济就会受到全方位的冲击而难以崛起。

但是，实践证明，严格的外汇管制阻碍一国经济乃至世界经济的发展，因此，随着各国经济的逐步开放，货币不可兑换的国家越来越少，这已成为一个世界性的趋势。

二、可兑换货币

凡是实现了国际收支经常账户下可兑换的货币均被称为可兑换货币。这是根据《国际货币基金组织协定》第八条第 2、3、4 款的要求做出的界定，该基金组织成员国被称为“第八条款国”。当一国大幅度放松外汇管制，基本上满足了其货币在经常项目范围内的可兑换后，就可以通知 IMF，得到 IMF 的认可后就可以宣布已完成向第八条款国的过渡。

《国际货币基金组织协定》第八条的内容为：

（1）避免对经常性支付或转移的限制。各成员未经国际货币基金组织的同意，不得对国际经常往来的付款和资金转移实施汇兑限制（第 2 款）。

（2）避免施行歧视性货币措施或多重汇率措施（第 3 款）。

（3）保证兑付外国持有的本国货币。任何一个成员国均有义务购回其他成员国所持有的本国货币结存，只需兑换的国家能证明这种结存是由最近的经常性交易所获得的，或者这种兑换是为了支付经常性交易所需要的（第 4 款）。

一种货币从不可兑换过渡到可兑换，通常是在其货币发行国从封闭走向开放，从非常落后走向快速发展的过程中实现的。实行货币可兑换，意味着放弃经常项目收支的外汇管制，在世界范围内建立多边支付体系，其目的是促进国际贸易和各国经济的发展。

三、自由兑换货币

所谓货币自由兑换，是指在外汇市场上能自由地用本国货币兑换（购买）成某种外国货币，或用某种外国货币兑换（购买）本国货币。一般来说，如果一国在经常项目和资本项目下都实现了货币可兑换，其货币就是自由兑换货币。所以，货币自由兑换意味着资本自由流动。经济合作与发展组织（OECD）规定其成员有义务实现资本项目的货币可兑换，因而其成员基本上放弃了对资本流动的管制；一些经济发展较快，或者外汇收入充裕的国家也相继实现了资本自由流动。

一个经济体要实现货币自由兑换需要满足一定的条件，包括：（1）宏观经济稳定；（2）汇率制度与汇率水平合适；（3）外汇储备充足；（4）市场机制完善；（5）金融市场与金融制度发达与完善；（6）微观经济主体健全。

货币自由兑换的顺序一般是：先经常项目货币可兑换，再资本项目货币可兑换；先放开长期资本流动限制，再放开短期资本流动限制；先放开直接投资，再放开间接投资；先放开资本流入，再放开资本流出。

四、国际货币

货币国际化是指特定国内货币实现国际化的表现。IMF 协定第三十条将国际货币（international currency）定义为：在国际往来的支付中被广泛使用的，以及在主要外汇市场上被广泛交易的货币。这一定义中的“广泛使用”和“广泛交易”其实是很难界定的，实践中有两个参考标准：一是各国外汇储备中该种货币的占比为 1%以上；二是主要外汇市场上该种货币交易占比达到 4%以上。目前符合这两个条件的主要是美元、欧元、日元、英镑四种货币。

五、世界货币

严格地说，金本位制时期黄金是世界货币，但实际生活中人们普遍认为具有世界货币职能的某一国家的货币也是世界货币。由此，一战前英镑是世界货币，二战后至今美元是世界货币。

世界货币与国际货币的区别是：在一个特定的历史时期，国际货币可以有多种，而世界货币只能是一种（仅在世界货币交替之际可能有两种）；前者是部分地、在一定程度上执行国际货币的职能，而后者是全面地、在很高的程度上执行着国际货币的职能。某国货币成为世界货币的必要条件是，该国经济实力为世界第一，金融市场规模与效率为世界第一。

第二次世界大战后，无论在政治上还是在经济上美国的实力都独一无二的；以美元为中心的布雷顿森林货币体系的建立使美元成为各国的关键货币，美元和黄金挂钩，其他货币和美元挂钩，各国政府有义务维持固定汇率制，美元的世界货币地位因此得以确立。尽管 1973 年 2 月以后该货币体系崩溃，美元的世界货币作用仍然存在，其原因主要归结于美元无可比拟的国际地位：

（1）世界贸易中用美元计价结算的比重比其他货币高，而且与美国无关的国际贸易也广泛用美元计价结算。与此相比，欧元的计价结算基本上局限于与欧元区的贸易，而日本的对外贸易中相当一部分是以美元计价结算的，例如中国和日本的双边进出口中，用美元与日元计价结算约各占 50%。美元作为媒介货币的职能得以维持。另外，按照国际市场惯例，某些商品如黄金、石油、小麦等，一般采用美元计价结算。

（2）世界各国外汇储备中美元仍占有较大比重，平均占比达 65%，其中新兴市场经济体美元储备占比更高。例如，俄罗斯外汇储备中 90%是美元，10%是欧元。

（3）国际金融市场上美元的交易比重最大。通常美元交易比重近 90%，这表明只有 11%左右的外汇交易才是美元以外的两种货币之间的交易，如欧元与英镑、日元以及瑞士法郎等的交易。

（4）美元具有货币锚作用。多数国家都将美元作为关键货币来制定基本汇率；实行钉住汇率制的国家，有钉住单一货币的，有钉住一篮子货币的，前者通常是直接钉住美元，后者则表现为在货币篮子中美元占比较大。

任务三　我国外汇管理和人民币国际化

我国在改革开放前实行高度集中的计划经济体制，并且由于外汇资源短缺，一直实行严格的外汇管制。1978 年改革开放以来，我国外汇管理体制进行了一系列的改革，外汇管理相关法规也发生了很大的变动，改革的总体方向是逐步放松外汇管制。同时，人民币也从不可兑换到可兑换，并逐步走向国际化。

一、改革开放前我国的外汇管理

（一）国民经济恢复时期的外汇管理（1949—1952 年）

新中国成立初期，我国实行外汇集中管理制度，通过扶持出口、兼顾进口、沟通侨汇、以收定支等方式积聚外汇，支持国民经济恢复和发展；肃清外币，禁止外币流通、买卖，打击外汇投机，稳定金融与物价。

（二）全面计划经济时期的外汇管理（1953—1978 年）

1953 年起，我国实行计划经济体制，逐步形成了高度集中、计划控制的外汇管理体制。

（1）对外汇收支实行全面的高度集中的指令性计划管理。制定“集中管理，统一经营”的方针，外汇收支由国家管理，统收统支；一切外汇收入必须售给国家，需用外汇按国家计划分配；一切外汇业务由中国银行统一经营。

（2）所有的进出口活动由国营进出口公司负责。

（3）实行独立自主、自力更生的方针，不借外债，不接受外国来华投资。

（4）人民币汇率作为计划核算工具，要求稳定，逐步脱离进出口贸易实际，形成汇率高估。

这一时期国家没有确立外汇主管部门，也没有制定全国统一的外汇法令。外汇管理工作在国家核定计划范围内，由对外贸易部、财政部和中国人民银行三家单位分口负责管理，对外贸易部负责进出口贸易外汇，财政部负责中央部门的非贸易外汇，中国人民银行负责地方非贸易外汇和私人外汇。中国银行是中国人民银行的一个局，对外用“中国银行”名称，是国家指定的执行外汇管理的机关。

二、改革开放后我国的外汇管理

（一）1979—1993 年我国的外汇管理

1. 设立专门的外汇管理机构

国务院于 1979 年 3 月设立了国家外汇管理总局。当时国家外汇管理总局与中国银行是一个机构两个牌子，1982 年 8 月根据国务院关于政企分开的决定，国家外汇管理总局同中国银行分开，划归中国人民银行领导。1988 年 4 月国家外汇管理局成为国务院直接领导的国家局，归中国人民银行管理，进一步加强外汇管理工作。

2. 颁布外汇管理条例和各项实施细则

1980 年 12 月颁布了《中华人民共和国外汇管理暂行条例》，并于 1981 年 3 月 1 日起实施。随后又陆续颁布了一系列外汇管理实施细则和其他管理办法，使我国外汇管理立法和制度日臻完善。

3. 改革外汇分配制度，实行外汇留成

1979 年 8 月，实行贸易和非贸易外汇留成，区别不同情况，把外汇收入按一定比例留给地方、部门和企业，以解决发展生产、扩大业务所需要的物资进口问题。并允许其按较高的汇率在外汇调剂市场上出售，从而起到调动出口创汇积极性的作用。

4. 建立外汇调剂市场

在实行外汇留成制度的基础上，产生了调剂外汇的需要。为此，1980 年 10 月起中国银行开办外汇调剂业务，允许持有留成外汇的单位把多余的外汇额度转让给缺汇的单位，建立外汇调剂市场。以后调剂外汇的对象和范围逐步扩大，1986 年 10 月，允许外商投资企业之间调剂外汇，价格由它们自己确定；1991 年起允许侨汇和国内居民通过外汇调剂中心买卖外汇。调剂外汇的汇率，由国家规定在官方汇率的基础上加一定的幅度。但此时的外汇调剂市场还处于各省、自治区、直辖市的分割状态，在不同的外汇调剂市场上价格差异有时还很大，没有形成全国统一的大市场。

5. 建立外债管理体制和外债统计监测系统

改革开放后我国大量引进外资，加强外债管理是非常必要的。为此，我国建立起了对外借款计划管理制度、向外商借款的窗口管理制度、借款的审批制度、外债的监测登记制度和以外汇对外担保方法及短期债务余额的控制方法，从而使我国的外债规模控制在国家承受能力之内，保证偿债率和债务率均低于国际公认的外债警戒线。

6. 允许多种金融机构经营外汇业务，打破了中国银行独家经营外汇的局面

1979 年以前，外汇业务由中国银行统一经营。1984 年 9 月，中国工商银行深圳分行首先获得外汇业务经营权。1982 年我国首先在深圳特区引进外资银行。在这一时期形成了国有专业银行、国有股份制银行、外资银行、中外合资银行、中外合资财务公司、国有非银行金融机构等共同经营外汇业务的局面。

7. 灵活管理外商投资企业的外汇

允许企业保留出口或提供劳务所得的全部外汇，在银行开立外币账户，自行安排使用；正常业务的外汇支出、外方投资者分得的纯利润、外籍职工的工资收入、外币资本的转移都允许从其外汇账户中汇往境外；允许外商投资企业向国内外银行借用外币贷款，自借自还；允许外商投资企业通过外汇调剂市场买卖外汇；允许在国内市场购买中国的商品出口换取外汇，将所得的人民币利润进行再投资于能创汇的企业。

8. 放宽对国内居民的外汇管理

从 1979 年起实行居民收入的外汇按规定比例留存的办法，从 1988 年起国家银行开办了居民外币存款，从外国和港澳地区汇给内地居民的汇款和居民持有的外币现钞都允许存入银行，并允许在规定的数额和用途内提取外汇和外钞汇出、进行外汇买卖和携带出境使用。

9. 外汇兑换券的发行和管理

1980 年 4 月 1 日起中国银行发行外汇兑换券，外汇券以人民币为面额。外国人、华侨、港澳台同胞等可以用外汇按银行外汇牌价兑换成外汇券并须用外汇券购买商品和支付服务费用。

（二）1994—2000 年底之前我国的外汇管理

1994 年 1 月 1 日，我国的外汇管理体制进行了重大的改革，并顺利地实现了人民币经常项目有条件可兑换，明确了外汇管理体制改革的长远目标是实现人民币的自由兑换。1996 年 1 月 29 日国务院通过了《中华人民共和国外汇管理条例》，并自 4 月起开始实施，这标志着我国进入了新的外汇管理体制。1996 年 12 月 1 日，我国正式成为《国际货币基金组织协定》第八条款国，实现了人民币经常项目可兑换。1997 年 1 月 14 日国务院发布了《国务院关于修改〈中华人民共和国外汇管理条例〉的决定》。《外汇管理条例》是中国外汇管理法规体系中的一个极为重要的基本法规，其确立和不断修订以及上述所有改革措施都充分表明我国外汇管理在逐步放松。

1. 1994 年的外汇管理改革

(1) 实行单一的、以市场供求为基础的、有管理的浮动汇率制度。从 1994 年 1 月 1 日起，实行人民币汇率并轨，即把外汇市场调剂价与官方汇率合二为一，使用单一汇价。

1993 年底官方汇率为 1 美元＝5.8 元人民币，当时全国 18 个外汇调剂中心加权平均价是 1 美元＝8.7 元人民币左右，所以 1994 年 1 月 1 日并轨后的牌价为 1 美元＝8.7 元人民币。人民币汇率由市场供求形成，中国人民银行根据前一日银行间外汇交易市场形成的价格，参照国际外汇市场的变化，每日公布人民币汇率。各外汇指定银行以中国人民银行每日公布的人民币对美元及其他主要货币的汇率为依据，在中国人民银行规定的浮动幅度之内自行挂牌公布汇率。

（2）实行银行结售汇制度，取消外汇上缴的额度、现汇留成制度，实现人民币在经常项目下有条件可兑换。国内企事业单位在经常项目下的外汇收入，除国家规定准许保留的外汇可以在外汇指定银行开立外汇账户外，都必须及时调回境内，并且按照银行公布的汇率全部出售给外汇指定银行。国内企事业单位在经常项目下的外汇支出，凭有效的支付凭证向外汇指定银行购买。取消了原来实行的各类外汇留成、上缴和额度管理制度，取消了经常项目正常对外支付用汇的计划审批。

（3）建立银行间外汇市场，改进汇率的形成机制。建立了统一、规范的银行间外汇市场，外汇指定银行成为外汇交易主体。1994 年 4 月银行间外汇市场——中国外汇交易中心在上海成立。银行间外汇市场的主要作用是为各外汇指定银行相互买卖外汇余缺和清算提供服务，并生成人民币市场汇率。

（4）强化外汇指定银行的依法经营和服务职能。对外汇指定银行的结算周转外汇实行比例管理。各银行持有超过其高限比例的结算周转外汇头寸，必须出售给其他外汇银行或中国人民银行；持有结算周转外汇头寸降到低限以下时，应及时从其他外汇银行或中国人民银行购入补足。为了避免汇率风险，允许外汇指定银行进行人民币和外币的保值业务。

（5）对资本项目的外汇收支仍实行计划管理和审批制度。对境外资金的借用和偿还，国家继续实行计划管理、逐笔审批和外债登记制度。

（6）对外商投资企业外汇管理政策保持不变。

（7）停止发行外汇兑换券，取消境内外币计价结算。自 1994 年 1 月 1 日起，取消任何形式的境内外币计价结算，禁止外币境内流通和私自买卖外汇，停止发行外汇券，已发行流通的外汇券逐步兑回。

通过上述各项改革，1994 年中国顺利实现了人民币经常项目有条件可兑换。

2. 1996 年的外汇管理改革

（1）将外商投资企业外汇买卖纳入银行结售汇体系。1996 年，外商投资企业外汇买卖纳入银行结售汇体系，同时外商投资企业的外汇账户区分为用于经常项目的外汇结算账户和用于资本项目的外汇专用账户。外汇局核定外汇结算账户的最高金额，外商投资企业在核定的限额内保留经常项下的外汇收入，超过部分必须结汇。外商投资企业经常项目下的对外支付，凭规定的有效凭证可直接到外汇指定银行办理，同时，继续保留外汇调剂中心为外商投资企业提供外汇买卖服务。1998 年 12 月 1 日外汇调剂中心关闭以后，外商投资企业外汇买卖全部在银行结售汇体系进行。

（2）提高居民用汇标准，扩大供汇范围。国内个人居民因私到国外旅游、留学等，可向银行购买 500 美元（港澳地区）或 1 000 美元（其他国家与地区）的外汇。

（3）取消尚存的经常性用汇的限制。1996 年取消了对经常项目下出入境展览、招商等非贸易、非经营性用汇的限制，并允许驻华机构及来华人员在境内购买的自用物品、设备、用具等出售后所得人民币款项可以兑换外汇汇出。

(4) 外资银行被允许经营外资企业的结售汇业务；部分外资银行被允许开办针对外资企业和外国人的人民币的存贷款等金融业务。

经过上述改革后，中国取消了所有经常性国际支付和转移的限制，达到了《国际货币基金组织协定》第八条的要求。1996 年 12 月 1 日，中国正式宣布接受第八条款，实现人民币经常项目完全可兑换。

3. 1997 年的外汇管理改革

(1) 1997 年 1 月颁布了《中国人民银行远期结售汇业务暂行管理方法》，标志着多年来在各种外汇管理规定中被认可的人民币与外汇间的远期外汇交易正式进入实施阶段。

(2) 1997 年 10 月 15 日起允许进出口业务量大、财务和经营状况好的中资企业开立外汇账户，保留一定限额的经常项目外汇收入（不超过年进出口额的 15%）。

然而，1997 年 7 月后至 2000 年底之前，由于受亚洲金融危机的影响，并且市场持续出现人民币贬值预期，导致资金外逃，我国外汇管理放松基本处于停滞状态。

（三）进入 21 世纪以来我国的外汇管理

自加入世界贸易组织以来，我国加速融入全球经济，对外开放进一步扩大，国际收支持续大额顺差，外汇储备迅猛增长，出现了由外汇短缺转为外汇储备增长过快的局面，国际支付能力增强。在这样的背景下，我国外汇管理体制改革向纵深推进，全方位的放松外汇管理不断取得新的进展。其中关键举措包括 2005 年 7 月启动人民币汇率形成机制改革、2008 年 8 月修订并发布实施《中华人民共和国外汇管理条例》。同时，在经常账户结售汇和资本账户投融资等方面，我国外汇管理改革的成效显著。

1. 经常账户结售汇从强制结汇到自愿结汇

2001 年起，符合年度出口收汇额等值 200 万美元以上、年度外汇支出额等值 20 万美元以上等条件的企业，经外汇管理部门批准后可开设外汇结算账户，保留一定限额的货物出口、服务贸易等外汇收入，不必结汇。

2002 年，我国进一步放宽了企业开设外汇结算账户的条件，并设置账户限额为企业上年进出口贸易额的 20%。之后，在 2004 年和 2005 年，企业外汇结算账户的限额又分别提高至进出口额的 30%或 50%、50%或 80%。

2007 年 8 月起，允许企业保留 100%的外汇收入，不必结汇。这意味着强制结汇制度实际上已经取消。

2008 年，修订后的《外汇管理条例》明确规定经常项目外汇收入可按规定保留或者卖给金融机构，这意味着在法律上正式取消经常项目外汇收入强制结汇要求。

2011 年 1 月 1 日起在全国范围内推广货物贸易出口收入存放境外。

2. 资本账户跨境投融资放松，建立资本流动双向均衡管理的制度框架

针对直接投资，外国对内直接投资基本自由，我国对外直接投资也明显放松。

而针对证券投资，外汇管理改革主要表现在：

(1) 合格的境外机构投资者（qualified foreign institutional investors，QFII）制度是指外国专业投资机构到境内投资的资格认定制度，它是一国在货币没有实现完全可自由兑换、资本项目尚未开放的情况下，有限度地引进外资、开放资本市场的一项过渡性的制度。我国 2002 年开始实施 QFII 制度，允许合格的境外机构投资者对内投资，加速了国内

股票市场国际化。

（2）合格的境内机构投资者（qualified domestic institutional investor，QDII）制度是指在资本项下不可兑换、资本市场未开放条件下，在一国境内设立，经该国有关部门批准，有控制地允许境内机构投资境外资本市场的股票、债券等有价证券的一项制度安排。我国 2006 年 4 月实行 QDII 制度，允许合格的境内机构投资者对外投资，即国内基金管理公司等金融机构可以到国外从事股票投资及其他理财业务。

（3）2011 年 12 月，出台人民币合格境外机构投资者（RQFII）制度，符合一定条件的境内基金管理公司和证券公司的香港子公司可以运用其在香港募集的人民币资金在经批准的投资额度内开展境内证券投资业务。2013 年 3 月，人民银行、证监会、外汇局修订 RQFII 试点办法，扩大试点机构范围，放宽投资比例限制。

（4）2014 年 11 月，出台人民币合格境内机构投资者（RQDII）制度，合格的境内机构投资者可以运用来自境内的人民币资金投资境外金融市场的人民币计价产品。

（5）为进一步扩大金融业对外开放，2020 年 5 月 7 日，中国人民银行、国家外汇管理局发布《境外机构投资者境内证券期货投资资金管理规定》，明确并简化境外机构投资者境内证券期货投资资金管理要求，进一步便利境外投资者参与我国金融市场。该管理规定的主要内容包括：一是落实取消合格的境外机构投资者（QFII）和人民币合格境外机构投资者（RQFII）境内证券投资额度管理要求，对合格投资者跨境资金汇出入和兑换实行登记管理。二是实施本外币一体化管理，允许合格投资者自主选择汇入资金币种和时机。三是大幅简化合格投资者境内证券投资收益汇出手续，取消中国注册会计师出具的投资收益专项审计报告和税务备案表等材料要求，改以完税承诺函替代。四是取消托管人数量限制，允许单家合格投资者委托多家境内托管人，并实施主报告人制度。五是完善合格投资者境内证券投资外汇风险及投资风险管理要求。六是人民银行、外汇局加强事中事后监管。

三、人民币兑换性管理

（一）人民币可兑换

我国于 1980 年 4 月恢复在国际货币基金组织的合法席位，由此执行 IMF 协定第十四条款，实行严格的外汇管理，人民币是不可兑换货币。

1996 年 12 月 1 日我国完成了向“第八条款”的过渡，国家对经常性国际支付和转移不予限制，即人民币在经常项目下可兑换。从此，人民币成为可兑换货币。

（二）人民币自由兑换和人民币国际化

随着中国对外开放程度不断提高，中国经济全面融入世界经济体系，人民币逐渐走出国门，人民币地位也日益提升。目前，人民币作为支付货币功能不断增强，作为投融资和交易货币功能持续深化，作为计价货币功能有所突破，作为储备货币功能逐渐显现。

1. 从贸易结算试点拓展到经常项目阶段

2009 年 7 月，跨境贸易人民币结算试点从上海市和广东省四城市（广州、深圳、珠海、东莞）起步。经 2010 年 6 月和 2011 年 8 月两次扩大试点，跨境贸易人民币结算境内地域范围扩大至全国，业务范围涵盖货物贸易、服务贸易和其他经常项目，境外地域范围没有限制。

2. 从经常项目拓展至资本项目阶段

2010年10月，中国人民银行在新疆试点开展境内企业人民币对外直接投资业务。2011年1月，中国人民银行允许跨境贸易人民币结算试点地区开展对外直接投资人民币结算业务。8月，跨境贸易人民币结算试点范围扩大到全国，人民币对外直接投资业务也扩大至全国范围。10月，外商直接投资业务政策出台。对外直接投资和外商直接投资人民币跨境结算从无到有，在直接投资跨境收付中的份额不断扩大。人民币跨境贸易融资、境外项目人民币贷款、境内企业境外放款、跨境人民币资金池业务等政策也陆续推出并不断完善。

3. 不断推动金融市场双向开放

随着境外主体人民币的积累，使用人民币进行投资和配置资产的需求日趋增长。与此同时，中国金融市场双向开放进程不断加快，银行间债券市场投资、合格的境外机构投资者（QFII）、人民币合格境外机构投资者（RQFII）、合格的境内机构投资者（QDII）、人民币合格境内机构投资者（RQDII）、“沪深港通”、基金互认、“债券通”、黄金国际板等投资渠道陆续放开。境外发行人民币债券的境内主体和境内发行人民币债券（“熊猫债”）的境外主体类型越来越多元化。实现境内外金融市场互联互通，为资本项目可兑换打下了坚实的基础。证券投资项下人民币收付业务从无到有。

4. 人民币加入SDR，国际货币地位初步奠定

2016年10月，人民币正式加入国际货币基金组织特别提款权货币篮子，权重为10.92%，在篮子货币中排名第三。2016年第四季度，IMF官方外汇储备货币构成（COFER）中人民币储备规模为907.8亿美元，这是IMF首次公布人民币储备信息。据不完全统计，已有60多个央行或货币当局将人民币纳入外汇储备。

A股与人民币债券纳入重要国际指数

（三）人民币国际化的趋势展望

人民币国际化进程始于2009年。人民币国际化的功能主要体现在国际支付和结算方面，之后推进的方向将是使人民币成为可自由使用货币。人民币国际化的趋势展望表现在以下几方面：

1. 人民币支付货币功能将继续增强

随着中国涉外贸易投资规模的持续扩大，人民币跨境使用政策实现全覆盖，各项改革不断推进，将有更多的市场主体接受以人民币进行支付结算。“一带一路”倡议逐步落地，将带动共建国家使用人民币继续稳步增长；随着人民币在更多国家使用障碍的逐步消除，跨境人民币结算有望继续稳定增长；自贸区、粤港澳大湾区将成为使用人民币跨境支付新的增长点。

2. 人民币投融资货币功能将不断深化

随着中国金融市场双向开放的广度和深度不断拓展，“沪深港通”“债券通”等投资国内金融市场渠道的不断完善，粤港澳大湾区金融市场互联互通的有序推进，以及中国债券纳入全球重要指数，境外主体参与境内金融市场交易有望继续快速增长。

3. 人民币储备货币功能将继续实现

人民币加入SDR后，人民币国际地位不断提升。中国对外货币合作持续加深，境外央行类机构投资中国金融市场渠道继续拓宽，人民银行和境内金融机构代理服务能力不断

增强，各国央行和货币当局持有人民币储备资产的意愿有望明显上升。

4. 人民币计价货币功能将有更多发展

人民币在政府涉外统计、核算、管理中的计价职能进一步增强，石油、铁矿石等大宗产品交易以境内期货价格作为定价基准初步显现，发展成熟的期货市场陆续引入境外交易者，人民币的计价货币功能有望进一步增强。例如，2018 年，上海期货交易所正式推出了人民币原油期货交易，标志着在大宗商品领域人民币的计价功能取得突破。

5. 继续推动双边货币合作

人民银行将继续稳步推进与全球其他央行或货币当局的货币合作，优化货币合作框架，推动全球主流金融机构更多提供人民币产品和服务，并继续发挥双边货币合作在便利双边贸易和投资、维护金融稳定方面的积极作用。

模块小结

任务一	外汇管制概述	外汇管制主要有对贸易外汇和非贸易外汇的管制，对资本流动的管制，对汇率的管制，对黄金、现钞输出输入的管制。
任务二	货币兑换管理	货币兑换管理是外汇管制最基本、最主要的内容。一国货币的可兑换性程度越高，意味着外汇管制越宽松。货币按兑换性分为不可兑换货币、可兑换货币、自由兑换货币、国际货币、世界货币。
任务三	我国外汇管理和人民币国际化	1994 年 1 月 1 日，我国的外汇管理体制进行了重大的改革。1996 年 12 月 1 日，实现人民币经常项目可兑换。2005 年 7 月启动人民币汇率形成机制改革。2008 年 8 月修订并实施《中华人民共和国外汇管理条例》。人民币逐步走向国际化：人民币作为支付货币功能不断增强，作为投融资货币功能持续深化，作为计价货币功能有所突破，作为储备货币功能逐渐显现。

模块测评

◎ 简述题

1. 一国为什么要实行外汇管制？
2. 外汇管制的主要内容有哪些？
3. 外汇管制有何利弊？
4. 什么是可兑换货币？什么是自由兑换货币？
5. 人民币自由兑换及人民币国际化的条件是什么？

◎ 实务题

网络实训：登录国家外汇管理局网站，了解我国外汇管理的最新进展和变化。

模块六 国际储备管理

学习目标

- 知识目标

掌握国际储备的概念、特点；
了解国际储备的构成和作用；
理解多元化国际储备体系；
理解国际储备的规模管理和结构管理；
了解我国国际储备的特点及其管理。

- 技能目标

能够区分国际储备和国际清偿力；
能够正确运用国际储备的规模管理方法和结构管理方法；
能够结合实际分析我国国际储备现状。

模块导入

截至 2024 年 1 月末，我国外汇储备规模为 32 193 亿美元，较 2023 年 12 月末下降 187 亿美元，降幅为 0.58%；截至 2024 年 2 月末，我国外汇储备规模为 32 258 亿美元，较 1 月末上升 65 亿美元，升幅为 0.20%。我国经济长期向好的基本趋势没有改变，有利于外汇储备规模保持基本稳定。那么，你会不会产生这样的疑惑：什么是外汇储备？它有什么作用？为什么外汇储备资产会发生增减？一国的外汇储备是否越多越好？本模块将为你找到答案。

任务一 国际储备概述

一、国际储备的概念

国际储备（international reserve）又称“官方储备”，是指一国货币当局能随时用来弥补国际收支逆差、保持汇率稳定以及应对紧急支付的在国际上可普遍接受的各种形式的资产。

一般而言，一国的国际储备可以分为两部分：一部分用于日常弥补国际收支赤字和干预外汇市场的需要，称为交易性储备；另一部分用于应对不可预测的突发性内外冲击，称为预防性储备。

与国际储备密切相关的另一个概念是国际清偿力。

国际清偿力（international liquidity）是指一国的对外支付能力。它是一个国家平衡国际收支逆差和维持汇率稳定的总体能力。

为什么说国际清偿力是与国际储备有密切联系的概念？这是因为，国际储备有广义和狭义之分。广义的国际储备包括自有储备和借入储备。狭义的国际储备仅指自有储备。具体来说，自有储备主要来源于经常项目顺差，是本国货币当局可以无条件自由支配使用的储备资产，包括黄金储备、外汇储备、在基金组织的储备头寸和特别提款权；借入储备则主要来源于国际信贷，如“备用信贷”“互惠信贷协议”“本国商业银行对外短期可兑换货币资产”等。

通常所说的国际储备是指狭义的国际储备，也就是自有储备。它是一国国际清偿力的一个重要方面，是一国具有的现实的对外清偿能力。一国拥有充足的国际储备，说明该国国际清偿力较强，能够从容应付对外支付和按时清偿到期债务，具有较高的国家信誉。

借入储备

而国际清偿力是广义的国际储备，既包括现实的清偿能力（自有储备），也包括潜在的清偿能力（借入储备），即向外国政府或中央银行、国际金融机构和商业银行借款的能力。一般而言，发达国家主要依靠借入储备来保证国际清偿能力，而发展中国家则主要依靠自有储备来弥补国际收支逆差。国际储备与国际清偿力的关系如表 6 - 1。

表 6 - 1　国际储备与国际清偿力

国际清偿力	自有储备	1. 黄金储备 2. 外汇储备 3. 在国际货币基金组织的储备头寸 4. 特别提款权余额	狭义国际储备	广义国际储备
	借入储备	1. 备用信贷 2. 互惠信贷协议 3. 支付协议 4. 本国商业银行对外短期可兑换货币资产（诱导储备） 5. 其他类似安排		

二、国际储备的特点

（一）官方持有性

作为国际储备的资产必须是一国货币当局直接掌握的，并且可以自由地、无条件支配使用的资产。这种直接“掌握”与“使用”可以看成是一国货币当局的一种“特权”。非官方金融机构、企业和私人持有的黄金、外汇等资产，不能算作国际储备。因此，国际储备也被称为官方储备。

（二）自由兑换性

作为国际储备的资产必须可以自由地与其他金融资产相交换，充分体现储备资产的国际性。缺乏自由兑换性，储备资产的价值就无法实现，这种储备资产在国际上就不能被普遍接受，也就无法用于弥补国际收支逆差及发挥其他作用。

（三）充分流动性

作为国际储备的资产必须是随时都能够动用的资产，如存放在银行里的活期外汇存款、有价证券等。当一国国际收支失衡或汇率波动过大时，就可以动用这些资产来平衡国际收支或干预外汇市场来维持本国货币汇率的稳定。

（四）普遍接受性

作为国际储备的资产，必须能够被世界各国普遍认同与接受、使用。如果一种金融资产仅在小范围或区域内被接受、使用，尽管它也具备可兑换性和充分流动性，仍不能称为国际储备资产。

三、国际储备的构成

根据国际货币基金组织的表述，一国的国际储备包括黄金储备、外汇储备、在国际货币基金组织的储备头寸和特别提款权四个部分。

（一）黄金储备

黄金储备是指一国货币当局持有的，用以平衡国际收支，维持或影响汇率水平，作为金融资产持有的黄金，即货币性黄金。它在稳定国民经济、抑制通货膨胀、提高国际资信等方面有着特殊作用。作为国际储备的主要形式之一，黄金储备在流动性上有其自身存在的局限性，因此应考虑其适度规模的问题。黄金储备的管理，关键在于实现黄金储备最大的流动性和收益性。

黄金作为重要的国际储备资产是由黄金货币商品属性决定的。由于黄金的优良特性，在国际金本位制时期，黄金是世界货币，发挥着价值尺度、流通手段、储藏手段、支付手段的职能。随着金本位制退出历史舞台，货币黄金的作用大大被削弱了，特别是 20 世纪 70 年代随着布雷顿森林体系的瓦解，美元与黄金脱钩以及黄金非货币化程度的加深，黄金的地位进一步削弱，但黄金仍保持一定的货币职能，以黄金作为储备资产仍具有一定的优越性。

（二）外汇储备

外汇储备是指一国货币当局所持有的、可以用于对外支付的国外可兑换货币。一国的外汇储备资产的保存一般并非在国内，而是体现在国外银行存款、外国政府债券及其他外币资产上。

1. 外汇储备的作用

外汇储备是目前国际储备中最主要、最活跃的部分，同时也是各国国际储备资产管理的主要对象。一定的外汇储备是一国进行经济调节、实现内外平衡的重要手段。当国际收支出现逆差时，动用外汇储备可以促进国际收支的平衡；当国内宏观经济不平衡，出现总需求大于总供给时，可以动用外汇组织进口，从而调节总供给与总需求的关系，促进宏观经济的平衡。同时当汇率出现波动时，可以利用外汇储备干预汇率，使之趋于稳定。因此，外汇储备是实现经济均衡稳定的一个必不可少的手段，特别是在经济全球化不断发展，一国经济更易于受到其他国家经济影响的情况下，更是如此。

此外，外汇储备的增加不仅可以增强宏观调控的能力，而且有利于维护国家和企业在国际上的信誉，有助于拓展国际贸易、吸引外国投资、降低国内企业融资成本、防范和化解国际金融风险。

2. 作为储备货币的条件

不是所有国家的货币都能充当国际储备资产，只有那些在国际货币体系中占有重要地位，为世界各国普遍接受的国际计价手段和支付手段，且能自由兑换其他储备资产，中央银行和贸易商对其购买力稳定性具有信心，并且其供给数量能同国际贸易和世界经济的发展相适应的货币才能充当国际储备资产。

我国和世界其他国家在对外贸易与国际结算中经常使用的外汇储备主要有美元、欧元、日元、英镑等。随着人民币国际化进程的加快，人民币的国际地位不断提高，人民币储备货币功能也逐渐显现。

3. 储备货币与国家货币

一般来说，一国的货币作为国际储备货币是建立在该国的经济实力和黄金储备基础之上的。由于储备货币既是一种国际货币又是一种国家货币，在国际和国内发挥着双重的货币职能作用，因此必须协调好其同时作为一种国际货币和一种国家货币的关系。

作为国际货币，它是国际储备中的重要组成部分，其供给状况直接影响世界贸易和国际经济往来能否顺利进行；作为一种国家货币，其发行数量要求它适应国内宏观经济政策的需要，保持国内货币流通稳定。因此，如果储备货币发行国从本国宏观经济政策目标出发，其货币供应量相对于世界贸易和国际经济往来的需要量可能太少，导致国际支付手段短缺，迫使其他国家实行外汇管制或其他不利于国际经贸活动开展的措施；反之供应过多，又会影响本国货币流通的稳定性，可能导致通货膨胀，纸币贬值。

发行国的货币一般情况下不宜充当本国的储备货币，比如美国、英国等国家的货币在本国内不宜充当外汇储备，因为外汇是一种对外债权或价值要求权，本国货币不具备这样的特点。

（三）在国际货币基金组织的储备头寸（reserve position in IMF）

储备头寸也称普通提款权，它指国际货币基金组织的成员按规定从基金组织提取一定数额款项的权利，它是国际货币基金组织最基本的一项贷款，用于解决成员国际收支不平衡，但不能用于成员贸易和非贸易的经常项目支付。

国际货币基金组织犹如一个股份制性质的储备互助会，当一个国家加入基金组织时，必须按一定的份额向该组织缴纳一笔钱，作为入股基金，我们称之为份额。按该组织现在的规定，认缴份额的25%必须以可兑换货币缴纳，其余75%用本国货币缴纳。当成员发生国际收支困难时，就有权向基金组织申请普通贷款。普通贷款有以下几个特点：

（1）贷款的方式是换购，即成员以本国货币向基金组织申请换购所需的外币款项；还款方式是购回，即成员再以外汇买回本国货币。

（2）贷款对象限于基金组织的成员国政府或政府财政、金融部门，如财政部、中央银行、外汇平准基金组织等。

(3) 贷款额度大小与成员所缴份额成正比，但最高额度不能超过所缴份额的 125%。

(4) 贷款条件随贷款额度的增加而越来越严格。基金组织把成员可申请的贷款额分为五档，每档占其认缴份额的 25%。由于其中第一档提款额（份额的 25%）成员由最初的用黄金缴纳变成现今的用 SDRs 或指定的外汇缴纳，实质上没有构成基金组织的债务，因而这部分贷款的获取可以自动提用，无条件、无须批准、无须支付利息。这一档提款权被称为储备部分提款权（储备部分贷款）。其余部分则被称为信用提款权（信用部分贷款），贷款条件逐档严格，利率逐档升高。申请第一部分信用贷款的成员只有提交了克服国际收支困难的具体计划才能获得基金组织的批准；申请高档信用部分贷款时，成员既要提供完善的国际收支方案，也要制订全面的财政稳定计划和相对合理适当的财政、货币、汇率政策等。同时，在之后的贷款使用过程中，基金组织会对其有一定程度的监督。一旦发现没有履行计划，基金组织将采取进一步措施以保证目标实现。

国际货币基金组织储备部分中未提取的部分，被视为成员国政府的自由储备，属于其国际储备。

（四）特别提款权

特别提款权（special drawing right，SDR）是国际货币基金组织创设的一种储备资产和记账单位，亦称“纸黄金”（paper gold）。它是基金组织分配给成员的一种使用资金的权利。成员在发生国际收支逆差时，可用它向基金组织指定的其他成员换取外汇，以偿付国际收支逆差或偿还基金组织的贷款，还可与黄金、自由兑换货币一样充当国际储备。但由于其只是一种记账单位，不是真正货币，使用时必须先换成其他货币，不能直接用于贸易或非贸易的支付。因为它是国际货币基金组织原有的普通提款权以外的一种补充，所以称为特别提款权。

国际货币基金组织于 1969 年创设特别提款权，并于 1970 年按成员认缴份额开始向参加特别提款权部的成员分配特别提款权。

1. 特别提款权的独特之处

特别提款权作为各国国际储备资产的补充，较其他储备资产具有以下几个特点：

第一，特别提款权的获得更为容易。普通提款权的获得要以成员的缴足摊额（份额）为条件，而特别提款权是由基金组织按参加国的摊额予以“分配”，不需缴纳任何款项，且这项权利的动用也不必事先定什么协议或事先审查。

第二，普通提款权的融通使用需要按期偿还，而特别提款权无须偿还，是一种额外的资金来源。

第三，特别提款权是一种有名无实的资产，虽然被称为“纸黄金”，但不像黄金那样具有内在价值，也不像美元、英镑那样以一国政治、经济实力作为后盾，而仅仅是一种用数字表示的记账单位。

第四，特别提款权作为基金组织和其他一些国际组织的记账单位。特别提款权仅仅是一种计价结算工具，不能直接用于流通手段，任何私人和企业不得使用和持有。

第五，特别提款权既不是货币，也不是对基金组织的债权。而是对基金组织成员可自由使用货币的潜在求偿权。特别提款权可以与这些货币进行兑换。

2. 特别提款权的使用

成员可以实际动用的特别提款权数额，平均不能超过其全部分配额的 70%，如果超过，则必须把超支部分赎回。就是说，每一成员手中至少必须保持30%的分配到的特别提款权。任何成员，只要本身愿意，最多可以持有3倍于它本身分配额的特别提款权。成员使用所分配的特别提款权需付年率1.5%的利息。

特别提款权的收付业务均通过国际货币基金组织开立的特别提款权账户进行。

作为取得特别提款权的条件，成员必须承担两项义务：一是支付利息；二是在需要时按照国际货币基金组织指定的原则接受特别提款权并兑出相应的货币。一般情况下，只有在国际收支和储备总额方面实力特别强的国家才有可能承担第二种义务。

3. 特别提款权的定值

特别提款权起初以黄金定值，与美元等值，即1SDR＝0.888 671克纯金＝1美元，或1盎司黄金＝35SDRs。

随着黄金非货币化及美元币值波动，美元与SDRs之间的比率也相应地进行调整。1974年7月1日起，SDRs与黄金脱钩，改用一篮子16种货币作为定值标准。1980年9月18日又改为美元、德国马克、日元、法国法郎和英镑定值。欧元发行后用欧元代替马克和法郎的地位。根据基金组织2010年12月30日发布的SDR权重比，美元、欧元、英镑和日元组成的“一篮子货币”的“加权”比例依次为41.9%、37.4%、11.3%、9.4%。

自2016年10月1日起，人民币被认定为可自由使用的货币，并作为除美元、欧元、日元和英镑之外的第五种货币加入特别提款权货币篮子。篮子中的货币权重分别为：美元41.73%，欧元30.93%，人民币10.92%，日元8.33%，英镑8.09%。篮子中的货币数量，1个SDR中包含1.017 4个人民币、0.582 52个美元、0.386 71个欧元、11.900日元、0.085 946个英镑。

IMF每隔五年会对货币篮子的构成进行评估，以确保篮子中的货币是国际交易中所使用的那些具有代表性的货币。纳入SDR的一篮子货币需满足两个标准：一是该国出口货物和服务总量位居所有成员方前列；二是货币能够自由使用。

SDR的价值一般表示为其对美元的汇率，该价值每天确定一次，在基金组织网站公布。例如，2024年2月某日，IMF公布USD/SDR＝0.753 259。根据基金组织的规定，SDR汇率由伦敦市场每日中午12点篮子货币对美元的市场汇率与篮子货币的数量相乘之和计算得出。SDR对其他货币的汇率则由SDR对美元的汇率和美元对该种货币的代表性汇率套算得出。其中，人民币代表性汇率是中国外汇交易中心公布的下午4点人民币对美元的参考汇率。

四、国际储备的作用

国际储备的持有是以牺牲储备资产的生产性运用为代价的，然而，一国持有适度国际储备并非一种非理性的行为，因为持有国际储备会给该国带来一定的收益，其收益主要是通过国际储备的作用体现出来的。

（一）清算国际收支差额，维持对外支付能力

一国在对外经济交往中，不可避免地会发生国际收支不平衡，如果这种不平衡得不到及时清算，将不利于本国国内经济和对外经济关系的发展，为此政府必须采取措施予以纠正。如果国际收支不平衡是暂时性的，则可通过使用国际储备予以解决，而不必采取影响整个宏观经济的财政货币政策来调节，这样做有利于国内经济的稳定发展及维护本国的国

际信誉；如果国际收支不平衡是长期的、巨额的或根本的，则国际储备可以起到一种缓冲作用，它使政府有时间渐进地推进财政货币政策，避免因猛烈的调节措施可能带来的冲击。

当然，一味动用国际储备并不能彻底解决问题，相反会导致国际储备的枯竭。因此，当一国经济因政策失误或经济结构不合理而造成国际收支持续性逆差时，对包括外汇储备在内的储备资产的动用，必须谨慎进行。

（二）干预外汇市场，保持本国货币汇率稳定

当本国货币汇率在外汇市场上发生剧烈动荡时，该国政府就可动用国际储备来缓和汇率的波动，甚至改变其变动的方向。各国用来干预外汇市场的储备基金，称为外汇平准基金，它由黄金、外汇和本国货币构成。当外汇汇率上升，超出政府限额的目标区间时，就可通过在市场上抛出储备货币购入本币缓和外币升值；反之，当本币升值过快时，就可通过在市场上购入储备货币放出本币方式增加本币供给，抑制本币升值。不过，国际储备作为干预资产的职能，要以充分发达的外汇市场和本国货币的完全自由兑换为其前提条件。而且外汇干预只能对汇率产生短期影响，无法根本改变决定汇率的基本因素。

（三）提供举债和偿债的信用保证，增强国际清偿能力

一国所拥有的国际储备数量的多少，是一个国家国际清偿力强弱的重要体现。国际储备多，就意味着国际清偿力高；国际清偿力高，该国向外借款的保证得到加强，同时也表明该国金融实力和国际地位的提高。尽管从理论上讲，一国国际清偿力高就无须向外借款，但由于各种资金用途的不同以及借款者的不同看法，一个国家不管持有的国际清偿力是高还是低，都会或多或少向外借款。实际上，一国持有的国际储备尤其是外汇储备的状况，一直是评定一个国家偿债能力和资信状况的重要指标之一。

国际储备作为举债和偿债的信用保证包括两层含义：第一，它是债务国债务到期还本付息的基础和保证，它是一国政府在国际上资信高低的标志。如果一国国际储备雄厚，则该国的国际信誉就高，国际清偿能力强，在国际上借债就比较容易，成本也较低；反之，一国国际储备枯竭，则其国际信誉较低，难以在国际上筹集资金，即使能筹到资金，条件也较恶劣。第二，它可以用来支持对本国货币价值稳定性的信心，持有足量的国际储备无论从心理上还是客观上都能提高本国货币在国际上的信誉。

五、多元化国际储备体系

国际储备体系，是指在一种国际货币制度下国际储备货币或资产的构成与集合的法律制度安排。这种安排的根本问题是中心储备货币或资产的确定及其与其他货币或资产的相互关系。

国际储备体系的演变，实际上就是中心储备货币或资产在国际经济交易中的延伸与扩大。整个演变经历了四个发展阶段，从单元的储备体系逐步向多元的储备体系发展。

第一阶段：黄金-英镑储备体系（第一次世界大战以前单元化的储备体系）。

在典型的金本位制度下，世界市场上流通的是金币。因此，国际储备体系单元化，其特点就是国际储备受单一货币支配。

由于金本位制度率先在英国实行（1816 年），各国只是后来仿效，于是逐渐形成了以英镑为中心，金币（或黄金）在国家间流通和被广泛储备的现象。在这个储备体系中，黄金是国际结算的主要手段，也是最主要的储备资产。

第二阶段：英镑-美元-黄金储备体系（两次世界大战之间过渡性的储备体系）。

第一次世界大战后，典型的金本位制崩溃，各国建立起来的货币制度是金块本位制或金汇兑本位制（美国仍推行金本位制）。国际储备中外汇储备逐渐朝多元化方向发展，形成非典型性的多元化储备体系，不完全受单一货币统治。但由于该体系不系统、不健全，因此，严格地说是一种过渡性质的储备体系。当时，充当国际储备货币的有英镑、美元、法郎等，以英镑为主，但美元有逐步取代英镑地位之势。

第三阶段：美元-黄金储备体系（二战后至 70 年代初以美元为中心的储备体系）。

第二次世界大战后，建立了布雷顿森林货币体系。在这种货币体系下，美元取得了与黄金等同的地位，成为最主要的储备货币。因此，这个时期储备体系的特点是储备受美元统治。

在这个体系中，黄金仍是重要的国际储备资产，但随着国际经济交易的恢复与迅速发展，美元成为最主要的储备资产。这是因为，一方面，当时世界黄金产量增加缓慢，产生了经济的多样化需要与黄金单方面供不应求的矛盾；另一方面，黄金储备在各国的持有量比例失衡，美国持有了黄金储备总量的 75%以上，其他国家的持有比例则较小。因此，在各国国际储备中，黄金储备逐渐下降，而美元在国际储备体系中的比例却逐渐超过了黄金而成为最重要的国际储备资产。如在 1970 年，世界储备中外汇储备占 47.8%，而美元储备又占外汇储备的 90%以上。因此，从总体上看，这一时期各国的外汇储备实际上是美元独尊的一元化体系。

必须注意，二战后的美元-黄金储备体系与金本位制下的黄金-英镑储备体系是有区别的：

（1）在典型的金本位制度下，各国的货币直接同黄金挂钩，黄金是国际储备体系中的主要中心货币，并且由于黄金具有稳定的内在价值，因此，不存在信用和汇率危机等问题。

（2）在二战后以美元为中心的货币制度下，各国货币并不直接与黄金挂钩，而是直接同美元联系，然后再通过美元兑换黄金，美元成为最主要的中心货币。美元是纸币，本身没有价值，美元之所以被广泛接受并流通，是因为当时美国具有以下条件：1）大量的黄金储备；2）强大的经济实力；3）政府的信用保证，由此保证了美元作为中心储备货币的特殊地位。一旦美国经济衰退，国际收支恶化、美国政府信用保证下降以及黄金储备大量流失，美元这个中心储备货币也就随之动摇了。

第四阶段：国际储备多元化（70 年代后至今的多元化储备体系）。

世界货币
与铸币税

国际储备多元化表现在储备资产的形式和储备货币的种类不断增加的趋势上。布雷顿森林货币体系崩溃后，国际储备体系发生了质的变化，储备体系完成了从长期的国际储备单元化向国际储备多元化的过渡，最终打破了某一货币如美元一统天下的局面，形成了以黄金、外汇、储备头寸、特别提款权等多种国际储备资产混合构成的多元化的国际储备体系。在国际储备多元化进程中，最主要的是外汇储备多元化，因为目前外汇储备已成为国际储备的主体。

任务二 国际储备管理

国际储备管理是一国政府及货币当局根据一定时期内本国的国际收支状况和经济发展的要求，对国际储备的规模、结构和储备资产的运用等进行计划、调整、控制，以实现储备资产规模适度化、结构最优化、使用高效化的整个过程。一国国际储备管理主要包括两方面的管理：一是量的管理，即国际储备适度规模管理；二是质的管理，即国际储备资产的构成和营运管理。

多元化国际储备体系对世界经济的影响

一、国际储备管理的原则和目标

国际储备管理的决策权属于政府，具体的管理工作则由各国货币当局（主要是中央银行）及其各个具体部门负责进行。政府从国民经济发展的总体规划出发，拟订出一定时期内一国国际储备的宏观政策，根据这一政策的要求，货币当局制定出具体的管理细则并实施管理。

（一）国际储备管理的原则

一国政府对国际储备进行宏观管理时，一般要遵循以下原则：

1. 储备资产的安全性原则

即指储备资产本身的价值稳定，且存放可靠。首先，一个国家要持有何种资产，必须先考虑这种资产（币种或信用工具）的价值是否稳定。如果一种资产价值经常会受到汇率的冲击而贬值，那么就说明该资产缺乏安全性，应当少储备。其次，一个国家在确定外汇资产存放的国家与银行时，必须考虑到这个国家经济是否发达、银行资信是否卓著，如果是的话，则存放可靠，该储备资产安全性就大；反之，则不宜存放。

2. 储备资产的流动性原则

即指该储备资产要容易变现，随时可以灵活调用和稳定地供给使用。不同形态的储备资产，具有不同的流动性。一般来说，活期存款、现钞、汇票等资产的流动性较高，金银、债券等资产的流动性较弱。一国在权衡得失时，一方面应保持较多的流动性强的储备资产，以利于日常的国际支付；另一方面应把流动性强弱不同的各种储备资产按时间作不同期限的投资，使各种资产的期限与对外支付的日期相衔接，保证资产的充分流动。

3. 储备资产的盈利性原则

即指储备资产在保值的基础上有较高的收益。一国在营运安排储备资产时，一般应在安全性、流动性都得到充分保证的前提下，尽可能提高储备资产的盈利性，由此降低持有储备资产的机会成本。

上述三条原则往往是相互矛盾的，如活期存款的盈利性较小，但其流动性较高；债券的安全性较高，但流动性较弱；金银的盈利性较差，但安全性与保值性较高；软币价值不稳定，但其盈利性却往往较高；硬币安全性大，但其盈利性却较小。因此，各国在营运安排储备资产时，必须处理好各原则的矛盾关系，达到收益较大、风险较小的最佳储备资产组合。

（二）国际储备管理的目标

国际储备管理的总体目标是服务于一国的宏观经济战略需要，即在国际储备资产的积累水平、构成配置和使用方式上，有利于经济的适度增长和国际收支的平衡。

传统的国际储备管理的具体目标是干预外汇市场、弥补国家赤字等“务实”的目标。这种观念下一般认为，适当的外汇储备规模应能满足以下三方面的需求：一是在没有任何外汇收入的情况下，现存的外汇储备足以支付一定时期的进口；二是在没有任何外汇收入的情况下，足以让当局有能力支付短期债务；三是当汇率出现波动时，能有足够的外汇来干预汇率，使之保持稳定。

随着金融全球化的迅速发展，传统的国际储备管理指导思想发生了重大的变化。国际储备管理的具体目标也随之改变。2001 年，国际货币基金组织通过了《国际储备管理指导》文件，其中指出国际储备管理目标是：一是有充分的外汇储备来达到一系列被定义的目标；二是用谨慎原则来管理国际储备的流动性风险、市场风险和信用风险；三是在流动性风险和其他风险的约束条件下，通过将国际储备投资于中长期金融工具而获得一个合理收入。

其中，外汇储备一系列被定义的目标包括：（1）支持货币政策与汇率管理政策的信心；（2）通过吸收货币危机的冲击以及缓和外部融资渠道的阻塞，来限制一国经济的外部脆弱性；（3）提供一国能够偿还外债的市场信心；（4）支持对国内货币的信心；（5）支持政府偿还外部债务与使用外汇的需要；（6）应对灾难和突发事件。

二、国际储备的规模管理

（一）确定适度国际储备规模的意义

对国际储备进行规模管理的首要问题是确定适度的国际储备量。适度的国际储备规模，应当既能满足国家经济增长和对外支付的需要，又不会因储备过多而形成浪费。

一国持有的国际储备并非越多越好。这是因为：（1）国际储备过多将导致储备资源的浪费。持有国际储备具有一定的机会成本，由此丧失了这些国际储备投资其他领域的投资收益率。（2）国际储备过多将对一国的通货膨胀带来压力。一国的国际储备增加将导致该国货币发行量的扩大，因而必然对其通货膨胀产生压力。

而一国持有的国际储备过少也会使该国蒙受损失。作为一国调节国际收支逆差、稳定外汇市场的现实能力的标志，国际储备规模过小，会容易发生支付危机、经济脆弱，不利于一国经济的稳定增长。

（二）确定适度国际储备规模的参照指标

各国政府在确定国际储备适度规模时，主要参照以下指标：

1. 国际储备/贸易进口额比

美国经济学家、耶鲁大学的罗伯特·特里芬教授（Robert Triffin）在 1960 年出版的《黄金和美元危机》一书中提出进口比例法（R/M 比例法）。根据他的验证，他认为一国的国际储备额与其贸易进口额之间存在着一定的比例关系，可以用储备与进口的比率来决定一国的储备需求水平，一国的国际储备与进口额的比例一般以 40%为合理，低于 30%就需要采取调节措施，20%为最低限度。因而国际储备额应能满足 3 个月进口用汇需要。

2. 国际储备/外债

这是反映一国对外清偿能力和资信的指标之一，这项指标是从满足国际社会对国内经济的要求角度设计的。通常情况下，一国的国际储备应以相当于该国对外债务总额的1/2为宜。

3. 国际储备与国民生产总值比

这项指标是以实现国内平衡为出发点的，两者之比基本上呈正比例变化关系。一般来说，一国的经济规模越大，发展速度越快，对市场的依赖程度也就越大，因此需要更多的国际储备作为后盾；反之，要求的国际储备量就少。

4. 国际货币基金组织衡量国际储备充裕程度的参考因素

在评估各成员国际储备充裕程度时，国际货币基金组织认为，一国实行下列举措就表示该国国际储备不足：一是国内利率较高，目的在于抑制资金外流，鼓励国外资金流入，来保证对储备的需要；二是加强对经常项下与资本项下支出的管制，目的是限制外汇资金的流出，减少国际收支逆差的增加；三是把加大储备的积累作为经济政策的主要目标；四是持续的对外汇率不稳定；五是新增的国际储备不是来源于经常项下收入与资本投资的增加，而来自对外借款。同时，国际货币基金组织还采用历史分析法、利用实际储备增减趋势、特里芬的“国际储备/进口”比率和国际储备与国际收支总差额比率的增减趋势等指标加以综合测评，来衡量成员的国际储备充裕程度。

由于适度的国际储备量的确定很复杂，至今还没有完全科学准确、适用于所有国家的统一指标，上述指标对国际储备规模的测算只能作为一种参考数据。在实践中，还应根据各国经济发展的实际情况和不同时期的政策目标做出相应的调整。

（三）确定适度国际储备规模应考虑的因素

确定适度的国际储备规模就是要在国际储备供给和需求中找到平衡。

1. 影响国际储备供给的因素

国际储备供给也就是国际储备的来源。

（1）国际收支顺差。一国国际收支顺差是国际储备增加的最主要方式，其中经常项目顺差又是国际储备最稳定和最直接的来源，主要通过货物和服务出口形成，是一国经济发达和贸易处于优势的一个重要标志。如果一国的经常项目为顺差，而资本净流出较少或是资本净流入，则必然形成该国的国际储备增加；反之，当一国的经常项目为逆差，又没有资本净流入来补偿，则必然使其国际储备减少。

（2）央行干预外汇市场时买进的外汇。当外汇市场上外汇供应过多，外汇汇率有下跌趋势，而本币汇率有上升势头时，货币行政当局为了维持本国货币汇率，可以抛出本国货币买进外汇，这部分外汇就可列入外汇储备中。

（3）央行收购黄金。作为国际储备的黄金是货币黄金，其增加主要来自国内收购和在国际黄金市场的购买。从世界范围看，黄金产量有限而黄金其他用途的需求又在逐步增加，因而利用黄金补充国际储备的余地不大。另外，在国际黄金市场购买黄金需要用外汇来结算，会造成外汇储备减少。所以，黄金储备的增加主要源于在国内黄金市场收购黄金，在国际黄金市场收购黄金只是改变了国际储备的结构，并不增加总量。

（4）国际货币基金组织分配给成员的特别提款权。这也是国际储备的重要来源。不过，相对而言，这个部分所占的比重较小而且稳定，因而很难通过这种渠道来改变国际储备的持有规模。

（5）储备资产管理增值。由于国际市场上外汇的汇率和黄金的价格处于不断变化的过程中，一国的储备资产价值也随之不断变动。通过对储备资产的科学管理，在保证储备资产的流动性和安全性的基础上获得一定收益，也可以增加一国的国际储备。

2. 影响国际储备需求的因素

（1）一国持有国际储备的成本。主要考虑一国持有国际储备的机会成本，即如果货币当局不持有储备，就可以把这些储备资产用来进口商品和劳务，增加生产的实际资源，从而增加就业和国民收入，而持有储备则放弃了这种利益。一般会将机会成本与所得利息相比，若持有国际储备的投资收益率与储备资产的利息收益率差额大，说明持有国际储备成本高；差额小，说明持有国际储备的成本低。一国持有国际储备的成本越高，国际储备的需求量越少；反之则越多。

（2）一国的经济开放与对外贸易状况。主要包括一国的对外开放程度、进出口贸易在其国民经济中的地位与作用、贸易条件和出口商品在国际市场上的竞争力等。对外开放程度大，国民经济依赖程度高的国家需要保持较多的国际储备；反之，则需要较少的国际储备。一个在贸易条件上处于不利地位、其出口商品又缺乏竞争力的国家，需要较多的国际储备；反之，则需要较少的国际储备。

（3）一国的国家信誉和对外融资能力。如果一国政府在国际上有良好的对外信誉，对外借款的能力就会较强，能够比较容易地借入外汇资金以补充自有储备的不足，需要保持的国际储备就可以少一些；反之，则需要较多的国际储备。

（4）金融市场的发育程度。发达的金融市场能提供较多的诱导性储备，这些储备对利率和汇率等调节政策的反应比较灵敏。因此，如果一国金融市场越发达，政府保有的国际储备便可相应越少；反之，金融市场越落后，调节国际收支对政府自有储备的依赖就越大。

（5）一国货币的国际地位。如果一国货币在国际货币体系中处于主要国际储备货币地位，则该国可以直接使用本国货币对外支付和清偿债务，因此无须过多的国际储备；反之，则需要过多的国际储备。

（6）一国的汇率制度和汇率政策。如果一国实行固定汇率制度和采取稳定汇率的外汇政策，为干预外汇市场，维持汇率的稳定，就需要较多的国际储备；反之，需要较少。

（7）一国的外汇管制的宽严程度。如果一国政府对外汇管制严格，外汇的集中度较高，则不需要较多的国际储备；反之，外汇管制越松，所需的国际储备就越多。

（8）应对各种因素对国际收支冲击的需要。如果一国国际收支受到冲击的概率较大，程度较高，为保证国际收支的稳定，就需要有较多的国际储备；反之，国际储备需求就可以少一些。

（四）确定适度国际储备规模的方法

一国在确定国际储备适度规模时，主要采用定性分析法和定量分析法。

1. 定性分析法

定性分析法的基本思路是：国际储备的短缺或过剩会直接影响到某些关键的经济变量，或间接地鼓励国家实行某些经济政策。通过考察这些关键经济变量的变化和所实行的政策，就可以反映出储备水平是否适度。

质量分析法所考察的政策因素主要包括：(1) 紧缩性或扩张性需求管理；(2) 收入政策；(3) 外援的增减；(4) 外汇管制；(5) 进口配额或进口自由化；(6) 非关税壁垒；(7) 出口补贴或出口税等。经济变量因素包括失业率、利率、汇率和通货膨胀率等。

例如，表明一国国际储备不足的经济变量和政策倾向主要有下列指标：持续的高利率政策；外汇管制、外贸管制；紧缩性需求管理；持续的汇率不稳定；把增加储备作为首要的经济目标；新增储备主要来自信用安排；等等。这些客观指标产生的背景是，该国政府已经明确其适度储备量的水平，因而当其采取高利率政策或奖出限入政策来改善国际收支时，便意味着该国存在储备不足的问题。正是由于储备不足，该国政府缺乏干预外汇市场的能力，从而导致汇率不稳。于是，该国被迫通过国外借款来弥补国际储备缺口。

定性分析法不乏合理性，但它只能粗略地反映储备的适度性，不能测算出一个确定的储备量。而且用来反映储备适度性的经济变量和政策措施的变化可能并非由储备过剩或不足引起的，而是由其他经济因素甚至政治因素引起的。因为这种方法的前提是假定储备水平是一种重要的政策目标，政府为达到预定的储备水平目标而调整内部和外部的政策，但实际上政府的政策调整可能是为了其他更重要的政策目标。

2. 定量分析法

(1) 比例分析法。比例分析法是根据国际储备量和某种经济活动变量之间的比例关系确定国际储备需求适度水平的一种方法。

其中，进口比例法是目前国际上普遍采用的一种简便易行的衡量方法。除此以外，比例分析法常用的比例指标还有储备对外债总额的比例、储备对国民生产总值的比例等。

比例分析法因简明易行而被许多国家所采用，国际货币基金组织也是这一方法的支持者。但是，比例分析法也有明显的缺点：首先，某一比例关系只能反映个别经济变量对储备需求的影响，而不能全面反映各种经济变量的影响。其次，对于进口比例法来说，一是理论上存在缺陷，即国际储备的作用并非只是支付进口；二是各国情况不同，如各国对持有国际储备的收益和付出的成本看法不同、各国在世界经济中所处的地位不同等。这些差异决定了各国储备政策的差异，因而各国对储备的需要量也就不同。所以，只用进口贸易这个单一指标作为决定各国国际储备需求量的依据略显不足。

(2) 成本-收益分析法。20 世纪 60 年代以来，以海勒、阿加沃尔为首的经济学家，将微观经济学的厂商理论“边际成本等于边际收益”运用于外汇储备总量管理而得出成本-收益分析法，即当持有储备的边际成本等于边际收益时，所持有的储备量是适度的。

一般情况下，国际储备的需求量与持有储备的机会成本成反比，与持有储备的边际收益成正比。持有储备的机会成本是运用外汇进口资源要素以促进国内经济增长的边际产出(可采用国内投资收益率来计算)。持有储备的边际收益表现为调节成本和融资成本的节约，即运用储备弥补国际收支逆差，避免或推迟采用政策性调节措施，减少和缓解对经济造成不利影响的好处，以及运用外汇购买国外有息资产的收益。只有当持有储备的边际收益等于持有储备的机会成本，达到储备量的均衡点，从而带来社会福利最大化时，才是最适度的储备规模。

与比例分析法相比，成本-收益分析法具有测算的准确性，这种方法采用多元回归和相关分析的技术建立储备需求函数，克服了比例法采用单一变量的片面性。但是该种方法也存在：计算比较复杂，涉及的经济变量较多，有的数据难以获得，只能凭经验主观选择或采用其他近似指标替代；许多变量之间具有较高的相关性，不符合多元回归方程条件的要求等问题，因而影响了计算结果的准确性，很难在实际生活中采用。

（3）区间分析法。这是引入临界点的计算方法。通常将一国国际储备的适度规模介于经常储备量和保险储备量之间。

所谓经常储备量，是指经济发展缓慢，进口量锐减的年份所需要的最低储备量，这是下限的临界点。

所谓保险储备量，是指经济高速增长，进口量急剧增大年份所需要的最高储备量，这是上限临界点。

而在上限和下限之间便是适度储备区，中间的某一动点便是最适度储备量。各国货币当局根据本国的具体情况在这一区间内进行灵活管理，优化配置。

三、国际储备的结构管理

国际储备的结构管理是指各国货币当局对储备资产所进行的最佳配置，即使黄金储备、外汇储备、普通提款权和特别提款权四种形式的国际储备资产的持有量及其构成要素之间保持合理比例，以便分散风险、获取收益，充分发挥国际储备资产应有的作用。

国际储备资产的结构管理，主要包括两方面内容：一是四种储备资产之间的数量构成比例管理；二是各类型国际储备资产内部的比例管理。由于各国持有的普通提款权和特别提款权数量取决于所缴纳的份额的多少，不能随便改变，其内在构成也相对简单，黄金储备在国际储备资产中的作用也日渐削弱，因此，国际储备结构管理的重点是外汇储备结构管理。

（一）黄金储备、外汇储备、普通提款权和特别提款权的结构管理

各项储备资产结构管理的目标，是确保流动性和收益性的恰当结合，然而在实际的经济生活中，流动性和收益性互相排斥，这就需要在流动性与收益性之间进行权衡，兼顾二者。由于国际储备的主要作用是弥补国际收支逆差，因此各国货币当局更重视流动性。按照流动性的高低，西方经济学家和货币当局把储备资产划分为三级：

（1）一级储备资产，富于流动性，但收益性较低，它包括活期存款、短期存款和短期政府债券。

（2）二级储备资产，收益性高于一级储备，但流动性低于一级储备，如 2～5 年期的中期政府债券。

（3）三级储备资产，收益性高于二级储备，但流动性低于二级储备，如长期公债券。

另外，一国在安排储备资产流动性结构中，不仅要考虑外汇储备，还应考虑储备头寸、特别提款权、黄金储备，以保持整个国际储备较优的流动性结构。在基金组织中的储备头寸（普通提款权），由于成员国随时可以从国际货币基金组织提取和使用，类似于一级储备资产；特别提款权，由于它只能用于成员国政府对国际货币基金组织的支付与成员国政府之间的支付，成员国若需将它用于其他方面的支付，需向国际货币基金组织提出申请，并由国际货币基金组织指定参与特别提款权账户的国家，提供申请国所需货币。这个过程需要一定的时日，因此，特别提款权被归类于二级储备资产。至于黄金储备，一国政府货币当局一般只在黄金市价有利的情况下才愿意出售，换取所需的储备货币，可视为三级储备资产。

一级储备资产用作货币当局随时、直接用于弥补国际收支逆差和干预外汇市场的储备资产，即作为交易性储备。二级储备资产用作补充性的流动资产。三级储备资产主要用于扩大储备资产的收益性。一国应当合理安排这三级储备资产的结构，以做到在保持一定流动性的前提下，获取尽可能多的收益。

（二）外汇储备的币种结构管理

储备货币币种结构的管理是指确定各种储备货币在本国外汇储备额中各自所占的比重。对于一国而言，储备货币的多元化是一种趋势，因为只有币种分散化、多元化才能减少甚至避免由于持有单一货币所遭受的汇率变动带来的损失。在多元化的前提下，各国必须将各种货币按其汇率的升降变动加以合理搭配，才能保证外汇储备较高的收益，把风险降到最低程度。一般来说，各国在确定储备货币币种结构时应该遵循或参考以下原则：

1. 储备货币的币种和数量要与对外支付的币种和数量保持大体一致

外汇储备币种结构应当与该国对外汇的需求结构保持一致，或者说取决于该国对外贸易支付所使用的货币、当前还本付息总额的币种结构和干预外汇市场所需要的外汇，这样可以降低外汇风险。

2. 排除单一货币结构，实行以坚挺的货币为主的多元化货币结构

外汇储备中多元化货币结构，可以保证外汇储备购买力相对稳定，能够在这些货币汇率有升有跌的情况下，大体保持平衡，做到在一些货币贬值时遭受的损失能从另一些货币升值带来的好处中得到补偿，提高外汇资产的保值和增值能力。在外汇头寸上应尽可能多地持有汇价坚挺的硬币储备，而尽可能少地持有汇价疲软的软币储备，并要根据软硬货币的走势，及时调整和重新安排币种结构。

3. 采取积极的外汇风险管理策略，安排预防性储备货币

如果一国货币当局有很强的汇率预测能力，那么它可以根据无抛补利率平价（预期汇率变动率等于两国利率差）来安排预防性储备的币种结构。例如，若利率差大于高利率货币的预期贬值率，则持有高利率货币可增强储备资产的盈利性；若利率差小于高利率货币的预期贬值率，则持有低利率货币有利于增强储备资产的盈利性。

任务三　我国的国际储备

一、我国国际储备的构成与特点

与世界上其他绝大多数国家一样，我国的国际储备也是由黄金储备、外汇储备、在国际货币基金组织的储备头寸和特别提款权组成。目前，我国国际储备体系日趋完善，并呈现明显的特点。

（一）在国际货币基金组织的储备头寸和特别提款权数额有限

相对于其他储备资产，目前我国持有的在国际货币基金组织中的储备头寸与分配到我国的特别提款权的数量有限，占比很小。

（二）黄金储备数量保持稳中有升

目前我国黄金储备绝对量和官方储备占比偏低。根据世界黄金协会的统计数据，截至

2024 年 2 月末，美国黄金储备最多，达 8 133.5 吨，在官方储备中占比高达 69.7%，德国、意大利、法国等也均超 65%，我国黄金储备占比则仅有 4.3%。我国储备资产多元化有较大提升空间。在外部环境日趋复杂严峻的背景下，从多元化资产配置的角度，我国增持黄金很有必要。截至 2024 年 3 月末，我国黄金储备达到 7 274 万盎司，环比上升 16 万盎司（见表 6－2）。

表 6－2　我国近期黄金储备变化表

单位：万盎司

期末	黄金储备	期末	黄金储备
2023 年 1 月	6 512	2023 年 9 月	7 046
2023 年 2 月	6 592	2023 年 10 月	7 120
2023 年 3 月	6 650	2023 年 11 月	7 158
2023 年 4 月	6 676	2023 年 12 月	7 187
2023 年 5 月	6 727	2024 年 1 月	7 219
2023 年 6 月	6 795	2024 年 2 月	7 258
2023 年 7 月	6 869	2024 年 3 月	7 274
2023 年 8 月	6 962		

（三）外汇储备是我国国际储备的主体

在 1979—1992 年间，我国的外汇储备由两部分构成。一是国家外汇库存，即国家对外贸易和非贸易外汇收支的差额累计，它需要通过中国银行买进卖出，用人民币办理结汇手续，占用一定数量的人民币资金。二是中国银行外汇结存，是中国银行的运营资金，即其自有外汇资金与它在国内外吸收的外汇存款和对外借款之和，减去它在国内外的外汇贷款与投资之后的余额。国家外汇库存是我国货币当局持有的对外债权，中国银行外汇结存实质上是中国银行的对外负债。1980 年 4 月，我国恢复了在国际货币基金组织的合法席位，1983 年我国开始对外公布外汇储备数额。为了和国际货币基金组织关于外汇储备的规定保持一致，1992 年 10 月起，我国将外汇储备的统计口径改为仅指国家外汇库存。

改革开放前我国外汇储备极其有限。随着改革开放步伐的加快，我国外汇储备曾在较长时间里表现出迅猛增长的特点。

（1）在改革开放初期，中国对外贸易量入为出，出口额较小，进口也受到严格的限制。当时人民币牌价由官方确定，无须干预外汇市场，因此，外汇储备规模较小。整个 20 世纪 80 年代，国家外汇储备虽有波动，但从未超过 100 亿美元。

（2）自 1994 年我国外汇管理体制改革之后，国际收支连年出现双顺差，外汇储备快速增长。1996 年，中国成为仅次于日本的第二外汇储备大国。

（3）受 1997 年东南亚金融危机的影响，1998—2000 年，我国出口缓慢，利用外资的增速也有所下降，因而外汇储备进入了缓慢增长期。

（4）2001 年，中国加入了世界贸易组织，经济形势被广泛看好，人民币升值预期空前提高，中国利用外资数量、进口数额都大幅度增长，外汇储备突破了 2 000 亿美元的大关，达到 2 122 亿美元。

（5）2006 年 2 月底，中国外汇储备为 8 537 亿美元，首次超过日本，跃居世界第一。2006 年底，中国外汇储备首次突破 1 万亿美元，达到 10 663 亿美元。

（6）2009 年 4 月，我国外汇储备突破 2 万亿美元，达到 20 089 亿美元。

（7）至 2014 年 6 月底，中国外汇储备达到 39 932 亿美元的最高峰，占到了全球外汇储备总量的三分之一，遥遥领先于其他国家。

从 1994 到 2014 年的 20 年间，中国外汇储备规模不断扩大的主要原因是：

第一，持续的快速经济增长是外汇储备增加的根本性原因。

第二，对外开放政策的实施，投资环境的改善，增强了我国对外资的吸引力，不但引起了我国资本与金融账户的长期顺差，也推动了我国对外贸易的急速扩张。

第三，人民币汇率长期以来的升值压力，以及外币资产缺乏投资渠道，是这 20 年间外汇储备增加的市场性因素。20 世纪 90 年代，从我国境内外逃的资金开始回流国内，加剧了国内外汇市场上外汇供大于求的矛盾，导致了外汇储备的增加。

（8）2015 年，我国外汇储备出现 20 多年来首次年度下降。2016 年继续下降，不到两年的时间，中国外汇储备规模下降了接近 1 万亿美元，回到了 2011 年水平。

这一时期外汇储备下降主要是因为：

第一，我国的经济结构、发展模式发生了调整和转变。以前依靠贸易出口形成大量顺差，从而形成大量外汇供给的情况已不复存在，现在贸易领域越来越趋于一个均衡的状态，大量贸易顺差出现的可能性也就越来越小。另外，越来越多的企业在进出口的时候使用人民币进行计价结算支付，出口结汇行为减少，外汇市场上的外汇供给受到一定的影响，外汇储备减少。

第二，从资金的流入流出情况来看，以前中国是大量地通过各种各样的政策来吸引外资，但是这一时期开始鼓励有条件有能力的企业开展对外投资，由此带来的资本流出就会增加。同时我们对引入外资也提高了门槛，原来的双顺差已发生变化，中国倾向于更加均衡的国际收支。

第三，国际经济和宏观经济政策也发生了变化，当时美国开始进入到加息的通道，带来了一系列的资金流动，出现了一个分化的局面。美元强劲，而其他货币相对于美元贬值。中国在不断地进行外汇储备的多元化管理，美元之外的外汇储备在增加，当这些货币相对于美元出现贬值的时候，中国外汇储备账面价值出现了一定程度的缩水。

（9）经历了两年的回调，2017 年，我国外汇储备止跌回升。之后几年，我国外汇储备余额基本稳定在 3.2 万亿美元左右。截至 2023 年末，我国外汇储备余额为 32 379.77 亿美元。截至 2024 年 3 月末，我国外汇储备规模为 32 457 亿美元。

表 6－3　我国外汇储备规模（2000—2023 年）　　单位：亿美元

年份	金额
2000	1 655.74
2001	2 121.65
2002	2 864.07
2003	4 032.51
2004	6 099.32
2005	8 188.72
2006	10 663.44
2007	15 282.49

续表

年份	金额
2008	19 460.30
2009	23 991.52
2010	28 473.38
2011	31 811.48
2012	33 115.89
2013	38 213.15
2014	38 430.18
2015	33 303.62
2016	30 105.17
2017	31 399.49
2018	30 727.12
2019	31 079.24
2020	32 165.22
2021	32 501.66
2022	31 276.91
2023	32 379.77

资料来源：国家外汇管理局。

二、我国国际储备的管理

（一）我国国际储备管理的指导原则

我国国际储备管理的指导原则主要有：(1) 国际收支保持适当顺差。(2) 外汇储备水平保持适度或适当高些。(3) 外汇储备的货币构成保持分散化。(4) 黄金储备可根据国际金融形势适当调整。

（二）我国国际储备的日常管理策略

1. 我国国际储备适度规模的管理

由于我国的国际储备主要是外汇储备，因此，适度国际储备量的确定主要是适度外汇储备量的确定。可以根据我国一定时期进口支付水平、外债余额状况、市场干预需求等因素，确定一个有上下变化区间的适度外汇储备量。

2. 我国外汇储备货币结构的管理

我国外汇储备货币结构的管理的主要任务是进一步优化构成外汇储备的货币与资产结构，继续巩固完善以流动性强的资产为主体的多元外汇储备体系。

(1) 坚持储备货币分散化策略。我国国际储备主要由外汇储备构成，外汇储备必然面临外汇汇率变动带来的风险。同时，当今国际金融市场经常动荡不安，各种投资工具的利率水平受西方国家货币政策的影响也变动不定，从而使我国持有的国际储备资产的预期收益发生增减。因此，我国应坚持储备货币分散化策略，通过各种货币升值与贬值的相互抵消，保持储备资产价值的稳定。

(2) 恰当地确定同一货币储备的资产结构。如何确定同一货币储备的资产结构，是国际储备日常管理的重要内容。由于我国持有储备的最主要目的是及时平衡国际收支、稳定汇率，因此，一级储备资产虽然收益率较低，但必须足够地持有。

此外，为了应付一些难以预测的突发性事件，如自然灾害等，还必须持有一定量的易于上市、变现性较强的二级储备资产。在一级、二级储备资产确定后，再规划三级储备资产，以获得长期投资收益。

模块小结

任务一	国际储备概述	一国的国际储备包括黄金储备、外汇储备、在国际货币基金组织的储备头寸和特别提款权四个部分。
任务二	国际储备管理	国际储备规模管理就是确定适度的国际储备规模。国际储备结构管理就是对储备资产进行最佳配置，即使黄金储备、外汇储备、普通提款权和特别提款权四种形式的储备资产的持有量及其构成要素之间保持合理比例。
任务三	我国的国际储备	我国的国际储备也是由黄金储备、外汇储备、在国际货币基金组织的储备头寸和特别提款权组成。外汇储备是我国国际储备的主体。

模块测评

◎ 简述题

1. 如何理解国际储备的概念及特点？
2. 国际储备与国际清偿力的联系与区别是什么？
3. 国际储备的作用有哪些？
4. 确定一国适度的国际储备规模可参照哪些指标？
5. 国际储备结构管理包括哪些内容？

◎ 实务题

1. 某国年度外汇储备金额为 6 054 亿美元，国际贸易进口额为 24 280 亿美元，请分析判断该国外汇储备金额是否适度。

2. 某国年度外汇储备金额为 1 256 亿美元，外债总额为 5 428 亿美元，请分析判断该国外汇储备金额是否适度。

3. 网络实训：登录国家外汇管理局网站，查询我国外汇储备和黄金储备的最新数据。

模块七

国际货币体系

学习目标

● 知识目标

掌握国际货币体系的概念和内容；
了解国际货币体系的演变过程；
掌握国际金本位体系的内容及特点；
掌握布雷顿森林体系的内容及特点；
掌握牙买加体系的内容及特点；
了解欧洲货币体系的形成及区域货币一体化的特征。

● 技能目标

能够结合实际分析、评价现行的国际货币体系。

模块导入

当今世界各国所处的国际金融环境并非风平浪静，贸易战、汇率战、金融危机时有发生；全球多元化的外汇储备中美元依然“一股独大”，并且多年以来，美国凭借美元的全球储备货币地位坐享铸币税收益，也使得事实上的美元主导的储备货币体系存在着诸多问题。这些都说明现行国际货币体系还不是一种理想的国际货币体系，国际货币体系改革依然任重而道远，各国还需要加强国际金融领域的协调与合作。本模块将为你解读国际货币体系。

任务一　国际货币体系概述

一、国际货币体系的基本概念

国际货币体系是指国际货币制度、国际金融机构以及由习惯和历史沿革形成的约定俗成的国际货币秩序的总和。其中，国际货币制度是指各国政府为适应国际贸易和国际支付的需要，对货币在国际范围内发挥世界货币职能所作的一系列安排，包括为此所确定的原则、采取的措施和建立的组织机构。

国际货币体系的主要功能是促进国际贸易和国际支付手段的发展，使国际生产与分配的基本经济过程尽可能顺利而有效地运行。一个理想的国际货币体系，可以促成世界各国劳动力的有效分工和充分运用，以达到世界生产总值的极大化，并使全部生产在世界各国之间的分配处于最能被接受的状态。

二、国际货币体系的内容

国际货币体系主要包括以下几个方面的内容：

（一）国际收支及其调节

国际收支是各国对外经济活动的系统记录。从世界经济的全局来看，国际收支及其调节是国际货币制度最主要的问题。当一国国际收支出现不平衡时，政府应采取什么方式去弥补这一缺口。若调节机制失灵或不健全，会使整个国际货币体系失去运行的基础。因此，国际货币体系的一个首要内容就是确定国际收支调节机制，有效地帮助和促进国际收支出现不平衡的国家进行调节，并使各国在国际范围内能公平地承担国际收支调节的责任和负担。

（二）汇率及汇率制度

第一个问题是本国货币与其他货币之间的汇率如何确定，如货币比价确定的依据、货币比价波动的界限、货币比价的调整、维持货币比价所采取的措施、对同一货币是否采取多元比价等。第二个问题是各国货币的可兑换性，也就是一国对外支付是否受到限制、一国货币可否自由兑换成支付货币。有时一国对某些项目的国外支付加以限制，对另外一些项目的国外支付则不加限制，还有的国家对国外一切项目的支付都加以限制。

（三）国际储备资产的确定

一国政府应持有何种为世界各国所普遍接受的资产作为储备资产，用以维持国际支付原则和满足国际收支的需要，这不仅取决于各国本身的经济状况，还取决于国际的协调或国际的普遍可接受性。在此基础上，整个国际社会需要多少储备资产、新的储备资产如何供应与创造等，都需要有国际性的规则与制度。

（四）国际货币活动的协调与管理

国际收支调节、汇率制度、国际储备体系都牵涉不同的国家，而这些国家又都有着不同的社会经济条件和特定的政策目标，所以在国际货币体系中，就产生了国际货币活动的协调与管理问题。国际货币活动的协调与管理通常是通过国际货币机构和组织进行的，具体落实在制定若干各方所共同认可和遵守的规则、惯例和制度。

在上述四个方面中，国际储备资产的确定，即是以黄金还是不兑现的信用货币为储备资产是最根本的，它决定了整个国际货币体系的性质和运作特点。

三、国际货币体系的类型

根据国际储备资产划分，国际货币体系可分为金本位体系、金汇兑本位体系和信用本位体系。金本位体系，只以黄金作为国际储备资产或国际本位货币；金汇兑本位体系，指同时以黄金和可以直接兑换黄金的货币作为国际储备资产；信用本位体系，也称不兑现的纸币本位体系，指以外汇（如美元或英镑等）作为国际储备资产而与黄金无任何联系。

根据汇率制度划分，国际货币体系可分为固定汇率体系和浮动汇率体系。

根据历史演进及习惯称谓划分，国际货币体系大体可分为国际金本位体系、布雷顿森林体系和牙买加体系。

任务二 国际货币体系演变

一、国际金本位体系

国际金本位体系是在英国、拉丁货币联盟（含法国、比利时、意大利、瑞士）、荷兰、若干北欧国家及德国和美国实行国内金本位的基础上自发形成的，它盛行于19世纪70年代至1914年第一次世界大战爆发期间（1880—1914年的35年间是国际金本位制度的黄金年代），是世界金融历史上第一个具有国际性、统一性、规范性和代表性的国际货币体系。

金本位制是以一定成色及重量的黄金为本位货币的一种货币制度，黄金是货币体系的基础。在国际金本位体系下，黄金充分发挥世界货币的职能，它充当国际支付手段、国际购买手段和作为社会财富的代表，在国与国之间转移。

实行金本位制的国家都对其货币的单位规定了一定的含金量，各国货币以含金量为基础彼此兑换。这样，在各国之间自然形成了一个统一而又松散的国际货币体系，即国际金本位体系。其统一性表现为黄金是最主要的国际储备，国际支付原则、结算制度是统一的，各国货币都有各自的含金量，因此都必然是固定汇率制。其松散性表现为没有一个公共的国际组织的领导与监督，各国自行规定其货币在国际范围内发挥世界货币职能的办法。

由于当时英国在世界经济体系中的突出地位，国际金本位体系实际上是一个以英镑为中心、以黄金为基础的国际货币体系。在金本位体系的全盛时期，黄金是各国最主要的国际储备资产，英镑则是国际最主要的清算手段，黄金与英镑同时成为各国公认的国际储备。英镑之所以与黄金具有同等重要的地位，是由于当时英国强大的经济力量，伦敦成为国际金融中心，英国也是国际经济与金融活动的中心，于是形成一种以黄金和英镑为中心的国际金本位体系，也有人称之为英镑汇兑本位体系。

（一）国际金本位体系的类型

各国的金本位制度按其货币与黄金的联系程度，分为金币本位制、金块本位制和金汇兑本位制。

1. 金币本位制

最早实行金币本位制的国家是英国。1816年，英国政府颁布了铸币条例，发行金币，规定1盎司黄金为3镑17先令10.5便士，银币则处于辅币地位。1819年，英国政府又颁布条例，要求英格兰银行的银行券在1821年能兑换金条，在1823年能兑换金币，并取消对金币熔化及金条输出的限制。从此，英国实行了真正的金币本位制。到19世纪90年代起至20世纪初，金币本位制已经被欧美各国普遍采用。

(1) 金币本位制的内容和特点。金币本位制的主要内容是：1) 用黄金来规定货币所代表的价值，每一货币单位都有法定的含金量，各国货币按其所含黄金重量而有一定的比价；2) 金币可以自由铸造，任何人都可按本位币的含金量将金块交给国家造币厂铸成金币；3) 金币是无限法偿的货币，具有无限制的支付手段的权利；4) 各国的货币储备是黄金，黄金可以自由输出与输入。当时，各国货币可以自由兑换，对外支付没有任何限制，实行自由、多边的结算，黄金是最后的国际结算手段。由此可见，金币本位制具有“三自由”特征：金币自由铸造、自由兑换和黄金自由输出及输入。

金币本位制是一种比较稳定、健全的货币制度。这是因为：1) 由于金币可以自由铸造，金币的面值与其所含黄金的价值就可保持一致，金币数量就能自发地满足流通中的需要。金币可以自由兑换各种价值符号（金属辅币和银行券），这样就能稳定地代表一定数量的黄金进行流通，从而保持币值的稳定，不致发生通货膨胀。2) 因黄金可在各国之间自由转移，保证了外汇行市的相对稳定，汇率是固定汇率，同时金币本位制下的国际收支存在如英国经济学家休谟所揭示的“价格-铸币流动机制”，可以实现自动调节。

(2) 金币本位制的崩溃。随着主要资本主义国家之间矛盾的发展，破坏国际货币体系稳定性的因素也日益增加。到 1913 年底，英、法、美、德、俄五国占有世界黄金存量的 2/3，绝大部分黄金为少数强国所占有，这就削弱了其他国家货币制度的基础。一些国家为了准备战争，政府支出急剧增加，于是大量发行银行券，导致银行券兑换黄金越来越困难，这就破坏了自由兑换的原则。在经济危机时，商品输出减少，资金外逃严重，引起黄金大量外流。各国纷纷限制黄金流动，黄金不能在各国间自由转移。由于维持金币本位制的一些必要条件逐渐遭到破坏，国际货币体系的稳定性也就失去了保证。1914 年第一次世界大战爆发后，各国停止银行券兑换黄金并禁止黄金输出。战争期间，各国实行自由浮动的汇率制度，汇价波动剧烈，国际货币体系的稳定性已不复存在，于是金币本位制宣告结束。

2. 金块本位制和金汇兑本位制

第一次世界大战结束后，各国企图恢复金本位制。但是，经历了一次世界大战，世界经济情况发生了很大的变化。首先，各国的经济实力对比发生了改变。英国的海外资产损失严重，由债权国变为债务国，而美国则大发战争财，变成了债权国。其次，第一次世界大战期间，各国为了筹措军费，实行通货膨胀政策，导致战后各国物价与工资上涨的程度大不相同，因而真正的均衡汇率难以确定。再次，物价普遍上涨，而黄金价格保持原有水平不变，结果使黄金生产数量下降，黄金存量对世界生产与国际贸易的比率低于战前。在这种情形下，金铸币流通的基础已经遭到削弱，原来的金币本位制度难以恢复。1922 年在意大利热那亚城召开的世界货币会议决定采用“节约黄金”的原则，实行金块本位制和金汇兑本位制。

热那亚会议之后，美国仍实行金币本位制，英国和法国实行金块本位制，其他欧洲国家的货币均通过间接挂钩的形式实行了金汇兑本位制。

(1) 金块本位制的特点包括：1) 政府停止铸造金币。2) 市场上没有金币流通，只有代表金币的银行券流通。3) 银行券不能兑换金币，只能兑换金块，并且有兑现的最低限度。例如，1925 年，英国为了维护其货币英镑的国际储备地位，首先实行了金块本位制，规定以银行券兑换黄金的最低限额为相当于 400 盎司黄金的银行券，约合 1 700 英镑，低于限额不予兑换；法国规定银行券兑换黄金的最低限额为 21 500 法郎，约合 423 盎司黄金。4）黄金仍可自由输出和输入，但由中央银行掌管黄金的输出和输入，禁止私人输出黄金。中央银行保持一定数量的黄金储备，以维持黄金与货币之间的联系。

1929 年，全球性的经济危机爆发，英、法、比利时、荷兰、瑞士等国在世界性经济危机袭击下，先后放弃了这一制度。

（2）金汇兑本位制的特点表现为：在金块本位制或金币本位制国家保存外汇，其货币在国内不能兑换黄金，只能兑换与黄金有联系的外汇（英镑、美元），外汇在国外（伦敦、纽约）可以兑换黄金。这实际上是把黄金存于国外，而国内中央银行以外汇作为准备金发行纸币流通。国家禁止黄金自由输出，黄金的输出和输入由中央银行负责办理。这种制度下人们难以直接到国外用外汇去兑换黄金，故称“虚金本位制”，它体现了小国对大国（即“中心国”）的依附关系，通过无限制买卖外汇维持与金块本位制国家货币的联系，即“钉住”后者的货币。

由于这种制度的突出特征表现为本国货币“钉住”别国货币，因此，这种货币制度实际上是一种附庸的货币制度。实行这种制度的国家多为殖民地或附属国家。第一次世界大战前的印度、菲律宾、马来西亚、一些拉美国家和地区，以及 20 世纪 20 年代的德国、意大利、丹麦、挪威等国家，均实行过这种制度。伴随 1929 年国际金本位制度的瓦解，金汇兑本位制也不复存在。

这个时期，实行金块本位制和金汇兑本位制度的国家的国际储备中，除黄金外，外汇占有一定的比重，但黄金仍是最后的支付手段，所以仍然属于国际金本位货币体系范畴。但是，国际金本位货币体系的基础已经严重削弱，不如战前的金币本位制了，金块本位制和金汇兑本位制因此也被称为不完全或残缺不全的金本位制。1929—1933 年世界性经济危机爆发，迫使各国放弃金块本位制和金汇兑本位制，资本主义各国组成了相互对立的货币集团和货币区，国际金本位体系退出了历史舞台。

（二）国际金本位体系的特征

1. 黄金执行国际支付手段和国际储备货币的职能

在国际金本位制度下，黄金充分发挥世界货币的职能，充当国际支付手段、国际购买手段和作为社会财富的代表。金币可以自由铸造，银行券可以自由兑换成黄金，黄金可以自由输出入。

2. 各国货币的汇率由其法定平价决定

在国际金本位制下，各国货币都规定有法定的含金量，各国货币的汇率由其含金量之比即法定平价来决定，所以国际金本位制是严格的固定汇率制度。当然，因为外汇供求关系的变动，外汇市场的实际汇率会围绕法定平价上下波动，但金本位制下黄金可以自由输出入，所以汇率的波动幅度始终维持在黄金输送点之间。

3. 具有自动调节国际收支的机制

英国经济学家休谟提出“价格-铸币流动机制”，即当一国国际收支不平衡时，会引起黄金的输出入，而黄金的流动又会使该国银行准备金发生变动，银行准备金的变动将引起国内货币数量的变化，从而影响国内物价，物价的变动又会导致进出口变动，最后纠正国际收支的不平衡。

(三) 国际金本位体系崩溃的原因

金本位制度在刚开始实行的一段时期，确实给部分西方国家和国际贸易带来了一段“黄金时代”，但随着时间的推移，当黄金产量无法满足日益增长的国际支付需求，当经济危机和世界战争席卷而来时，金本位体系的缺陷就暴露无遗：

(1) 黄金生产量的增长幅度远远低于商品生产增长的幅度，黄金不能满足日益扩大的商品流通需要，这就极大地削弱了金铸币流通的基础。

(2) 黄金存量在各国的分配不平衡。

(3) 第一次世界大战爆发，黄金被参战国集中用于购买军火，并停止自由输出和银行券兑现，从而最终导致金本位制的崩溃。

(四) 对国际金本位体系的评价

从总体上看，国际金本位制是一种比较稳定、理想的国际货币制度，对于当时的世界经济发展起到了一定的积极作用，主要表现为：

(1) 国际金本位制有效地控制了通货膨胀。在金本位制度下，各国货币都规定了含金量，如果银行券发行量过多，银行便无法保证银行券对黄金的自由兑换，因此有效地控制了通货膨胀。由于黄金生产量低于其他行业的生产率，物价还表现出下降趋势。

(2) 国际金本位制保证了汇率的稳定。由于外汇市场的汇率是围绕黄金输送点上下波动，幅度较小，基本上是稳定的，汇率的稳定有助于消除国际经济中不确定的因素，促进国际贸易和国际金融的发展。

(3) 可以依靠市场机制调节国际收支，政府不需要付出干预行为涉及的各种代价。

二、布雷顿森林体系

(一) 布雷顿森林体系的建立

国际金本位体系崩溃后各国货币竞相贬值，导致激烈的货币战，国际货币金融关系呈现出一片混乱局面。而在 20 世纪 30 年代世界经济危机和第二次世界大战后，各国的经济政治实力发生了重大变化，美国登上了资本主义世界盟主地位，美元的国际地位因其国际黄金储备的巨大实力而空前稳固。这就使建立一个以美元为支柱的有利于美国对外经济扩张的国际货币体系成为可能。

1944 年 7 月 1 日至 22 日，在美国新罕布什尔州的布雷顿森林召开了由 44 个国家参加的“联合国货币金融会议”，围绕战后国际货币制度的结构和运行等问题，会议通过了以美国财政部顾问怀特提出的“怀特计划”为基础的《国际货币基金组织协定》和《国际复兴开发银行协定》，总称为《布雷顿森林协定》(以下简称为《协定》)，建立了布雷顿森林体系。该体系的实质是一种以美元为中心的国际货币体系。在这一体系中美元与黄金挂钩，各国货币与美元挂钩，美元处于中心地位，起到了世界货币的作用。

以美元为中心的布雷顿森林体系的建立，使国际货币金融关系又有了统一的标准和基础，混乱局面得以稳定。

(二) 布雷顿森林体系的主要内容

1. 成立国际货币基金组织

建立永久性国际金融机构——国际货币基金组织，对货币事项进行国际磋商，是布雷顿森林体系的一大特色（详见模块十二）。《国际货币基金组织协定》确定了 IMF 的宗旨：

在汇率政策、经常项目的支付和货币的可兑换性等问题上，确定国际性的行为规则，为成员调整国际收支不平衡提供融通资金，在一定程度上维护国际金融秩序的稳定。

2. 实行“双挂钩”制

所谓“双挂钩”制，是指美元与黄金挂钩，其他货币与美元挂钩。“双挂钩”制的设计如图 7-1 所示。

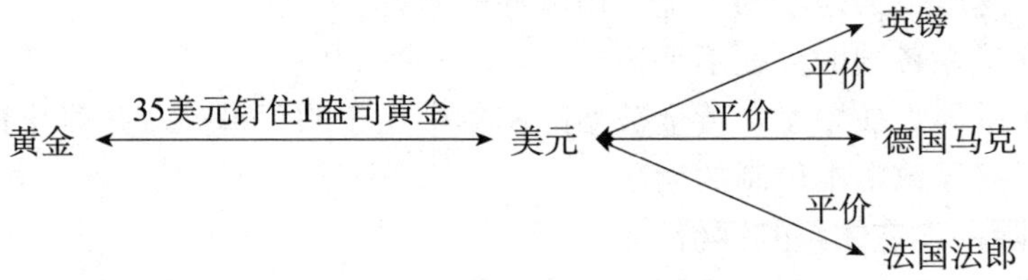

图 7-1 “双挂钩”制的设计

（1）美元与黄金挂钩是指：1）各国确认 1934 年 1 月美国规定的 1 美元的含金量为 0.888 671 克纯金，35 美元换 1 盎司黄金的黄金官价；2）美国准许各国政府或中央银行随时按官价向美国兑换黄金；3）其他国家的货币不能兑换黄金。同时，为了黄金官价不受国际金融市场金价的冲击，各国政府需协同美国政府干预市场的金价。

（2）其他货币与美元挂钩是指：各国货币与美元保持固定比价，通过黄金平价决定固定汇率，或者不规定本国货币的含金量，只规定与美元的汇率。例如 1946 年，1 英镑的含金量为 3.581 34 克纯金，1 美元的含金量为 0.888 671 克纯金，则英镑与美元的含金量之比为：1 英镑＝4.03 美元（3.581 34/0.888 671），这便是法定汇率，即黄金平价。因此，布雷顿森林体系实际上是一种国际金汇兑本位制。

3. 可调整的固定汇率制

各国按照各自货币含金量与美元含金量比较确定的汇率，意味着各国之间的汇率是固定汇率。平价确定后就不能随意变动。各成员方政府有义务与 IMF 合作，随时干预外汇市场使本国货币与美元的市场汇率波动幅度保持在平价±1%以内，以维持汇率的稳定。各国不能任意改变其货币的含金量，只有在成员方的国际收支发生根本性不平衡时，才能改变其货币平价。布雷顿森林体系的这种汇率制度被称为“可调整的固定汇率制度”。

4. 储备制度

《协定》中关于货币平价的规定，使美元处于“等同”黄金的地位。从此，美元就成了国际清算的支付手段和各国的主要储备货币，所以布雷顿森林体系一般被称为美元-黄金本位制。实际上在布雷顿货币体系中，黄金无论在流通还是在国际储备方面的作用都有所降低，美元则成为这一体系的主角。作为储备货币发行国的美国有两点基本责任：一是美联储保证美元按照官价兑换黄金，维持协定成员方对美元的信心；二是提供足够的美元作为国际清偿手段。

5. 国际收支的调节机制

弥补国际收支逆差，向成员方融通弥补逆差所需资金，是国际货币体系顺利运转的必要条件。为此，《协定》规定，设立普通贷款账户，向国际收支发生暂时困难的成员方提供贷款，以弥补逆差。但贷款数量与成员方缴纳份额是相联系的。国际货币基金组织成员方份额的25%以黄金或可兑换成黄金的货币缴纳，其余则以本国货币缴纳。成员方发生国际收支逆差时，可用本国货币向基金组织按规定程序购买（即借贷）一定数额的外汇，并在规定时间内以购回本国货币的方式偿还借款。成员方所认缴的份额越大，得到的贷款也越多。贷款只限于成员方用于弥补国际收支赤字，即用于经常项目的支付。成员方借用普通贷款的累计最高限额为其缴纳份额的125%。

此外，《协定》还规定了顺差国也有调节国际收支的责任，这主要体现在《协定》的"稀缺货币条款"上。当一国国际收支持续保有顺差，则逆差国对顺差国货币需求增加，并向基金组织借取该种货币，使该货币在基金组织的库存量下降，当库存量下降到该成员方份额的75%以下时，基金组织就将该货币宣布为"稀缺货币"。基金组织可按逆差国的需要实行限额分配，而逆差国也有权对"稀缺货币"采取临时性的兑换限制。由此影响顺差国的出口贸易，迫使其采取调节国际收支的措施。

（三）布雷顿森林体系的解体

布雷顿森林体系是以美元为中心的国际货币体系，美元的稳定与否是布雷顿森林体系稳定的关键。第二次世界大战之后，美元经历了从"美元荒"到"美元灾"和"美元危机"的过程，布雷顿森林体系是在美元危机的频繁爆发中走向解体的。

1. 美元荒

第二次世界大战结束初期，欧洲各国资金短缺、物资匮乏，而美国经济实力在第二次世界大战期间却得到大大提高。各国急需从美国进口商品，这使美国国际收支大量盈余。但购买美国商品必须用黄金或美元支付。一方面，美国黄金储备增加，到1949年，美国黄金储备高达245亿美元，占当时整个资本主义世界黄金储备总额的73.4%。另一方面，其他国家大量需求美元，引起国际市场上美元汇率上涨。由于各国黄金数量有限，而美元供不应求，导致国际支付手段不足，因此发生了"美元荒"。

2. 美元灾

在20世纪50年代中期以后，由于西欧经济的恢复和日本经济的起飞，美国对外贸易面临严峻的挑战，各国经济实力对比发生了变化，美国经济实力相对减弱。1950年以后，美国国际收支除个别年度略有顺差外，其余各年度都是逆差。美国国际收支逐渐恶化的主要原因是：（1）1948年开始，美国执行马歇尔计划，对外提供经济援助，大量美元流入西欧各国，使西欧国家经济得以恢复和发展，其商品流入国际市场，获得了较多的黄金和美元。（2）1950年起，美国推行对外扩张政策，财政开支过大，军费开支大增，大量美元流出国境，国际收支出现逆差。（3）美国的低利率政策促使国内资金外流，美国逆差不断扩大。这样进入20世纪60年代以后一些国家原来普遍存在的美元不足现象变成了美元大量过剩，美元不断贬值，形成"美元灾"。

3. 美元危机

"美元危机"是指国际金融市场上人们大量抛售美元，引起黄金价格上涨、美元汇率急剧下跌的现象。布雷顿森林体系是在美国国际收支大量顺差，黄金储备充足的基础上建立起来的。但随着美国国际收支逆差的逐步增加，美国的黄金储备也日益减少。到1960年底，美国对外流动负债达210亿美元，而当年仅有黄金储备178亿美元，已不可能实现无限制兑换黄金的承诺，于是美元的国际信用开始动摇，其他国家为了避免汇率风险，不愿在国际支付中接受美元，美元地位极度虚弱，经常成为被抛售对象，终于在1960年10月爆发了第一次美元危机，紧接其后又爆发了数次美元危机，并最终导致布雷顿森林体系的崩溃。

(1) 第一次美元危机发生在1960年10月。伦敦黄金市场价格猛涨到41.5美元/盎司，超过官价20%，美元大幅贬值，美元作为布雷顿森林体系所规定的储备货币第一次显示出信任危机。

为了减缓美元危机，维持布雷顿森林体系的运作，美国和IMF采取了以下一系列的措施：

1) 建立黄金总库。美元危机所引起的国际金融市场抢购黄金风潮，使得金价不断上涨。为维持黄金官价，美国联合英国、瑞士、法国、联邦德国、意大利、荷兰、比利时等七国于1961年10月建立了黄金总库，各国按一定的比例共拿出2.7亿美元的黄金，指定英格兰银行为总库的代理机构，按市场规则运作，维持黄金市场价格的稳定。

2) 借款总安排。由于国际收支恶化，美国需要借用联邦德国马克、法国法郎等货币，以平衡国际收支、稳定美元汇率，但在国际货币基金组织的基金中，美国所占份额较多，西欧国家所占份额较小，因而不能满足美国对这些货币的需求。于是在美国倡议下，IMF于1961年11月在巴黎召开会议，由黄金总库的八国加上加拿大和日本共十国，签订了资金达60亿美元的“借款总安排”协议。规定当基金组织缺少西欧等国的货币时，可由基金组织向“借款总安排”的有关国家借入，转贷给需要的会员国，实际上主要是支持美国。参加“借款总安排”的十国也叫“十国集团”。

3) 货币互换协定，亦称互惠借款协定。在美元汇率趋跌的情况下，美元被大量抛售。为加强对外汇市场的干预，1962年3月，美国分别与14个西方主要国家，主要是“十国集团”国家签订了“货币互换协定”，该协定为双边协定。其主要内容是：两国中央银行应在约定期间内相互交换一定金额的对方货币。在未使用之前，须以定期存款或购买证券的形式存于对方。当约定到期，则根据实行互换时的汇率相互偿还对方货币。

(2) 第二次美元危机发生在1968年3月。20世纪60年代中期，随着美国对越战争的扩大，其国际收支进一步恶化。1968年3月爆发了空前的第二次抛售美元、抢购黄金的浪潮。在半个月中，美国黄金储备流失14亿多美元。黄金总库已无力平息抢购黄金的风潮。因而3月15日解散黄金总库，实行“黄金双价制”，即只允许各国中央银行按官价用美元向美国兑换黄金，至于黄金市场的价格则任由供求关系决定，各国政府不再维持35美元1盎司的黄金官价。

为了缓和美元危机，早在1965年美国就在IMF提出创设特别提款权的方案，其目的是要进一步扩大基金组织的贷款能力，从而能够利用这种“纸黄金”来弥补国际收支赤字，减少美元外流，并逐步用特别提款权来代替黄金作为国际储备，为以后建立一种既能脱离黄金又不触动美元特权地位的新的货币体系奠定基础。1969年10月，IMF第24届年会通过了设立特别提款权的决议。

(3) 第三次美元危机发生在1971年夏天。由于美国的国际收支进一步恶化，美元大量外流以及不断加剧的通货膨胀，使得美元汇率不断出现下浮的波动。1970年美元贬值的形势越来越明显。1971年5月到7月，国际金融市场又一次掀起抛售美元、抢购黄金和联邦德国马克等西欧货币的浪潮。面对巨额的国际收支逆差和各国中央银行挤兑黄金的压力，尼克松政府于8月15日宣布实行“新经济政策”，停止履行外国政府或中央银行可以用美元向美国兑换黄金的义务，不再以每盎司黄金等于35美元的官价兑换黄金。这意味着美元与黄金脱钩，支撑国际货币体系的两大支柱有一根已倒塌。

在国际金融市场极度混乱的情况下，西方“十国集团”于12月达成《史密森协定》，其主要内容是：美元对黄金贬值7.89%，即38美元等于1盎司黄金；一些国家的货币对美元升值，比如日元、联邦德国马克等；扩大汇率波动界限，由平价上下1%扩大到上下2.25%。尽管《史密森协定》勉强维持了布雷顿森林体系的固定汇率制，但美元与黄金可兑换性的终止，等于抽去了其支柱，布雷顿森林体系的核心已经瓦解。

（4）取消固定汇率制度。从1972年下半年开始，美国国际收支状况继续恶化，人们对美元的信用彻底地失去了信心，国际金融市场上再次爆发了美元危机。美国政府于1973年2月被迫宣布战后美元第二次贬值，美元对黄金贬值10%，即黄金官价由每盎司38美元再提高到42.22美元。但美元的再度贬值仍未能制止美元危机，伦敦黄金价格一度涨到每盎司96美元，联邦德国和日本的外汇市场被迫关闭达17天之久。在这种情况下，西方国家经过磋商达成协议：取消本币对美元的固定比价，宣布实行浮动汇率制。

1973年3月16日，欧洲共同市场九国在巴黎举行会议并达成协议，联邦德国、法国等国家对美元实行“联合浮动”，彼此之间实行固定汇率。英国、意大利、爱尔兰实行单独浮动，暂不参加共同浮动。此外，其他主要西方货币也都实行了对美元的浮动汇率。至此，战后支撑国际货币体系的另一支柱，即固定汇率制度完全垮台，同时这也就宣告了布雷顿森林体系的最终解体。

（四）对布雷顿森林体系的评价

1. 布雷顿森林体系的积极作用

布雷顿森林体系是在第二次世界大战中极不平衡的政治经济局势下建立起来的，它反映了各国对国际金融稳定的良好愿望，同时也不可避免地融进了美国谋求金融霸主的意图，从而使美国成了最大受益者。抛开这一点，布雷顿森林体系支撑了60年代资本主义世界高速增长的“黄金时代”，对全球经济发展起到了一定的积极作用。

（1）布雷顿森林体系下，相对稳定的汇率制度促进了国际贸易的发展。作为布雷顿森林体系的支柱之一，固定汇率制在很大程度上消除了由于汇率波动而引起的动荡，稳定了主要国家的货币汇率，有利于国际贸易的发展。

（2）有助于生产和资本的国际化。汇率的相对稳定，避免了国际资本流动中引发的汇率风险，有利于国际资本的输入与输出；为各国间的融资创造了良好环境，有助于金融业和国际金融市场的发展，也为跨国公司的生产国际化创造了良好的条件。

（3）缓解了各国国际收支困难，保障了各国稳定、高速发展。IMF不仅为各国提供部分应急贷款，还指导并协助各国进行国内经济政策调整，减少了国际收支不平衡对经济发展的制约。

（4）树立了开展广泛国际货币合作的典范。通过IMF这样庞大的国际金融组织来协调解决国际金融问题，开辟了国际金融政策协调的新时代。

2. 布雷顿森林体系的缺陷

布雷顿森林体系虽然有助于国际金融市场的稳定，对战后的经济复苏也起到了一定的作用，但是布雷顿森林体系存在着严重的缺陷。

（1）布雷顿森林体系存在无法克服的“特里芬难题”。以美元为中心的国际货币制度能在一个较长的时期内顺利运行，是与美国雄厚的经济实力和充足的黄金储备分不开的。维持布雷顿森林体系的基础必须具备三个基本前提：一是美国国际收支必须保持逆差，提供足够的美元作为国际清偿手段以及稳定美元价值。但若美国国际收支持续性逆差，美元对外价值长期不稳，美元则会丧失其中心地位，危及布雷顿森林体系存在的基础。二是美国拥有绝对的黄金储备优势，才能保持美元对黄金的兑换。若美国黄金储备流失过多，储备不足，则难以履行兑换义务，则布雷顿森林体系难以维持。三是黄金价格维持官价水平，才能不使美元比价下降。若美国黄金储备不足，无力进行市场操作和平抑金价，则美元比价就会下降，国际货币制度的基础也就会随之动摇。

因而，布雷顿森林体系存在着自身无法克服的内在矛盾，即供给不足则国际清偿手段不足，而美元供给过多则不能保证全部兑换黄金，将会导致储备货币美元的信用危机。这一内在矛盾使美元处于一种进退两难的状况中。美元的这种两难，是美国经济学家特里芬首先预见到的，故又称“特里芬难题”。特里芬难题指出了布雷顿森林体系的内在不稳定性及危机发生的必然性，最终导致了布雷顿森林体系的崩溃。

（2）美元作为国际主要储备资产享有一种特权地位。美国可以利用美元直接对外投资，操纵国际金融事务，弥补国际收支赤字。这就造成拥有美元储备国家的实际资源向美国转移，这种现象在西方叫作“铸币税”，即货币发行国家通过发行货币可获得一个净收益，因为流通中铸币或纸币的面值和金银条块及其铸造成本之间是有很大差额的，从而美国可以取得巨大的铸币税收益。同时由于各国货币汇率钉住美元，也造成了各国货币对美元的依附关系，使得美国的货币政策对各国经济有着重大影响。

（3）布雷顿森林体系过分强调汇率的稳定，而忽视了国际收支的调节机制。在布雷顿森林体系下，汇率是固定的，各国有义务维持本国货币与美元的平价关系。只有当一国发生严重国际收支不平衡时，征得 IMF 同意，才能变动法定平价。而判断一国国际收支是否严重失衡缺乏统一的标准。事实上各国很少能够变动平价。即使变动平价的要求最终得到批准，失衡的国际收支也早已对该国造成了严重的影响，因此就失去了汇率这一重要经济杠杆对国际收支的调节机制。

（4）布雷顿森林体系所实行的固定汇率制在一定程度上可能造成成员方的通货膨胀。在各国货币对美元的汇率超过“协定”所规定的界限时，各国政府有义务在外汇市场上进行干预活动，以平抑汇价。如果一国发生国际收支顺差，那么汇率升值的压力将迫使官方金融机构大量抛售本国货币，买进美元，促使美元汇率回升。结果这些国家的货币供应量增多，从而加剧世界通货膨胀。在美元过剩的情况下，如果抛售美元，则会引起美元危机；如果保持美元，又将遭受贬值的损失。

（5）国际收支失衡的调节责任不对称。在布雷顿森林体系下，虽然逆差国可能会在压力下降低汇率或者实行紧缩性的货币政策，IMF 却无法迫使顺差国提高汇率或者实行扩张性的货币政策，国际收支不平衡的调节落在逆差国一方的肩上。同时，因为美元是国际储备货币，即使美元定值过高也不能降低美元的汇率，即使美国有大量的国际收支逆差也不能实行紧缩性的货币政策。如果美国严格按照黄金储备的增加来增加货币供应，则势必造成储备货币的缺乏，制约世界经济和贸易的发展。

三、牙买加体系

（一）牙买加体系的形成

布雷顿森林体系解体后，国际货币金融关系动荡混乱，美元地位不断下降，许多国家实行浮动汇率制，汇率波动频繁。世界各国都希望建立一种新的国际货币制度，以结束这种混乱局面。为此，各国政府和金融学界进行了不断的探索与交流，努力寻找一种更加稳定，更加适合当代世界经济发展的国际货币体系。1976 年 1 月，IMF“国际货币制度临时委员会”在牙买加首都金斯敦召开会议，达成了关于国际货币制度改革的《牙买加协定》。该协定内容在同年 4 月以 85%的多数票通过的第二次“国际货币基金组织协定条款”修正案中得到肯定，并于 1978 年 4 月 1 日起生效，自此国际货币制度进入牙买加体系。

（二）牙买加体系的主要内容

《牙买加协定》涉及黄金、汇率制度、扩大基金组织对发展中国家的资金融通，以及增加成员方在基金组织的份额等问题。它不仅对第二次修正国际货币基金组织协定有指导意义，而且对形成目前国际货币金融关系的格局有一定的作用。其主要内容包括：

1. 浮动汇率制度合法化

基金组织同意固定汇率制和浮动汇率制暂时并存，成员方可以自由做出汇率方面的安排，但成员方的汇率政策须受基金组织监督，以防各国采取损人利己的货币贬值政策。

2. 黄金非货币化

废除黄金条款，实行黄金非货币化。基金组织还允许各成员方的中央银行可按市价自由进行黄金的交易活动，取消成员方之间，或成员方与基金组织之间以黄金清偿债权债务的义务。以后逐步处理基金组织所持有的黄金，其中 1/6（2 500 万盎司）按市价出售，以其超过官价（每盎司 42.22 美元）部分作为援助发展中国家的资金。另外 1/6 按官价由原缴纳的各成员方买回，其余部分约 1 亿盎司，根据总投票权的 85%做出的决定处理，向市场出售或由各成员方购回。

3. 增加基金组织成员方缴纳的基金份额

由原来的 292 亿特别提款权单位增加到 390 亿特别提款权单位。各成员方应缴份额所占的比重也有所改变，主要是欧佩克国家的比重提高一倍，由 5%增加到 10%，其他发展中国家维持不变，主要西方国家除前联邦德国和日本略增以外，都有所降低。

4. 扩大对发展中国家的资金融通

用出售黄金所得的收益建立“信托基金”，以优惠条件向最穷困的发展中国家提供贷款（详见模块十二）。

5. 提高特别提款权的国际储备地位

修订特别提款权的有关条款，以使特别提款权逐步取代黄金和美元而成为国际货币制度的主要储备资产。协定规定各成员之间可以自由进行特别提款权交易，而不必征得国际货币基金组织的同意。国际货币基金组织与成员之间的交易以特别提款权代替黄金，国际货币基金组织一般账户中所持有的资产一律以特别提款权表示。在国际货币基金组织一般业务中扩大了特别提款权的使用范围，并且尽量扩大特别提款权的其他业务使用范围。

（三）牙买加货币体系的运行特征

1. 储备货币多元化

与布雷顿森林体系下国际储备结构单一、美元地位十分突出的情形相比，在牙买加体系下，国际储备呈现多元化局面，美元虽然仍是主导的国际货币，但美元地位明显削弱了，由美元垄断外汇储备的情形不复存在。日元、英镑、德国马克（1999 年以后被欧元所取代）等所占的比重不断上升。黄金非货币化，黄金在国际储备中的地位下降。

2. 汇率安排多样化

牙买加体系确认了布雷顿森林体系崩溃后浮动汇率制的合法性，继续维持全球多边自由支付原则。在牙买加体系下，浮动汇率制与固定汇率制并存，允许汇率制度安排多样化，并试图在世界范围内逐步用更具弹性的浮动汇率制度取代固定汇率制度。一般而言，发达工业国家多数采取单独浮动或联合浮动，但有的也采取钉住自选的货币篮子。对发展中国家而言，多数是钉住某种国际货币或货币篮子，单独浮动的很少。不同汇率制度各有优劣，浮动汇率制度可以为国内经济政策提供更大的活动空间与独立性，而固定汇率制则减少了本国企业可能面临的汇率风险，方便生产与核算。各国可根据自身的经济实力、开放程度、经济结构等一系列相关因素去权衡得失利弊。

3. 国际收支调节手段多样化

现行货币体系可以采取多种调节机制相互补充的办法来调节国际收支，因而在一定程度上缓和了布雷顿森林体系调节渠道有限和调节机制失灵的困难。主要包括汇率机制、国内利率机制、资金融通机制等。其中汇率机制就是通过汇率的升值或贬值来调节国际收支。利率机制是通过改变利率水平，影响货币供给量变动、影响相对物价水平来达到影响国际收支的目的。资金融通机制则是一种短期的缓解国际收支对策，在国际收支逆差时，通过国际信贷来平衡国际收支。

（四）对牙买加体系的评价

1. 牙买加体系的积极作用

储备货币、汇率安排和国际收支调节多样化的运行特征使牙买加体系发挥了积极作用。多元化的储备结构摆脱了布雷顿森林体系下各国货币间的僵硬关系，为国际经济提供了多种清偿货币，在较大程度上解决了储备货币供不应求的矛盾；多样化的汇率安排适应了多样化的、不同发展水平的各国经济，为各国维持经济发展与稳定提供了灵活性与独立性，同时有助于保持国内经济政策的连续性与稳定性；而多种渠道的国际收支调节并行，使调节更为有效与及时。

2. 牙买加体系的消极影响

在牙买加体系中，虽然美元的国际本位和国际储备货币地位遭到削弱，但其在国际货币体系中的领导地位和国际储备货币职能仍得以延续，IMF 原组织机构和职能也得以续存。这个现存国际货币体系被人们戏称为“无体系的体系”，规则弱化导致重重矛盾：

（1）现行国际货币体系下的储备货币虽然呈多元化趋势，但由于美国的政治经济实力，美元储备地位的削弱并没有动摇美元在国际货币体系中的霸主地位。美元在国际货币体系中仍居领导地位，也就没能解决布雷顿森林体系下的“特里芬难题”，而人们仍然称现行体系为美元本位体系。

印制美元给美国带来铸币税收益

（2）汇率频繁浮动，加剧了国际金融市场和体系的动荡和混乱，套汇、套利等投机活动更加猖獗，国际汇率的无序运行，这在金融全球化、自由化，资本流动规模日益增大的情况下很容易引发金融危机。同时，汇率的变化难以预测也不利于国际贸易和投资。

（3）国际收支调节机制还不健全，且缺乏有效的国际协调与合作机制。各种调节机制都有局限性，而基金组织的贷款能力又有限，同时也无力指导与监督盈余国与赤字国双方对称地调节国际收支，所以自 1973 年以来，全球性的国际收支失衡仍日益严重，致使顺差国长期顺差，逆差国长期逆差。如美国长期巨额的逆差已经成为世界经济发展的隐忧。

任务三　欧洲货币体系

一、欧洲货币体系的建立和欧洲货币一体化

（一）欧洲共同体的建立——欧洲货币一体化的开端和基础

1951 年 4 月 8 日，法国、联邦德国、意大利、荷兰、卢森堡和比利时等西欧六国在巴黎签订了有效期为 50 年的《欧洲煤钢共同体条约》，确定建立煤钢共同市场，为西欧联合奠定了基础。1957 年 3 月 25 日六国政府在意大利首都罗马签订了《欧洲经济共同体条约》和《欧洲原子能共同体条约》，统称《罗马条约》。《罗马条约》明确规定，共同体的优先目标是建立共同市场，在共同市场的基础上实现人员、商品、服务和资本的自由流通。1965 年 4 月 8 日，上述六国在布鲁塞尔签订《布鲁塞尔条约》，决定将三个共同体的机构合并，统称欧洲共同体。《布鲁塞尔条约》于 1967 年 7 月 1 日生效，欧洲共同体正式成立。

1973 年 2 月，欧洲共同体多数国家为了保持货币区域内的货币稳定，促进经济发展，达成了建立联合浮动集团（Joint Floating Group）的协议，决定共同体成员方之间的货币仍实行固定汇率，规定波动幅度不超过 2.25%，而对美元及其他货币则实行联合浮动汇率。加入联合浮动制的国家有 8 个，即联邦德国、法国、荷兰、比利时、卢森堡、丹麦等 6 个共同体成员方，以及瑞典、挪威两个非共同体成员方。英国、爱尔兰和意大利 3 个成员方暂不参加，仍实行单独浮动。

（二）欧洲货币体系——欧洲货币一体化的制度安排及深化

1977 年，美元再次爆发严重危机，造成欧洲货币汇率的剧烈波动，直接影响联合浮动制的稳定。面对这种形势，共同体国家决定进一步加强合作。1978 年 7 月在不来梅召开的欧共体首脑会议和同年 12 月在布鲁塞尔召开的欧共体理事会上进行协商，通过了关于建立欧洲货币体系的决议。比利时、丹麦、卢森堡、联邦德国、荷兰和法国当即同意参加欧洲货币体系；意大利和爱尔兰于同年 12 月宣布加入；英国暂不参加，但同意实行保证英镑对其他欧共体国家的货币保持稳定汇率的政策。欧洲货币体系原定于 1979 年 1 月 1 日实行，但由于法国与联邦德国等成员方之间在农产品价格的货币补偿金额问题上发生争执而延期。后经反复磋商、相互让步，才使决议于 1979 年 3 月 13 日开始生效。至此，欧洲货币体系正式建立并进入制度安排的层面。

欧洲货币体系的实质是一个集团内部的固定的可调整汇率制度。欧洲货币体系主要有三个组成部分：欧洲货币单位（European currency unit，ECU）、稳定汇率机制（exchange rate mechanism，ERM）、欧洲货币合作基金（European monetary cooperation fund，EMCF）。

1. 欧洲货币单位

欧洲货币体系创建了欧洲货币单位，使其逐步发挥国际结算与储备货币的作用。欧洲

货币单位是类似于特别提款权的一个“货币篮子”，其价值是欧共体成员方货币的加权平均值，每种货币的权数根据该国在欧共体内部贸易中所占的比重和该国国民生产总值的规模确定。欧洲货币单位以这种方式计算出来的欧洲货币单位具有价值稳定的特点。该计算方法也决定了在ECU的组成货币中，联邦德国马克、法国法郎和英镑中最为重要的三种货币，其中又以联邦德国马克所占的比重最大。马克汇率的上升或下降，对欧洲货币单位的升降往往具有决定性的影响。根据规定，ECU中的成员方货币权数每5年调整一次，但若其中任何一种货币的变化超过25%时，则可随时对权数进行调整。

作为欧元前身的欧洲货币单位，其作用主要包括以下三个方面：(1) 作为欧洲稳定汇率机制的标准。成员方在确定本国货币汇率时，以欧洲货币单位为依据，其货币与欧洲货币单位保持固定比价，然后，再由此中心汇率套算出同其他成员方货币的比价。(2) 作为决定成员方货币汇率偏离中心汇率的参考指标。(3) 在欧共体内，它具有记账单位、清算手段和干预手段等职能，并构成欧共体各国的一种外汇储备资产。

2. 稳定汇率机制

稳定汇率机制是欧洲货币体系的核心组成部分。根据该机制的安排，汇率机制的每一个参加国都确定本国货币同欧洲货币单位的（可调整的）固定比价，也即确定一个中心汇率，并依据中心汇率套算出与其他参加国货币相互之间的比价。这种汇率制度被称为格子体系或平价网。在欧洲货币体系成立后的10年内，它的内部固定汇率不断在调整，而使其汇率体制得以生存。

需要指出的是，并不是所有欧共体成员方都参加了稳定汇率机制。联邦德国、法国、比利时、丹麦、意大利、荷兰、卢森堡和爱尔兰是该机制的初始参加国。英国虽然于1973年就加入了欧共体，但直到1990年10月才加入稳定汇率机制。而1992年9月它又与意大利一同退出这一汇率机制。西班牙和葡萄牙于1986年加入欧共体，但它们进入稳定汇率机制的时间则分别推至1989年6月和1992年4月。

3. 欧洲货币合作基金

为了保证欧洲货币体系的正常运转，欧共体于1979年4月设立了欧洲货币合作基金，集中其成员方各20%的黄金储备和外汇储备，作为发行欧洲货币单位的准备。欧洲货币合作基金的主要作用是向成员方提供相应的贷款，以帮助它们进行国际收支调节和外汇市场干预，保持欧洲汇率机制的稳定。

（三）欧洲经济货币联盟——欧洲货币一体化的高级形式

1.《德洛尔报告》与《马斯特里赫特条约》

1989年6月，以欧共体委员会主席雅克·德洛尔为首的委员会向马德里峰会提交了《德洛尔报告》。该报告与“魏尔纳计划”相似，规定从1990年起，用20年的时间，分三个阶段实现货币一体化，完成欧洲经济货币同盟的组建。

《德洛尔报告》提出了货币联盟建立须具备的三个条件：(1) 保证货币完全和不可取消的自由兑换；(2) 在银行和其他金融市场充分一体化的基础上，实现资本的完全自由流动；(3) 取消汇率的波动幅度，实行不可改变的固定汇率平价。该报告虽然没有明确提出在货币联盟内部必须有单一的货币，但把单一货币看作“货币联盟的一个自然和理想的进一步发展”，并提出建立一个欧洲中央银行体系（European system of central banks，ESCB）的设想。

鉴于各成员方对《德洛尔报告》的反应各不相同，为实现欧洲经济和货币联盟，推进欧洲的统一，1991 年 12 月，欧共体在荷兰马斯特里赫特峰会上签署《关于欧洲经济货币联盟的马斯特里赫特条约》，简称《马约》。《马约》的目标是：最迟在 1999 年 1 月 1 日前建立“经济货币同盟”（Economic and monetary unit，EMU）。届时将在同盟内实现统一货币、统一的中央银行以及统一的货币汇率政策。为实现上述目标，《马约》规定了一个分三个阶段实现货币一体化的计划。

《马约》还规定，只有在 1999 年 1 月 1 日达到以下 4 个趋同标准的国家，才能被认为具备了参加 EMU 的资格条件：（1）通货膨胀率不得超过 3 个成绩最好的国家平均水平的 1.5 个百分点；（2）当年财政赤字不得超过 GDP 的 3%，累积公债不得超过 GDP 的 60%；（3）政府长期债券利率不得超过 3 个最低国家平均水平的 2 个百分点；（4）加入欧洲经济货币同盟前两年汇率一直在欧洲货币体系汇率机制规定的幅度（±15%）内波动，中心汇率没有重组过。

经过不懈努力，欧共体各成员方议会于 1993 年 10 月底通过了《马约》，1993 年 11 月 1 日，欧共体更名为“欧盟”。1995 年芬兰、奥地利、瑞典加入欧盟，欧盟成员方增至 15 个。同年的《马德里决议》将单一货币的名称正式定为欧元（EURO），并通过推行实施欧元的最后方案。方案决定于 1999 年 1 月 1 日正式启动欧元，并最迟于 2002 年元旦，欧元纸币和硬币开始流通，各成员方货币经过半年过渡期后退出流通。欧洲货币一体化自此开始进入了稳定的发展阶段。

1997 年 10 月，欧盟 15 国外长签署《阿姆斯特丹条约》，该条约包括《稳定与增长条约》《新的货币汇率机制》《欧元的法律地位》三个文件，为欧元如期启动扫清了最后障碍，并提供了法律保证。

2. 欧元问世与欧元区的扩展

欧元（货币符号€，代码 EUR）是欧洲货币联盟（EMU）单一货币的名称，是 EMU 国家的统一法定货币，加入欧元的国家合称为欧元区（Eurozone）。1998 年 5 月，欧盟布鲁塞尔特别首脑会议正式批准 11 个成员方首批加入欧元。同年 7 月 1 日，欧洲中央银行正式成立，欧元区各国中央银行成为欧洲中央银行的分支机构。1999 年 1 月 1 日，欧元如期启动。

欧元区国家包括：奥地利、比利时、芬兰、法国、德国、爱尔兰、意大利、卢森堡、荷兰、葡萄牙、西班牙、希腊、斯洛文尼亚、塞浦路斯、拉脱维亚、克罗地亚、马耳他、斯洛伐克、爱沙尼亚、立陶宛。

此外，一些非欧盟国家和地区，比如摩纳哥、圣马力诺和梵蒂冈、黑山、科索沃和安道尔等，也使用欧元作为支付工具。

欧元由欧洲中央银行（European central bank，ECB）和各欧元区国家的中央银行组成的欧洲中央银行系统（European system of central banks，ESCB）负责管理。总部坐落于德国法兰克福的欧洲中央银行有独立制定货币政策的权力，欧元区国家的中央银行参与欧元纸币和欧元硬币的印刷、铸造与发行，并负责欧元区支付系统的运作。

二、统一货币的作用

欧盟之所以要实行单一货币，主要是为提升欧洲国家的政治和经济地位。第二次世界大战前，欧洲以其强大的经济实力为后盾，曾长期称雄于世界。第二次世界大战后，欧洲国家的世界地位大幅度下降，随着欧洲复兴计划的实施，欧洲各国越来越希望在政治、经济上联合起来，以达到与美国、日本等经济强国相抗衡的目的。从欧共体发展到欧盟，欧洲各国在经济上合作不断加深。相应地，欧盟各国在经济上合作的愿望也越来越强。

从经济利益的角度讲，实行统一货币会给欧盟各国带来以下好处：

（一）增强自身经济实力，提高竞争力

欧元启动以后，统一货币与统一市场的共同促进无疑会带来新的经济增长，使得欧盟在与美国和日本等经济强国的竞争中处于有利地位。

（二）减少内部矛盾，防范和化解金融风险

在经济竞争日益全球化、地区化、集团化的大趋势中，统一货币是最有力的武器之一。欧盟是当今世界一体化程度最高的区域集团，但对国内市场动荡的冲击仍然缺乏抵御能力。1995 年的“墨西哥比索危机”、1996 年的“日元危机”，都一度导致欧盟经济增长滑坡、出口下降、就业减少。事实证明，欧盟浮动汇率机制下各自为政的多国货币币值“软硬”不一，利率的差别、汇率的变动等因素都引发过欧盟内部金融秩序的混乱。欧元作为单一货币正式使用后，上述问题将大大得到缓解。

（三）简化流通手续，降低成本

欧元的使用，不仅简化了手续，节省了时间，加快了商品与资金流通的速度，而且还会减少近 300 亿美元的兑换和佣金损失，使欧盟企业无形中降低了成本，增强了竞争实力。随着欧元地位的上升和欧洲资本市场的发展，成员方的资金成本也会下降，有利于投资和经济增长。

（四）增加社会消费，刺激企业投资

在欧盟内部，尽管统一的大市场已经建立，但由于多种货币的存在，使得同样的资源、商品、服务在不同的国家表现出不同的价格。实施单一货币，由欧洲中央银行（ECB）制定和实施统一的货币政策，各国的物价、利率、投资利益将逐步缩小差别或趋于一致，形成物价和利率水平的总体下降，居民社会消费扩大，企业投资环境改善，最终有利于欧盟总体经济的良性发展。

三、欧元对国际货币体系的影响

欧元对国际货币体系的影响主要体现为权力效应和示范效应。

（一）权力效应

欧元的权力效应是欧元改变美元在国际货币体系中的权力地位，从而对国际货币体系产生巨大的影响。

一种货币在国际使用范围有多大取决于经济实力、币值稳定、对外经济关系的密切程度和金融市场的结构。由于美国和欧元国拥有的这些决定要素十分相似，因此，欧元的引入将造成国际货币体系的两极格局，美元在此前所发挥的显著作用将逐渐削弱。由于欧元所代表的经济实力以及欧元作为国际货币地位的确立决定了欧元在国际货币体系中的权力，同时也就决定了欧元对国际货币体系的影响力。欧洲将会凭借强大的统一货币来参与国际货币体系规则的制定，遏制美元的主导地位。

（二）示范效应

欧元的示范效应是世界其他地区有可能模仿欧元的成功而尝试进行地区性的货币合作，因为区域性的货币合作是为了加强参与国货币的安全地位，并能够降低经济交往的成本，从而对参与各方的经济增长都带来好处。

因而在 1999 年 1 月欧元启动后不久，中国香港货币管理当局就提出建议，认为在亚洲实行共同货币可以给这个地区带来稳定的货币。1997 年的亚洲金融危机对于所有亚洲国家都是一个深刻的教训，因此，开展亚洲区域内的货币与金融合作就成为有关国家在危机后的一个自然选择。除了亚洲货币合作之外，非洲也出现了类似的发展。在 2001 年 3 月的苏尔特首脑会议上，非洲国家将 1963 年成立的非洲统一组织改建为非洲联盟。非洲联盟遵循欧洲联盟的模式，建立议会、中央银行、货币基金和法院。当然，无论是亚洲还是非洲，要想达到欧洲货币一体化的程度，还会经历一个艰难而又漫长的过程。

总之，欧洲货币一体化的成功对其他货币联盟产生了积极的示范效应，从而将推进国际货币汇率安排在分散化趋势下对固定汇率制的回归。

模块小结

任务一	国际货币体系概述	国际货币体系主要内容包括：国际收支及其调节、汇率及汇率制度、国际储备资产的确定、国际货币活动的协调与管理。
任务二	国际货币体系演变	根据历史演进及习惯称谓划分，国际货币体系可分为国际金本位体系、布雷顿森林体系和牙买加体系。
任务三	欧洲货币体系	欧洲货币体系最终实现了区域货币一体化。欧元对国际货币体系产生了权力效应和示范效应。

模块测评

◎ 简述题

1. 国际货币体系的主要内容是什么？
2. 简述国际金本位体系的内容和特点。
3. 布雷顿森林体系的主要内容是什么？
4. 什么是“特里芬难题”？
5. 分析布雷顿森林体系崩溃的原因。
6. 简述牙买加体系的内容及运行特征。
7. 简述欧洲货币体系的内容和欧洲货币一体化的进程。

◎ 实务题

结合所学知识并收集相关资料，分析现行国际货币体系存在的问题，提出改革国际货币体系的方案和建议。

模块八 外汇市场与外汇交易

学习目标

- 知识目标

  了解外汇市场的含义、类型、参与者和特征；

  理解外汇市场的交易模式和交易种类划分；

  掌握即期外汇交易和远期外汇交易的作用和交易规则；

  掌握套汇交易、掉期交易和套利交易的目的、分类和应用；

  掌握外汇期货交易和外汇期权交易的特点、功能和运作模式。

- 技能目标

  能够灵活运用国际外汇市场上常见的外汇交易方式。

模块导入

现实生活中你可能知道一些著名的外汇市场，如伦敦外汇市场、纽约外汇市场、法兰克福外汇市场、东京外汇市场、香港外汇市场等。你了解这些外汇市场吗？你熟悉外汇市场上的各种外汇交易方式吗？你会源于什么原因和目的参与外汇市场的货币兑换和外汇买卖活动？本模块将为你解读外汇市场与外汇交易。

任务一 外汇市场概述

一、外汇市场的概念

外汇市场是外币供求双方相互买卖不同货币的交易场所、交易组织系统和交易网络系统，是外汇供求关系的总和。外汇市场是国际金融市场的核心组成部分，国际贸易、国际融资以及其他国际经济活动都涉及不同货币之间的兑换，因而都离不开外汇市场。外汇市场也是金融创新的重要场所，许多金融衍生产品的交易都发生在外汇市场，不仅为套期保值者提供了避险保值的工具，也为投机者提供了投机获利的舞台。毫无疑问，外汇市场是国际金融体系中极为重要的一环，其发达程度也是衡量一个国家金融体系成熟与否的主要标志之一。

二、外汇市场的类型

根据不同的标准来划分，外汇市场有不同的类型。

（一）按组织形态划分为有形外汇市场和无形外汇市场

有形外汇市场又称正式的外汇市场，指有具体的外汇交易场所和设施，如一般商品交易一样，参与者在规定的营业时间里集合于某一地点买卖外汇。这种组织形式主要存在于欧洲大陆的德国、法国、荷兰、意大利等国，以法兰克福、巴黎、阿姆斯特丹、米兰最为著名，因此这种方式的外汇市场也被称为“大陆式外汇市场”。

无形外汇市场又称非正式的外汇市场，指参与者利用电话、电传或计算机网络等通信工具进行外汇交易，而没有固定的交易地点和开盘、收盘时间。英国、美国、加拿大、瑞士等国均采用此种方式，因而也被称为“英美式外汇市场”。无形外汇市场以伦敦、纽约、东京、苏黎世、中国香港、新加坡和悉尼等地最为活跃。

无形外汇市场是当今外汇市场的主导形式。外汇市场更多的时候表现为一个无形的市场，即便是欧洲大陆国家，大部分外汇交易也是以电信方式办理的，而正式的市场功能有限，只能做部分当地现货交易。无形外汇市场使各国的局部市场发展成全球性的统一大市场，使有固定交易时间的市场成为一个可以 24 小时不间断进行外汇买卖的市场，从而使外汇交易更加便利，效率更高。

（二）按外汇交易主体划分为外汇零售市场和外汇批发市场

外汇零售市场是指由外汇银行与客户即公司或个人之间进行外汇交易的市场。公司和个人出于多种目的和需要，向银行买卖外汇。非投机性外汇买卖往往是与国际结算联系在一起的，主要是本币与外币之间的相互兑换，包括因商品进出口结算而引起的外汇供求和因非贸易收支而对外汇发生的供求，如偿付外债利息、国际旅游、留学、国际保险或运输费等。在这个市场上，外汇银行是最终外汇需求者和外汇供给者的中介，即一方面从客户手中买入外汇，另一方面又把外汇卖给需要的客户，从中赚取外汇买卖差价。因为这一层次的外汇市场每笔交易的金额相对较小，所以称其为外汇零售市场。

外汇批发市场是指银行同业之间进行外汇交易的市场。银行同业交易占外汇交易总额的 90%以上，而这一市场外汇交易的金额大、起点高，所以被称为批发市场。外汇批发市场和外汇零售市场构成了广义的外汇市场，而批发市场是狭义的外汇市场。外汇批发市场汇集了巨额的外汇供求流量，所以决定着外汇市场的即时汇率，其外汇买卖价差一般小于零售市场的价差。外汇零售市场的汇率就是在批发市场汇率的基础上加减一定点数形成的。

即测即评

外汇批发市场与外汇零售市场采用的汇率分别叫什么？

外汇批发市场中主要有三个层次的外汇交易：各商业银行之间进行的交易；中央银行与商业银行之间的交易；各国中央银行之间的交易。

银行在经营外汇业务时难免会出现买进和卖出不平衡的情况，出现各种外汇的“敞口头寸”，一种是长头寸，也叫多头头寸或超买（某种外汇的购入额多于卖出额），会导致银行的外汇库存过多；另一种是短头寸，也叫空头头寸或超卖（某种外汇的卖出额多于买入额），会导致银行的外汇库存过少。银行为了规避汇率变动风险，必须轧平头寸，即所谓抛长补短，抛出多头头寸的外汇，补进空头头寸的外汇，保持外汇买卖数额达到大致平衡。此外，银行还出于投机、套利、套汇等目的主动创造头寸地位，进行同业间更大规模的外汇交易。

中央银行在外汇市场起双重作用：监管外汇市场的运行；为影响汇率走势而干预外汇市场。中央银行为干预外汇市场所进行的交易是在它与外汇银行之间进行的。此外，各国中央银行间也会发生债权债务关系。

（三）按交割时间划分为即期外汇市场和远期外汇市场

即期外汇市场是从事现汇买卖活动的市场，即在成交后两个营业日内进行交割的外汇交易市场。远期外汇市场是从事期汇买卖的市场，即买卖双方成交后约定在将来某一时间按合同规定的汇率和数量进行交割的市场。

三、外汇市场的参与者

（一）外汇银行

外汇银行是指由各国中央银行指定或授权经营外汇业务的商业银行。外汇银行是外汇市场上最重要的参与者，其外汇交易构成外汇市场活动的主要部分。商业银行一般在批发和零售两个层次的外汇市场经营外汇买卖业务。如前所述，在外汇零售市场通过与客户的交易赚取买卖差价；在外汇批发市场通过与其他银行的交易来轧平在零售市场上交易带来的外汇头寸。银行有时候也在外汇市场上做投机交易，例如当其预测某种货币将升值，就买入这一货币，即持有该货币的多头头寸。大中型商业银行也在衍生外汇市场参与外汇交易，而且很多外汇衍生产品都是由其设计和提供的。

一些大型的跨国银行还在外汇市场上扮演做市商角色，即独立给出外汇的买卖报价，随时应客户要求按其所确定的报价买卖外汇。同时，这些银行的外汇交易员还在各个外汇市场与其他银行的交易员进行交易，以此来平衡外汇头寸。成为做市商需要一定的条件，如需要雄厚的资本和实力，对汇率的未来走势有较好的把握能力，在各大外汇市场都有结算账户，并有足够的能力来清算大笔外汇交易。尽管中小银行也参与批发市场交易，但一般不会成为做市商，它们通常在外币库存增加时直接调低报价，而在库存不足时调高报价，由此鼓励客户买进或卖出外汇，进而实现自身头寸的平衡。

（二）外汇经纪商

外汇经纪商（或经纪人）是指协助外汇买卖双方进行交易以获取佣金的中介机构。外汇经纪人本身并不是交易主体，不持有外汇，也不需要外汇，只是向客户提供中介服务并向其收取佣金。外汇银行虽然拥有从事国际金融业务的丰富经验和专业人才，但外汇市场信息量大且瞬息万变，因此要随时掌握最新信息，迅速达成交易，对业务广泛的商业银行来说难度很大。但外汇经纪人专门从事外汇交易，且拥有庞大的信息网络，可以针对外汇行情以有利的汇率帮助客户迅速成交，节约了客户收集信息的成本，提高了外汇市场的效率。通过经纪人进行的外汇交易称为间接交易，反之称为直接交易。

外汇的最终供求者、外汇银行与外汇经纪商的关系可以用图 8-1 来描述。假设客户 A 由于业务关系，需要从位于纽约的波士顿银行买入 500 万英镑外汇，即波士顿银行向客户出售 500 万英镑外汇。为了轧平这一交易产生的英镑头寸，波士顿银行可以直接与当地的花旗银行或美国银行进行交易，或者与位于伦敦的渣打银行或汇丰银行进行交易。但是在最短的时间内直接寻找卖出同样数量英镑的交易对象比较麻烦，需要付出较高的搜寻成本和交易成本，而且汇率不一定是最优的。所以，波士顿银行可以向纽约或者伦敦的经纪商咨询报价并下订单，经纪商通过自己庞大的交易网络，为其寻找最优的交易对手。经纪人可以联系纽约的花旗银行、美国银行，或者伦敦的汇丰银行、渣打银行，直到撮合完成交易，这样就大大提高了交易效率。

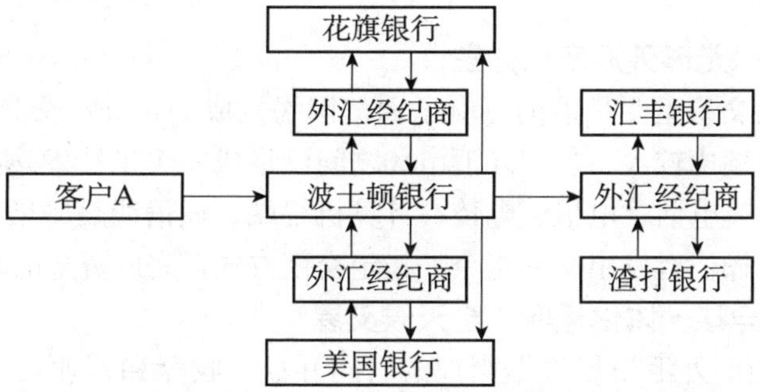

图 8-1　外汇的最终供求者、外汇银行与外汇经纪商的关系

可见，银行通过经纪商进行交易主要是为了缩短交易时间（给经纪商打 1 个电话可能省去给可能的交易对手打 10 个电话），同时可以保持匿名身份，因为在交易双方确认货币兑换的汇率之前，参与者身份的泄露在很大程度上会影响其交易报价。

（三）进出口商和其他外汇供求者

这类外汇市场参与者是外汇的实际供给者和实际需求者，是外汇银行的顾客。他们利用外汇市场满足交易性外汇需求、保值性外汇需求和投机性外汇需求。出口商出口收汇兑换成本币与进口商进口付汇兑换外币，都要在外汇市场交易外汇。因运输、保险、旅游、留学、单方面汇兑、国际有价证券买卖、外债本息收付、跨国投资等非贸易国际交往活动也会产生外汇交易。同时，这些外汇供求者还利用外汇市场来管理和规避汇率风险。如跨国公司一般会利用外汇远期合约的安排进行套期保值，以保证以外币表示的资产和负债在合约期内的本币价值不变。此外，还有外汇交易商等各类外汇投机者也会参与外汇交易。外汇交易商是指买卖外国汇票的公司或个人，他们利用自己的资金买卖外汇票据，从中取得买卖价差。外汇投机者参与外汇市场，其利润来自汇率变动的差价。他们都是为自身的利益进行交易，不需要服务于客户，仅仅是为了从市场本身的交易中获取收益。

（四）中央银行

中央银行也是外汇市场的主要参加者，但它一般不直接参与外汇市场活动，而是通过外汇经纪商进行外汇交易，以免暴露自己的身份。中央银行参加外汇市场的动机主要不是为了获取收益，而是为了实现汇率目标。当外汇市场出现抛售本币造成本币贬值压力时，中央银行可在外汇市场上卖出外汇资产，买入本币，以支撑本币汇率；反之，则买入外汇，增加外汇储备，卖出本币，以缓解本币汇率升值的压力。中央银行通过参与外汇市场买卖，调整外汇市场资金的供求关系，使汇率维系在一定水平上或限制在一定水平上，以维持本币汇率稳定和合理调节国际储备量。所以，尽管有时也是为了达到外汇储备的保值和增值，但在很多时候，中央银行出于宏观管理的需要而宁愿承担外汇交易的风险，这是它与其他外汇市场参与者最为显著的区别。

四、外汇市场的主要特征

外汇市场作为国际金融市场的重要组成部分，与国际货币市场、国际资本市场、黄金市场等其他国际金融市场关系密切，国际货币市场的借贷业务、国际资本市场的投资活动以及黄金市场的黄金交易都离不开外汇买卖。因外汇交易本身的独特性，外汇市场也有独具的特征。

（一）外汇市场以无形外汇市场为主

国际外汇市场的交易主要是借助于电子通信网络完成的，外汇交易所的交易量比较小，无形外汇市场的交易额比较大。各国外汇市场之间已形成一个迅捷发达的通信网络，任何一地的外汇交易可以通过电话、电报、电传、计算机终端、通信线路等硬件设施所形成的全球联通的网络来进行，操作者发出交易指令，指定交割方式，完成资金的划拨和转移。

（二）外汇市场全球一体化运作，全天候交易

分布于世界各地的外汇市场根据当地的时间开盘、收盘和营业，由于时差原因，外汇交易可以在全球任何一个有通信网络覆盖的地方全天 24 小时不间断地进行。全球部分外汇市场主要交易时段见表 8-1。

表 8-1　全球部分外汇市场主要交易时段

外汇市场	当地时间	北京时间
新西兰惠灵顿	09:00—17:00	04:00—12:00
澳大利亚悉尼	09:00—17:00	06:00—14:00
日本东京	09:00—17:00	08:00—16:00
中国香港	09:00—16:00	09:00—16:00
新加坡	09:30—16:30	09:30—16:30
德国法兰克福	09:00—16:00	15:00—22:00
英国伦敦	08:00—16:00	17:00—01:00
美国纽约	09:00—16:00	21:00—04:00

按照参与交易的金融机构所在地和交易时间，全球外汇交易大致可分为三个时段市场，即亚洲时段市场、欧洲时段市场和北美洲时段市场。在三个时段中，交易最为活跃的为欧洲时段，其中伦敦所占市场份额最大，伦敦一地交易量约占全球交易量的 30%。纽约是仅次于伦敦的第二大交易市场，交易量约占全球交易量的 19%。亚洲时段东京市场交易量相对较大，中国香港、新加坡市场交易量略小。

从市场波动来看，亚洲时段市场一般较为平静。由于伦敦时段市场参与者最多、大宗交易最多、经济数据公布最集中，伦敦午盘与纽约早盘又有重叠时段，也就是北京时间每

日的 21:00 至次日 1:00，从而导致这一时段市场波动最为剧烈。至纽约午盘，市场波动性又有所降低。

在国际外汇市场交易的主要是发达经济体可自由兑换货币，其中交易量最大的为 USD、EUR、GBP、CAD、JPY、AUD、CHF 7 种货币。各货币对的大致交易量见表 8-2。

表 8-2　各货币对的大致交易量

货币对	市场份额	货币对	市场份额
EUR/USD	28%	USD/CHF	4%
USD/JPY	17%	EUR/JPY	3%
GBP/USD	14%	GBP/EUR	2%
USD/OTHERS	17%	EUR/CHF	1%
AUD/USD	5%	EUR/OTHERS	2%
USD/CAD	4%	OTHERS/OTHERS	2%

（三）汇率波动频繁，不同市场间的汇差日益缩小

自 20 世纪 70 年代各国实行浮动汇率制度以来，国际资本流动规模越来越大，金融自由化程度越来越高，使得汇率波动日益频繁。尽管如此，由于国际外汇市场是高度一体化的市场，在外汇市场上交易的标的物是货币，具有同质性，而且各国的外汇市场已经形成了一个统一的全球大市场，借助于发达的通信网络，各地的行情变化可以迅速传播，人们可以随时获得汇率变动的信息，非常方便地进行货币买卖，各市场之间的汇率差距能够迅速调整，使外汇供给和需求以及货币汇率在全球范围内趋向一致。同时，当不同外汇市场相同货币的汇率有差异时，迅速而规模巨大的套汇行为就会产生。套汇活动使汇率较低市场的需求激增，汇率较高市场的需求骤降。需求增加的货币，其汇率会迅速上升，而需求减少的货币，其汇率会迅速下降，结果各外汇市场的货币汇率差异会在非常短的时间内得以消除。

（四）各国政府对外汇市场干预频繁

各国政府对经济的管理往往是通过对市场的干预实现的，政府对外汇市场的干预与对其他市场的干预相比，无论是规模还是频率都大得多。从理论上看，实行浮动汇率制度后，各国中央银行不再负有维持汇率的义务，货币汇率应由市场供求关系来决定，但各国从自身经济利益出发，从未停止对外汇市场的干预。这种干预有时是一国的货币当局介入，有时甚至是几国中央银行联合进行。

五、外汇市场的交易模式

外汇市场主要有两种外汇交易模式，即竞价驱动模式和报价驱动模式。

（一）竞价驱动模式

竞价驱动又称指令驱动，是指买卖双方将各货币对的买卖价格匿名报入外汇交易所的竞价撮合系统，提交买入指令或卖出指令，交易系统按照“价格优先、时间优先”的原则进行匹配，自动选择最优的买卖报价并匿名发布，为买卖双方进行撮合成交，因而竞价交易也叫匿名交易。

例如，A 银行提交 EUR1＝USD1.135 4 买入 1 000 万美元的指令，同时 B 银行提交

EUR1＝USD1.135 2 卖出 1 000 万美元的指令，则外汇交易所不能为其撮合成交，如果 C 银行提交 EUR1＝USD1.135 4 卖出 1 000 万美元的指令，则其就可以与 A 银行成交。

采用这种交易模式时，交易的清算是通过交易所集中完成的，即集中清算。竞价驱动交易模式在国际外汇市场上并不多见。

（二）报价驱动模式

做市商报价驱动模式是当今外汇市场的主导交易模式。做市商不断向客户报出买卖双向价格，并接受客户的询价和买卖请求，按其主动报出的价格，以其自有资金和外汇与客户进行交易。在此，市场价格主要由做市商决定。做市商的基本作用是持续双向报价，为市场提供流动性，使大额交易迅速成交，提高市场的效率。另外，做市商的报价一般比较稳定，也起到了减缓市场波动的作用。采用这种交易模式时，交易的清算是在做市商和客户之间直接进行的，即双边清算。

六、外汇市场上的外汇交易

（一）外汇交易的定义及种类

外汇交易（foreign exchange transaction/FX transaction），也称外汇买卖或货币兑换，是指在外汇市场上以外汇银行为中心，交易双方按约定的价格和金额买入一种货币并且卖出另一种货币的交易，或者用给定货币去兑换另一种货币的活动。

外汇交易产生于国际贸易结算，但已成为国际经济与金融活动的基本过程和重要工具。在外汇市场上，每天都要发生数额巨大的外汇交易。这些外汇交易发生的原因是多方面的，例如贸易和投资、对冲保值、投机等，其中最根本的是政府、企业、金融机构以及家庭个人对非本国货币的需求和供应。由于有形商品的进出口、劳务的输出和输入、金融资产的投资和流转、不动产的投资等引致了对外汇的需求与供应，这些需求与供应具体体现在国际结算、国际投资、外汇融资和外汇保值等业务中。当然，外汇交易的目的不止于此。事实上，大约每日交易周转的 5%是由于公司和政府部门在国外购买或销售其产品或服务，或者将其在国外赚取的利润转换成本国货币，而另外 95%的交易是为了投机套利。

外汇交易有多种类型。通常将国际外汇市场上的外汇交易产品分为两类：传统的外汇交易和外汇衍生品交易。传统的外汇交易形式包括即期外汇交易、远期外汇交易、掉期交易等；外汇衍生品交易是在 20 世纪 70 年代之后迅速发展起来的，主要包括货币期货交易、货币期权交易、货币互换交易等。各种外汇交易都有不同的特点，市场参与者根据自己的需要，选择不同的交易方式。

（二）货币对及其交易金额和交易方向

外汇交易的特点是买入一对货币组合中的一种货币的同时卖出另一种货币，因而外汇是以货币对的形式进行交易，如欧元/美元（EUR/USD）、美元/日元（USD/JPY）。在我国，外汇交易包括人民币外汇交易和外币对交易。人民币外汇交易（RMB-FX transaction）指买入人民币并卖出外汇，或买入外汇并卖出人民币的交易。外币对交易（foreign currency transaction）也称外币买卖、外汇买卖，是指不涉及人民币的外汇对外汇的交易。美元兑人民币（USD/CNY）为人民币外汇交易；欧元兑美元（EUR/USD）为外币对交易。

从外汇交易的角度看，外汇交易中两种货币成对交易，称为一个货币对。根据计价标的的不同，两种货币分为基准货币和非基准货币；根据交易标的的不同，分为交易货币和对应货币。

基准货币是指一个货币对中作为被计价标的的货币；非基准货币是指一个货币对中用于计量 1 个货币单位基准货币价格的货币。通常，基准货币在前，非基准货币在后，中间以“/”或“.”分隔。

交易货币是指外汇交易时作为交易标的的货币。交易货币可以是基准货币，也可以是非基准货币。对应货币是指一个货币对中与交易货币相对应的货币。

例如：(1) 在美元/人民币（USD/CNY）货币对中，假设美元/人民币汇率为 6.157 6，即 1 美元兑换 6.157 6 元人民币，美元是基准货币，人民币是非基准货币；(2) 在欧元/美元（EUR/USD）货币对中，假设欧元/美元汇率是 1.383 3，即 1 欧元兑换 1.383 3 美元，欧元是基准货币，美元是非基准货币；(3) 机构 A 与机构 B 达成一笔外汇交易，买入 USD/CNY 1 000 万美元，则美元是交易货币，人民币是对应货币，如买入 USD/CNY 1 000 万元人民币，则人民币是交易货币，美元是对应货币。

外汇交易中的金额，分为基准货币金额、非基准货币金额、成交货币金额、对应货币金额、折美元金额。除非交易双方另有约定，否则交易金额为基准货币金额。外汇交易发起方发出交易请求时一般需指明交易货币及交易货币金额。折美元金额是指外汇交易按成交当时的美元市场汇率折算成的美元金额，通常用作交易量统计的基准。含美元货币对折美元金额即该货币对中的美元金额；非美元货币对的折美元金额以交易货币兑美元的市场实时汇率（买入报价和卖出报价的均价）折算。外汇期权交易中，所有货币对（包括含美元货币对）的折美元金额都以交易货币兑美元的市场实时汇率（买入报价和卖出报价的均价）折算；若交易货币为美元，即直接采用该货币对的美元金额。例如：

(1) 机构 A 与机构 B 达成一笔外汇交易，买入 USD/CNY1 000 万美元，成交价为 6.157 6，则基准货币金额与交易货币金额为 1 000 万美元，非基准货币金额与对应货币金额为 61 576 000 元人民币（10 000 000×6.157 6），折美元金额为 1 000 万美元。

(2) 机构 A 与机构 B 达成一笔外汇交易，买入 USD/CNY 1 000 万元人民币，成交价为 6.157 6，则基准货币金额与对应货币金额为 1 624 009 美元（10 000 000÷6.157 6），非基准货币金额与交易货币金额为 1 000 万元人民币，折美元金额为 1 624 009 美元。

(3) 机构 A 与机构 B 达成一笔外汇交易，买入 HKD/CNY 1 000 万元人民币，成交价为 0.794 00，则基准货币金额与对应货币金额为 12 594 458 港币（10 000 000/0.794 00），非基准货币金额与交易货币金额为 1 000 万元人民币，市场实时 USD/CNY 买入报价 6.157 6，卖出报价 6.157 8，则折美元金额为 1 623 983 美元（10 000 000/6.157 7）。

(4) 机构 A 与机构 B 达成一笔外汇期权交易，约定买入 USD/CNY1 000 万元人民币期权，执行价为 6.000 0，基准货币金额与对应货币金额为 1 666 667 美元（10 000 000/6.000 0），非基准货币金额与交易货币金额为 1 000 万元人民币，市场实时 USD/CNY 买入报价 6.157 6，卖出报价 6.157 8，则折美元金额为 1 623 983 美元（10 000 000/6.157 7）。

外汇交易的交易方向，除非交易双方另有约定，一般为基准货币方向，通常包括买入基准货币和卖出基准货币。例如在美元/人民币（USD/CNY）货币对中，买入（buy）即为买入美元（基准货币）卖出人民币，卖出（sell）即为卖出美元（基准货币）买入人民币。

七、我国外汇市场的层次

同国际外汇市场一样，我国外汇市场也包括批发外汇市场和零售外汇市场两个层次，即银行间外汇市场和银行与客户之间的外汇市场。

银行间外汇市场是银行同业之间通过中国外汇交易中心的统一、高效的电子交易系统进行交易的外汇市场，参与者包括外汇指定银行、具有交易资格的非银行金融机构和非金融企业。目前，我国银行间外汇市场主要包括银行间即期外汇市场、银行间远期外汇市场、掉期外汇市场、期权外汇市场和外币买卖市场等几个子市场。银行间外汇市场以中国外汇交易中心的交易平台为依托，实行会员制，凡是符合条件的银行、非银行金融机构及非金融企业均可申请成为交易中心会员，可在交易中心现场或通过远程终端进行交易。银行间外汇市场的交易机制是做市商制度和经纪商制度。

银行与客户之间的外汇零售市场主要是指银行与客户在银行的网点柜台或通过网上银行、电话银行等方式完成外汇交易的市场，包括银行与客户之间的结售汇、外汇理财、外汇买卖等市场。

任务二　即期外汇交易与远期外汇交易

一、即期外汇交易

（一）即期外汇交易的含义和交割时间的确定

1. 即期外汇交易的含义

即期外汇交易（spot exchange transaction），又称现汇交易，是指外汇买卖双方以即期汇率成交后，在两个营业日内完成交割的外汇买卖，如图 8－2 所示。

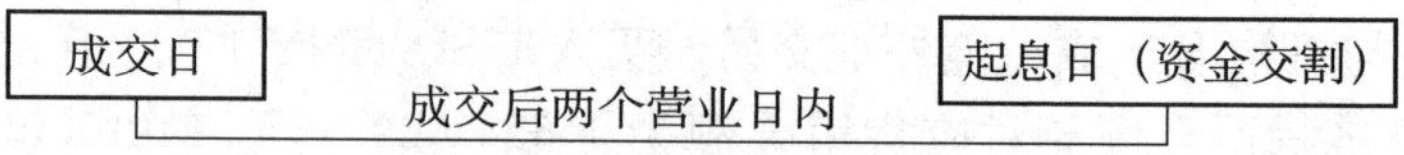

图 8－2　即期外汇交易的含义

即期外汇业务是外汇市场上其他外汇交易的基础，也是最常见、最普通的交易形式。即期外汇交易量占外汇市场整个交易量的 60%～70%，远远大于其他交易方式的交易量。而银行同业间的即期外汇交易又占了其中的 95%，金额巨大。一般而言，在国际外汇市场上进行外汇交易时，除非特别指定日期，一般都视为即期交易。即期外汇交易的汇率为即期汇率或叫现汇汇率，它构成整个外汇市场汇率的基础。

2. 即期外汇交易交割时间的确定

即期外汇交易的交割时间有三种情况：

第一种是第二个工作日交割（value spot 或 VAL SP）的即期外汇交易。它是指在成交后第二个营业日进行交割。按惯例，这是标准的即期外汇买卖。因为在这两天内，买卖双方留有充足的时间确认交易、安排清算以及银行账户借记和贷记工作。目前，大部分即期外汇交易都采用这种方式。

第二种是翌日交割（value to tomorrow 或 VAL TOM）的即期外汇交易。它是指在成交后第一个营业日进行交割。按惯例，美元和加元之间的即期外汇交易通常在交易完成后的第一个工作日（T+1）结算，因为加拿大和美国同处一个时区，减少了结算时间。

第三种是即日交割（value to day 或 VAL TOD）的即期外汇交易。它是指在成交当日进行交割。1989 年前在香港外汇市场用美元兑换港元的交易就采取即日交割形式。

营业日（business day）也称工作日，是指两个清算国银行全都开门营业的时间，即将法定节假日除外的工作日。在外汇市场上，由于涉及两种不同的货币，交割日必须是两种货币共同的营业日，至少应该是付款地市场的营业日，否则就无法将货币交付对方。由于大多数国家实行每周五天工作制，因此两种货币交割时，如果遇到交易双方其中任何一方的收款行处在星期六、星期日或国家的公共假日，则即期起息日按照“下一营业日”准则进行调整，也就是交割日顺延至下一营业日。例如，一笔在 6 月 26 日成交的标准即期外汇买卖，如果 6 月 27 日、28 日都是营业日，则 28 日就是双方交割付款的时间。双方应当保证自己的付款能使对方开户银行在 28 日收妥交易货币，并开始计息，因此 28 日就是交割日。假如 6 月 27 日和 28 日是周六、周日，银行不对外经营外汇业务，因而标准的交割日就是 6 月 30 日（周二）。

即期外汇交易表面上看似乎是同时收、付，没有风险，但由于各国清算制度和技术上的差异，只能在 1 天后才能知道该笔交易是否已收妥，因此要承担信用风险。此外，由于欧、亚、美三大洲之间各有 6～8 小时的时差，有时遇到交易对方营业时间结束而延长了交割时间，由此会产生信用风险和汇率变动风险。

（二）即期外汇交易的作用

即期外汇交易的基本作用是：

1. 可以满足临时性的支付需要

通过即期外汇业务，可以建立各种货币头寸，满足对不同货币的需要。例如，某公司持有美元，但要对外支付的商务合同的货币是欧元，该公司便可以通过现汇买卖，卖出美元，买进欧元，满足对外支付欧元的需要。

2. 可以调整现有外汇头寸的不同货币比例，防范汇率风险

例如，某公司遵循“不要把所有的鸡蛋放在同一个篮子里”的原则，通过即期外汇买卖，将其全部外汇资产调整为美元占 40%、港元占 30%、欧元和日元各占 15%的比例，用以分散外汇风险。

3. 进行外汇投机

即期交易可以随时买卖外汇，便于个人和公司进行短期外汇投机。例如，某日即期市场上每欧元兑 1.200 0 美元，投机者预期 3 个月后欧元将升值 10%，为 1.320 0 美元，认为可以进行投机操作。于是以 1 欧元＝1.200 0 美元的即期价格购买欧元，并存到银行赚取利息，3 个月后再以 1 欧元＝1.320 0 美元的即期价格卖出欧元。假设 3 个月后欧元即期汇率果然上升为 1.320 0 美元，则该投机者预期准确，并且在不考虑生息收入的情况下，每欧元将赚得 0.12 美元的利润。

由此可见，现汇投机的原理是：低买高卖，两笔交易有时间差。汇率预测准确则获利，反之则受损。现汇投机的前提条件是，投机者手里必须有现款。

（三）即期外汇交易的基本程序

一笔完整的外汇交易包括五个步骤：询价、报价、成交、证实及结算。即期外汇交易

的成交金额一般都比较大，交易单位以百万美元计，而且交易时间不超过半分钟，所以实际外汇交易中为节约时间将许多单词、数字进行简化，并且由于历史、习惯等原因还有许多特殊的“行话”。

1. 询价（asking）

外汇交易中向对方提出交易请求，要求对方报价的一方即询价者，或叫发起方。在有外汇交易需求时，询价者通常要自报家门，询问有关货币的即期汇率的买入价和卖出价，以便对方制定交易对策。询问的内容必须简洁、完整，包括币种、金额等。此外，询价时不透露自己是想买进还是卖出，以防止对方抬价或压价。

2. 报价（quotation）

外汇交易中应对方交易请求而进行报价的一方叫报价方。当一家银行的外汇交易部门接到询价时，一般要求做出回答，即报价，形成买入报价和卖出报价，通常是报价方为买入或卖出基准货币而报出的价格。报价是外汇交易的关键环节，报价合理与否，关系到外汇买卖能否成交。报价时必须遵守“一言为定”原则和“我的话就是合同”的惯例，只要询价方愿意按报价进行交易，报价行就要承担按此报价成交的责任，不得反悔或变更。

3. 成交（done）

当报价行报出买卖价后，询价方要立即做出答复，买进还是卖出，以及买或卖的货币金额。若不满意此报价，询价方可回答“Thanks，nothing”，表示谢绝交易，此时报价便对双方无效。

4. 证实（confirmation）

证实即进行交易确认（trade confirmation）。在报价行做出交易承诺后，通常是回答“OK，done”，交易双方还应将买卖货币的名称、汇率、金额、起息日期及结算办法等交易细节再相互证实或确认一遍。

5. 结算（settlement）

结算也叫清算（clearing），这是外汇交易的最后一道程序，即双方交易员将交易的文字记录交给交易后台，由后台根据交易要求，指示其代理行将卖出的货币划入对方指定的银行账户的处理过程。清算包括集中清算和双边清算两种模式，可以全额清算也可以净额清算。

（1）集中清算和双边清算。集中清算是指外汇交易达成后，第三方作为中央清算对手方（例如我国的上海清算所）分别向交易双方独立进行资金清算。双边清算是指外汇交易达成后，由交易双方按交易要素直接进行资金清算。

例如，假定2024年7月21日，机构A和机构B达成一笔美元兑人民币即期交易，机构A以7.160 0的价格向机构B买入USD10 000。

采取双边清算：2024年7月23日，机构A向机构B支付CNY71 600，同时机构B向机构A支付USD10 000。

采取集中清算：2024年7月23日，机构A向中央清算对手方支付CNY71 600，同时中央清算对手方向机构A支付USD10 000；机构B向中央清算对手方支付USD10 000，同时中央清算对手方向机构B支付CNY71 600。

（2）全额清算和净额清算。全额清算是指交易双方对彼此之间达成的交易，按照交易要素逐笔进行资金清算。净额清算是指对同一清算日的交易按币种进行轧差，并根据轧差后的应收或应付资金进行结算。

例如，假定 2024 年 8 月 11 日，机构 A 和机构 B 达成了三笔美元兑人民币即期交易：机构 A 以 6.832 7 的价格向机构 B 买入 10 000 美元；机构 A 以 6.832 9 的价格向机构 B 卖出 10 000 美元；机构 A 以 6.830 0 的价格向机构 B 买入 10 000 美元。

采取双边全额清算：2024 年 8 月 13 日，机构 A 分三次向机构 B 支付 CNY68 327、USD10 000、CNY68 300；同时，机构 B 分三次向机构 A 支付 USD10 000、CNY68 329、USD10 000。

采取双边净额清算：2024 年 8 月 13 日，机构 A 只需向机构 B 轧差支付 CNY68 298（68 327＋68 300－68 329），同时机构 B 只需向机构 A 轧差支付 USD10 000（10 000－10 000＋10 000）。

（四）即期外汇交易的报价

外汇交易的核心成员是外汇银行。外汇银行随时为前来询价的顾客提供各种货币的汇价并承诺以此汇价与之成交。如前所述，在外汇市场上，把提供汇价的银行称为报价者（price maker），并把报价者向市场所有成员随时提供即时汇价的行为称为“维持市场”（maintain a market）；与此相对，把向报价者索价并与之成交的其他外汇银行、外汇经纪人、公司、个人和中央银行等称为发起方或询价者、取价者（price hitter）。例如，机构 A 向机构 B 发起一笔外汇交易，希望买入 USD/CNY1 000 万美元，机构 B 给出报价 6.832 1/23，则机构 A 为发起方，机构 B 为报价方。

在即期外汇市场上，报价环节有一些约定俗成的惯例。一个合格的外汇交易员必须熟练掌握外汇交易的术语、行话以及交易报价规范。具体包括：

（1）多数报价的中心货币是美元，即采用“单位美元”标价法（1 美元等于若干其他货币）。例如，“SP CAD”为 1 美元兑换若干加拿大元的即期汇价。只有英镑、爱尔兰镑、澳大利亚元、新西兰元、欧元采用每一该种货币等于若干美元的标价方法。例如，EUR/USD（1 欧元兑换多少美元）：1.082 3/1.093 1。

（2）一般采用“双价”报价的原则，即报价行必须同时报出买入价和卖出价，不能只报买价不报卖价，也不能只报卖价不报买价。例如，USD/CHF：1.062 3/1.071 9；又如，GBP/USD：1.242 8/1.255 2。而报刊公布的中间价只是供读者参考，不能作为外汇交易的依据。

之所以采用双向报价制，是因为即期外汇交易成交前，询价者通常不会向报价者透露其交易意图，因此报价行必须向询价者同时提供买价和卖价，即使报价行无意与其成交，也只能通过拉开买价与卖价的差距来婉拒询价者。当报价行对询价者报出某种货币的买卖价时，它就承担了以这种价格买进或卖出该种货币的义务，但这一义务是在询价者同意在此报价基础上立即成交时报价行才承担。如果买卖未成交或询价者转向其他货币的报价，或者询价者在得到报价后讨价还价，则此报价无效，报价行不承担任何义务。

（3）银行报价采用点数标价法。银行报价的 5 位有效数字可以分成两个部分：大数（big figure）和小数（small figure）。大多数的汇价，其小数点后第二位以前的数据为大数，以后的数据为小数，如加元兑美元汇价：USD/CAD：1.392 0/1.398 0，其中 1.39 是大数，20/80 是小数。也有少数几种汇价，其整数部分为大数，小数部分是小数，如日元兑美元汇价：USD/JPY：108.15/108.85，其中 108 是大数，15/85 是小数。习惯上，汇率报价只写出前一个汇率和后一个汇率的最后有变化的几位数，如上面的牌价可以写成：USD/CAD：1.392 0/80 和 USD/JPY：108.15/85。交易员未报出的原因是：在短短数秒的询价、报价及成交的过程中，汇率通常不会有非常大的变动，于是大数便可省略不说。

当通过电信网络报价时，银行之间的报价只报后两位数字。如美元兑日元的汇价如果是 USD1＝JPY110.70/80，报价行的交易员一般只报为 70/80。一旦成交后，再确认全部的汇率是 110.70 或 110.80。

外汇牌价的买入价和卖出价是站在报价银行的角度来说的。从报价行的角度看，斜线左边是买入价，右边是卖出价。

例如，假定某年 10 月某日国际外汇市场上某银行报价情况如下：

USD/JPY	108.12/18
EUR/USD	1.371 9/25

上述报价中，美元兑日元的汇率，表示报价者愿意以 108.12 的汇价买进美元、卖出日元；同时愿意以 108.18 的汇价卖出美元、买入日元。EUR/USD 的报价表示报价者愿意以 1.371 9 的汇价买入欧元、卖出美元，也就是说愿意支付 1.371 9 美元买进 1 欧元；同时以 1.372 5 的汇价卖出欧元、买进美元，即愿意卖出 1 欧元收取 1.372 5 美元。

（4）外汇交易数量固定，一般以 100 万为单位，交易金额很大。如“Five Dollar”表示 500 万美元。如果交易额低于 100 万美元，应在询价时预先说明是小额的，并且报出具体交易金额。

（5）报价速度与价差的宽窄。报价速度是指报价行外汇交易员接到询价后直到报出汇价所需时间的长短。在即期外汇市场中，汇率瞬息万变。对询价者来说，时间就是金钱，有时报价仅耽搁 30 秒，询价者就可能失去成交的机会或付出更高成本，报价行也可能会失去一个客户的信任。一般而言，报价行对经常交易的货币（美元、日元、英镑等）报价时间应在 10 秒内，有些国际大银行对外汇交易员的要求更严格，报价时间压缩在 5 秒内。

价差对报价行来说是外汇业务利润的来源，而对询价方来说则是他们作为交易主动方所付出的代价。价差越窄，意味着报价行获利越小，询价方买卖成本越低。因此，价差的宽窄是他们成交时最关心的因素之一。在即期外汇市场上，常见交易货币价差一般为 5～10 个点。一些国际大银行在向其主要客户报价时价差常压到 1～3 个点，有时甚至报“选择价”（choice price），即买价和卖价相同的报价。但此价格一经报出，询价者必须以此价格成交。

（五）即期外汇业务的种类

现汇交易不同于现钞交易，现钞交易可以在同一时间、同一地点进行不同货币现钞的兑换，而现汇交易有可能在同一时间，却绝不可能在同一地点进行交易。它只能是在此地付出此货币，在彼地收进彼货币。其结算方式有三种：电汇汇款方式、信汇汇款方式和票汇汇款方式。因而即期外汇业务也分为三种类型。

1. 电汇（telegraphic transfer，T/T）

电汇是指外汇买卖成交后用电报、电传等电信手段通知对方银行将外汇交易金额收付记账。由于用电信方式收付外汇的时间短，一定程度上可以减少汇率风险，因此目前大多数外汇交易都以这种方式进行结算，从而使电汇汇率成为外汇市场上的基本汇率，其他汇兑方式的汇率也均以电汇汇率为基础进行核算。同时，正是因为电汇时间短，所以银行不能利用客户资金，再加上电报、电传的费用高，因而电汇汇率比信汇汇率和票汇汇率都要高。电汇的结算凭证是加注密码的电汇付款委托书。

2. 信汇（mail transfer，M/T）

信汇是指外汇买卖成交后，用信函方式通知对方银行将交易金额收付记账。信汇的结算凭证是信汇付款委托书，不必加注密码。

3. 票汇（demand draft，D/D）

票汇是指外汇买卖成交后，用开具汇票、本票、支票进行交割的方式。汇出行应汇款人的申请，开立以汇入银行为付款人的银行汇票，交由汇款人自行寄送给收款人或亲自携带出国，汇入银行向收款人解付汇款。票汇的凭证是银行汇票。

（六）即期外汇业务的常见方式

外汇银行与客户之间的即期外汇交易方式一般有四种：汇出汇款、汇入汇款、进口付汇和出口收汇等。

1. 汇出汇款

这是指需要支付外币的客户首先向银行付出本币，再委托银行向国外的收款人汇款。银行接受汇款人委托后，通知其国外分支机构或代理机构向收款人支付相应款项。汇出汇款实际上是客户买进外汇、外汇银行卖出外汇的一种即期交易。

例如，美国进口商向英国出口商买入 100 万英镑的商品。美国进口商要求其开户银行电汇这笔款项。当时即期汇率 GBP1＝USD1.312 0，则美国银行借记美国进口商 131.2 万美元，并汇出 100 万英镑。在这笔即期外汇交易中，美国银行卖出 100 万英镑，买进 131.2 万美元。

2. 汇入汇款

这是指收款人收到国外以外币支付的款项后，通过结汇卖给银行，得到本币款项。一般是办理汇款的境外银行（汇出行）将外币资金转入收款人的银行（汇入行）结算账户中。汇入汇款实际上是客户卖出外汇，银行买入外汇的即期外汇交易。

3. 进口付汇

常用的一种是为进口商开出信用证的银行，按照约定的付款条件对出口商开出的即期汇票付款，即开证行将外币计价的货款通过外币结算账户垫付，然后向进口商提示汇票，请其按照即期付款条件支付。进口商以本币向银行支付了进口货款，进口付汇就完成了。在此结算过程中，实际上进口商作为客户向开证行买入一笔即期外汇，开证行做了一笔卖出外汇的即期交易。

4. 出口收汇

出口收汇结算方式很多，常用的一种是出口商将出口货物装船后，立即开立以交易双方商定的计价结算货币汇票，并附有关单证，请银行议付货款，议付行将货款记入出口商结算账户中，同时议付银行将汇票等单据寄往境外付款行，按照汇票即期支付的条件收取以外币支付的款项。在此结算过程中，实际上是客户向议付行卖出、议付行买入即期外汇的交易。

我国银行结售汇业务

综上所述，汇出汇款和汇入汇款是纯粹的、基本的外汇交易形式，可以是出于任何目的的外汇交易；出口收汇和进口付汇是由于进出口贸易产生的外汇交易。

（七）即期外汇交易范例

首先，通过一笔银行间外汇交易范例来说明即期外汇交易所涉及的要素。

范例一：2024 年 4 月 22 日，机构 A 通过外汇交易系统与机构 B 达成了一笔美元兑人民币即期询价交易，机构 A 为发起方。约定机构 A 以 USD/CNY=6.160 0 的价格向机构 B 卖出 USD10 000 000。涉及的交易要素见表 8-3。

表 8-3 即期外汇交易涉及的交易要素

发起方	机构 A	报价方	机构 B
成交日	2024-04-22	交易模式	询价交易
货币对	USD/CNY	价格	6.160 0
交易货币	USD	对应货币	CNY
交易货币金额	USD10 000 000	对应货币金额	CNY61 600 000
折美元金额	USD10 000 000		
交易方向	机构 A 卖出 USD 买入 CNY；机构 B 买入 USD 卖出 CNY		
期限	SPOT	起息日	2024-04-24
清算模式和方式	双边全额清算		

其次，通过两笔即期外汇交易的过程来说明这种交易方式的一般做法。即期外汇交易范例二和范例三分别见表 8-4 和表 8-5。

表 8-4 即期外汇交易范例二

交易过程	意义说明
ABC：CHF1	与“USD 1 MIO AG CHF”的含义一样，即 ABC（询价者）询价：100 万美元兑瑞士法郎的价格是多少。这里，美元是被报价货币，所以买卖的商品是美元
XYZ：CHF1.321 3/18	XYZ（报价行）报价：价格为 USD1=CHF1.321 3/18
ABC：13Done My CHF to ABC ZURICH A/C	我在买入价 1.321 3 的价位卖出 USD。我的瑞士法郎汇到我在 ABC ZURICH 银行的账户
XYZ：Agree CFM at 1.321 3 We buy USD 1 MIO AG CHF val May 20，USD to XYZ NY	同意成交 证实：在价格 1.321 3 我们买入 100 万美元 起息日 5 月 20 日，美元汇到纽约 XYZ 银行
ABC：TKS for price BIBI	谢谢你的报价，再见

表 8-5 即期外汇交易范例三

交易过程	意义说明
A：GBP 8 MIO	A（银行）询价：英镑兑美元，金额 800 万英镑。这里，英镑是被报价货币，所以买卖的是英镑
B：1.332 0/30	B（银行）报价：价格 GBP1=USD1.332 0/30
A：My risk	A 不满意 B 的报价，在此价格下不做交易，即此价格不再有效，A 可以在数秒内再次向 B 询价
A：Now PLS	A：再次向 B 询价

续表

交易过程	意义说明
B：1.332 5 Choice	B：以 1.332 5 的价格任 A 选择要买或卖（一般当报价行报出 Choice 时，一定要做交易，不可以以价格不好为借口而不做）
A：Sell PLS My USD to a NY	A：选择卖出英镑，金额 800 万，我的美元请汇入 A（银行）的纽约账户
B：OK done At 1.332 5 We buy GBP 8 MIO AG USD Val Feb-28 GBP to MY London TKS for Deal，BIBI	B：成交 在 1.332 5 我买入英镑 800 万，交割日 2 月 28 日，我的英镑汇入 B（银行）伦敦的英镑账户，谢谢惠顾，再见

二、远期外汇交易

（一）远期外汇交易的含义和特点

1. 远期外汇交易的含义

在对外贸易和其他国际经济交往中，由于市场竞争激烈和交易的复杂性，交易双方债权债务的两清常采用远期收付汇的结算方式，如给予进口商延期支付进口货款、出口商延期收汇的短期商业信用。但是，远期收付汇会遇到汇率涨跌的风险，为了规避风险，客观上产生了远期外汇交易。

远期外汇交易（forward exchange transaction），又称期汇交易，是指买卖双方成交后即签订远期外汇合同（合约），将外汇交易方向（买进或卖出）、交易币种、数量、远期汇率和到期日在合同中确定下来，并在两个营业日之后（非即期起息日）办理交割的外汇交易活动（如图 8-3 所示）。由于国际上即期交易的运作是在成交日之后的两个工作日内结算或交割的，所以任何在成交日之后的两个工作日以后进行交割的外汇买卖，都被视为远期交易。远期合约的期限一般为 1～12 个月，常见的期限有 1 个月、2 个月、3 个月、6 个月和 12 个月，1 年以上的称超远期外汇买卖。

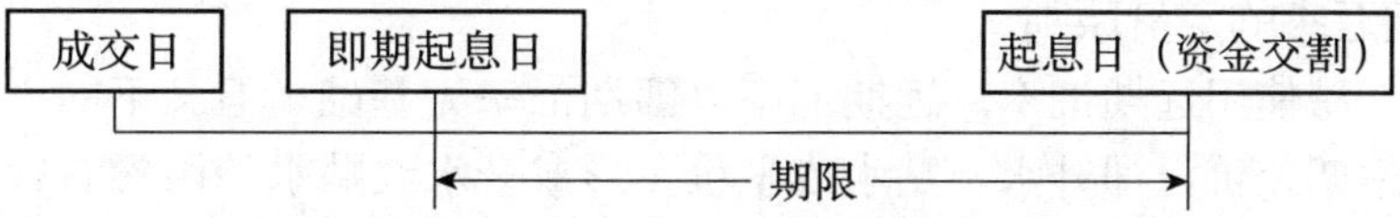

图 8-3　远期外汇交易的含义

远期外汇的交割日（value date），在大部分国家是按月而不是按天计算的，也就是起息日与货币对即期交易起息日时间差为固定时间段的标准期限，如 1W、1M、1Y 等。但在少数情况下，有的客户由于某种特殊需要，也可以同银行签订特殊日期或带零头日期的远期外汇合约，也就是外汇交易起息日落在标准期限日期以外的非标准期限，如 23 天、100 天等。这类合约叫作零星交易（odd date 或 broken date transaction）。在日常交易中，任何一个月份的任何一个营业日都可以作为远期外汇买卖的交割日。并且，在日历的日数上，远期交割日日数与即期交割日日数相同，这就是所谓的“日对日”原则，即远期交易起息日等于即期起息日加上双方约定的期限。

例如，某公司于 2024 年 7 月 15 日与日商签订了一份进口日本机器的合同，合同规定 2 个月后支付货款，那么该公司将于 2024 年 9 月 15 日或者 9 月 17 日（因为即期交易的标准交割日为 7 月 17 日）支付该笔日元货款。

另外，远期外汇业务交割日的确定还要遵循“节假日顺延”和“不跨月”的原则。

所谓“节假日顺延”，与即期外汇交易中的节假日顺延的含义和做法相同。如上例中，如果结算时间为 3 个月，即在 2024 年 10 月 17 日支付货款，由于该日是交易双方某国的星期六，所以交割时间应推后为 10 月 19 日。

所谓“不跨月”，是指远期外汇交割日遇上节假日顺延时，不能跨过交割日所在月份。假如 2 个月的远期外汇交易的成交日是 5 月 28 日，即期交割日为 5 月 30 日，2 个月期对应的 7 月 30 日、31 日均不是营业日，则交割日不能顺延，否则就跨过 7 月份了。因此，按此规则，这笔远期外汇的交割日应退回到 7 月 29 日，如果 7 月 29 日仍为节假日，则再退回到 7 月 28 日，依此类推。

2. 远期外汇交易的特点

（1）远期外汇交易主要是在无形市场进行，通过电话、电报、电传等通信工具，按照牌价成交。

（2）在远期外汇合约中，货币种类、汇率、交易金额、交割日期等没有统一标准的限制，由买卖双方自行商定。

（3）远期外汇交易是无限制的公开活动，任何人都可以参加，买卖双方可以直接进行交易，也可通过经纪人进行交易。但远期外汇交易主要为银行间同业市场业务，合同金额一般比较大，个人和小公司参与买卖的机会较少。

（4）远期汇价由银行报出，买卖双方都要分别报出买入价和卖出价。

（5）期汇交易到期后无论汇率有何变动，协议双方都必须以合约中规定的远期汇率进行交割。交易中没有共同的清算机构。

（6）远期外汇交易除个别情况下对小客户收取一点保证金外，银行做市商或中间商不要求合同双方交纳保证金，因此对入市的机构信誉要求比较高，款项交收全凭信用，所以有一定风险。

（二）远期汇率的定价原则

远期外汇交易使用远期汇率。远期汇率以即期汇率为基础，但又不同于即期汇率，二者之间存在着远期差价，即升水、贴水或平价。形成升水或贴水的因素有很多，比如货币的法定升值或贬值、市场上的投机行为、各国的财政金融政策、国际政治局势或经济格局的变化等，但主要原因是受到有关两种货币利率的差异和外汇供求状况的影响。这是因为：远期外汇交易在成交和实际交割之间存在时间差，而货币的时间价值通常是以利息表示的，因而远期汇率的定价必须考虑这段时间内相交换的两种货币的不同的利率和由此产生的利息。

高利率货币能带来较高的利息收益，市场上对其现汇需求量大，即期汇率上升。利率高同时也带来后期下降的可能，套利者必然在远期外汇市场抛出该种货币，即在买入高利率货币现汇的同时，卖出相同期限、相同金额的该货币期汇，使该种货币的远期货币供给增多，从而其远期汇率贴水；相反，低利率货币带来的利息收益低，市场对其现汇需求量小，即期汇率下降，但利率低就有上升的可能性，必然刺激该货币期汇需求量增加，从而导致其远期汇率会升水。

因此，远期汇率与有关货币的利率有密切关系，表现为利率高的国家的货币，其远期汇率必然贴水；利率低的国家的货币，其远期汇率必然升水。远期汇率的升贴水率大约等于两种货币的利率差。它们之间的关系可以用公式表示为：

$$\frac{F-S}{S} \approx I_A - I_B$$

式中：S 为即期汇率，F 为远期汇率，I_A 为 A 国利率，I_B 为 B 国利率，I_A 和 I_B 与 F 同期。该公式阐述了利率平价理论的基本思路。

在实务中，远期汇率的升、贴水，也被称为远期汇水、远期点或掉期率，一般由即期汇率、货币对中两种货币的利差和远期期限等因素决定，可以为正也可以为负。其计算公式为：

升(贴)水 = 即期汇率 ×(A 货币利率 − B 货币利率)× 天数 ÷ 360

或者：

升(贴)水 = 即期汇率 × 两地利差 × 月数 ÷ 12

由此可见，远期汇率的升、贴水是以即期汇率为本金，以两种货币利差为利率，从成交到交割日这段时间内所产生的利息。那么：

远期汇率 = 即期汇率 + 即期汇率 ×(A 货币利率 − B 货币利率)× 天数 ÷ 360

例如，某时期纽约货币市场 3 个月同业拆借利率为 3.09%，东京市场日元的同期该利率为 0.55%。东京外汇市场美元/日元的即期汇率为 106.32。则 3 个月期远期差价=106.32×（0.55%−3.09%）×3÷12=−0.68（掉期率为负，表示基础货币贴水，标价货币升水)。这表明 3 个月美元贴水 68 个点。远期汇率为：1 美元=105.64 日元（106.32−0.68)。

（三）远期外汇交易的作用

1. 利用远期外汇交易进行保值以防范汇率风险

对进出口商和外汇投融资者而言，远期外汇交易为其提供了基本的保值手段。例如，在进出口贸易中，一笔交易从合同的签订到货款的结清通常要经过一个或长或短的时间，为了避免这一过程中因汇率变动带来的损失或不确定性，有时需要进行远期外汇交易。

从进口商的角度来说，会遇到支付外币货款时因外汇汇率上升而使其购汇成本增加的风险，因而可以采取先行买进期汇的做法。在签订进口合同时就买进相当于货款价值、交割期为付款日的外汇，到付款时，该进口商只需按与银行商定的远期汇率用本币购买外币。如果远期汇率低于付款时的即期汇率，则该进口商就减少了汇率风险的损失。当然，汇率的实际变动总是存在两种可能性。如果外汇汇率不升反跌，远期汇率高于付款时的即期汇率，该进口商就失去了降低成本的机会。但需要明确的是，进口商是汇率风险的厌恶者，其从事外汇交易的目的是为保值，而不是为了利润。

相反，从出口商的角度来说，会遇到收回外币货款时外汇汇率下降带来的收益减少的风险，因而可以先行出售期汇。在签订出口合同当日就同银行做一笔与收回货款金额和日期相吻合的远期外汇交易，以锁定汇率，这样在收款日不管汇率如何变动，都不会影响到出口商的出口利润。

例 8-1 某澳大利亚进口商从日本进口一批电视机，日本厂商要求澳方在 3 个月内支付 100 亿日元。当时外汇市场行情如下：即期汇率为 1 澳元＝100.00/20 日元，3 月期远期差价为 2.00/1.90。

解析：远期差价为大/小排列，远期汇率为即期汇率减去远期差价。经计算，3 月期远期汇率为 1 澳元＝98.00/30 日元。

该进口商以 1 澳元＝98.00 日元的远期汇率从银行购买 100 亿日元，将进口成本锁定在 10 000 000 000÷98.00＝102 040 816.3 澳元，从而可以消除外汇风险敞口。

如果当时该进口商没有对这笔外汇风险敞口采取任何保值措施，而是等到 3 个月后再以即期汇率从市场买进 100 亿日元，那么一旦澳元对日元贬值，购买日元的澳元成本将大大上升，进口商将因汇率下跌而遭受损失。

例 8-2 一美国出口商向英国出口价值 200 万英镑的货物，预计 3 个月后收汇。当日外汇市场行情为：

GBP/USD 即期汇率	1.252 0/30
90 天远期	20/10

假如 3 个月后英镑兑美元的汇率下跌为：GBP/USD：1.211 5/45。那么，如果美国出口商事先不进行保值，3 个月后将面临什么样的结果？如果他利用远期外汇市场进行保值，结果又将怎样？

解析：情形一：美国出口商不采取保值措施，3 个月后收到 200 万英镑，按 3 个月后 GBP/USD 即期汇率兑换成美元为：

200 万×1.211 5＝242.3 万（美元）

而按照贸易合同签订时的即期汇率兑换成美元为：

200 万×1.252 0＝250.4 万（美元）

那么，由于汇率变动，英镑贬值，美元升值，该美国出口商的损失为：

250.4 万－242.3 万＝8.1 万（美元）

情形二：该美国出口商运用远期外汇交易进行保值。经计算，3 个月远期汇率为：GBP/USD：1.250 0/20。在外汇市场卖出远期英镑 200 万，锁定了出口收益，兑换成美元为：

200 万×1.250 0＝250.0 万（美元）

比不采取保值措施而等到 3 个月后收到货款时按市场汇率卖出英镑多兑换美元为：

250.0 万－242.3 万＝7.7 万（美元）

2. 利用远期外汇交易保持银行外汇头寸平衡

进出口商同银行进行外汇买卖之后就把汇率风险转嫁给了外汇银行。外汇银行总是处于现汇或期汇的超买或超卖的地位。远期外汇交易为银行调整外汇持有额和外汇资金结构提供了方便。

外汇银行在买卖某种远期外汇时，或者是买入多于卖出而处于“多头”或“超买”地位，或者是卖出多于买入而处于“空头”或“超卖”地位。无论哪种情况，都会使银行承受汇率变动的风险。以多头为例，当形成某种远期外汇的多头而银行又未及时抛出时，那么，如果抛出时其汇率下降，银行就会有损失。

因此，为了避免这种风险，银行就可以利用远期外汇交易，对不同期限、暴露额不同的货币，或抛出（超买时）或补进（超卖时），以保持远期外汇头寸的平衡。例如，某银行在与客户的远期交易中共卖出远期欧元 1 000 万，同时买进了 500 万同期的远期欧元而形成超卖，那么，该银行可再买进到期日相同的远期欧元 500 万，以轧平头寸。

3. 利用远期外汇市场进行投机

对投机者而言，在汇率波动频繁的情况下，远期外汇市场的存在为其外汇投机创造了一定的条件。当投机者预测未来某种货币汇率将下跌时，可以在汇价相对较高时预约卖出这种货币，一旦今后汇率果真下跌，再在现汇市场上低价补进，从而赚取高卖低买的利润。由于这是以预约形式进行交易，卖出当时自己手中实际并没有的外汇，因此称为“卖空”或做空头。相反，当投机者预测未来某种外汇汇率将上升时，则预约买进这种外汇，待日后汇率上涨时再卖出，赚取低买高卖的差价收益。这种投机被称为“买空”或做多头。

利用外汇交易进行投机，与保值有所不同。第一，投机者是风险的偏好者，投机交易没有实际的商业或金融业务为基础，其进行交易的目的不是因为对外汇有实际需求，而是利用汇率差异赚取投机利润。第二，投机交易在买进或卖出时，并非真有足额的资金。第三，投资交易在远期外汇市场上起着一种微妙的平衡作用，投机者与保值者都是外汇市场上不可或缺的参与者。

外汇投机既可在现汇市场上进行，也可在远期外汇市场上进行。两者的区别在于：在现汇市场上投机，必须立即进行交割，投机者手中必须有足额的本币资金或外汇资金。在期汇市场上投机，由于成交时不立即进行交割，因此不必有足额的外汇或本币资金。举例说明如下：

在现汇市场投机：美元的即期汇率是 1 美元＝106 日元，投机者认为 1 个月后美元即期汇率将上升，于是入市买入 10 万美元，交付 1 060 万日元。如果 1 个月后汇率变动如他所料，变为 1 美元＝116 日元，他再次入市卖出 10 万美元，得到 1 160 万日元，该投机者获利 100 万日元。当然，如果他预测失败也必须承担相应的损失。不管怎样，他手中必须有入市所需的货币资金。

在期汇市场上投机：假设在香港外汇市场上，某年 3 月 5 日的 3 月期美元远期汇率为 1 美元＝7.787 5 元港币。一投机者预测美元在以后的 3 个月内会贬值，于是在远期外汇市场上抛出 3 月期美元 100 万，交割日为 6 月 5 日。假如到 5 月 5 日时，1 月期美元汇率为 1 美元＝7.687 5 元港币，该投机者再次进入远期外汇市场，买入 100 万美元，交割日为 6 月 5 日。到 6 月 5 日交割时，该投机者从这一买一卖中获得 100 000 港币的收益（1 000 000× 7.787 5－1 000 000×7.687 5）。这与现汇市场上的投机是不同的，投机者在 3 月 5 日和 5 月 5 日入市成交时，投机者只需签订合约，而不需立即付款。

（四）远期外汇交易的类型

远期外汇交易按交割日是否固定分为定期远期外汇交易和择期交易两种类型。

1. 定期远期外汇交易

定期远期外汇交易是交割日期固定的远期外汇交易。它是最常见的远期外汇交易类型。这类交易的交割日既不能提前，也不能推迟。到交割日，按对方的要求，将货币存入对方指定的银行账户内。如果一方提前交割，另一方既不用提前交割，也无须因对方提前交割而支付利息；但如果有一方推迟交割，则必须向对方缴纳滞付利息。

对于使用远期交易避险保值的进出口商来说，在签订进出口贸易合同时，由于他们无法知道付款或收款的确切日期，而定期远期外汇交易的交割日期是固定在某一时日或某一时点上，因而这类交易就带有很大的局限性。

2. 择期交易

择期交易是一种可以选择交割日的远期外汇买卖，即买卖双方在签订远期合约时，事先确定交易货币的种类、数量和汇率，但具体交割的日期不固定，只规定交割的期限范围，客户可在这一期限内的任何日期买进或卖出一定数量的外汇。在国际贸易中，进出口商常常遇到无法肯定付款或收款的确切日期，而只是知道大约在哪一段时间内收付款的情况，择期交易由此产生。

择期外汇交易可分为完全择期和部分择期两种。完全择期是指客户可以选择从双方成交后的第三个营业日起至远期合约的到期日止的任何一个营业日作为交割日。部分择期是买卖双方约定从签约日至到期日这一段期间内某两个具体日期之间或具体的月份，由客户任意选择一个营业日作为交割日。

例如，某一出口商在 9 月 22 日成交一笔出口业务，预计 3 个月内收到货款。该出口商马上在外汇市场上卖出一笔 3 个月的远期外汇，并约定择期日期为 9 月 25 日到 12 月 22 日。这就意味着该出口商在这段时间内，随时可以将收到的外汇卖给银行。如果该出口商知道第一、第二个月肯定收不到货款，择期可以从第三个月开始，选择部分择期远期交易。对客户来说，尽量缩小择期的范围，可以减少成本，获得更有利的远期汇率。

（五）择期交易远期汇率的报价

远期汇率报价有直接报价法和间接报价法两种。而在择期远期外汇交易中，客户拥有选择具体交割日的主动权，既便利，又避免了汇率风险；银行则处于被动地位，要承担更多的成本和汇率变动带来的损失。因为银行如果按择期第一天的报价卖出一种升水货币，而客户要到择期最后一天才办理交割，银行就要付出这笔升水；或者，银行如果按择期最后一天的报价卖出一种贴水货币，客户在择期第一天就办理交割，银行将遭受贴水损失。相反，如果银行按择期第一天汇率买入一种贴水货币，而客户要到最后一天才交付该货币，银行将遭受贴水损失；或者，如果银行按择期最后一天的汇率买入一种升水货币，而客户在第一天就办理交割，银行则要付出这笔升水。前者为贱卖，后者为贵买，两种情况都与银行低买高卖、获取差价收入的基本准则相悖。所以，为平衡有利与不利、收益与损失，择期交易的报价原则是：银行将选择从择期开始到择期结束期间最不利于客户的汇率作为择期交易的汇率。具体来说就是：在支出的货币贴水时，按可交割的第一天的汇率报价，以尽量提高所卖货币的价格；在卖出的货币升水时，则按可交割的最后一天的汇率报价，同样以最高价卖出。操作时可按以下步骤进行：

（1）确定客户选择期的第一天和最后一天；

（2）计算出这两天的远期汇率（如果最早日期为即期，则取即期汇率）；

（3）比较第一天和最后一天的远期汇率，选择一个对银行最有利和对客户最不利的汇率作为择期远期汇率。

其具体做法是：1）在基础货币贴水、标价货币升水的情况下，银行买入基础货币、卖出标价货币，按择期最后一天的远期汇率计算。反之，银行卖出基础货币、买入标价货币，如果择期从即期开始，则按即期汇率计算；如果择期从将来某一天开始，则按择期开始的第一天远期汇率计算。2）在基础货币升水、标价货币贴水的情况下，银行买入基础货币、卖出标价货币，如果择期从即期开始，则按即期汇率计算；如果择期从将来某一天开始，则按择期开始的第一天远期汇率计算。反之，银行卖出基础货币、买入标价货币，按择期最后一天的远期汇率计算。上述原则可用表 8-6 说明。

表 8-6　择期交易远期汇率的报价原则

	基础货币贴水、标价货币升水		基础货币升水、标价货币贴水	
	从即期开始	从将来某一天开始	从即期开始	从将来某一天开始
买入基础货币 卖出标价货币	最后一天	最后一天	即期汇价	第一天
卖出基础货币 买入标价货币	即期汇价	第一天	最后一天	最后一天

例 8-3　一美国进口商同英国出口商于 2024 年 8 月 18 日签订进出口合同，从英国进口 100 万英镑的货物，合同要求货到后 1 个月付款。按合同规定，货物必须在 2 个月内到达，但具体在哪一天到达事先无法确知。假定当日纽约外汇市场外汇牌价如下：

	GBP/USD
即期汇率	1.361 1/17
1 个月远期	10/20
2 个月远期	30/50
3 个月远期	50/80

解析：美国进口商为防范英镑升值的风险，就在贸易合同签订的同时与银行签订一个买进远期英镑的择期合同，择期日在 10 月 18 日至 11 月 18 日之间。那么，银行就会在 2 个月期和 3 个月期的远期汇率中选择一个对自己最有利的价格卖出英镑。

首先，把点数报价改成直接报价，运用“前小后大往上加”的规则得出远期汇率。

	GBP/USD
即期汇率	1.361 1/1.361 7
1 个月远期	1.362 1/1.363 7
2 个月远期	1.364 1/1.366 7
3 个月远期	1.366 1/1.369 7

其次，按报价原则，银行会选择最贵的价格即 1 英镑＝1.369 7 美元的远期汇率卖出远期英镑。相应地，美国进口商付出较高的价格取得了择期的灵活性。

例 8-4　在苏黎世市场上，某日 USD/CHF 牌价为：

即期汇率	1.585 0/60
2 个月远期差价	62/68
3 个月远期差价	156/164

客户根据业务需要：(1) 如果卖出美元，择期从 2 个月到 3 个月；(2) 如果买入美元，择期从 2 个月到 3 个月。分别计算两种情况下报价银行报出的择期远期汇率。

解析：从已知的即期汇率和远期差价可知，美元为被报价货币，且2个月和3个月远期均为升水，远期汇率等于即期汇率加远期差价。

(1) 客户卖出美元，也就是报价银行买入美元。对报价银行而言，若所加的远期差价越小，则买入被报价货币的价格就越低，对报价银行越有利。因此，按照报价银行的定价原则，可确定此择期远期汇率为：

UDS1＝CHF1.591 2（1.585 0＋0.006 2）

(2) 客户买入美元，就是报价银行卖出美元。对报价银行而言，若所加的远期差价越大，则卖出被报价货币的价格越高，对报价银行越有利。因此由定价原则可确定此择期远期汇率为：

UDS1＝CHF1.602 4（1.586 0＋0.016 4）

（六）远期外汇交易范例

下面通过两笔远期外汇交易示例说明远期外汇交易的要素及交易过程，分别见表8－7和表8－8。

2024年3月25日，A银行通过外汇交易系统与B银行成交一笔1年期美元兑人民币远期交易。约定A银行卖出USD15 000 000，买入CNY。A银行为发起方，B银行报出即期汇率USD/CNY＝6.130 0，远期点40.00基点，即A银行以USD/CNY＝6.134 0的价格在2025年3月27日向B银行卖出USD 15 000 000。该笔交易所涉及的交易要素见表8－7。

表8－7 远期外汇交易范例一

发起方	A银行	报价方	B银行
成交日	2024－03－25	远期汇率	6.134 0
货币对	USD/CNY	折美元金额	USD15 000 000
交易货币	USD	交易货币金额	USD15 000 000
对应货币	CNY	对应货币金额	CNY92 010 000
即期汇率	6.130 0	远期点	40.00
交易方向和金额	A银行卖出USD15 000 000，买入CNY92 010 000 B银行买入USD15 000 000，卖出CNY92 010 000		
期限	1Y	起息日	2025－03－27
清算模式和方式	双边全额清算		

表8－8 远期外汇交易范例二

交易过程	意义说明
A：GBP 0.5 MIO	A询价：GBP/USD的即期汇率，金额为50万英镑
B：1.248 0/86	B报价：GBP/USD的即期汇率为1.248 0/86
A：Mine，PLS adjust to 1 Month	A：买入英镑，并调整为一个月后的交割日期
B：OK. Done，Spot/1 Month 93/89 at 1.239 7，we sell GBP 0.5 MIO Val June/18/2024. USD to my N. Y.	B：好的，成交。即期到一个月的掉期率为93/89 50万英镑的一个月远期汇率为1.239 7，交割日为2024年6月18日。美元请汇入我纽约的账户

续表

交易过程	意义说明
A：OK. All agreed，my GBP to my London Tks，BI	A：好的，同意，英镑请汇入我伦敦的账户
B：OK，BI and Tks	B：好的，谢谢，再见

任务三　套汇交易、掉期交易与套利交易

套汇交易有广义和狭义之分，广义的套汇交易是指利用不同的外汇市场、不同的交割期限在汇率上的差异而进行贱买贵卖以获取差价收益的外汇交易活动，包括地点套汇、时间套汇和利息套汇三种类型。狭义的套汇交易一般仅指地点套汇，它是在即期外汇市场上进行的外汇交易活动。时间套汇也叫掉期交易，利息套汇又称套利交易。

一、即期外汇市场的套汇交易

即期外汇市场的套汇交易（arbitrage transaction）是指利用同一时间、不同外汇市场上相同货币间的汇率差异，在低价买进某种货币的同时再以高价卖出该种货币，以赚取利润的外汇交易。

由于套汇是投机者利用各地外汇市场上汇率在某一时点的不同，通过同时买进与卖出外汇以谋取市场间差价收益的一种投机性交易活动，因此，进行套汇交易必须具备以下三个条件（见表8-9）：

表8-9　套汇的条件

套汇条件	（1）不同外汇市场的汇率存在差异
	（2）套汇者必须拥有一定数量的资金
	（3）套汇者在主要外汇市场拥有分支机构或代理行
	（4）套汇者必须具备一定的技术和经验，能够判断各外汇市场汇率变动趋势，并根据预测迅速采取行动

这里需要特别指出的是：首先，套汇交易的参与者众多，但主体是拥有雄厚资金的金融或非金融机构，比如大商业银行是最大的套汇投机者。这些银行在国外主要金融市场上都设有分支机构或代理行，通过国际通信网络快捷迅速地调拨头寸。其套汇的额度一般都很大，即使在不同市场上汇率差异较小的情况下，也可以获得丰厚的利润。其次，由于汇率出现较大差异的时间很短，因此套汇业务一般都利用电汇，以捕捉最佳套汇时间。最后，套汇交易一般没有外汇风险。

套汇交易按涉及外汇市场的多少，可分为直接套汇和间接套汇两种。

（一）直接套汇

直接套汇又称为双边套汇或两角套汇、两地套汇。它是指套汇者利用某种货币在两个不同地点的外汇市场上同一时间的汇率差异，同时在这两个外汇市场上买卖该种货币，以赚取汇率差额的外汇交易活动。这是一种较简单的套汇方式。它清楚地表明哪种货币在哪

个市场贵或便宜，很容易判断有无套汇机会和确定交易方向。

例 8-5 同一时间内，伦敦和纽约外汇市场汇率如下：

伦敦市场　　GBP/USD：1.523 0/40

纽约市场　　GBP/USD：1.526 0/70

问：能否进行套汇？如果以 100 万英镑入市，套汇毛利是多少？如果电传等套汇费用为 500 英镑，套汇获利多少？

解析： 由于两地英镑与美元的汇价不一致，从而产生了套汇机会。显然在伦敦市场英镑便宜、美元贵，在纽约市场英镑贵、美元便宜。因此，根据贱买贵卖原则，套汇者可在纽约外汇市场用 100 万英镑买进 152.6 万美元，同时电汇至伦敦的分支行卖出 152.6 万美元买进英镑 100.131 2 万（即 152.6 万÷1.524 0），赚得毛利 1 312 英镑。扣除套汇费用 500 英镑，套汇者可获净利 812 英镑。

（二）间接套汇

间接套汇又称多边套汇或三角套汇、交叉套汇，它是指利用 3 个及以上不同外汇市场在同一时刻存在的汇率差异，同时在三地市场上进行贱买贵卖以赚取汇差利润的外汇交易活动。间接套汇中最简单的是三地套汇。

3 个或 3 个以上的外汇市场，以及 3 种或 3 种以上的货币之间是否存在套汇机会，需要通过下面的原则进行判断：先将 3 个或更多个外汇市场上的汇率按同一种标价法即直接标价法或间接标价法列出，将基础货币单位均统一为“1”；再把它们依次连乘，如果乘积为 1，说明汇率间没有价差，无利可图，因而没有套汇机会；如果乘积不等于 1，则有套汇机会，而且乘积与 1 的距离背离越远，说明套汇的收益越高。

在汇率相乘时会遇到这样的问题，汇率报价采用双价制，即外汇市场报出的汇率包括买入汇率与卖出汇率，所以三地汇率共有 6 个数字，到底用哪 3 个数字相乘来判断有无套汇机会？方法可以有两种：一种是先分别计算出各汇率的中间汇率，然后将 3 个中间汇率连乘；另一种是以 3 个市场外汇卖出汇率相乘，因为套汇时一般是客户买入外汇，对银行则是卖出外汇。

例 8-6 同一时间在以下 3 个市场汇率的情况分别是：

法兰克福市场　　1 美元＝1.133 5 欧元

巴黎市场　　1 英镑＝1.517 4 欧元

伦敦市场　　1 英镑＝1.72 美元

请判断上述情况下有无套汇机会？若有，应如何进行套汇？

解析： 首先把伦敦市场变为直接标价法，即 1 美元＝1÷1.72＝0.581 4 英镑，然后将三地市场的汇率依次相乘得：1.133 5×1.517 4×0.581 4≈1，由此可知，无套汇机会。

例 8-7 某日，三个外汇市场汇率如下：

纽约市场　　1 美元＝1.133 5 欧元

巴黎市场　　1 英镑＝1.156 5 欧元

伦敦市场　　1 英镑＝1.654 3 美元

请判断上述情况下有无套汇机会？若有，应如何进行套汇？

解析： 首先把巴黎市场变为间接标价法，然后将三地市场的汇率依次相乘得：$1.1335\times\frac{1}{1.1565}\times1.6543=1.6214>1$。所以，存在套汇机会，且可以正向套汇，即以美元兑换成欧元，欧元兑换成英镑，英镑兑换成美元。具体操作过程如下：第一步，在纽约外汇市场卖出 1 美元、买进 1.133 5 欧元；第二步，将 1.133 5 欧元电汇到巴黎外汇市场卖出，买进 $1.1335\times\frac{1}{1.1565}$ 英镑；第三步，将英镑电汇到伦敦外汇市场卖出，买进 $1.1335\times\frac{1}{1.1565}\times1.6543=1.6214$ 美元，可获利 0.621 4 美元。若用 100 万美元进行套汇，则可获毛利 62.14 万美元。

例 8-8　某日，三个外汇市场汇率如下：

纽约市场　　　美元/欧元＝1.132 5/1.134 5

巴黎市场　　　英镑/欧元＝1.800 5/1.804 5

伦敦市场　　　英镑/美元＝1.651 3/1.657 3

请判断上述情况下有无套汇机会？若有，应如何进行套汇？假如一个套汇者手里有 100 万美元，他能赚多少套汇毛利？

解析：首先判断有无套汇机会。方法有两种：

第一种判断方法：用中间汇率相乘，看乘积是否为 1。

(1) 先求出三地汇率的中间价，分别为：

纽约市场　　　1 美元＝1.133 5 欧元

巴黎市场　　　1 英镑＝1.802 5 欧元

伦敦市场　　　1 英镑＝1.654 3 美元

(2) 把巴黎市场变为间接标价法，得：1 欧元＝$\frac{1}{1.8025}$英镑。

(3) 将三地市场的汇率依次相乘得：$1.1335\times\frac{1}{1.8025}\times1.6543=1.0403\neq1$，且大于 1，所以有套汇机会。

第二种判断方法：用卖出汇率相乘，看乘积是否为 1。

$1.1325\times\frac{1}{1.8045}\times1.6513=1.0364\neq1$，且大于 1，所以有套汇机会。

因此，三个外汇市场存在着汇差，可以进行套汇。

套汇时，首先应确定套汇路线，方法是计算套算汇率并进行比较。

由：

巴黎市场　　　1 英镑＝1.802 5 欧元

伦敦市场　　　1 英镑＝1.654 3 美元

得出交叉汇率为：1 美元＝1.089 6 欧元（1.802 5÷1.654 3）

与纽约市场 1 美元＝1.133 5 欧元相比较，可知：美元在纽约市场比较贵，在其他两个市场比较便宜。

由：

纽约市场　　　1 美元＝1.133 5 欧元

伦敦市场　　　1 英镑＝1.654 3 美元

得出交叉汇率为：1 英镑＝1.875 1 欧元（1.654 3×1.133 5）

与巴黎市场 1 英镑＝1.802 5 欧元相比可知：在巴黎市场英镑便宜，欧元贵。

于是，可以正向套汇，即先以美元兑换成欧元，再以欧元兑换成英镑，最后以英镑兑换成美元。其具体操作过程如下：第一步，在纽约外汇市场卖出 1 美元、买进 1.132 5 欧元；第二步，将 1.132 5 欧元电汇到巴黎外汇市场卖出，买进 $1.132\,5\times\frac{1}{1.804\,5}$英镑；第三步，将英镑电汇到伦敦外汇市场卖出，买进 $1.132\,5\times\frac{1}{1.804\,5}\times1.651\,3=1.036\,4$ 美元，可获利 0.036 4 美元。若用 100 万美元进行套汇，则可获毛利 3.64 万美元。

关于套汇交易需要说明以下几点：(1) 套汇交易涉及一些成本，包括获得信息的费用以及电报费、电传费、付给外汇经纪人的佣金、某种货币买入和卖出的价差等交易费用，因此，套汇的净利润取决于汇率差价和套汇成本两个因素。(2) 套汇交易获利机会不会一直存在，当外汇市场上的汇率差等于套汇成本时，套汇交易就会停止。(3) 国际金融中心分散在不同时区，只有比较营业时间重叠的外汇市场的报价才有意义。(4) 套汇活动是市场不均衡的产物，它使得套汇者能赚到无风险利润；但同时套汇交易又使市场重新回到均衡，即汇率在全世界范围内趋向一致。套汇资金流动与汇率的统一关系如图 8-4 所示。

	伦敦市场	纽约市场
第一时点	1 英镑 =1.781 0 美元	1 英镑 =1.781 0 美元
第二时点	1 英镑 =1.781 0 美元	1 英镑 =1.782 0 美元
持有美元者	卖出美元、买入英镑	同时：卖出英镑、买入美元
低价买进高价卖出	↓	↓
	英镑需求增加、汇率上升	英镑供给增加、汇率下跌
	↓	↓
第三时点	1 英镑 =1.781 5 美元	1 英镑 =1.781 5 美元

图 8-4　套汇资金流动与汇率的统一关系

即测即评

套汇交易的作用是什么？

二、掉期交易

掉期交易（swap transaction）也叫时间套汇，是指在外汇市场上买进或卖出一种货币的同时，卖出或买进金额相等但交割日期不同的该种货币的外汇交易行为。

掉期交易的特点是：买和卖同时进行，货币相同，数额相等，但期限不同。掉期交易不会改变交易者的外汇持有额，改变的只是交易者所持有的外汇的期限结构，故名“掉期”。它实质上也是一种套期保值的做法，但又不同于一般的套期保值。第一，掉期交易强调买入和卖出的同时性，两笔交易必须同时进行，而一般套期保值两笔交易有先有后；第二，掉期交易绝大部分是针对同一对手进行的。

进行掉期交易的主要目的是轧平外汇头寸，以避免外汇风险。银行同业之间常用掉期交易，以使某种货币头寸在某一特定日期为零，同时也可以通过掉期交易，贱买贵卖，赚取买卖差价收益。

每笔掉期交易包含一个近端期限和一个远端期限，分别用于确定近端起息日和远端起息日。近端起息日是指第一次货币交割的日期。远端起息日是指第二次货币交割的日期。掉期汇率包括近端汇率和远端汇率。近端汇率是指交易双方约定的第一次交割货币所适用的汇率。远端汇率是指交易双方约定的第二次交割货币所适用的汇率。远端汇率与近端汇率之差的基点数叫掉期点。掉期点可以为正，也可以为负。

掉期交易根据交割日不同可分为三种类型，如图 8－5 所示。

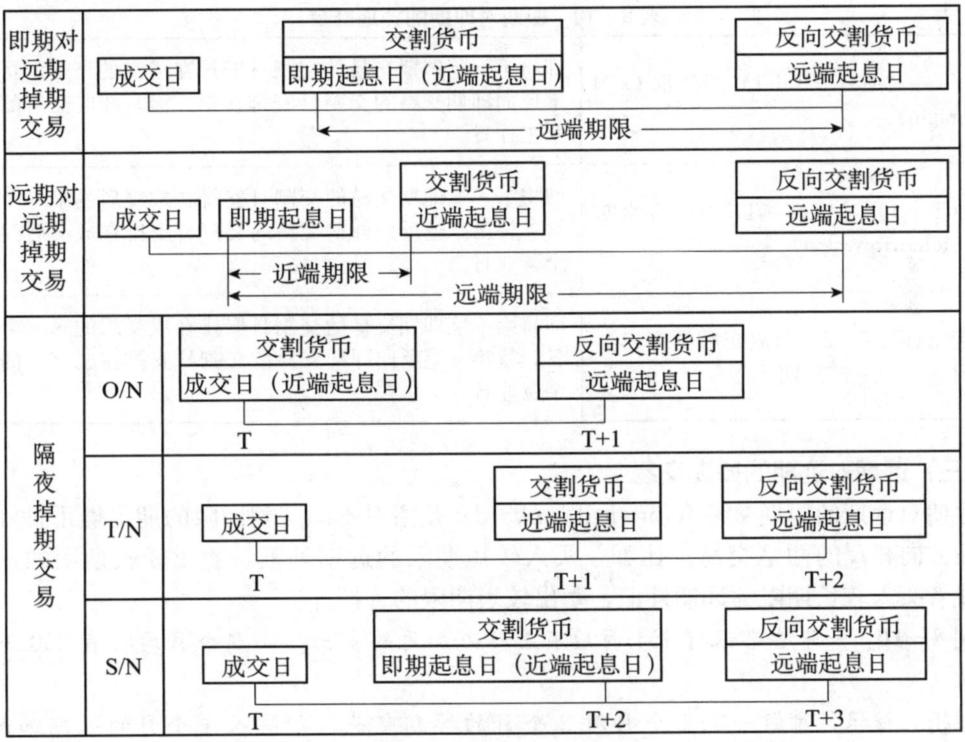

图 8－5　掉期交易的类型

（一）即期对远期的掉期交易

即期对远期的掉期交易（spot-forward）是指买进或卖出某种即期外汇的同时，卖出或买进同种货币的远期外汇。这是外汇市场上最常见的掉期交易形式，应用范围较广，如国际投资者的投资保值、进出口商的远期交易的展期、外汇银行筹措外汇资金及调整外汇头寸等都可以利用这种掉期交易。

例 8－9　美国某公司因业务需要，以美元购买 10 万欧元存放于巴黎法国银行，期限 1 个月。为防止 1 个月后欧元汇率下跌，存放于法国银行的欧元因不能换回如数的美元而蒙受损失，该公司在买进欧元现汇的同时，卖出 10 万欧元的 1 个月期汇。假设：纽约外汇市场欧元即期汇率为 EUR/USD：1.507 3/75，1 个月远期汇率为 30/28。那么，该公司的损益情况如何？

解析：由上述外汇牌价可知，1 个月的远期汇率为：EUR/USD：1.504 3/47。该美国公司买进 10 万欧元现汇需支付 150 750 美元（10 万×1.507 5），卖出 10 万欧元期汇可收回 150 430 美元（10 万×1.504 3）。这样，该公司只需支付即期汇率与远期汇率之间十分有限的买卖差额 320 美元（150 750—150 430），就可固定成本，不管 1 个月后欧元如何下跌，都不会再蒙受更多损失。

（二）即期对即期的掉期交易

即期对即期的掉期交易（spot-spot）亦称为“一日掉期”或“隔夜掉期”，是指同时做两笔金额相同、交割日相差一天、交易方向相反的即期外汇交易，一般用于银行同业之间的隔夜资金拆借。这种形式的掉期交易常见的安排有（见表8-10）：

表8-10 即期对即期的掉期交易

今日（T）对明日（T+1）的掉期 O/N（over-night）	即将第一笔即期交易的交割日安排在成交的当天，将第二笔反向即期交易的交割日安排在第二天，即成交后的第一个工作日
明日（T+1）对后日（T+2）的掉期 T/N（tomorrow-next）	即将第一笔即期交易的交割日安排在成交后的第一个营业日，将第二笔反向即期交易的交割日安排在成交后的第二个营业日
即期起息日（T+2）对成交后的第三个营业日（T+3）的掉期 S/N	即将第一笔即期交易的交割日安排在成交后的第二个营业日，将第二笔反向即期交易的交割日安排在成交后的第三个营业日

（三）远期对远期的掉期交易

远期对远期的掉期交易（forward-forward）是指对不同交割期限的期汇做币种和金额相同而方向相反的两笔交易。比如，买入较短期限的远期外汇，卖出较长期限的远期外汇；或者买入较长期限的远期外汇，卖出较短期限的远期外汇。

例8-10 一家香港银行1个月后有200万加元的支出，而3个月后将有200万加元的收入。

解析：该银行可做一笔1个月对3个月的掉期交易，即买入1个月的远期加元200万，同时卖出3个月的远期加元200万以避免汇率变动的风险。这种形式的掉期交易除保值外，还可以使银行利用有利的汇率变动机会从中获利，所以逐渐受到重视。

三、套利交易

套利交易（interest arbitrage）也称利息套汇，是指两个国家短期利率不同时，投资者将资金从低利率国家调往高利率国家，以赚取利差收益的外汇交易。

根据投资者是否对套利交易涉及的外汇风险进行弥补，套利交易分为未抵补套利和抵补套利两种。

（一）未抵补套利

未抵补套利也叫无抛补套利，是指资金持有者利用两个金融市场上存在的短期利率差，将资金从利率低的国家或地区调往利率高的国家或地区进行投资，以获取利差收益，而不同时进行反方向交易轧平头寸的交易活动。

未抵补套利由于在买进利高货币现汇的同时不做卖出其期汇的对冲交易，因此在赚取利差收益的同时，承受了汇率变动的风险，要么会获得利高货币汇率上升的收益，要么会遭受利高货币汇率下跌的损失，具有投机性质。因此，这种套利形式适用于汇率比较稳定的情况，或者需建立在对利高货币未来汇率看涨预期的基础上。

例 8-11 美国金融市场 1 年定期存款利率是 3%，而英国金融市场 1 年定期存款利率是 5.25%。纽约外汇市场即期汇率为 GBP/USD：1.988 0/85。一美国投资者手中有闲置资金 100 万美元，欲进行 1 年投资。

解析： 在这种情况下，该投资者可以有两种选择：一是在本国投资以获取 3%的利息收益；二是将美元兑换成英镑，再投资于英国以获取 5.25%的高利息，到期后再换成美元抽回。

(1) 假设不套利，1 年后在美国可获得投资本利和为：

1 000 000×(1+3%)=1 030 000（美元）

(2) 假设套利，先将美元按即期汇率换成英镑，再投资到英国。如果美元与英镑的汇率在这一年中保持不变，则 1 年后该投资者可获得的本利和为：

1 000 000÷1.988 5×(1+5.25%)×1.988 0=1 052 235（美元）

由此可见，在不考虑汇率变动的情况下，套利要比不套利多收入 22 235 美元（1 052 235－1 030 000）。

但是，一般情况下，1 年后汇率都会有所波动，因此，当美国投资者把在英国获得的英镑收益换回美元时，将面临较大的不确定性，有遭受汇差损失或获得额外汇差收益的可能。

(1) 假设 1 年后英镑相对美元升值，GBP/USD：2.008 0/85，则美国投资者可获得本利和为：

1 000 000÷1.988 5×（1+5.25%）×2.008 0=1 062 821（美元）

该投资者不仅获得了利差收益，而且还获得了汇差收益，获利总额为：

1 062 821－1 030 000=32 821（美元）

其中汇差收益为：

32 821－22 235=10 586（美元）

或：

1 000 000÷1.988 5×(1+5.25%)×(2.008 0－1.988 0）=10 586（美元）

(2) 假设 1 年后英镑相对美元贬值，GBP/USD：1.960 0/85，则投资者获本利和为：

1 000 000÷1.988 5×(1+5.25%)×1.960 0=1 037 415（美元）

显然，该美国投资者遭受了汇差损失，但此时利差收益仍大于汇差损失，仍可获得 7 415 美元（1 037 415－1 030 000）的利润。

但如果市场汇率变为 GBP/USD：1.940 0/85，则：

1 000 000÷1.988 5×(1+5.25%)×1.940 0=1 026 829（美元）

该美国投资者遭受了较大的汇率损失，套利的结果是－3 171 美元（1 026 829－1 030 000）。

可以看出，只有当两国利率差异大于高利率货币的汇率下跌幅度时，进行未抵补套利才能获利，因而这种纯粹的套利行为面临着汇率变动不确定性所带来的风险。所以，在进行套利活动时往往要考虑汇率因素，通常的做法是将套利活动与掉期交易结合在一起，进行抵补套利。

（二）抵补套利

抵补套利也叫抛补套利，是指投资者为防范投资期间的汇率变动风险，在进行套利交易的同时进行掉期抛补，即在买进利高货币的现汇的同时，在远期外汇市场上卖出利高货币的期汇，以获得毫无风险的利差收益。可以看出，抵补套利实际上是一种套利交易和掉期交易相结合的方式。

按照一般原理，利率高的货币其远期汇率是贴水。这就可能使投资者在赚取利差收益的同时，蒙受远期汇率下跌的损失。而进行抵补套利不涉及任何汇率风险，因此，套利交易一般多为抵补套利。

例 8-12 承上例，假设 1 年期英镑/美元的远期汇率为 1.983 0/45，美国投资者进行抵补套利。他在即期市场将美元换成英镑投放于英国金融市场获取高利息的同时，在远期外汇市场卖掉同样数量的英镑，获得的本利和为：

1 000 000÷1.988 5×（1+5.25%）×1.983 0=1 049 589（美元）

则投资者获得的利差收益为：

1 049 589−1 030 000=19 589（美元）

由于英镑远期贴水，投资者进行抵补套利付出了相应的掉期成本 2 646 美元（1 052 235−1 049 589）（或：掉期成本=22 235−19 589=2 646）。但其 19 589 美元的收益已不存在任何汇率风险。

关于套利交易的几点说明：

第一，套利交易以有关国家对货币兑换和资金转移不加任何限制为前提，即在严格外汇管制国家之间一般不会发生套利交易。

第二，货币市场上不同国家有不同利率，套利是针对同一性质或同一种类金融工具的名义利率的高低不同，否则不具有可比性。

第三，套利的前提条件是两地利差大于升贴水年率（即掉期成本年率）。因为进行抵补套利需要考虑升贴水年率与利率差异率的关系问题，如果升贴水年率大于两地利差，说明套利成本太高，无利可图；如果升贴水年率小于利差，说明利差没有完全被掉期成本抵消，有利可图，可以进行抵补套利。直到两者相等，套利活动终止，外汇市场与货币市场处于均衡状态。

我们已经知道，计算贴水率可用下面的公式：

$$贴水率=\frac{远期汇率-即期汇率}{即期汇率}\times\frac{12}{远期月数}100\%$$

则抵补套利的净收益=利差−掉期成本（贴水率）

例 8-13 某日在美国外汇市场上即期欧元汇率€1=\$1.264 0；12 个月远期欧元汇率€1=\$1.257 0；美国年利率为 4%，德国年利率为 6%。现有美国套利者准备从美国银行借入本金 12.64 万美元去德国套利。问：是否有抵补套利机会？收益率是多少？

解析： 贴水率=(1.257 0−1.264 0)/1.264 0×100%=−0.55%

因为利差为2%，而贴水率为0.55%，因此判断两地市场存在套利机会。收益率是2%−0.55%=1.45%。

第四，套利的结果使利率在世界范围内趋向一致，套利交易使利率高的货币存在汇率下浮趋势，而利率低的货币有汇率上升趋势。原因是：高利率国家会吸引大量资金流入，使货币供给增加、市场利率必然下跌。在利率下跌的预期下，套利者必然选择在远期外汇市场卖出高利率货币，其结果是高利率货币远期供给增加、汇率下跌。在高利率国家资金大量流入的同时，低利率国家资金大量流出、资金供应减少、市场利率上升。在利率上升的预期下，套利者在远期外汇市场上又兑换成该种货币，其结果是低利率货币远期需求增加，汇率上浮。

第五，因为套利资金是源源不断的，所以市场上两国货币的利率差总是约等于即期、远期汇率差，不存在抵补套利机会，换言之，抵补套利机会是短暂的。另外，两国货币市场上又总是存在着明显的利率差，导致投资者试图获取这个利率差，所以未抵补套利机会与活动总是存在的。其原因是，如在上述例子中，如果一年后英镑汇率下跌至1.946 0（此时，美国投资者的收益为1 000 000÷1.988 5×(1+5.25%)×1.946 0=1 030 004.76美元，几乎等于在美国投资）以下时，美国投资者可以不急于将英镑兑换成美元，而是继续在英国市场投资，直到英镑汇率上升。

第六，套利存在交易成本，如外汇经纪人做即期和远期外汇买卖时所收取的佣金；资金借贷中除了利息以外，有时还涉及其他诸如管理费、手续费、杂费等费用；去外国投资比在国内投资在纳税方面增加的支出等，这些都需要在做套利交易时统筹考虑。

任务四　外汇期货交易与外汇期权交易

一、外汇期货交易

（一）外汇期货交易的概念

外汇期货交易（foreign currency future transaction）也称货币期货交易，是指在固定的有形交易场所，根据交易币种、成交单位、交割时间标准化的原则，按约定价格买进或卖出远期外汇的一种外汇交易。

外汇期货交易起源于商品期货，它是金融期货的一种。自20世纪70年代以来，国际汇率制度逐渐由固定汇率制度转向浮动汇率制，从而使汇率风险剧增。为了有效防范风险，外汇期货交易应运而生。外汇期货最早产生于美国。1972年5月16日美国芝加哥商品交易所建立“国际货币市场”（international monetary market，IMM），首次开始经营外汇期货业务。其后，1982年9月，伦敦国际金融期货交易所（London international financial future exchange，LIFFE）宣告成立，也开始进行外汇期货交易。接着，新加坡、中国香港、日本等10多个国家和地区相继建立了金融期货交易所。目前，IMM和LIFFE的交易规模最大，其中IMM的交易量占世界外汇期货交易的50%左右。

（二）外汇期货交易的特点及交易规则

外汇期货交易是一种“见钱不见物”的交易，其交易对象是外汇期货合约，交易实施有规范的市场组织结构，因而这种交易方式的独特之处具体体现在外汇期货合约的规格以及外汇期货市场的制度规则上。

1. 外汇期货合约是一种标准化合约

（1）交易币种。各外汇交易所都对外汇期货交易的货币种类有特别的规定，在该市场只能进行规定币种的期货交易。如 IMM 主要做美元对英镑、加拿大元、欧元、日元、瑞士法郎、澳大利亚元等货币的期货，而 LIFFE 只做英镑、美元、瑞士法郎和日元四种货币的期货。

（2）交易单位。各外汇市场对不同外汇期货交易的合同金额有特别的规定，各种货币的交易量必须是合约面额的整数倍。如 IMM 规定各种货币每份合约的交易单位分别是 25 000 英镑、125 000 欧元、125 000 瑞士法郎、12 500 000 日元、100 000 加拿大元、100 000 澳元。

（3）交割月份和交割日期。交割月份是交易所规定的期货合约的到期月份，大多数期货交易所一般都以 3 月份、6 月份、9 月份和 12 月份作为交割月份。一年中其他月份可以购买但不交割。交割日期是进行期货合约实际交割的日期，即交割月份的某一天，不同的交易所有不同的规定，如 IMM 规定交割日为到期月份的第三个星期的星期三。如果在合约到期前（一般为交割日的前两天），交易者未做对冲交易（即进行反向交易），那么就必须在交割日履行合约，进行现货交割。

（4）价格波动。在外汇期货交易中，每种货币期货合约都规定有最小价格变动和日价格波动的最高限度。

1）最小价格变动是指外汇期货买卖时，合约每次变动的最低数额，如 IMM 规定英镑的最小波动单位为 5 个基本点，即 0.000 5 美元，意味着每份英镑合约最小价格波动应为 12.50 美元（25 000×0.000 5）。

2）日价格波动的最高限价是指一个营业日内期货合约价格波动的最高幅度，一旦期货合约的价格波动达到或超过这一限度时，交易即自动停止。如 IMM 规定英镑的最高限价为 500 点，即 0.050 0 美元，意味着每份英镑合约日价格波动的最高限度为 1 250 美元。

2. 期货汇率美元是标价货币

外汇期货市场上主要是以美元为标价货币的，即以每一单位外币（日元为每 100 日元）兑换多少美元来报价，美元一律作为标价货币。而在即期外汇交易和远期外汇交易中，美元只对英镑、澳大利亚元、新西兰元及欧元作为标价货币，对其他货币都作为基础货币。

3. 在固定的场所通过喊价的方式进行交易

在期货交易大厅内，声音嘈杂，交易双方可能听不清，所以双方必须借用约定俗成的交易手势，手心向内表示买入，手心向外表示卖出，并且，十个手指的不同位置和形状表示不同的数字。

4. 外汇期货交易实行保证金制度

在期货市场上，买卖双方在开立账户进行交易时，都必须交纳一定数量的保证金。交易所的清算机构即期货清算所为保证其会员有能力应付交易需要，要求会员开立保证金账户，储存一定数量的货币；非会员则必须向经纪公司即会员交付保证金，同样需要开立保证金账户。保证金的高低取决于外汇市场的变动情况，一般为合同价值的 5%～10%。

保证金分为初始保证金和维持保证金。初始保证金是期货交易成交时必须缴存的。维持保证金是指保证金账户余额的最低水平，即外汇期货交易的双方开立合同后，如果由于汇率变动而发生亏损，致使保证金账户上的资金数额下降，直到客户必须补进保证金时的最低保证金限额。一旦保证金账户余额降到维持水平线以下，客户必须再交纳保证金，并将保证金恢复到初始水平；否则，交易会强行平仓。维持保证金一般是初始保证金的70%～80%。

保证金制度决定了外汇期货交易是一种以小搏大的投资形式，只要外汇期货市场价格出现微小波动，交易者就有可能获得较高的投资收益，也可能遭受较大的资本损失。保证金制度的作用有三方面：一是可以防止交易者违约，确保买卖双方能履行合同义务；二是可以控制交易者投机；三是能够成为期货市场每日清算制度的基础。

5. 外汇期货交易实行每日清算制度

每日清算制度又称逐日盯市制度，是指当每个营业日结束时，清算所要对每笔交易进行清算，一般以每种期货合约在交易日收盘前最后30秒或60秒交易的平均价作为当日的结算价，与交易所会员进行每笔交易的价格比较，计算出会员在当日交易中的损益，并将损益记入交易者的保证金账户。盈利的一方可以提出高于初始保证金水平的金额，亏损的一方若要保证金账户上的金额低于维持保证金，则必须在规定期限内向清算所交纳保证金至初始保证金的水平上，否则交易所将停止其交易并强行平仓，损失由保证金余额支付。由于实行每日清算，客户的账面余额每天都会发生变化，每个交易者都十分清楚自己在市场中所处的地位。如果想退出市场，则可做相反方向的交易来对冲。

（三）外汇期货交易与远期外汇交易的比较

外汇期货交易是在远期外汇交易的基础上发展而来的，但它们之间既有联系，又有区别。

1. 外汇期货交易与远期外汇交易的联系

（1）都是以外汇作为交易客体；

（2）都是通过合约形式将汇率固定下来；

（3）都是由交易双方协商在未来某一时间，按一定条件交收一定金额的某种货币；

（4）都是为了防范或转移风险，以求保值或作为投机套利的手段。

2. 外汇期货交易与远期外汇交易的区别

（1）买卖双方的合同与责任关系不同。外汇期货是买方或卖方与期货市场的清算所签约，与清算所发生直接合同关系，买卖双方无直接合同责任关系；而远期外汇交易是买卖双方签约，形成合同责任关系。

（2）买卖远期外汇有无统一的标准化规定不同。外汇期货是标准化、格式化的远期外汇交易，外汇期货市场对买卖外汇期货的成交单位、价格、交割期限、交割地点均有统一的规定，按规定的原则买卖，不得逾越，也不能灵活掌握；而远期外汇交易是非标准化的，它是任意数量、任意期限、任意币种的远期外汇买卖，一切由交易双方自行商议。

（3）实现交易的场所与方式不同。外汇期货交易在集中的、有组织的公开市场通过竞价进行交易；而远期外汇交易是通过银行柜台业务或电话、电传、电脑终端等通过报价进行交易。

（4）报价内容不同。外汇期货的买方只报买价，卖方只报卖价；而远期外汇交易买卖双方都要分别报出买价和卖价两种价格。

（5）是否直接成交与收取佣金不同。外汇期货交易所实行会员制，非会员要进行外汇期货买卖必须通过经纪人，所以要向经纪人交纳佣金；远期外汇交易一般不通过经纪人，不需交纳佣金。

（6）是否最后交割不同。外汇期货交易一般不以最后的交割来结束，往往是在交割日之前做一笔币种相同、数量相同、方向相反的交易，以对冲结束，即“以买冲卖”或“以卖冲买”，且实际交割通常不到交易额的1%；远期外汇交易最后要进行交割。

（7）保证金规定不同。外汇期货交易实行保证金制度，买卖双方都必须向交易所的结算部门交纳保证金；而远期外汇交易一般不收保证金。因此也决定了外汇期货交易一般无信用风险，远期外汇交易信用风险较大。

（四）外汇期货交易的功能

外汇期货交易的功能包括套期保值、投机获利和价格发现。套期保值和投机获利是两大基本功能。套期保值交易和投机获利交易的主要区别是：投机获利交易是以投机者自愿承担价格波动风险为前提，利用外汇期货市场的价格波动频繁进行买空卖空交易（投机者一般不做现货交易），从而获得差价收益；而套期保值者则是为了转移价格风险，利用期货市场的价格波动，使现货市场和期货市场紧密结合，用一个市场的盈利去弥补另一个市场的亏损，从而达到规避汇率风险的目的。

1. 套期保值

套期保值是外汇期货市场首要的经济功能。它是指交易者为回避或减少外汇风险，而在外汇期货市场建立与外汇现货市场相反的头寸部位，并在期货合约到期日前对冲以结清头寸的交易方式。其原理是利用期货市场和现货市场价格走势一致的规律，交易者在期货市场建立与现汇市场相反的部位后，不管汇率如何变动，都必然在一个市场受损，而在另一个市场获利，以盈利补平亏损，实现保值。

外汇期货的套期保值分为买入套期保值和卖出套期保值两种。

（1）买入套期保值，又称多头套期保值，即先在期货市场上买入而后卖出与支付货币币种和数量相同的期货合同。进口商或需要付汇的人因担心本国货币汇率下浮、外汇汇率上浮而增加付汇成本，往往采用买入套期保值。

例 8－14 买入套期保值举例：

一美国商人某年3月1日签订合同，从德国进口价值250万欧元的货物，双方约定3个月后收付货款。3月1日现汇汇率为：1欧元＝1.502 5/35美元，期货价格为1欧元＝1.505 5美元。为避免3个月后欧元升值而增加进口成本，美国进口商决定进行期货套期保值，在贸易合同签订当天即委托其外汇期货经纪人买入20份6月期欧元期货合约。假设6月1日的现汇汇率与期货价格分别如下：1欧元＝1.532 5/35美元，1欧元＝1.595 5美元。

解析：该进口商具体操作过程及损益情况见表8－11。

表 8－11 买入套期保值

现汇市场	期货市场
3月1日现汇汇率：1欧元＝1.503 5美元 购买250万欧元理论上需支付375.875万美元（250×1.503 5）	3月1日买入20份于6月到期的欧元期货合约，期货价格为：1欧元＝1.505 5美元 支付376.375万美元（250×1.505 5）

续表

现汇市场	期货市场
6月1日现汇汇率：1欧元=1.533 5美元 购买250万欧元实际支付383.375万美元（250×1.533 5）	6月1日卖出20份同类欧元期货合约，期货价格为：1欧元=1.595 5美元 收入398.875万美元（250×1.595 5）
理论上多支付：7.5万美元（383.375—375.875）	盈利22.5万美元（398.875—376.375）
净盈利：15万美元（22.5—7.5）	

在该例中，到付款日出现了欧元升值美元贬值的汇率变动，美国商人进行买入套期保值，现汇交易理论上亏损了7.5万美元，但在期货市场做对冲，贱买贵卖盈利22.5万美元，所以盈亏相抵净盈利15万美元。

当然，如果到付款日欧元贬值美元升值，美国商人进行买入套期保值，会在现汇市场上有盈利，但在期货市场对冲时由于贵买贱卖将亏损，盈亏相抵后可能有净盈利，也可能有净损失。但美国进口商套期保值的目的是避免欧元汇率上升、美元汇率下跌而蒙受更大的损失，并不在于从中获利。

（2）卖出套期保值，又称空头套期保值，即先在期货市场上卖出后再买进与应收货币币种和数量相同的期货合同。出口商和从事国际业务的银行预计未来某一时间会得到一笔外汇，为了避免外汇汇率下浮造成的损失，一般采用卖出套期保值。

例8-15 卖出套期保值举例：

美国某跨国公司设在英国的分支机构急需25万英镑现汇支付当期费用。此时美国的这家跨国公司正好有一笔美元资金暂时闲置，于是在6月10日向其分支机构汇去了25万英镑，并要求其分支机构3个月后偿还。当日的即期汇率为GBP1=USD1.979 0/1.980 6，远期3个月的期货汇率为GBP1=USD1.990 0。假设3个月后可能出现两种情况：

1）9月10日即期汇率为GBP1=USD1.960 0/1.960 3，9月期期货价格为GBP1=USD1.960 3；

2）9月10日即期汇率为GBP1=USD1.987 6/1.987 9，9月期期货价格为GBP1=USD1.998 3。

为了避免汇率变动带来风险，该美国母公司便在外汇期货市场上做英镑空头套期保值业务。

解析： 该美国公司交易过程及损益情况见表8-12。

表8-12 卖出套期保值

现汇市场	期货市场
6月10日，按当日汇率GBP1=USD1.980 6买进25万英镑，折合495 150美元	6月10日，卖出10份于9月份到期的英镑期货合约，每份25 000英镑，汇率为GBP1=USD1.990 0，价值497 500美元
情况一：9月10日，按当日汇率GBP1=USD1.960 0卖出25万英镑，价值490 000美元	情况一：9月10日，按汇率GBP1=USD1.960 3买进10份于9月到期的英镑期货合约，折合490 075美元
盈亏：—5 150美元（490 000—495 150）	盈亏：7 425美元（497 500—490 075）

续表

现汇市场	期货市场
净盈利：2 275 美元（7 425－5 150）	
情况二：9 月 10 日，按当日汇率 GBP1＝USD1.987 6 卖出 25 万英镑，价值 496 900 美元	情况二：9 月 10 日，按汇率 GBP1＝USD1.998 3 买进 10 份于 9 月到期的英镑期货合约，折合 499 575 美元
盈亏：1 750 美元（496 900－495 150）	盈亏：－2 075 美元（497 500－499 575）
净亏损：325 美元（2 075－1 750）	

通过上述交易过程可知，美国母公司 3 个月后收回 25 万英镑，兑换成美元的损益情况如下：

1）在第一种情况下，由于英镑汇率下浮，其在现汇市场损失 5 150 美元，但在期货市场空头套期保值交易中盈利 7 425 美元，盈亏相抵，获利 2 275 美元（未考虑相应的交易费用）。如果该公司不进行空头套期保值，那么将损失 5 150 美元。

2）在第二种情况下，由于英镑汇率上浮，该公司收回的英镑升值了 1 750 美元，但由于该公司在外汇期货市场上对 25 万英镑做了空头套期保值，亏损 2 075 美元，盈亏相抵，亏损 325 美元（未考虑相应的交易费用）。如果该公司不进行空头套期保值，将在英镑汇率上升中获利 1 750 美元。因此，套期保值虽然可以规避汇率波动带来的风险，但同时也可能会抵消潜在的收益，甚至出现净亏损。

2. 投机获利

投机获利是外汇期货市场的另一个重要经济功能。外汇期货市场上的投机者，是指那些往往无具体的外汇需求，而是基于自己对未来汇率走势的预测，甘愿利用自己的资金，借汇率涨落波动之机，不断地买进和卖出外汇期货合约，希望从汇价的经常变化中获得利润的机构和个人。由于外汇期货交易实行保证金制度，而保证金不高于合约价值的 10%，这就为投机者提供了以小额资金获取巨额利润的机会，因而外汇期货交易明显体现出以小搏大的投机特点。国际金融市场正是由于投机者的参与，才使保值者的愿望得以实现，外汇期货市场才有了更大的流动性。

外汇期货市场的投机活动分为多头投机和空头投机两种。

（1）多头投机，也叫买空，是指投机者预测某种货币汇率上升，先买该种货币的期货合约，然后再卖出该种货币的期货合约，将先前设立的多头地位了结，从中牟取盈利的行为。进行多头投机的前提是预测某种货币汇率上升，先进行买入，如果汇率果然按其预测方向变动，交割之前进行卖出，就会盈利；反之，不管是做对冲结束还是进行实际交割，都会亏损。

（2）空头投机，也叫卖空，是投机者预测某种货币汇率下跌，先卖后买该种货币的期货合约，了结先前的空头地位，从而获利。进行空头投机的前提是预测汇率下跌，投机者先进行卖出期货，汇率果然按其所预料的下跌了，在交割日到来之前进行买入，就会盈利；否则同样不管是做对冲结束还是进行实际交割，都会亏损。

3. 价格发现

价格发现也是外汇期货市场的经济功能之一。所谓价格发现，是指外汇期货合约的价格，只有通过在外汇期货市场买卖双方相互作用的过程中才能发现并形成竞争性价格。因此，价格发现又叫价格形成。外汇期货市场之所以具有价格发现功能，是因为外汇期货市场的透明度高和流动性强，这里集中了众多的买者和卖者，这些买者和卖者通过公开喊价、讨价还价的方式形成的外汇期货价格，是反映当时外汇期货合约供求平衡的价格。它综合地反映了外汇期货市场上许多买者和卖者对当时和以后某一时间，对各种上市外汇期货合约价格的观点。这种通过竞争形成的外汇期货合约的价格被期货交易所记录下来后，迅速地传播到世界各地，不仅给外汇现货市场提供了重要的参考依据，而且促进了全球外汇期货价格的形成。

二、外汇期权交易

（一）外汇期权交易的含义

期权也称选择权，是指具有在约定的期限内，按照事先确定的执行价格，买入或卖出一定数量的某种商品、货币或某种金融工具契约的权利。期权交易把权利作为可自由买卖的商品，通过买卖期权合同来进行。

外汇期权交易，也叫货币期权交易，是指期权的买方在支付给期权的卖方一笔期权费后，即获得一种可以在合同到期日或期满前按合约规定的币种、数量和汇率购买或出售某种货币（或不买不卖）的权利。而期权的卖方则有义务在买方要求履约时，卖出或买进该种货币，或在买方放弃权利时不卖出或不买进。

外汇期权交易是继外汇期货交易以后在 20 世纪 80 年代开展起来的一项衍生金融业务。1973 年布雷顿森林货币体系崩溃，国际金融市场汇率波动频繁，给国际贸易和国际投资带来很多的不便，越来越多的交易商面对汇率变动的风险，寻求更为有效的、低成本的回避汇率风险的金融工具，外汇期权交易应运而生。1982 年 12 月，美国费城股票交易所（Philadelphia stock exchange，PSE）首先开始外汇期权交易。由于期权交易有远期外汇交易和外汇期货交易无法比拟的优点和灵活性，其发展十分迅速。目前，外汇期权交易市场的组织形式既有有形市场（期权交易所），也有无形市场（场外交易市场）。有形市场是外汇期权交易最主要的市场组织形式。经营外汇期权业务的交易所遍布世界各地，除费城股票交易所外，还有芝加哥期权交易所（CBOE）、芝加哥商品交易所（CME）、纽约商品交易所、加拿大蒙特利尔交易所、温哥华交易所、阿姆斯特丹交易所、伦敦国际金融期货交易所等数十家。其中，以费城股票交易所的外汇期权交易最为活跃。亚洲方面，韩国的期权市场发展迅速，并且其交易规模巨大，目前是全球期权交易发展最快的国家，中国香港地区以及中国台湾地区都有期权交易。

自 2005 年 7 月人民币汇率形成机制改革以来，我国外汇市场加快发展，交易品种日趋丰富，银行对客户市场和银行间外汇市场相继推出远期、外汇掉期和货币掉期等人民币外汇衍生产品。2011 年 4 月 1 日，我国银行间外汇市场正式开展人民币对外汇期权交易。人民币对外汇期权交易的推出，标志着我国外汇市场已初步形成完整的基础类汇率衍生产品体系，为今后外汇市场的创新发展奠定了基础。

（二）外汇期权合同的内容

期权合同是期权交易双方确定交易关系的正式法律文件，是一种标准化的契约。期权合同的内容一般包括买方、卖方、期权价格、执行价格、通知日和失效日等。期权的卖方即期权合同双方当事人中出售期权合同的一方，亦称为合同签署人，一般为银行；期权的买方即购买期权合同一方，亦称为合同持有人，一般为企业。当然，银行与银行之间也可以订立期权合同。期权合同的主要内容包括：

1. 交易数量标准化

以费城股票交易所为例，期权交易币种和交易单位见表 8-13。

表 8-13 费城股票交易所货币期权

货币种类	合同规格
澳大利亚元	50 000 澳大利亚元
英镑	31 250 英镑
加元	50 000 加元
欧元	62 500 欧元
日元	6 250 000 日元
瑞士法郎	62 500 瑞士法郎

2. 到期月份

通常规定每年 3 月、6 月、9 月、12 月为到期月份。

3. 到期日和失效日

到期日是指期权买方有权履约的最后一天，通常定于到期月份的第三个星期的星期三。失效日是指在此之前未做出选择即为放弃，通常为有效月份的第三个星期的星期三之前的星期六。

4. 保证金

期权的卖方在买方要求履约时，有依照执行价格进行交割的义务，而为确保合同义务的履行，必须在签约时缴付保证金。卖方所缴保证金缴存于清算所的保证金账户内，随市价涨跌，并于必要时追加。

5. 期权价格

期权价格也称期权费或保险费、权利金，是指期权合同成立后，由期权的购买方向期权的出售方支付的合同费用，无论合同购买者最终是否履行合同，这笔费用都归合同出售者所有。期权价格的标价方式可以是按每个期权合同总共多少美元来报出，但为方便起见，通常都是以每单位标的物的美元（或美分）数来表示。

6. 执行价格

执行价格也称协定价格或履约价格、敲定价格，是指期权交易双方所约定的期权到期日或到期日之前双方交割外汇时所采用的汇率。只有当期权购买方要求行使期权时，双方才会据此汇率进行实际的货币收付。外汇期权交易有场内交易和场外交易之分。场内期权交易的执行价格通常由交易所事先确定。

（三）外汇期权的种类

按照不同的标准，外汇期权交易可以划分为不同的种类。

1. 按照行使期权的时间不同，分为美式期权和欧式期权

美式期权是指期权的买方可在期权到期日之前的任何一个工作日，向对方宣布决定执行或不执行买（或卖）的期权合同。欧式期权是指期权的买方只能在期权到期日当天向对

方宣布，决定执行或不执行买（或卖）的期权合同。美式期权比欧式期权灵活，期权费用也比较高。

2. 按照购买者买卖货币的方向不同，分为买入期权和卖出期权

买入期权又称看涨期权，简称买权，是指期权合同的购买者有权在合同期满或期满之前，以履约价格买进约定数量的外汇（也有权不买），以避免该种货币汇率大幅度上涨带来的损失。卖出期权又称看跌期权，简称卖权，是指期权合同的购买者有权在合同期满或期满之前，以履约价格卖出约定数量的外汇（也有权不卖），以避免该种货币汇率大幅度下跌带来的损失。

3. 以基础资产为标准期权分为现汇期权、外汇期货期权

现汇期权是指期权买方有权在期权到期日或到期之前，以协定汇价购入或出售一定数量的某种外汇现货。外汇期货期权是指期权买方有权在到期日或到期之前，以协定汇价买进或出售一定数量的某种外汇期货，即买入看涨期权可使期权的买方按协定价格取得外汇期货的多头地位，买入看跌期权可使期权的买方按协定价格建立外汇期货的空头地位。

（四）外汇期权交易的特点

1. 期权交易双方的权利和义务是不对称的

外汇期权交易的标的物是一种将来可以买卖某种货币的权利，而不是货币本身，期权的买方有权利但不承担义务，期权的卖方只有义务但没有权利，所以买卖双方权利和义务不对称。因此，无论是购买者是否履行合约，期权费都不能收回。期权费是期权的买方购买期权、获得选择权利的固定成本，同时也是期权的卖方出售期权、承担接受对方选择义务的固定收益。

2. 外汇期权交易使外汇交易的灵活性增强

因为在期权合同有效期内，如果即期汇率对期权合同持有人有利，则可按约定汇率及金额行使自己拥有的买或卖的权利，即与期权合同签署人进行实际外汇交割。如果即期汇率对其不利，则可放弃执行合同的权利，即不行使买或卖的权利，让合同过期而自动作废。这一优越性是远期外汇交易与外汇期货交易无法比拟的。

3. 外汇期权交易的收益和损失对买卖双方是不同的

购买期权可能收益无限但损失有限，而出售期权则可能损失无限但收益有限。

4. 期权的价格受多种因素的影响而不固定

影响期权价格的因素主要有：

（1）期权的供给与需求。外汇期权供过于求时，期权价格低；供不应求时，期权价格高。

（2）即期汇率。一般情况下，随着期权交易货币的即期汇率的上升或下跌，看涨期权的价格与市场即期汇率成正比；看跌期权的价格与市场即期汇率成反比。因为即期汇率越高，买入看涨期权规避风险越合适，能够实现低买高卖，因而期权费也越高，而此时买入看跌期权避险越不合适，不能做到高卖低买，因而期权费越低。反之，即期汇率越低，买入看涨期权规避风险越不合适，不能实现低买高卖，因而期权费越低；而此时买入看跌期权避险越合适，能够做到高卖低买，因而期权费也越高。上述关系可用表 8-14 来说明。

表 8-14　即期汇率对期权价格的影响

市场汇率变动	期权类型	可能结果	对期权的需求	期权的价格
即期汇率上升	看涨期权	低买高卖	需求增加	期权费上升
	看跌期权	低卖高买	需求减少	期权费下降
即期汇率下跌	看涨期权	高买低卖	需求减少	期权费下降
	看跌期权	高卖低买	需求增加	期权费上升

（3）期权的执行价格。看涨期权的执行价格越低，买者就越有可能获利，因而要支付更多的费用，反之则可少支付费用；看跌期权的执行价格越高，买者获利的机会也越大，因而要支付更多的费用，反之则可少支付费用。可见，看涨期权的价格与执行价格成反比；看跌期权的价格与执行价格成正比。

（4）预期汇率波动。一般而言，较稳定的汇率比汇率波动大的外汇期权的价格低。因为期权交易目的在于规避汇率变动带来的风险，当市场汇率波动幅度较大时，意味着参加期权交易越有必要，期权交易的需求越大；同时，期权买者在期权到期前掌握有利汇价的机会更多，而期权卖者的风险更大，故卖者要求获得较高的风险补偿。所以，期权价格与汇率的波动幅度成正向关系，汇率波动幅度越大，期权价格越高；汇率波动幅度越小，期权价格越低。

（5）期权的有效期。期权合同有效期越长，期权费越高；反之，期权费则越低。所以，期权价格与期权到期时间成正比。

（6）远期性汇率（远期汇率或期货汇率）。看涨期权的价格会随远期汇率的升高而上涨，而看跌期权的价格则会下跌。

（7）利率水平及利差的变动。由利率平价理论可知，当某种货币的利率相对低于另一种货币的利率时，其远期汇率会上升，则该货币的看涨期权价格上升、看跌期权价格下降，而另一种货币的看涨期权价格下降、看跌期权价格上升。

（8）期权的类型。由于欧式期权购买者决定是否行使权利的时间规定严格，故费率相对低；而美式期权购买者决定行使权利的时间灵活，卖方的被动性强，故费率相对高。

（五）外汇期权交易的功能

外汇期权交易的功能主要有两个：一是避险保值；二是投机。

1. 外汇期权交易的避险保值功能

运用外汇期权交易保值的原理与运用外汇期货交易保值的原理是相同的，都是通过避免和减少汇率波动风险而达到保值目的，但运用外汇期权对于买方而言更能增强交易的灵活性，因为他可以选择有利于自己的汇率进行外汇买卖，一方面可以消除汇率变动带来的损失，另一方面可以牟取汇率变动带来的收益。

例如，有一美国出口商，3 个月后要收到一笔澳大利亚元货款，他能肯定澳元汇率将大幅波动，但不能肯定澳元汇率的变动趋势。若不在远期外汇市场卖出，他担心到收回货款时澳元汇率下跌而蒙受损失，使其出口利润受损。若在远期外汇市场卖出，他又担心到交割时澳元汇率上升了，他会丧失澳元升值带来的好处。所以最好的选择是参与外汇期权交易，即购买澳元卖出期权。这样既能保障汇率下跌不受损失，又能获得汇率上升带来的利润。

再如，有一美国进口商3个月后需要支付一笔澳大利亚元货款，在不能肯定澳元汇率是上升还是下降的情况下，该进口商可选择购买澳元买入期权。如果3个月后，澳元汇率上升、美元汇率下降，就可以按照3个月前签订的合约，即按约定汇价和约定数量行使买的权利；如果3个月后澳元贬值、美元升值，则可让期权过期作废，即行使不买的权利，而到现汇市场上按即期汇率买进澳元，从中取得澳元汇率下跌的好处。

下面通过具体实例来说明外汇期权交易的避险保值功能。

例8-16　美国某出口商出口一批价值50万英镑的商品，3个月以后由英国进口商以英镑进行支付。美国出口商担心英镑会贬值，使其出口的美元收入减少。为了控制这种交易风险，美国出口商购入英镑看跌期权，协议价格为£1＝＄1.560 0，期权费为£1＝＄0.03。在3个月以后的到期日，该出口商面临两种选择：

(1) 如果外汇市场英镑的即期汇率高于£1＝＄1.560 0的协议价格，美国出口商将放弃期权合同，而是通过现汇市场出售英镑，以获得更多的收益；

(2) 如果外汇市场英镑的即期汇率低于£1＝＄1.560 0的协议价格，美国出口商将行使期权，按协议价格卖出50万英镑，使其避免由于英镑贬值而造成的损失。

美国出口商花费1.5万美元的期权费，通过购入英镑看跌期权，使其能够在3个月以后以不低于£1＝＄1.560 0的价格卖出英镑，从而控制了外汇风险。

例8-17　美国某进口商于2024年6月16日同瑞士某出口商签订进出口合同，货款价值625 000瑞士法郎，双方约定3个月后支付这笔货款。当日即期汇率为：USD1＝CHF0.980 0。美国进口商担心瑞士法郎3个月后升值使其蒙受损失，便在费城股票交易所以2.56%的期权价购买了10份瑞士法郎欧式看涨期权（每份期权合同为62 500瑞士法郎），执行价格：USD1＝CHF0.960 0。假设3个月后在9月11日出现下列三种情况，该美国进口商应怎样做才合适？

(1) USD1＝CHF0.990 0；(2) USD1＝CHF0.940 0；(3) USD1＝CHF1.000 0。

解析： 期权合同情况见表8-15。

表8-15　期权合同要素

买入：10份瑞士法郎欧式看涨期权
执行价格：USD1＝CHF0.960 0
有效期：3个月
签约日：2024年6月16日
货款支付日：2024年9月16日
期权合同到期结算日：2024年9月16日
期权合同失效日：2024年9月12日
期权价：2.56%
期权费：CHF62 500×10×2.56%÷0.980 0＝CHF16 000÷0.980 0＝USD16 326.53

(1) 情况一：2024年9月11日，瑞士法郎汇率为：USD1＝CHF0.990 0，美元升值、

瑞士法郎贬值，且美元汇率高于执行价格。进口商不需要行使买进的期权，因为他可以在现汇市场上付出 1 美元买入 0.990 0 瑞士法郎，较使用期权多换回 0.030 0 瑞士法郎。整个交易过程的成本为：

1）在现汇市场上购买瑞士法郎的成本：CHF625 000÷0.990 0＝USD631 313.13；

2）期权费用支出：USD16 326.53；

3）总成本：USD631 313.13＋USD16 326.53＝USD647 639.66。

（2）情况二：2024 年 9 月 11 日，瑞士法郎汇率为：USD1＝CHF0.940 0，美元贬值、瑞士法郎升值，且美元汇率低于执行价格。进口商应该行使买入期权，因为行使期权时 1 美元能折合 0.960 0 瑞士法郎，比现汇市场汇率高。整个交易过程的成本如下：

1）按协定价格买进瑞士法郎的成本：CHF625 000÷0.960 0＝USD651 041.67；

2）期权费用支出：USD16 326.53；

3）总成本：USD651 041.67＋USD16 326.53＝USD667 368.2。

（3）情况三：2024 年 9 月 11 日，瑞士法郎汇率为：USD1＝CHF1.000 0，同第一种情况，则进口商无须行使买入期权。整个交易过程的成本为：

1）在现汇市场上买进瑞士法郎的成本为：CHF625 000÷1.000 0＝USD625 000；

2）期权费用支出：USD16 326.53；

3）总成本：USD625 000＋USD16 326.53＝USD641 326.53。

由上述分析可以看出：在收付款时间、金额等条件允许的情况下，用期权交易规避汇率风险是一种合适的选择。因为当美元汇率跌至 USD1＝CHF0.960 0 以下时，该美国进口商的交易成本被固定在 667 368.2 美元，可避免更大的损失；当美元汇率升至 USD1＝CHF0.960 0 以上时，进口商可以获得成本不断下降的好处。

2. 外汇期权交易的投机功能

利用外汇期权交易投机具有很强的灵活性，可以控制投机失误的损失。当投机者预期汇率趋涨时，做“多头”投机交易，即购入外汇买权（看涨期权），如果汇率果然上升，就行使买的权利；如果汇率下跌，就行使不买的权利，付出的代价仅仅是数额很小的期权费用。反之，当投机者预期汇率趋跌时，做“空头”投机交易，即购入外汇卖权（看跌期权），同样，预测准确可获投机利润，预测失误则可避免巨大的损失，其成本仅为期权费。

货币互换

例如，某投机者预测 3 个月后加元对美元的汇价将上升，于是按协定价格购买 1 份加元看涨期权。3 个月后，如果加元汇价正如该投机者所预期的那样上升了，他立即执行协定汇价购入加元，然后再按上升了的加元汇价卖出加元，收入的美元大于协定价格加期权费，就可获利。如果 3 个月后，加元的汇价没有变化或者反而下降了，该投机者则可放弃执行期权，其损失仅为他期初所支付的期权费。

即测即评

举例说明外汇看跌期权的投机功能。

模块小结

任务一	外汇市场概述	外汇市场是外币供求双方相互买卖不同货币的交易场所、交易组织系统和交易网络系统，是外汇供求关系的总和。外汇市场以无形外汇市场为主；全球一体化运作，全天候交易；汇率波动频繁，不同市场间的汇差日益缩小；各国政府对外汇市场干预频繁。
任务二	即期外汇交易与远期外汇交易	即期外汇交易又称现汇交易，是外汇买卖双方以即期汇率成交后，在两个营业日内完成交割的外汇买卖。远期外汇交易又称期汇交易，是买卖双方成交后即签订远期外汇合同，将外汇交易方向、交易币种、数量、远期汇率和到期日在合同中确定下来，并在两个营业日之后办理交割的外汇交易活动。
任务三	套汇交易、掉期交易与套利交易	套汇交易是指利用同一时间、不同外汇市场上相同货币间的汇率差异，在低价买进某种货币的同时再以高价卖出该种货币，以赚取利润的外汇交易。掉期交易是指在外汇市场上买进或卖出一种货币的同时，卖出或买进金额相等但交割日期不同的该种货币的外汇交易行为。套利交易是指两个国家短期利率不同时，投资者将资金从低利率国家调往高利率国家，以赚取利差收益的外汇交易。
任务四	外汇期货交易与外汇期权交易	外汇期货交易是指在固定的有形交易场所，根据交易币种、成交单位、交割时间标准化的原则，按约定价格买进或卖出远期外汇的一种外汇交易。外汇期权交易，也叫货币期权交易，是指期权的买方在支付给期权的卖方一笔期权费后，即获得一种可以在合同到期日或期满前按合约规定的币种、数量和汇率购买或出售某种货币（或不买不卖）的权利。而期权的卖方则有义务在买方要求履约时，卖出或买进该种货币，或在买方放弃权利时不卖出或不买进。

模块测评

◎ 简述题

1. 外汇市场的参与者有哪些？
2. 即期外汇交易有哪些程序？
3. 远期外汇交易的作用有哪些？
4. 套汇交易的基本原理是什么？
5. 掉期交易与套利交易有什么联系？
6. 套利的条件是什么？
7. 外汇期货交易与远期外汇交易有何区别？
8. 外汇期货交易的功能是什么？
9. 外汇期权交易的特点是什么？

◎ 实务题

1. 某年10月中旬外汇市场行情为：即期汇率USD1＝JPY116.40/116.50。3个月远期汇率 USD1＝JPY116.23/116.35。可以看出美元表现为贴水。

一美进口商从日本进口价值10亿日元的货物，双方约定在3个月后支付货款。为了避免日元可能升值所带来的外汇风险，进口商采取了远期外汇交易进行套期保值。此例中：

（1）进口商不采取避免汇率变动风险的保值措施，现在就支付10亿日元需要多少美元？

（2）假定3个月后的汇率为USD1＝JPY115.00/115.10，则到第二年1月中旬才支付10亿日元需要多少美元？比现在支付日元预计要多支出多少美元？

（3）美国进口商利用远期外汇市场进行套期保值是怎样操作的？

2. 我国某外贸公司向法国出口商品，9月2日装船发货，收到价值100万欧元的3个月远期汇票。该公司担心到期结汇时欧元对美元汇价下跌，会减少美元创汇收入，则采取欧式外汇期权交易进行保值。

已知：9月2日现汇汇率为EUR1＝USD1.350 0/10，协定价格为EUR1＝USD1.380 0，期权费为EUR1＝USD0.021 2，期权交易佣金占合同金额的0.5%。

假设：3个月后在欧元对美元汇价分别为EUR1＝USD1.300 0/12与EUR1＝USD1.500 0/12，在这两种情况下，该公司各收入多少美元？

模块 九 外汇风险管理

学习目标

- 知识目标

  理解外汇风险的含义、构成因素及特征；

  了解外汇风险的类型；

  掌握外汇风险管理的基本方法。

- 技能目标

  能够识别不同经济主体遇到的不同外汇风险；

  能够采取有效措施防范汇率风险损失。

模块导入

如果你所在的企业从事进出口业务，你认为它的经营活动是否会承受外汇风险？会遇到什么样的外汇风险？如果你是一个决策者，你会如何管理各类外汇风险，以做到尽量减少外汇敞口，降低风险损失呢？本模块将为你解读外汇风险及其管理。

任务一　外汇风险概述

一、外汇风险的定义、构成因素及特征

（一）外汇风险的定义

风险是指由于不确定性的存在而可能给经济主体带来的损失或收益。风险有损失和收益两种可能，但风险管理更注重如何降低风险损失。

外汇风险亦称汇率风险，是指在国际经济活动中，以外币计价的资产或负债由于汇率

的不确定性变动导致其以本币折算的价值变化，从而给涉外交易主体带来损失或收益的可能性。

从事对外贸易、投资和借贷活动的主体，不可避免地会在国际范围内收付大量外汇或拥有以外币表示的资产和负债，汇率的波动会给外汇持有者或使用者的未来现金流量带来不确定性，可能导致巨大的损失，也可能带来收益，这些都体现为外汇风险。因而外汇风险的前提条件是持有或使用外汇，外汇风险产生的直接原因是汇率变动。承受着汇率变动风险的外币债权或外币债务，即“受险部分”，一般称为“外汇敞口”或“外汇暴露额”。当交易主体参加以外币计价结算的国际经济交易时就会产生直接受险部分，其所承担的外汇风险金额是确定的。

即测即评

我国某出口企业 3 个月后有一笔 10 万英镑的出口收入，其外汇敞口是多少？

（二）外汇风险的构成因素

外汇风险的构成因素有两个：货币兑换和时间。缺少任何一个因素，交易主体不会面临外汇风险。

一方面，外汇风险的产生源于货币兑换，如本外币兑换。一般地，本币是衡量一笔国际经济交易效果的共同指标。在国际经济活动中，交易主体的外币收付，如应收外币账款、应付外币账款，以及外币投资收益的取得或外币借贷本息的偿还等，均需与本币进行折算，以便结清债权债务并考核其经营活动成果。如果汇率发生变动，就可能遇到外汇风险。而这些交易若以本币收付，不存在货币兑换问题，也就没有外汇风险。

另一方面，国际经济交易中，应收款的实际收进、应付款的实际付出、借贷本息的最后偿付，都有一个期限，这个期限就是时间因素。在确定的期限内，外币与本币的折算汇率可能会发生变化，从而产生外汇风险。通常时间间隔越长，在此期间汇率波动的可能性就越大，外汇风险相对也就越大。

发生货币兑换但没有时间因素，或者，存在时间因素却不需要货币兑换，都不会产生外汇风险。比如出口商要求进口商在签订贸易合同时预先支付外币，出口商可以按成交当天的汇率进行兑换，对出口商来说，不存在外汇风险；再比如进口一批货物，延期付款时不使用本币购汇，而是用出口所得的外币收入应付进口货款支出，对进口商来说，也不存在外汇风险。

（三）外汇风险的特征

外汇风险具有三个特征：或然性、不确定性和相对性。外汇风险的或然性是指外汇风险可能发生也可能不发生，不具有必然性。比如，即使持有外汇或需用外汇，汇率没有变动就不会形成外汇风险。外汇风险的不确定性是指外汇风险给持有外汇或者有外汇需求的经济主体带来的可能是损失也可能是盈利，它取决于在汇率变动时经济主体是债权地位还是债务地位及汇率变动的方向。外汇风险的相对性是指外汇风险给一方带来的是损失，给另一方带来的就是盈利。如果外汇汇率上升，外币债权人盈利、外币债务人受损失；如果外汇汇率下跌，外币债权人受损失、外币债务人会得利。

二、外汇风险的类型

从风险承受对象的角度分析，不同的经济主体会遇到不同的外汇风险类型（见图 9－1）。

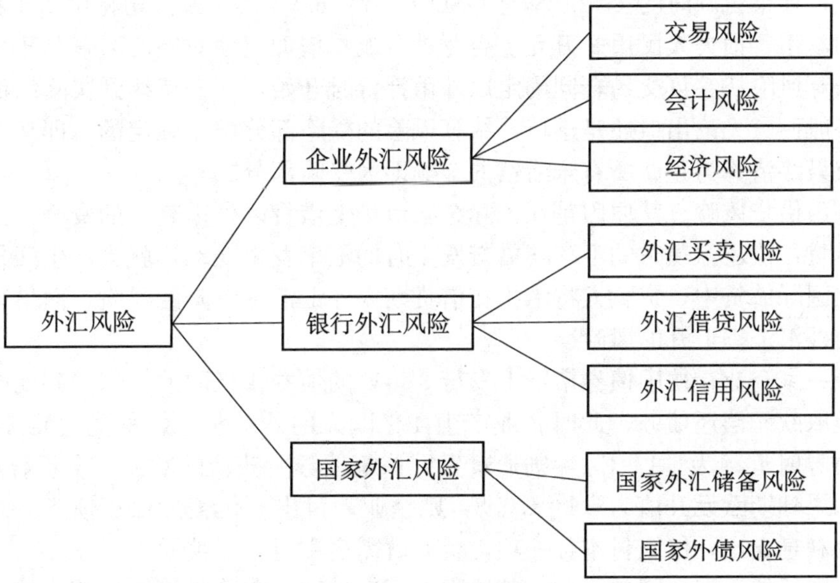

图 9－1　外汇风险类型

(一) 企业面临的外汇风险

涉外企业面临的外汇风险主要有：经营活动中的交易风险、经营活动结果中的会计风险、经营活动预期收益的经济风险。

1. 交易风险

交易风险（transaction exposure）是指以外币计值的现存合约债权债务在以本币进行结算时因外汇汇率变动而导致的收益或成本的不确定性。这是一种流量风险，是涉外经济活动中经常面临的风险，由于交易合同中的计价结算货币与本币不一致，当经济主体的外汇债权或债务已经产生，而在实际收付时汇率发生了变动，就会产生交易风险。交易风险主要有以下几种不同情形：

(1) 外币结算风险。其原因是买卖以外币表示的商品或劳务。在进出口贸易中，合同金额以外币计价结算，就可能产生交易风险。一般来讲，在出口中收进外汇一方，如果签约时的外汇汇率高而结算时的外汇汇率低，那么出口方将遭受损失；相反，在进口中支付外汇的一方，如果签约时的外汇汇率低而结算时的外汇汇率高，那么进口方将遭受损失。

例如，我国某外贸企业向日本出口货物，合同金额为 1 000 万日元，双方约定 3 个月后付款。签约时的汇率为：1 日元＝0.068 547 元人民币，按此计算，该企业出口的人民币收入将是 68.547 万元人民币。但由于货款的收入是在 3 个月以后，到时市场汇率可能会发生变动，导致出口收入发生变化。

可能性之一：外汇汇率下跌，如 1 日元＝0.048 547 元人民币，企业收入 48.547 万元人民币，亏损 20 万元。

可能性之二：外汇汇率上升，如 1 日元＝0.088 547 元人民币，企业收入 88.547 万元人民币，盈利 20 万元。

又如，我国某涉外公司从美国进口一批价值 20 万美元的设备，合同规定 3 个月后以美元结算，签订合同时美元的汇率是 USD/CNY：6.829 3。到 3 个月后，该公司需购买美元支付货款，如果付款时的美元汇率是 USD/CNY：6.929 3，该公司将付出比签订贸易合同时更多的本币，损失人民币 2 万元。企业进口成本增加，蒙受外汇汇率上升的损失。

外汇结算风险从签订交易合同确定以外币计价时开始，一直持续到实际结清债权债务后结束。一般而言无论出口还是进口，结算风险的受险部分都是确定的，即从签订合同到货物装船及最终清算为止，所有未清偿的金额即为受险部分。

（2）外币借贷风险。其原因是在国际金融市场上借贷以外币表示的资金。当发生国际性的外币借贷，偿还款项时的汇率与借贷发生时的汇率发生变动，就会产生交易风险。一般来讲，在国际借贷中，贷款人将承担在借贷期内外汇汇率下降的风险，而借款人将承担在借贷期内外汇汇率上升的风险。

例如，一家企业在德国债券市场上发行 3 年期的债券 4 亿欧元，债券到期时，企业拟定以美元换取欧元偿还债务，此时企业产生 4 亿欧元的外汇头寸，承受欧元升值的风险。假设发行债券时汇率为 $1=€1，则通过发行该笔债券所获得的欧元资金折合成美元是 4 亿美元。如果到期欧元升值为 $1=€0.8，则企业须付出 5 亿美元偿还债务。此时即使不计算额外的利息支出，仅支付本金一项，企业就需多支付 1 亿美元。

（3）未履行的远期合同的风险。其原因是买卖远期、期货外汇合约等。待交割的远期外汇合同的一方，在该合同到期时，由于外汇汇率变化，其外汇敞口可能会承受汇率风险，交易的一方可能要拿出更多或较少货币去换取另一种货币。

进行远期外汇买卖的目的，往往是为了防止或减轻由于汇率波动所造成的损失。但是，也有一部分远期外汇交易是出于投机的目的，造成投机者的外汇头寸暴露，因而产生交易风险。例如，一家美国企业预料英镑汇率将下跌，于是在远期外汇市场上做空头，出售 100 万英镑，90 天后交割，希望以后用低价补进空头头寸。假定 90 天内，英镑汇率果然下跌，企业就可低价买进同一数额、交割日期相同的远期英镑，到了交割日后可取得投机利润。但如果在 90 天内，英镑汇价没有像预期的那样下跌，或反而上升了，则企业将遭受损失。

（4）其他外币资产或负债的风险。除了以上的情况，交易风险还涉及股息、利息、租金、专利权等诸多方面。事实上，凡是涉及以外国货币计算的任何商业活动或投资行为都包括在内。若外汇汇率下跌，本国货币相对坚挺，持有外币资产将会有损失，持有外币负债将有利得；反之，若本币汇率下跌，外国货币相对坚挺，则持有外币资产将会有利得，持有外币负债将有损失。

2. 会计风险

会计风险（accounting exposure），又称为换（折）算风险、评价风险、转换风险或账面风险，是指涉外经济主体在进行会计处理和对以不同货币计价的债权和债务进行财务决算中，在将功能性货币转换成记账货币时，因汇率变动而呈现账面价值变化的可能。这是一种存量风险。

会计风险一般是针对涉外经济主体，尤其是跨国公司和外资企业而言的。因为，每个经济主体经营管理的一项重要内容是进行会计核算，通过编制会计报表来反映其经营情况。而一个拥有外币资产和负债的经济主体就需要将原来以外汇度量的各项资产和负债，按照一定的汇率转换成以母国货币表示，以便汇总编制综合的财务报表。

经济主体在具体经济业务中使用的货币叫功能货币，通常是所在国当地货币；在编制综合财务报表时使用的货币叫报告货币或记账货币，通常是母国货币。这样，一旦功能货币与记账货币不一致，在会计上就要作相应的转换。由于功能货币与记账货币之间汇率的变动，会计报表中某些项目的价值也会相应地发生变动，比如记账货币升值，则同样多功能货币的价值在账面上就减少了，从而形成会计风险。凡需要转换的项目都是承受会计风险的受险部分。

例如，我国某合资企业以美元为记账货币，年初该企业有 10 万澳大利亚元存款，汇率水平为 AUD/USD＝0.641 2，在财务报表中折算为 6.412 万美元。年底该公司编制资产负债表时，汇率水平为 AUD/USD＝0.541 2，该笔澳大利亚元存款经重新折算仅为 5.412 万美元，账面价值减少了 1 万美元。虽然这种损益是会计性质的账面损失，是尚未实现的、不涉及实际的现金流量，但会影响到企业向股东和社会公开营业报告的结果，并对公司的利润产生直接影响，影响公司的纳税额。

同一般的涉外经济主体相比，跨国公司在海外的分公司或子公司所面临的转换风险更为复杂。一方面，海外分支机构同一般经济实体相似，它们的经营活动在不同程度上都是国际化的。在从事有关的国际经济交易活动中，它们要使用相对于东道国而言的各种外币。因此，当它们以东道国的货币入账和编制财务报表时，需要将所使用的外币转换成东道国的货币。在这一场合，它们所遇到的转换风险与一般经济实体是完全一致的。另一方面，在其编制企业合并财务报表时，又需要把海外分支机构以外币表示的资产和负债转换成以母公司所在国货币表示的资产和负债，这又会进一步加剧跨国公司的转换风险。

例如，美国某公司在英国的子公司拥有资产 1 000 000 英镑，年终向母公司上报会计报表时，美元与英镑的汇率是 1 英镑＝1.389 美元，此时该公司财务报表中的资产价值为 1 389 000 美元。到第二年年终，该公司再次向母公司报送财务报表时，美元与英镑的汇率发生了变化，英镑贬值。汇率为 1 英镑＝1.289 美元，这时该笔资产在财务报表中反映为 1 289 000 美元，比上年末减少了 100 000 美元。

从上例中可以看出，在合并会计报表过程中，会计风险只影响母公司账面价值，海外子公司的实际经济价值并没有减少，实际经营状况也没有因此发生变化。

会计风险的大小除与企业在进行会计转换时以外币计价的资产和负债金额大小有关外，还与企业采用的会计核算方法有关。在换算过程中，是采用现行汇率还是历史汇率，将对转换风险产生不同的影响。

3. 经济风险

经济风险（economic exposure），又称经营风险，是指意料之外的汇率变动通过影响企业生产价格、销售数量、利润和成本，而引起企业未来一定期间内收益或现金流量发生变化的一种潜在风险。经济风险有以下几个特点：

第一，它不包括可预期的汇率变动。经济风险中的汇率变动仅指意料之外的汇率变动，而不包括意料之中的汇率变动。这是因为企业在评测未来的获利状况而进行经营决策时，已经将意料之中的汇率变动对未来获利状况所产生的影响考虑进去了，这种意料中的影响并不构成风险。

第二，其防范取决于企业的汇率预测能力。经济风险强调在出现意外汇率变动的情况下，企业的生产成本与销售价格将会发生变动，从而引起企业产销数量的调整，并最终带来企业获利状况的变化。因而经济风险的避免与否很大程度上取决于企业的预测能力，预测的准确程度将直接影响该企业在生产、销售和融资等方面的战略决策，从而影响企业承担的经济风险的程度。

第三，其风险影响比交易风险和折算风险大。交易风险侧重于进出口、借贷款之间互相没有联系的一笔独立的交易，是在交易金额已知的条件下分析由于汇率的变化而引起交易结果的变动；而经济风险则侧重于企业的全局，是从企业的整体预测将来一定时间内所发生的现金流量变化。从本质上说，经济风险代表了企业未来竞争力的可能变化，经济风险对企业经营业绩的影响要比交易风险及转换风险大得多，这种影响是长期的，而后两者对企业的影响只是一次性的。

（二）银行面临的外汇风险

对于银行而言，外汇风险主要来自外汇业务经营过程中汇率的变动。具体来说，银行面临的外汇风险主要有三种，即外汇买卖风险、外汇借贷风险和外汇信用风险。

1. 外汇买卖风险

外汇买卖风险是指银行在经营外汇买卖业务中，当存在外汇敞口头寸时，因汇率变动而蒙受损失的可能性。银行在外汇市场上进行外汇买卖，一种是代客买卖外汇，赚取买卖价差和手续费收入；另一种是银行自营外汇买卖。无论是出于何种目的进行买卖，银行在某种货币上的买进和卖出很可能出现金额和交割日期的不匹配，因而在某一个时间点上，银行所持有的外汇买卖余额就难免有多余或短缺的情形发生，这就形成了外汇敞口头寸，其构成银行从事外汇买卖时的受险部分。当买入某种外汇的数量大于卖出的数量而产生长头寸时，将来在卖出时会因汇率下降而使银行蒙受损失；当卖出某种外汇的数量大于买入的数量而产生短头寸时，将来再补进时会因汇率上升而使银行蒙受损失。

例如，某日苏黎世外汇市场美元兑瑞士法郎的收盘汇率为 USD/CHF＝1.153 4/38，一家瑞士银行按照 USD1＝CHF1.153 4 的买入价从某一客户手中买入 200 万美元，同时又按照 USD1＝CHF1.153 8 的卖出价，向另一客户卖出 150 万美元，从而出现 50 万美元的长头寸。如果这 50 万美元按照当日收盘价卖出，该瑞士银行应当收回 57.69 万瑞士法郎。然而翌日外汇市场开市时，美元兑瑞士法郎的汇率跌至 USD/CHF＝1.053 0/40，该瑞士银行按照 USD1＝CHF1.054 0 的卖出价将 50 万美元多头售出，只能收回 52.7 万瑞士法郎，损失 4.99 万瑞士法郎。

即测即评

该笔业务中银行的外汇暴露额是多少？

2. 外汇借贷风险

外汇借贷风险是指银行在经营国际信贷业务中因汇率变动而给银行造成损失的可能性。它包括对外筹资中的外汇风险和对外投资中的外汇风险。

例如，银行借入一种外币而需转换成另一种外币使用，银行就要承受借入货币与使用货币之间汇率变动的风险，如借入货币汇率上升，则银行筹资成本加大。或者银行持有与偿债资金币种不一致的另一种外币，那么银行会面临还款货币间汇率变化的风险，若持有的外币汇率下跌，银行将遭受损失。此外，在银行以外币进行对外贷款或投资时，如果贷款或投资结束时外币汇率下降，银行收回的贷款本息就会减少，投资的实际收益（以本币表示）就会下降。

3. 外汇信用风险

外汇信用风险是指银行在经营外汇业务时因交易对方不能或不愿履行交易合同而给银行造成损失的可能性。外汇信用风险包括：交易方之间的信用风险、对客户交易的信用风险、国家风险或主权风险等。前两者系因交易对方破产倒闭、经营恶化、违规交易引起的；后者系战争、动乱、严重自然灾害或政策变动所造成，如交易对方所在国政府用法令形式强迫交易对方停止付款而造成的违约风险。

例如，美国某银行向德国某公司出售 102 万即期欧元以换取 100 万即期美元，交割时间是某星期二。这家美国银行在星期二法兰克福外汇市场开始营业时，把欧元汇到法兰克福，这时纽约外汇市场还没有开始营业。由于美元资金通常在纽约结算，在纽约时间上午 9 点钟即法兰克福时间下午 3 点钟以前，德国公司还不能向美国银行汇去美元。假如这家德国公司在法兰克福时间 3 点以前宣布破产，美国银行因汇出欧元却收不到美元而遭受损失，它只能作为这家德国公司众多的债权人之一等待破产程序的履行以希望得到部分补偿。

从某种程度上讲，外汇信用风险比外汇买卖风险造成的后果更为严重，所以考察交易对方的资信状况至关重要。

（三）国家面临的外汇风险

1. 国家外汇储备风险

国家外汇储备风险是指一国所拥有的外汇储备因储备货币贬值而带来的风险。主要包括国家外汇库存风险和国家外汇储备投资风险。

自 1973 年实行浮动汇率制以来，世界各国外汇储备都面临同样的运营环境，即储备货币多元化和储备货币以美元为主，包括美元在内的储备货币汇率波动很大，这样就使各国的外汇储备面临极大的风险。由于外汇储备是国际清偿力的最主要构成，是一国国力大小的一个重要象征，因此外汇储备面临的风险一旦变为现实，其造成的后果是十分严重的。（国家外汇储备风险管理详见模块六国际储备管理）

2. 国家外债风险

国家外债也称主权外债，是指政府作为债务人，与外国政府、企业、金融机构、居民以及国际机构所形成的债权债务关系。国家外债风险是指债务国因缺乏偿还能力，无法如期偿还已经到期的外债本息，从而直接影响到债权国及相关国家，引发金融市场波动的风险。

一国对外举债要取得良好的经济效益，必须保持适度的外债规模和合理的举债速度。适度的外债规模取决于国民经济总体发展水平和宏观战略发展部署、经济对外债的承受能力、国内资金的配套能力、国际资本的可供应量等因素。合理的举债速度取决于国内经济发展速度、国内经济发展的结构调整和外债的偿付能力。此外，在举借外债中，还应该注意合理地安排债务期限、币种、利率等债务结构。如果外债规模过大、举债速度过快或者债务结构不合理，极易导致外债风险，甚至引发债务危机。（国家外债风险管理详见模块

十一任务四外债管理）

任务二　外汇风险管理

外汇风险管理是在汇率预测的基础上，对外汇风险的特性以及影响因素进行识别与测定，设计和选择防止或减少因汇率变动发生损失的处理方案，以最小成本达到风险防范的最佳效果。外汇风险管理的基本步骤是：

第一，进行汇率预测。

第二，进行风险识别和测定。例如，企业在对外交易中，要分析究竟存在哪些外汇风险，是交易风险、会计风险还是经济风险；外汇风险敞口额有多少；风险持续的时间长短；等等。

第三，设计、比较、选择风险防范措施，是采取完全抵补策略、部分抵补策略，还是采取完全不抵补策略。例如汇率波动幅度大时，采取完全抵补策略，运用各种措施消除外汇敞口额；对汇率波幅没有把握，应采取措施消除部分敞口金额，保留部分受险金额；面对低风险、高收益、汇率波动幅度不大、外汇业务量小或汇率的走势对自己有利的，可以任由外汇敞口暴露在汇率风险之中。

第四，具体实施风险防范措施。

不同的经济主体应对不同类型的外汇风险采取的风险管理方法有所不同。对企业而言，就是要考虑如何防范交易风险、会计风险和经济风险。

一、企业交易风险管理及防范

交易风险是国际性企业面临的一种最主要的外汇风险，因而外汇风险的管理主要指交易风险的管理。其方法可以分为三类：一是签约时的风险管理，包括做好计价货币的选择、加列货币保值条款、价格调整法等；二是签约后利用外汇交易转嫁外汇风险，包括远期外汇交易、掉期交易、外汇期货交易、外汇期权交易等；三是其他风险管理方法，包括提前或推迟结汇法、平衡抵消法、国际信贷法、投保货币风险保险法等。

（一）签约时的风险管理

为了有效防范交易风险，企业在签订合同的时候，就应该考虑采取一些防范风险的措施。

1. 做好计价货币的选择

在商品进出口、劳务输出入、资本借贷等国际经济交易中，需要双方签订合同，合同中都有支付条款，载明计价货币。选择何种货币作为签订合同的计价货币或清偿货币，直接关系到交易主体是否承担汇率风险损失。因此选择计价货币是交易双方在谈判过程中的重要议题，其重要程度不亚于谈判价格和利率。计价货币一般在本国货币、交易对方国和第三国货币之间选择。在选择计价货币时通常遵循以下原则：

（1）在对外交易中应尽力争取使用本国货币计价结算。无论是对外贸易还是资金借贷，选用本币作为计价货币，可以在结算或偿还时收付本币，不会发生本国货币与外国货币的兑换问题，也就从根本上消除了外汇风险。但是，这一方法一般只适用于实行货币自由兑换的国家，否则交易对方一般不会轻易接受，因为采用本币作为计价货币，事实上是将外汇风险完全转嫁给交易对方承受。按国际惯例，国际黄金、石油等交易均以美元计价结算，所以黄金、石油交易也难以用本币计价结算。

（2）争取收汇时用硬币，付汇时用软币。硬币的汇率具有上升的趋势，软币的汇率具有下降的趋势。如果出口商和债权人以硬币作为计价货币，在结算或清偿时，计价货币汇率的上升将使出口商和债权人换回更多的本国货币，即使计价货币在结算期不一定升值，也至少不会贬值，因而具有保值的作用，使出口利润不会因计价货币贬值而减少；如果进口商和债务人以软币作为计价货币，在结算或清偿时，计价货币汇率的下跌将使进口商和债务人支付较少的本国货币。但是在实际中，各种货币的“软”或“硬”并不是绝对的，其软硬局面往往会出现转变，因此这种方法并不能保证经济主体免遭汇率变动的损失。同时，也不能不分对象、不分市场，僵硬地套用这一原则。在对外贸易中，如果出口商坚持收硬币或进口商坚持付软币，往往会相持不下而影响成交。所以应根据进出口商品的供求状况，灵活运用这个原则，可以适时地做出一些让步。

（3）软硬货币搭配法。如果交易双方都坚持收硬付软，会导致双方因采用何种货币计价结算发生争执而影响成交，此时可以采用软硬货币搭配法，即对外贸易货款，一半以硬币支付，一半以软币支付；对外借贷资本，一半使用硬币，一半使用软币。这样，出口方或债权人的软币损失可以被硬币收益所抵消；进口方或债务人的硬币损失可以被软币收益所抵消。交易双方共同承担汇率变动的损失，体现了风险共担、相对公平的原则。

（4）以多种货币报价。在国际外汇市场上，各国货币汇率的变动在一定时期往往不一致，如果在一项交易中使用一篮子货币计价就可能综合抵消并降低风险。一篮子货币是多种货币加权组合的复合货币，各货币间呈负相关的关系，当其中一种或几种货币升值，另外一种或几种货币贬值，用升值的货币带来的收益抵消贬值的货币带来的损失，或者反之，从而减少外汇风险。

（5）结合进出口使用的币种进行对外报价。即选择的计价货币币种应尽可能与企业经常收入和支付的外币币种一致，如在出口时使用何种货币报价，那么在进口时也争取使用这一货币报价；或者在进口时使用哪种货币报价，那么在出口时也坚持用这种货币报价，这样外汇应收账款和应付账款的汇兑就会互相抵消。

2. 加列货币保值条款

为了转移或者分摊汇率变动所造成的经济损失，在签订合同时可以考虑加列一些保护性的合同条款如货币保值条款，即选择某一种或几种与合同货币不一致的货币，将合同金额转换为由所选货币来表示，在结算或清偿时按所选货币表示的金额以合同货币完成收付。货币保值条款有三种：

（1）黄金保值条款。这是一种传统的货币保值条款，指在签订贸易合同时，按当时黄金市场价格将支付的货币金额折合为若干盎司的黄金，到实际支付日时，若黄金价格波动，合同货币的金平价发生变动，支付的货币金额也随之做相应调整。该方法通行于固定汇率时期，从第二次世界大战到20世纪70年代初的30年左右的时间里，黄金的美元价值基本是固定的，因此黄金具有保值作用。但自1974年后，黄金不再是货币的定值标准，各国也不再宣布黄金平价，黄金的价格开始随市场供求关系的变化而出现剧烈的波动，因此黄金保值条款也就失去了存在的基础。

（2）一篮子货币保值条款。该方法是目前采用比较多的货币保值条款。在签订合同时，确定好所选择的多种货币与合同货币之间的汇率，并规定每种所选货币的权数。如果汇率发生变动，则在计算或清偿时，根据当时汇率变动的幅度和每种所选货币的权数，对收付的合同货币金额作相应调整。由于在一篮子货币中，货币汇率有升有降，升降相抵使外汇风险分散，从而有效避免外汇风险。在实际操作中有时选用临时确定的篮子货币进行保值，但在一些中长期进出口贸易合同和国际信贷合同中，通常选择固定的篮子货币作为计价货币来进行保值，如特别提款权这种复合货币经常被选用。

利用一篮子货币保值的步骤是：第一步，在合同签订时确定以何种货币作为支付货币；第二步，选定保值的篮子货币、确定每种货币所占的权数，并按签约时的即期汇率折算出各种货币的金额；第三步，在付款日，根据当时外汇市场上的即期汇率，将各种保值货币折合成合同规定的支付货币的金额，然后加总作为实际支付额。

例 9-1 假定韩国一企业与美国出口商签订贸易合同，于 2024 年 3 月 11 日从美国进口一批货物，价值 1 000 万美元，双方约定 6 月 11 日用美元结清货款。该企业为避免美元汇率上涨带来付款成本加大的风险损失，决定采用一篮子货币保值。双方商定用美元、日元、欧元、英镑组成一篮子货币，并且每种货币所占权数为 25%。3 月 11 日某国际外汇市场即期汇率为：

1 美元＝98.45 日元
1 欧元＝1.270 0 美元
1 英镑＝1.377 0 美元

1 000 万美元的进口货款分别折合为：

1 000 万美元×25%＝250 万美元
1 000 万美元×25%×98.45＝24 612.5 万日元
1 000 万美元×25%÷1.270 0≈196.85 万欧元
1 000 万美元×25%÷1.377 0≈181.55 万英镑

假定 6 月 11 日付款时该外汇市场即期汇率变为：

1 美元＝108.45 日元
1 欧元＝1.370 0 美元
1 英镑＝1.405 0 美元

按照货币保值条款，进口商在进行支付时要做如下计算：

日元部分：24 612.5 万日元÷108.45≈226.95 万美元
欧元部分：196.85 万欧元×1.370 0≈269.68 万美元
英镑部分：181.55 万英镑×1.405 0≈255.08 万美元
则进口商共需支付：250＋226.95＋269.68＋255.08＝1 001.71 万美元

由于美元对日元、欧元、英镑汇率的不同变动，韩国进口商实际支付的美元数量为 1 001.71 万美元，比签约时多了 1.71 万美元，但避免了美元汇率更大程度的上浮风险。实际上进出口商共同承担了汇率变动风险。

例9-2　在某进出口合同中，合同货币为美元，金额为100万美元，在合同中加列货币保值条款，保值货币为特别提款权。签约日的汇率为USD1＝SDR0.683 6，则68.36万特别提款权与100万美元等值。假定结算日美元对特别提款权升值，汇率变为USD1＝SDR0.693 6，要使出口商仍得到68.36万特别提款权，进口商只需支付98.56万美元（68.36÷0.693 6），而不是100万美元，比签约时少了1.44万美元。

（3）货币风险条款，又称约定风险分摊协定，是指交易双方可以根据签订的协议，确定产品的基价和基本汇率，确定汇率变化幅度以及交易双方分摊汇率变化风险的比率，视情况协商调整产品的基价。也就是说在合同中明确规定从签约成交到实际结算付款这段时间内，交易结算货币若发生贬值或升值以及贬值或升值超过双方“商定汇率”一定幅度（比如1%、2%或3%）时，则对原货价进行调整，由买卖双方按一定比例共同承担外汇风险的损失。

例9-3　我国某企业从德国进口了一套设备，货款为1 000万欧元。签约时双方商定以欧元计价、美元支付，付款时间为6个月后。签约时1欧元兑1.20美元，折合美元1 200万，半年后因欧元升值，汇率变为1欧元兑1.30美元，货款折合美元为1 300万。如果不采取任何规避汇率风险的对策，则我国企业要损失100万美元。但是由于该企业在与外商签约时，加列了外汇保值条款这一防范措施，进口设备的货款从1 000万欧元调整为960万欧元。调整过程计算公式为：

$$2\times(1\ 000\text{万欧元}\times1.20)\div(1.20+1.30)=960\text{万欧元}$$

我方买进960万欧元需支付1 248万美元，比签约时需多支付48万美元，损失约4%。德方实收货款960万欧元，较原货款少收40万欧元，损失约4%。双方平均分摊了汇率风险带来的损失。

3. 价格调整法

价格调整法包括加价保值与压价保值两种。通常情况下，出口商或债权人希望使用硬币，进口商或债务人希望使用软币，但在一笔经济交易中，交易双方都能争取到对己有利的合同货币是不可能的。如果不能做到收硬付软，即出口商不得不以软币成交，进口商不得不以硬币支付，这时就可通过调整价格来减少外汇风险。

（1）加价保值法。主要用于出口贸易，指出口商接受软币计价成交，将汇率损失摊入出口商品价格，以转嫁外汇风险损失（参见模块一任务四“用软币的贴水年率作为商品加价幅度的标准”）。加价保值公式为：

$$\text{加价后的商品价格}=\text{原商品价格}\times(1+\text{计价货币预期贬值率})$$

例9-4　某英国公司出口货物，合同签订以软币计价，6个月后收汇。已知1英镑＝1.860 0美元，英镑对美元6个月的远期汇率升水60个点。英国出口商如何防范外汇风险？

解析：如果按合同签订时的现汇汇率1英镑＝1.860 0美元来计算，其价值100万英镑货物的美元报价应为186万美元。

但是，英镑升水，则美元贴水，美元为软币。

贴水年率为$0.006\ 0\div1.860\ 0\times(12/6)\times100\%=0.64\%$。

英国出口商考虑到6个月后美元对英镑要贬值，选择卖出美元远期予以防范风险损失。则到期收汇时需按远期汇率交割结汇。

远期汇率为 1 英镑＝1.860 0＋0.006 0＝1.866 0 美元，其 186 万美元仅能兑换到 186 万美元/1.866 0＝99.68 万英镑，亏损 0.32 万英镑。

因此，英国出口商采用加价保值策略，将美元贴水率计入美元报价中，则美元报价为：

186 万美元×(1＋0.64％×6/12)＝186.6 万美元

英出口商按 186.6 万美元报价，到期英国出口商就可兑换到 100 万英镑而不至于亏损。

(2) 压价保值法。主要用于进口贸易，指进口商接受硬币作为合同货币，将汇率变动可能造成的损失从进口商品价格中剔除。压价保值公式为：

压价后的商品价格＝原商品价格×(1－计价货币预期升值率)

即测即评

企业在签订涉外经济合同时，应从哪些方面注意防范外汇风险？

（二）签约后利用外汇交易转嫁外汇风险

在合同签订之后，交易主体可以利用外汇市场上的外汇交易进行套期保值，即通过创造与未来外汇收入或支出相同币种、相同金额、相同期限的债务或债权，以控制和消除汇率风险。具体的交易方式已在模块八详细介绍，这里只做总结性概述。

1. 远期外汇交易

远期外汇交易是按照事先规定的汇率和金额在既定的未来某一时间交割的外汇交易。远期外汇交易经常被用于避免贸易和金融上的外汇风险，即具有远期外汇债权或债务的企业与银行签订卖出或买进远期外汇的合约来消除外汇风险。借助远期外汇合约，企业可以创造与未来外汇流量相反的头寸，固定未来外币现金流量的本币价值，消除汇率变动的风险。一般来说，当出口商持有净外汇债权时，将承受外汇贬值而引起的本币收入减少的损失，应卖出远期外汇；当进口商持有净外汇债务时，将承受外汇升值而引起的本币支出增加的损失，应买入远期外汇。

2. 掉期交易

掉期交易是指将币种相同、金额相同，而方向相反、交割期限不同的两笔或两笔以上的外汇交易结合起来进行，也就是同时买进并卖出同一种货币，买卖的金额相同，但交割期限不同。掉期交易通常并不改变交易者的外汇持有额，但是会使他们持有货币的期限发生变化，其基本用途是对冲期限不一致的风险。

3. 外汇期货交易

外汇期货交易是指在固定的期货交易所内，买卖双方各自交付一定数量的保证金与佣金，通过经纪人及交易所，买卖外汇期货合约的行为。利用外汇期货市场，企业可以灵活地买入或卖出外汇期货来对冲现货外汇的空头或多头头寸，通过用一个市场的盈利来补偿另外一个市场的亏损，以达到控制交易风险和锁定成本与收益的目的，包括多头套期保值和空头套期保值。

多头套期保值是指进口商为防范付款日计价结算货币汇率上浮带来的风险损失，在签订贸易合同时就在期货市场上先买进外汇期货，在期货交割日到来之前，再卖出期货合同进行对冲。若在付款日计价结算货币升值，则进口商在现汇市场上为支付进口货款而购买计价结算货币所蒙受的损失可由期货市场上“贱买贵卖”所获得的盈利来弥补。若在付款日计价结算货币贬值，则进口商在期货市场上“贵买贱卖”所蒙受的损失，可由现货市场上购买现汇所减少的支出来补偿。这样，无论付款日计价结算货币的汇率如何变动，进口商都可避免外汇风险带来的损失。

空头套期保值是指出口商为防范收款日计价结算货币贬值带来的风险损失，在签订贸易合同时，就在期货市场上先卖出外汇期货，交割日之前再买进外汇期货合同进行对冲。若收回货款时计价结算货币贬值，则出口商在现汇市场上收回外币蒙受的损失，可由期货市场上“贵卖贱买”所获得的盈利来弥补。若收回货款时计价结算货币升值，则出口商在期货市场上“贱卖贵买”所蒙受的损失，可由在现汇市场上所获得的盈利来补偿。这样收款时计价结算货币的汇率无论如何变动，出口商都可避免汇率变动带来的风险损失。

4. 外汇期权交易

外汇期权交易是期权买方以一定的保险费为代价，获得在一定时期内或一定时期后按照协议价格买进或卖出一定数量某种外汇的权利。期权买方可以在不利情况下放弃行使合约所赋予的权利，也可以在约定时间内行使权利，与期权的卖方按约定价格交换约定数额的外汇。为获得这一权利，期权的买方向卖方支付了一笔期权费。期权的卖方因卖出期权，承担了今后汇率波动可能带来的风险，所以必须以期权费作为对其的补偿。具体包括外汇看涨期权与看跌期权。当企业持有净外汇债务时，将承受外汇升值而引起的本币支出增加的损失，企业应购买看涨期权合同；当企业持有净外汇债权时，将承受外汇贬值而引起的本币收入减少的损失，企业应购买看跌期权合同。

进口商选择买进看涨期权，进口商在签订贸易合同时签订看涨期权合同，若付款日计价货币汇率高于协定汇率，进口商就执行期权合同，即按约定汇率买进该货币，从而消除该货币汇率上升带来的损失；若付款日计价结算货币的汇率下跌并且跌至协定汇率以下，进口商可行使不按协定汇率买进的权利，而是在现汇市场上按较低的汇率买进该货币，从而获得因汇率下跌带来的利益。当然无论汇率如何变动该企业都要承担期权费用。

出口商选择买进看跌期权，出口商在签订贸易合同时签订一份看跌期权合同，若收款日计价货币汇率下跌，并且低于期权合同中的协定汇率，出口商就履行卖出外汇期权合同，按约定好的协定汇率卖出其出口收汇，从而避免汇率下跌带来的损失；若收款日计价结算货币汇率上升，并且高于期权合同中的协定汇率，出口商就行使不按协定汇率卖出外汇的权利，而是把出口收汇按现汇市场汇率卖出，从中获取汇率上升带来的利益。当然无论哪种情况出口结汇收益都要扣除期权费。

（三）其他风险管理方法

1. 提前或推迟结汇法

提前或推迟结汇法也称“迟收早付或迟付早收”法，是指经济主体根据对计价货币汇率走势的预测，将收付外汇的结算日期提前或者推迟，以达到防范外汇风险或获取汇率变动收益的目的。这种方法适用于国际贸易支付结算、国际借贷、利息、股利、服务费用等国际经济往来。其基本原则是：对于出口商或者债权人来说，如果预测计价货币的汇率会下跌，可以征得交易对方的同意，争取提前收入外汇，以避免由于汇率下跌造成本币收入减少的损失；反之，如果预测计价货币的汇率将上涨，可争取或同意延期收进外汇，以获得汇率上升增加本币收入的好处。对于进口商或者债务人来说，如果预测计价货币的汇率会下跌，可以征得交易对方的同意，争取延期支付外汇。反之，如果预测计价货币的汇率将上涨，则尽量争取提前支付外汇。

以进出口商为例，具体操作方法如表 9-1。

表 9-1　提前或推迟结汇

公司地位	预期外汇将贬值	预期外汇将升值
出口商（收外汇）	提前收汇	推迟收汇
进口商（付外汇）	推迟付汇	提前付汇

需要注意的是，提前或推迟结汇的原理很简单，但实施起来会遇到一些问题。（1）这种办法要受进出口合同中既定支付条件的限制，临时更改支付日期不仅会打乱资金计划，还会增加相应的结算成本，并带来一定的风险。（2）这种措施可能会使企业面临资金筹措和运用的困难。一方面，提前支付和延期收汇的企业必须为此筹措所需资金；另一方面，延期支付和提前收汇的企业也必须及时为这笔资金找到合适的运用渠道。（3）提前结汇使受险部分在结汇后就消失了；但延期结汇却把受险部分保留下来，以期获得外汇风险收益，具有投机性质。因此这种方法严格来说并不能完全消除外汇风险，它涉及在预期基础上采取行动，一旦预测失误就会遭受损失。（4）有些国家对提前或延期结汇的运用会加以限制，如外汇管制严的国家鼓励迟付早收而不支持早付迟收。

2. 平衡抵消法

平衡抵消法是一种使外币债权和外币债务相互抵消以消除外汇风险的管理方法。主要包括搭配和组对两种方法。

（1）搭配（matching）是指交易者在一笔交易发生时或发生后，再进行一笔与存在风险相同货币、相同金额、相同期限，但资金流向相反的交易，使两笔交易面临汇率变动的影响相互抵消的一种方法。例如：某公司进口一批价值 100 万加元的货物，预计 6 个月后支付货款，该公司应设法出口同等加元金额的货物，使 6 个月后有一笔同等数额的加元应收货款，借以抵消加元应付货款，从而消除加元涨跌的风险。

（2）组对（pairing）是指企业利用两种资金的流动对冲来抵消风险。即一种货币的资金流动的风险用另一种货币的相同金额、相同时间但流向相反的资金流动来抵消。例如，如果预测英镑与欧元对人民币汇率在某一时期有稳定的正相关关系，我国企业就可以将英镑收入与欧元支付配对，或者将欧元收入与英镑支付配对，两者同升同降，避免较大的汇率风险。

组对法与搭配法的区别在于：搭配法基于同一种外币的对冲，而组对法则基于两种外币的对冲，即具有外汇风险的货币对本币升值或贬值时，作为组对的第三国货币也随之升值或贬值。

可见，组对法的实际条件是：作为组对的两种货币，其汇率常常呈现高度正相关关系。组对法比搭配法灵活，也易于采用，但组对法并未使外汇风险完全消失，一旦这些币种之间的相关程度发生了变化，甚至相关关系发生了逆转，期望中的资金组对就不能实现，并有可能承受双重的外汇损失。当然，若是两种货币呈现稳定的负相关关系，则同时保有两种货币的多头或空头，也可避免风险，减少损失。

3. BSI法与LSI法

这两种方法是外汇风险管理的综合方法，即综合利用外汇业务、货币市场业务、提前收付法等，以消除全部外汇风险。

(1) BSI法。BSI是borrowing-spot-investing的缩写，即借款-即期合同-投资法。它是指具有外汇应收账款或应付账款的企业，综合使用借款、即期合同与投资的方法，以避免外汇风险。具体分为外汇借款法和外汇投资法两种。

1) 外汇借款法用于有未来外汇收入的场合。当企业拥有预期外汇收入时，如出口商，在签订合同之后，可向银行借入一笔与未来外汇收入相同币种、金额和期限的外币资金，并立即在现汇市场上将其出售换成本币，到期用出口收入的外汇偿还借款，避免汇率波动的风险。其具体程序是：

第一步，出口企业在签订贸易合同后，立即在金融市场上借入所需外币；

第二步，在即期外汇市场卖出外币取得本币，将本币资金在货币市场投资取得收益；

第三步，执行贸易合同后，出口商收汇，用收回的货款偿还贷款本金和利息。

例如，某出口企业有一笔100万美元的外汇收入，3个月后收汇。为防止美元贬值的风险，该企业从银行借入3个月期限的100万美元，并将这笔美元在现汇市场上卖出。3个月后，用到账的100万美元外汇收入偿还银行贷款本息。这样，即使美元严重贬值，对该企业也无影响。

值得注意的是，由于外汇借款法要支付银行贷款利息，所以这种方法有一定的成本，只有利息的支出小于汇率波动所造成的损失，才可起到保值和避免风险的作用。

2) 外汇投资法用于有未来外汇支出的场合。当企业有预期外汇支出时，如进口商，在签订合同之后，可在现汇市场上买入与将要支付的外汇币种、金额相同的外汇，或者也可以从银行借入相同期限的本币贷款，以此购买外汇，将其投放于货币市场，例如银行定期存款、国库券、商业票据、银行承兑汇票、大额定期存单等，其投资期限与未来外汇支出的期限相同。等到付款日，投资到期，用收回的外汇支付货款，同时偿还银行的本币贷款。

这里要注意的是，投资者若用本币投资只能消除时间风险，只有把本币换成外币再投资，才能同时消除货币兑换的价值风险。在实际操作中，只有那些暂时的闲置资金才能用于短期投资，否则需从银行借款。

综合上述两种情况，在存在外汇风险的情况下，借款法与投资法都是通过改变外汇风险的时间结构来避险，但借款法是将未来的收入转移到现在，投资法是将未来的支付转移到现在。同时，前者借款是借外币，投资用本币；后者借款是借本币，投资用外币。

(2) LSI法。LSI是lead-spot-investing的缩写，即提早收付-即期合同-投资法。它是指具有外汇应收账款或应付账款的企业，在征得债务方或债权方的同意后，综合运用提前或延期收付货款、即期外汇合同兑换和投资的方法，以消除外汇风险。LSI法常应用于出口与进口贸易的外汇风险防范中。

1）LSI法在出口贸易应收账款中的做法是：出口企业在征得付款人即进口方的同意后，以一定折扣为条件请其提前支付货款，以消除时间风险；并通过与银行签订即期合同，将收取的外币兑换成本币，从而消除价值风险。最后，将换回的本币进行投资，所获得的收益用以抵补因提前收汇造成的折扣损失。LSI法和BSI法的做法基本相似，不同的是，BSI法的第一环节是从银行借款，而LSI法的第一步是以给予债务方一定的折扣为成本，请其提前支付货款。

2）LSI法在进口贸易应付账款中的具体做法是：进口商先从银行借入本币，然后按即期汇率兑换成外币，最后用购买的外币提前支付进口货款（从出口商处获得一定的折扣数额），这样可以消除全部风险，将来只有一笔借款到期时的本币流出。实际上，进口商运用LSI法消除外汇风险的程序是先借款（borrow），再与银行签订即期合同（spot），最后再提前支付（lead）。应简化为borrow-spot-lead，但国际传统习惯均不叫BSL，而叫LSI。

4. 国际信贷法

国际信贷法是指在国际收付中，企业利用出口信贷、"福费廷"、保付代理等国际信贷形式，在获得资金融通的同时冲销或转嫁外汇风险的方法。

（1）出口信贷。出口信贷是国际贸易中最常用的一种资金融通方式，是指在大型成套设备出口贸易中，由出口方银行直接或间接向本国出口商或外国进口商提供低利率贷款，以解决本国出口商资金周转困难或满足外国进口商资金需要的一种融资业务。通过出口信贷方式，出口商的外汇风险就被转嫁给银行或抵消了。出口信贷又分为买方信贷和卖方信贷。

卖方信贷由出口方银行以优惠利率向出口商提供中长期贷款，再由出口商以分期付款或赊销的方式，将成套设备卖给进口商，使出口商的外币负债（从本国银行取得的外币贷款）与其外币资产（应向进口商收取的货款）轧平，消除了风险。至于所借外汇贷款的利息支出也可用提前兑换的本币在国内的投资收益加以弥补。

买方信贷是由出口方银行直接向进口商或进口商银行提供贷款用于支付货款，其信贷额一般是合同金额的85%，其余的15%是定金。买方信贷分为直接买方信贷和间接买方信贷两种。直接买方信贷是直接贷款给外国的进口商，即借款人是外国进口商，但需有进口方银行的担保。间接买方信贷是贷款给外国的进口方银行，即借款人是进口方银行，无须其他银行的担保，再由进口方银行将贷款给进口商。

卖方信贷与买方信贷均属于中长期贸易信贷，但两者有一定的区别。从总体来讲，卖方信贷对进口商有利有弊，而对出口商是有利的；买方信贷，尤其是间接买方信贷对进口商、出口商和银行都是有利的。因此，买方信贷是出口信贷中应用最广泛的形式。具体体现为：

1）卖方信贷虽然最终表现为出口商与本国银行之间的借贷关系，但交易是直接以赊销出售、延期付款的方式实现的，基本上属商业信用，信用能力受厂商资金规模限制。买方信贷直接由银行出面，由出口方银行贷款给买方或买方银行，属于银行信用，信用扩张能力远远超过一般厂商。

2）对进口商而言，买方信贷与卖方信贷相比较手续费较低廉。利用卖方信贷，不仅设备本身的价格和借贷利息，还包括信贷保险费、承担费、管理费等附加费用都包括在出口商的货价之中，使进口商不得而知。利用买方信贷，进口商对设备的价格都比较熟悉，在与出口商的贸易谈判中，不涉及信贷方面费用，可以争取到物美价廉的商品；另外，可以在签订贸易合同的同时，获得大部分的贷款，应付账款可以提前以现汇完成支付，避免了远期汇率升值的不利变动带来的风险损失，有效地防范汇率风险。

3）对出口商而言，买方信贷可以简化手续和改善财务报表。使用卖方信贷，对于出口厂商来说，增加了销售难度，并且以赊销方式销售商品，反映在其“资产负债表”上。由于存在巨额欠债，会影响其资信状况。而买方信贷则不存在上述问题，因为一方面，出口商出口货物时收入的是现汇，制定出口价格时无须考虑附加的信贷手续费等费用，只需根据同类商品的国际市场价格；另一方面，由于收入现汇，没有卖方信贷形式下的应收账款，可以改善财务报表情况。

4）对出口商银行而言，买方信贷是向进口方银行提供的，与贷给国内的出口商相比较，银行信用大大高于商业信用，风险更小，贷款的安全收回较为可靠，出口国银行也更愿意接受买方信贷。

5）对进口商银行而言，承做买方信贷业务可拓宽与本国企业的联系渠道，扩大业务量。

（2）福费廷（forfaiting）。福费廷又称票据包买，是指在延期付款的大型设备贸易中，出口商把经过进口商承兑的期限在半年以上到5年或6年的远期汇票无追索权地向出口商所在地的银行或大金融公司贴现，以便提前获得资金，并免除一切风险的融资形式。

福费廷业务的特点主要有：首先，该项业务涉及的都是金额大、付款期限长的大型设备出口。其次，出口商开出的汇票必须经过进口商往来银行担保。再次，作福费廷业务后，出口商必须放弃对所出售债权凭证的一切权益，而包买商也必须放弃对出口商的追索权。福费廷交易与一般贴现业务的最大区别是：当出口商把票据贴现给银行时，实际上是一种卖断行为，如果发生票据遭到拒付的情况，与出口商无关。也就是说，出口商可以立即获得现款，转换成本币，而将票据拒付的风险以及汇率风险等完全转嫁给办理福费廷业务的银行。

福费廷对银行来说是一项高风险、高收益的业务。对出口商却比较有利，第一，出口商通过此项业务将远期应收账款变成现金销售收入，货物一经出手，即可拿到货款，几乎不占用资金，虽然扣除了一定贴现利息，但加速了资金周转；第二，由于贴现行对出口商无追索权，出口商将票据拒付的风险完全转嫁给贴现行，避免了与票据支付有关的政治、商业、利率和汇率风险；第三，出口商可以把贴现行收取的各种费用转嫁到货款中由进口商承担；第四，福费廷融资不占用出口商的信用额度，有利于改善出口商的财务状况。

（3）保付代理。保付代理简称“保理”，在我国又称承购应收账款业务。它是指出口商以商业信用方式出售商品时，在货物装船后立即将发票、汇票、提单等有关单据卖断给承购应收账款的财务公司或专业机构，收进全部或大部分货款，从而取得资金融通的业务。当出口商争取不到以进口方银行开立信用证的方式收取货款的情况下，对进口商的资信不太了解时，可以利用保理业务避免风险。由于出口商能够及时获取发票应收金额的大部分，与托收结算方式相比，不仅避免了信用风险，还减轻了汇率变动的风险。

银行外汇
风险管理

5. 投保货币风险保险法

投保货币风险保险法是指一国进出口企业在缴纳一定的保险费给专门的外汇保险机构后，当汇率变动使其蒙受损失时，就会得到保险机构的补偿。目前世界上许多国家的政府都设有专门的机构办理汇率风险保险业务，如美国的“进出口银行”、日本的“输出入银行”等，这些保险机构所提供的汇率风险保险的标的不同，做法也不尽相同。但一般的做法是，投保企业向保险机构按期缴纳一定比例的保险费，由保险机构承担全部或部分的汇率风险，包括损失和收益。如果汇率波动幅度在保险公司规定的幅度内，则由保险公司负责赔偿企业遭受的损失，但是对超过规定波动幅度的汇率损失，保险公司不负责赔偿。尽管投保法可在一定程度上补偿企业的风险损失，但不足之处是企业运用这种方法避免外汇风险的成本很高，而且汇率变动超过规定幅度所产生的外汇收益必须归保险公司所有。

二、企业会计风险管理及防范

会计风险是跨国公司的母公司与海外子公司合并财务报表时由于汇率变化而引起资产负债表中某些以外币计量的资产、负债、收入、费用等项目在折算为本币时产生的金额变动的风险。由于折算损益是一种会计账面上的损失，一般并不涉及企业真实价值的变动，在相当程度上具有“未实现”的性质，除非有关的会计准则规定必须将所有外汇损益在当期收益中予以确定。因此，转换风险不同于交易风险或经济风险，这种账面风险主要影响到向股东和债权人提供的会计报表。但是这种折算损益也在一定程度上反映了企业所承担的外汇风险，这种未实现的账面损失有可能在未来成为实际的损失。

会计风险管理的基本原则是：增加强势货币资产，减少强势货币负债；减少疲软货币资产，增加疲软货币负债。通常的做法是实行资产负债匹配保值。这种方法要求在资产负债表上以各种功能货币表示的受险资产与受险负债的数额相等，以使其会计风险头寸（受险资产与受险负债之间的差额）为零，这样，无论汇率将怎样变动，也不会带来会计折算上的损失。具体操作分以下几个步骤：

（1）计量资产负债表各账户、各科目中各种外币的规模，确定净转换风险头寸的大小。

（2）根据风险头寸的性质确定受险资产与受险负债的调整方向。如果以某种外币表示的受险资产大于受险负债，就需要减少受险资产，或增加受险负债，或者同时进行；反之，如果以某种外币表示的受险资产小于受险负债，则需要增加受险资产，或减少受险负债，或者同时进行。

（3）在明确调整方向和调整规模后，要进一步确定对哪些账户、哪些科目进行调整。这正是实施资产负债匹配保值的难点所在，因为有些账户或科目的调整可能会带来相对于其他账户、科目调整更大的收益性、流动性损失，或者会造成新的其他性质的风险（如信用风险、市场风险等）。从这一点上说，通过资产负债表保值获得转换风险的减轻或消除，是以经营效益的牺牲作为代价的。因此，需要认真对具体情况进行分析与权衡，决定科目调整的种类和数额，才能使调整的综合成本达到最小。

一般来说，会计风险管理与交易风险管理方法一样，也可在货币市场远期市场、期货市场和期权市场使用合同来避险；或者使用提前或推后、选择结算与借贷货币、冲抵头寸、货币和信用互换、合同价格调整等方法。综合起来，其基本方法见表 9-2。

表 9-2　会计风险管理基本方法

若功能货币为软币		若功能货币为硬币	
减少软币资产	预卖软币远期 减少软币现金、短期债权 减少软币证券投资 收紧软币信用 提前收回软币应收款	增加硬币资产	预买硬币远期 增加硬币现金、短期债权 出口用硬币计价 放松硬币信用 推迟收回硬币应收款 增加硬币证券投资
增加软币负债	增加软币借款 进口用软币计价 延期支付软币应付款	减少硬币负债	减少硬币借款 提前支付硬币应付款

三、企业经济风险管理及防范

经济风险会影响到企业的生产成本、销售价格、销售产量等多方面，最终使企业的税后利润、现金流量发生变化，影响到企业的整体价值。经济风险管理的目标是防止意料之外的汇率变动对整个企业未来现金流的消极影响，因此不可能运用一般的保值技术对其简单处理，而必须从企业全局的角度，通过企业生产管理、营销管理及财务管理的多样化组合来减轻风险。

（一）经营多样化

经营多样化是指在全球范围内分散其原料来源地、生产地址以及市场销售，以达到减轻经济风险的目的。经营多样化的作用主要体现在两个方面：第一，经济风险会由于经营的多样化而降低。当汇率出现意料之外的变动后，企业的竞争力可能会由于汇率的变动在某些市场上下降，而在另外一些市场上却有可能提高，对企业的生产与经营活动所产生的影响就能在某种程度上相互抵消，从而不会对企业现金流量产生太大的影响。例如，美国在英国的子公司因英镑贬值而增加了部分市场份额，但同时在德国的子公司因欧元升值而减少了部分市场份额，这对跨国公司总体来说，不过是市场在其内部的重新分配，从而避免了因销售量下降而带来利润减少的风险损失。第二，实行经营的多样化，在出现意料之外的汇率变动之后，企业可以根据不同地区生产成本与市场销售的变化，相对比较容易地调整其经营策略，以降低经济风险。比如在出现汇率变动以后，可以改变生产的投入组合，更多利用贬值国的原料，改变不同生产地的产量分配，在不同市场采取不同的产品策略、价格策略、促销策略和市场策略等。

（二）财务多样化

财务多样化是指在多个金融市场、以多种货币寻求资金来源与资金去向，实现筹资的多样化与投资的多样化。在筹资方面，需要从汇率和利率两方面综合考虑。最理想的筹资渠道是从货币趋于贬值的国家借款，因为如果预测是正确的，就可以获得该国货币贬值的利益，减轻债务负担。其次是通过在不同国家的金融市场运用不同的金融工具筹集多种货币的资金来源，可以降低筹资成本，减少筹资风险，特别是由于各种货币汇率有升有降，升降相抵消，减少筹资的汇率风险。在投资方面，通过在多个国家投资不同的金融工具，并进行合理的资产组合，可以相对稳定地创造多种货币的投资收益。若对某种货币在未来升值有把握时，可以增加对该种货币的投资，获取汇率上浮的利益。另外，债务与投资在币种、数量、期限相匹配，出现汇率变动的情况下，收益与损失相互抵消，也可以避免外汇风险损失。

模块小结

任务一	外汇风险概述	外汇风险亦称汇率风险，是指在国际经济活动中，以外币计价的资产或负债由于汇率的不确定性变动导致其以本币折算的价值变化，从而给涉外交易主体带来损失或收益的可能性。外汇风险的构成因素有两个：货币兑换和时间。企业面临的外汇风险主要有：交易风险、会计风险和经济风险。
任务二	外汇风险管理	交易风险管理可分为三类：一是签约时的风险管理，包括做好计价货币的选择、加列货币保值条款、价格调整法等；二是签约后利用外汇交易转嫁外汇风险，包括远期外汇交易、掉期交易、外汇期货交易、外汇期权交易等；三是其他风险管理方法，包括提前或推迟结汇法、平衡抵消法、国际信贷法、投保货币风险保险法等。

模块测评

◎ 简述题

1. 简述外汇风险的构成要素。
2. 简述外汇风险的类型。
3. 企业在签订涉外经济合同时，应从哪些方面注意防范外汇风险？
4. 在外汇市场上，企业可以通过哪些交易方式降低汇率风险？
5. 进口商在什么情况下会提前付款，什么情况下会推迟付款？
6. 出口商在什么情况下会提前收款，什么情况下会推迟收款？

◎ 实务题

1. 美国A公司出口一批商品到德国，3个月后将从德国B公司获得50 000欧元的货款。如果3个月后欧元对美元汇价波动，欧元贬值美元升值，则A公司50 000欧元的应收账款将遭受损失。假定签订贸易合同时即期汇率为1欧元＝1.178 6美元，3个月远期汇率为1欧元＝1.172 6美元。A公司可以采取三种方法防范汇率风险：一是远期合同法；二是BSI法（暂不考虑利息因素）；三是LSI法（暂不考虑利息因素和折扣数额）。请问A公司具体如何操作？三种方法的效果如何？

2. 假设以美国为总部的某跨国公司在英国和德国设有子公司。如果预测欧元对美元将上浮，英镑对美元将下浮，为消除外汇风险，该跨国公司在其进出口业务中，应如何运用提前和推迟结汇的办法，填入表9-3并阐述其中的原理。

表 9－3　某跨国公司进出口业务结汇办法

货币	英国	美国	德国
英镑（对英国收付）	—		
美元（对美国收付）		—	
欧元（对德国收付）			—

模块十 国际金融市场

学习目标

● 知识目标

了解国际金融市场的分类；

掌握国际货币市场和资本市场的基本情况；

理解欧洲货币市场的形成原因及特点；

熟悉国际黄金市场的基本情况。

● 技能目标

能够分析我国参与国际金融市场活动的现状。

模块导入

你听说过“熊猫债券”吗？这是一种什么样的债券类型呢？它属于国内金融市场范畴还是国际金融市场范畴？有哪些重要的国际金融市场呢？本模块将为你解读国际金融市场。

任务一 国际金融市场概述

一、国际金融市场的概念

国际金融市场（international financial markets）是指一国居民在境外进行短期和长期资金借贷、证券发行和交易、外汇和黄金买卖等各种金融活动形成的市场。

国际金融市场有广义和狭义之分，广义的国际金融市场是指进行所有国际性金融交易的市场，包括国际货币市场、国际资本市场、国际外汇市场、国际黄金市场；狭义的国际金融市场是指进行国际性资金交易的市场，包括国际货币市场和国际资本市场。

国际金融市场与国内金融市场最重要的区别就在于市场的参与者不限于某一个国家，允许多个国家的机构和个人参与投资活动。国际金融市场通常是一种无形的市场，并不设在某一固定场所，而是由各种银行及各种金融机构所组成，业务活动一般通过各种电信进行买卖或借贷交易。主要国际金融市场有纽约、伦敦、法兰克福、巴黎、东京、苏黎世、新加坡、香港和卢森堡等。

商品与劳务的国际性转移、资本的国际性转移、黄金输出入、外汇的买卖以及国际货币体系运转等各方面的国际经济交往都离不开国际金融市场，国际金融市场上融资手段、投资机会和投资方式层出不穷，金融活动也逐渐凌驾于传统实体经济活动之上，成为推动世界经济发展的主导因素。

二、国际金融市场的分类

（一）按性质不同划分为传统国际金融市场和新兴离岸金融市场

传统国际金融市场，也称在岸金融市场，是指从事市场所在国货币的国际信贷和国际证券业务，交易主要发生在市场所在国的居民与非居民之间，并受市场所在国政府的金融法律法规管辖的市场。

新兴离岸金融市场，也称为欧洲货币市场，是指其交易涉及市场所在国之外的货币，而且大部分交易是在市场所在国的非居民之间进行，业务活动也不受任何国家金融体系规章制度管辖的市场。

传统国际金融市场和新兴离岸金融市场的区别如表 10－1 所示

表 10－1　传统国际金融市场和新兴离岸金融市场的区别

	传统国际金融市场	新兴离岸金融市场
标的货币	市场所在国货币	市场所在国之外的货币
资金来源	多数由市场所在国提供	非市场所在国提供
交易主体	市场所在国的居民与非居民	市场所在国的非居民
法律监管	受市场所在国政策、法规限制	不受市场所在国政策、法规限制

（二）按资金融通期限的长短划分为国际货币市场和国际资本市场

国际货币市场即国际短期资金市场，它是指资金借贷期在 1 年以内（含 1 年）的、必须有非居民参与交易的国际金融市场。国际资本市场即长期资金市场，它是指资金借贷期在 1 年以上的、必须有非居民参加的国际金融市场。

（三）按经营业务的种类划分为国际借贷市场、国际证券市场、外汇市场、国际黄金市场

国际借贷市场是指金融机构向非居民提供资金借贷的市场，按照借贷期限长短又可划分为短期信贷市场和长期信贷市场。国际证券市场是外国政府债券、外国公司债券、外国公司股票等有价证券发行和交易的市场。它是国际金融市场的重要组成部分。外汇市场是由各类外汇提供者和需求者组成的，进行外汇买卖、外汇资金调拨、外汇资金清算等活动的场所。国际黄金市场是指有非居民参加的、专门从事黄金交易买卖的市场。

国际股票交易所

三、国际金融市场的作用

（一）调剂各国资金余缺，提供国际投融资渠道

资金需求者在本国缺乏足够且适宜的筹资渠道的情况下，需要到国外去寻找新的筹资渠道；资金供给者在运用储蓄或闲置资金进行金融资产投资时，又常常遇到本国缺乏足够适宜的投资渠道的情况，需要到国外去开辟新的投资渠道。国际金融市场的存在为不同国家的筹资者和投资者提供了相互满足、彼此匹配的机制。通过间接融资和直接融资渠道，国际金融市场将来自不同国家的筹资者和投资者紧密联结在一起，提供不同币种、不同期限、不同利率的金融产品，并提供承诺、担保、代理、中介、咨询等全方位的金融服务。

（二）推动经济全球化发展

国际金融市场为国际投资的扩大和国际贸易的发展创造了条件，从而加速了生产和资本的国际化。其中，国际货币市场的存在和发展，为跨国公司进行资金储存与借贷、资本的频繁调动创造了条件，促进了跨国公司经营资本的循环与周转，由此推动世界经济全球化的进一步发展。

（三）调节各国的国际收支

国际金融市场的产生与发展，为国际收支逆差国提供了一条调节国际收支的渠道，即逆差国可到国际金融市场上举债或筹资，从而更能灵活地规划经济发展，也能在更大程度上缓和国际收支失衡的压力。

（四）有利于规避风险

涉外交易主体常常会面临汇率风险、利率风险、流动性风险、信用风险等各种风险。远期外汇交易、外汇掉期交易、金融期货交易、金融期权交易、金融互换交易、票据发行便利等金融工具，可以为不同国家的市场参与者提供广阔的选择空间，以规避和控制金融风险。

任务二 国际货币市场与国际资本市场

一、国际货币市场

国际货币市场的主要功能是聚集各国暂时闲置的资金并提供短期资金融通以便在国家间调拨。国际货币市场业务具有期限短、风险小、流动性强的特点。国际货币市场主体主要包括各国商业银行、投资银行、证券公司、票据承兑和贴现公司、中央银行等。国际货币市场主要包括银行短期国际信贷市场、短期国际证券市场和国际贴现市场。

（一）银行短期国际信贷市场

银行短期国际信贷市场包括银行对工商企业的信贷和银行同业拆借。前者解决企业资金周转问题，后者满足银行平衡头寸的需要。其中，银行同业拆借占主导地位。伦敦银行同业拆借市场是典型的拆借市场，它的参加者包括英国的商业银行、票据交换银行和外国银行等。伦敦同业银行拆放利率是国际金融市场贷款利率的基础，即在这个利率的基础上

再加一定的附加利率。

（二）短期国际证券市场

短期国际证券市场，是指发行和流通短期有价证券的国际市场，其交易对象是短期信用工具，包括国库券、可转让的银行定期存单、商业票据和银行承兑汇票。以银行承兑汇票为例，银行承兑汇票是伴随国际贸易产生的，可以说没有一级市场，但有二级市场。在二级市场，经纪人负责代客买卖银行承兑汇票，收取佣金。

（三）国际贴现市场

国际贴现市场是指为客户提供短期资金融通，对未到期票据进行贴现的市场。它是商业票据市场的重要组成部分。西方国家贴现市场的参与者主要是商业票据持有人、商业银行、中央银行以及专门从事贴现业务的承兑公司和贴现公司。商业银行、承兑公司和贴现公司对企业及个人办理贴现业务，中央银行则对商业银行、承兑公司和贴现公司办理贴现业务。可贴现的票据主要有商业本票、商业承兑汇票、银行承兑汇票、政府债券和金融债券等。贴现市场是商业银行运用资金的有利场所，商业银行办理贴现比直接放款更有利。这种市场不仅便利了票据持有人的资金周转，同时还为中央银行实行宏观调控创造了条件。

二、国际资本市场

国际资本市场的功能是通过市场机制吸收和组织国内外资金，并对其进行中长期的分配和再分配。国际资本市场存在着政治风险、违约风险、利率风险、汇率风险、经营风险等多种风险，需要采取多种避险措施。国际资本市场主要由银行中长期国际信贷市场、国际债券市场、国际股票市场组成。

（一）银行中长期国际信贷市场

银行中长期国际信贷市场是指由一国的一家商业银行，或者一国（或多国）的多家商业银行组成的贷款银团，向另一国银行、政府或者企业等借款人提供的期限在一年以上的贷款，它是国际资本市场的重要组成部分（详见模块十一国际资本流动中国际商业银行贷款的相关内容）。

（二）中长期国际证券市场

中长期国际证券市场是国际资本市场的另一个重要组成部分，是一国筹资者通过在国外发行债券和股票来筹集资金的市场。根据融资工具的不同，可分为国际债券市场和国际股票市场。

1. 国际债券市场

国际债券是一国政府、企业、金融机构等为筹措中长期外币资金在国外发行的以外币计值的债券。国际债券可分为外国债券和欧洲债券。其中欧洲债券属于欧洲货币市场范畴（详见本模块任务三）。

国际债券市场（international bond markets）是指由国际债券的发行人和投资人所形成的金融市场，具体可分为发行市场和流通市场。发行市场组织国际债券的发行和认购；流通市场安排国际债券的上市和买卖。这两个市场相互联系、相辅相成，构成了统一的国际债券市场。

在国际债券中外国债券是一种传统的国际债券。它是指某一国借款人在本国以外的某一国家发行以该国货币为面值的债券。它的特点是债券发行人属于一个国家，债券的面值货币和发行市场则属于另外一个国家。

熊猫债券

一国在发行外国债券时，一般以该国最具特征的吉祥物命名。在美国发行的外国美元债券被称为“扬基债券”，在英国发行的英镑债券被称为“猛犬债券”，在日本发行的日元债券被称为“武士债券”，在亚洲其他国家发行的非日元币种的外国债券被称为“龙债券”，我国将国际多边机构在华发行的人民币债券命名为“熊猫债券”。

2. 国际股票市场

国际股票通常是指外国公司在一国股票市场发行的、用该国或第三国货币标价的股票。在国际股票市场中，股票的发行和买卖交易是分别通过一级市场和二级市场实现的。一级市场是股票发行市场，二级市场是对已发行的股票进行买卖的市场。根据二级市场的结构，又可以分为证券交易所市场和场外交易市场。国际股票市场的主要交易品种包括股票现货、股票期货、股票指数期货、股票期权、存托凭证等。

任务三　欧洲货币市场

一、欧洲货币与欧洲货币市场

欧洲货币最初是指在货币发行国境外存放、交易的货币的总称，又称境外货币或离岸货币。目前泛指在金融市场上交易的不受市场所在国金融法令管辖的所有可自由兑换货币。

欧洲货币市场是指经营欧洲货币借贷的市场，即经营非居民的境外货币借贷或投资而不受市场所在国金融法令管辖的国际金融市场。欧洲货币市场通常被称为离岸金融市场。经营欧洲货币业务的银行被称为欧洲银行。

理解欧洲货币与欧洲货币市场要注意把握以下几点：

第一，欧洲货币主要是指“境外货币”；欧洲货币并非一个地域性概念。

欧洲货币的“欧洲”不是地理概念，只是说明境外货币最早产生于欧洲，目前，欧洲货币已扩展到亚洲、北美和拉美地区。20 世纪 50 年代中后期，流入欧洲银行的美元资金称为欧洲美元，在英国境外的欧洲银行存贷的英镑资金称为欧洲英镑，它们都是欧洲货币。欧洲货币发端于欧洲美元，后来相继出现了欧洲英镑、欧洲马克、欧洲瑞士法郎、欧洲荷兰盾等。随着欧洲货币的进一步发展，在东京存放的美元、在香港存放的英镑、在纽约存放的日元可以被称为亚洲美元、亚洲英镑、美洲日元等，但习惯上都统称为欧洲货币。

第二，欧洲货币发展成“治外货币”；欧洲货币市场由纯粹“离岸”金融市场发展到“离岸”加“治外”的金融市场。

欧洲货币的概念是随着国际借贷资本交易活动的不断发展而逐步扩大和改变的，20 世纪 80 年代以后，境外货币发展成为“治外货币”，即不受所在国金融法令管辖的货币，不管其是在境内还是境外。1981 年 12 月美国联邦储备委员会通过“国际银行业务设施”法案，允许美国银行和美国的外国银行在国内从事欧洲货币市场业务，从此美国银行和在美国的外国银行分行可通过设置与国内业务严格分离的“国际银行业务”账户，以吸收非居民存款和向非居民发放贷款。该账户无须缴纳准备金，也不必参加美国联邦存款保险公司的存款保险，同时也不受最高存款利率限制。美国境内的离岸金融市场开始运作，纽约逐渐成为美国境内的第一个欧洲美元市场。1986 年 12 月日本设立东京离岸金融市场，接受非居民日元存款向非居民发放日元贷款，这些日元视同欧洲日元的一部分。

第三，欧洲货币最终要回到货币发行国清算。例如东京 A 银行从巴黎 B 银行取得一笔美元存款，又贷放给香港的 C 银行，其美元清算要通过 A 银行、B 银行、C 银行在美国纽约的美元账户进行结转。

二、欧洲货币市场的形成和发展

欧洲货币市场的形成和发展过程也就是欧洲货币的形成和发展过程，其原因主要有：

（一）东西方冷战和英镑危机

20 世纪 50 年代初，苏联和东欧各国为防止它们在美国的美元存款被冻结而将美元资金转存于它们设在巴黎和伦敦的银行。这就是欧洲美元（即存放于美国之外的美元）最初的由来。1956 年，英法联合入侵埃及，英国国际收支出现严重逆差。英国外汇短缺，国内资金紧张，爆发英镑危机。为了应付危机，英国金融当局将再贴现率提高到非常状态的 7%，并且严格禁止英国银行在非英镑国家以英镑进行贸易融资。所以英国商业银行为拓展业务只能转向美元，用美元对贸易商进行贷款。于是在美国境外经营美元存款、贷款业务的市场开始在伦敦形成。

（二）美国持续国际收支逆差和美国的金融管制

20 世纪 60 年代后，美国的国际收支开始出现持续性赤字，促使美元大量外流，为欧洲美元市场提供了大量的美元资金。大量的美元外流，迫使美国政府采取一系列措施限制国内资本外流。首先于 1963 年 7 月开征“利息平衡税”，规定对美国居民购买外国在美发行的证券和对非居民提供贷款征收利息所得税。1965 年又颁布“自愿限制对外贷款指导方针”，要求美国的银行和跨国公司自愿限制对外贷款和对外直接投资的规模。此外，美国联邦储备法案“Q 条例”规定储蓄和定期存款的上限、美国银行必须交纳存款准备金等，这些限制措施促使美国银行加强了其国外分行的经营，纷纷把资金调往国外以逃避政府的金融管制，严重地降低了纽约作为国际金融市场的作用，相应地提高了欧洲货币市场的作用。

（三）欧洲国家解除外汇管制和实行自由兑换

从 1958 年 12 月开始，西欧国家允许出口商和银行拥有外币资金，主要是美元资金。西欧国家对美国的国际收支持续顺差，积累了大量的国际储备，因而逐渐放松并取消了外汇管制，各国货币可以自由兑换成美元。这就使欧洲银行的美元存放款业务迅速增加，也使在欧洲金融中心经营美元业务的银行机构（包括美国银行的分支机构）迅速增多。

（四）银行的自由经营

20 世纪 60 年代，伦敦的银行业中逐步分离出一批专门经营大笔美元存放业务的所谓商人银行，随后也有不少其他国家投资或开设的外国分行或附属的联营企业。这类银行不受英国金融当局的法令限制，无须交纳存款准备金，存放款利率也可自行规定，其经营活动的自由程度超过美国和欧洲国家的国内银行。在欧洲一些金融中心，这类银行数量及资金规模迅速增加。

三、欧洲货币市场的特点

欧洲货币市场集结了大量境外美元与境外欧洲货币。大的跨国公司、企业从这个市场借来所需要的资金，外国的中央银行和政府也在这个市场进行资金融通，来调节本国金融市场。欧洲货币市场的繁荣，源于其具有以下几个特点：

（一）管制较松

欧洲货币市场当局对银行及金融机构从事境外货币的存贷，一般管制都很松。例如，一国政府机构或企业筹集资金，在美国纽约市场发行美元债券或借款等，美国有关当局审查严格，一般中小国家或企业很难获准，而它们在欧洲货币市场发行美元债券或借款，审查手续则较简单，比较容易获得批准。

（二）调拨方便

欧洲货币市场中银行机构林立，业务经验丰富，融资类型多样，电信联系发达，资金调拨非常方便。从这个市场取得资金融通后，极容易兑换成各种所需货币，可以在最短时间内将资金调拨到世界各地。

（三）税费负担轻

欧洲货币市场税负较轻，银行机构各种服务费平均较低，降低了融资者的成本负担。

（四）可选择货币多样化

欧洲货币市场所提供的资金不仅限于市场所在国货币，而几乎包括所有主要西方国家的货币，为借款人选择借款货币提供了方便条件。

（五）资金来源广泛

欧洲货币市场打破了资金供应者仅限于市场所在国的传统界限，从而使非市场所在国资金拥有者也能在该市场上进行资金贷放，同时借款人也不受国籍限制。

四、欧洲货币市场的构成及主要经营活动

欧洲货币市场按借贷方式、借贷期限和业务性质，可分为欧洲短期资金借贷市场、欧洲中长期资金借贷市场和欧洲货币债券市场。欧洲货币市场的主要参与者是国际性银行，供求双方都是通过银行代理的，因而大量交易发生在银行之间，其经营活动主要有银行同业拆借、发放贷款和发行欧洲债券、外汇买卖或投机。

（一）银行同业拆借

欧洲短期资金借贷市场主要进行银行同业拆借。经营欧洲货币市场业务的西方银行最早经营方式就是短期资金的拆借，这种方式迄今仍占主要地位。期限最短为一天，最多为三个月，最长不超过一年。资金来源是企业、私人、银行的短期多余资金，用途主要供企业短期周转。这种拆借主要凭信用，利率则根据欧洲货币市场伦敦银行间同业拆放利率加一定幅度的差价。

（二）发放贷款和发行欧洲债券

欧洲中长期资金借贷市场与欧洲货币债券市场合称为欧洲资本市场。

欧洲货币债券市场的贷款主要是指 1 年以上的中长期信贷，最长的可达 10 年以上，但多数仍在 5 年以下；资金大部分来自短期存款；贷款额多在 1 亿美元以上；以辛迪加贷款为主；贷款利率多为浮动利率，并根据市场利率变化每 3 个月或半年调整一次。其贷款利率一般以伦敦银行同业拆放利率为基础，再根据贷款金额大小、时间长短以及借款人的资信，再加上不同幅度的附加利息。

在欧洲货币债券市场发行欧洲债券筹资，比中长期信贷更为优惠，且债券可转让，金额分散。欧洲债券是指借款人在本国境外市场发行的，不以发行市场所在国货币为面值的国际债券。它的特点是债券发行者、债券发行地点和债券面值所使用的货币可以分属于不同的国家。欧洲债券票面使用的货币一般是可自由兑换的货币，主要为美元，其次还有欧元、英镑、日元等，也有使用复合货币单位的，如特别提款权。

欧洲债券和外国债券的区别如下：第一，发行方式方面。外国债券一般由发行地所在国的证券公司、金融机构承销，而欧洲债券则由一家或几家大银行牵头，组成十几家或几十家国际性银行在一个国家或几个国家同时承销。第二，发行法律方面。外国债券的发行要受发行地所在国有关法规的管制和约束，并且必须经官方主管机构批准，而欧洲债券在法律上所受的限制比外国债券少很多，它不需经官方主管机构批准，也不受发行地所在国有关法令的管制和约束。第三，发行纳税方面。外国债券受发行地所在国的税法管制，而欧洲债券的预扣税一般可以豁免，投资者的利息收入也免缴所得税。

即测即评

指出表 10－2 中的国际债券类型。

表 10－2 国际债券

国际债券	借款人	发行市场	债券标价货币
	指某一国借款人在本国以外的其他国家发行，并用该外国货币标价的债券		
	A 国	B 国	B 国
	指借款人在本国境外市场发行的，不以发行市场所在国货币标价的国际债券		
	A 国	B 国	C 国

（三）外汇买卖或投机

在浮动汇率条件下，外汇买卖及投机活动不可避免。欧洲货币市场存在大量各种期限的拆借和债券业务，各种业务的利率高低不一，有套利空间；欧洲货币市场利率同各国国内市场的利率不一致，存在利差，加剧了套利活动。

五、欧洲货币市场的类型

从业务范围来看，有混合型、分离型、避税或避税港型及渗漏型等离岸金融市场。

（一）混合型离岸金融市场

混合型离岸金融市场中交易的币种是市场所在地国家以外的货币。这个市场既可经营不需向金融当局申请批准的离岸金融业务，也允许非居民经营在岸业务和国内业务，但必须交纳存款准备金和有关税赋。例如，我国香港离岸金融市场就属于此种类型。

（二）分离型离岸金融市场

分离型离岸金融市场是指没有实际的离岸资金交易，只是办理其他市场交易的记账业务而形成的一种离岸金融市场。离岸业务所经营的货币包含境外货币和本国货币，但是离岸金融业务和传统业务必须分别设立账户。经营离岸业务的本国银行和外国银行，必须向金融当局申请批准；经营离岸业务可获得豁免交纳存款准备金、存款保险金的优惠，并享有利息预扣税。纽约、东京、新加坡等离岸金融市场属于此种类型。

（三）避税或避税港型离岸金融市场

避税或避税港型离岸金融市场的特点包括：市场所在地政局稳定，税赋低，没有金融管制，可以使国际金融机构达到逃避资金监管和减免租税的目的。巴哈马、开曼和百慕大等地的离岸金融市场就属于此种类型。

（四）渗漏型离岸金融市场

渗漏型离岸金融市场兼有分离型离岸金融市场的特点，但最突出的特点是离岸资金可贷放给居民，即国内企业可以直接在离岸金融市场上融资。

六、我国离岸金融业务的开展以及人民币离岸业务

我国国内的离岸金融业务是指银行吸收非居民（主要包括境外的个人、法人、政府机构、国际组织等）的资金，为非居民服务的金融活动。从 1989 年开始，中国人民银行和国家外汇管理局陆续批准了招商银行（在深圳）、深圳发展银行、广东发展银行等开办离岸业务，揭开了我国离岸金融的序幕。1997 年亚洲金融危机爆发后，离岸金融经历了几年的整顿，在 2002 年恢复并新开放了 7 家银行开办离岸金融业务，其中交通银行、浦东发展银行、深圳发展银行分别在上海和深圳开办离岸金融业务，可以从事的离岸金融业务包括外汇存款、外汇贷款、国际结算、同业拆借、外汇担保、外汇买卖、咨询顾问及其他业务。2009 年我国推出了具有离岸功能的 NRA 外汇账户，2013 年上海自贸区的设立，进一步探索了具有离岸功能的账户体系。

人民币离岸业务是指在中国境外经营人民币的存放款业务。当前的跨境贸易人民币结算是在资本项下人民币没有完全可兑换的情况下开展的，通过贸易流到境外的人民币不能进入国内的资本市场。在这种情况下，发展人民币贸易结算，就需要解决流出境外的人民币的流通和交易问题，使拥有人民币的企业可以融出人民币，需要人民币的企业可以融入人民币，持有人民币的企业可以获得相应收益。这就需要发展离岸人民币市场，使流到境外的人民币可以在境外的人民币离岸市场上进行交易，使持有人民币的境外企业可以在这个市场上融通资金、进行交易、获得收益。2003 年，在中国人民银行的支持下，香港建立了首个人民币离岸金融中心，香港人民币离岸金融中心因其成熟稳定的金融市场和“一国两制”的灵活框架，发展成为全球最大的人民币离岸金融中心；新加坡人民币离岸金融市场是仅次于香港的第二大人民币离岸金融中心；一些重要的国际金融中心如伦敦、纽约、法兰克福、卢森堡、苏黎世、悉尼等也都在积极培育人民币离岸市场。截止到 2023 年，中国开通了跨境理财通、沪港通、深港通、中欧通等互联互通机制，在香港、伦敦、新加坡等人民币离岸市场上可以投资债券、央行票据、期货、股票等产品。发展人民币离岸市场有利于推动人民币国际化、吸引外资、助力经济“双循环”发展格局。

任务四 国际黄金市场

一、国际黄金市场参与者

（一）做市商

最典型的就是伦敦黄金市场上的五大金行，其本身就是黄金交易商，五大金行与世界国际黄金市场的银行、各大金矿、金商有广泛联系，可根据自身掌握的情况不断报出黄金的买价和卖价。

（二）银行

银行作为国际黄金市场的参与者可分为两类：一类仅仅为客户代行买卖和结算，银行自身不参加黄金买卖，是市场上起中介作用的经纪人，如苏黎世的三大银行；另一类经营自营业务，如新加坡黄金交易所的银行自营商。

（三）对冲基金

对冲基金是一种投资基金，它采用各种交易手段进行对冲、换位、套头、套期来赚取巨额利润。国际对冲基金活跃在国际金融市场的各个角落。以黄金市场为例，几乎每次金价大跌都伴随着对冲基金公司在即期黄金市场的抛售和黄金期货市场的做空交易。

（四）各种法人机构和私人投资者

国际黄金市场的参与者既包括黄金销售供给方（各大金矿、黄金生产商）和黄金购买需求方（黄金制品商、首饰行、私人购金收藏者），也包括专门从事黄金买卖业务的投资公司、个人投资者等。前者交易目的旨在黄金保值，规避风险；后者则承担市场风险，从价格涨跌中获取利益。

（五）经纪公司

经纪公司是专门代理非交易所会员进行黄金交易，并收取佣金的经纪组织。在纽约、芝加哥、香港等黄金市场里，活跃着许多经纪公司，它们本身并不拥有黄金，仅派场内代表为客户代理买卖黄金。

（六）交易所

黄金交易所提供黄金等贵金属交易的场所、设施及相关服务，制定并实施黄金交易所的业务规则，规范交易行为，组织、监督黄金等贵金属交易、结算、交割和配送等。

二、世界主要的黄金市场

（一）伦敦黄金市场

伦敦黄金市场历史悠久，其发展历史可追溯到300多年前。目前，伦敦仍是世界上最大的黄金市场。

伦敦黄金市场的交易制度比较特别，其交易是通过无形的销售联络网完成，交易会员由最具权威的五大金商及一些公认为有资格向五大金商购买黄金的公司或商店所组成。伦敦黄金市场交易的灵活性很强，客户无须现金交收，即可买入黄金现货，到期只需按约定利率支付利息，但此时客户不能获取实物黄金，这种黄金买卖方式，直到客户进行了相反的操作平仓为止。

（二）苏黎世黄金市场

苏黎世黄金市场是二战后发展起来的国际黄金市场。由于瑞士特殊的银行体系和辅助性的黄金交易服务体系，为黄金买卖提供了一个既自由又保密的环境，加上瑞士与南非也有优惠协议，获得了80%的南非金，使得瑞士不仅是世界上新增黄金的最大中转站，也是世界上最大的私人黄金存储中心。苏黎世黄金市场在国际黄金市场上的地位仅次于伦敦。苏黎世黄金市场无金价定盘制度，在每个交易日任一特定时间，根据供需状况议定当日交易金价，这一价格为苏黎世黄金官价。

（三）美国黄金市场

1977 年后，美元贬值，为套期保值和投资增值获利，黄金期货迅速发展。目前纽约商品交易所和芝加哥商品交易所是世界最大的黄金期货交易中心。两大交易所对黄金现货市场的金价影响很大。以纽约商品交易所为例，该交易所本身不参加期货的买卖，仅提供一个场所和设施，保证交易双方在公平和合理的前提下进行交易。该所对进行现货和期货交易的黄金的重量、成色、形状、价格波动的上下限、交易日期、交易时间等都有极为详尽和复杂的描述。

（四）香港黄金市场

香港黄金市场已有百年的历史，其形成是以香港金银业贸易场的成立为标志。1974 年，香港撤销了对黄金进出口的管制，此后香港金市发展极快。由于香港黄金市场在时差上刚好填补了纽约、芝加哥市场收市和伦敦开市前的空档，可以连贯亚、欧、美，形成完整的世界黄金市场。伦敦五大金商、瑞士三大银行等纷纷来港设立分公司，它们将在伦敦交收的黄金买卖活动带到香港，促使香港成为世界主要的黄金市场之一。目前，香港黄金市场由三个市场组成：香港金银业贸易场，以华人资金商占优势，有固定买卖场所，现货交易；伦敦金市场，以国外资金商为主体，没有固定交易场所；黄金期货市场，与美国的纽约和芝加哥的商品期货交易所的黄金期货性质一样。

（五）上海黄金市场

上海黄金交易所是经国务院批准，由中国人民银行组建的国家级黄金交易市场，不以营利为目的，是实行自律性管理的社团法人。上海黄金交易所于 2002 年正式运行，主要交易品种包括现货黄金、现货白银、黄金 ETF 等。上海黄金交易所的成立是中国黄金市场开放的重要标志。目前，中国已逐步形成了以上金所集中统一的一级市场为核心，竞争有序的二级市场为主体，多元的衍生品市场为支撑的多层次、全功能的黄金市场体系，涵盖竞价、定价、询价、报价、金币、租借、黄金 ETF 等市场板块。

2014 年 9 月上海黄金交易所启动国际板（SGE international），即“黄金国际板”。全球投资者可以通过开立 FT 账户，使用离岸人民币、可兑换外币参与上海黄金交易所交易，联动欧美等境外黄金市场，实现全球对接。

三、国际黄金价格的影响因素

（一）供需关系

供给与需求关系是影响黄金价格的重要因素。在供应量有限，需求量较大、供不应求的时期，国际黄金市场上的金价就会上涨；反之，金价就会下跌。

（二）美元汇率

美元与金价通常反向变动。当美元汇率下降时黄金价格上涨；美元汇率上升时黄金价格下降。

石油、美元与黄金

（三）通货膨胀和利率

当利息收入不足以抵消通货膨胀所带来的损失时，人们也会对纸币失去信心，认为持有黄金比持有纸币更稳妥，对黄金需求增加，金价上涨。但如果利率与通货膨胀率变化不一致，在通货膨胀率低于利率时（即实际利率较高时）不仅会抑制金价上涨，甚至迫使金价下跌。因为此时将资金存入银行，不仅可以保值，还可以获取较高收益。从长期来看，每年的通货膨胀率在正常范围（发达国家不超过2%，发展中国家不超过5%）变化，对黄金价格的影响微乎其微；而在短期内物价大幅上涨，导致市场恐慌、货币购买能力下降时，黄金价格才会有明显的上涨。

（四）经济周期与发展预期

在经济危机或“衰退”时期，利润率降低，人们对经济前景缺乏信心，纷纷抛售纸币去抢购黄金，以求保值，从而刺激黄金价格上涨。反之，在经济复苏时期，由于对资金的需求量大，利润率增高，人们反过来愿意把黄金抛出，换成纸币进行投资，以获得更多的利润，黄金需求减少，黄金价格便会呈现疲软局面。

（五）货币政策

不同国家所执行的货币政策会对黄金价格产生一定的影响，当国家采取宽松的政策时，本国的自有货币供给量会出现攀升，当货币数量增长到一定程度时，极其容易引发短期内的通货膨胀发生，促使黄金价格的大幅变动。

（六）地缘政治

以战争事件为例，战争导致信用货币吸引力降低，黄金作为防范国际政治经济风险的最后防线，价格会上涨。

课堂讨论

2024年受国际政治、经济等因素影响，国际黄金价格的变动如何？

模块小结

任务一	国际金融市场概述	广义的国际金融市场是指进行所有国际性金融交易的市场；狭义的国际金融市场是指进行国际性资金交易的市场。
任务二	国际货币市场与国际资本市场	国际货币市场的主要功能是聚集各国暂时闲置的资金并提供短期资金融通以便在国家间调拨，主要包括银行短期国际信贷市场、短期国际证券市场和国际贴现市场。国际资本市场的功能是通过市场机制吸收和组织国内外资金，并对其进行中长期的分配和再分配，国际资本市场主要由银行中长期国际信贷市场、国际债券市场、国际股票市场组成。

续表

任务三	欧洲货币市场	欧洲货币市场通常被称为离岸金融市场。欧洲货币市场具有管制较松、调拨方便、税费负担轻、可选择货币多样化、资金来源广泛的特点。
任务四	国际黄金市场	供需关系、美元汇率、通货膨胀和利率、经济周期与发展预期、货币政策、地缘政治等都会对国际黄金价格产生影响。我国上海黄金交易所于2002年成立，是我国黄金市场开放的重要标志。

模块测评

◎ 简述题

1. 国际金融市场如何分类？
2. 在岸金融市场与离岸金融市场有哪些不同？
3. 国际货币市场主要有哪些工具？
4. 什么是欧洲货币市场？欧洲货币市场包括哪几种类型？
5. 影响黄金价格的因素有哪些？

◎ 实务题

1. 上海自贸区不是自成体系的孤岛，而是连接我国国内市场和全球市场的纽带，作为金融革新的实验田是先进的境内离岸市场，具有特殊的地缘优势和战略价值。2020年5月8日，上海临港新片区管委会与人民银行上海总部、上海银保监局、上海证监局、上海市金融工作局共同发布《全面推进中国（上海）自由贸易试验区临港新片区金融开放与创新发展的若干措施》，通过政策“组合拳”着力解决当前我国金融开放与创新发展的瓶颈和难题，推进临港新片区金融开放与创新发展。登录中国（上海）自由贸易试验区官网，了解上海自贸区离岸金融市场，简要概述上海自贸试验区发展离岸金融市场的意义。

2. 上海黄金交易所国际板的推出是中国及全球黄金市场上的一件大事，它实现了中国黄金市场境内境外的互联互通，有助于人民币国际化进程。随着未来更多国际投资者的参与，上海有望成为纽约和伦敦之后的全球三大黄金定价中心之一。登录上海黄金交易所官网，了解上海黄金市场（国际板）的交易流程与交割体系。

模块十一 国际资本流动

学习目标

- 知识目标

  了解国际资本流动的含义、动因和影响；
  掌握国际投资的具体方式；
  掌握国际融资的具体方式；
  理解外债的衡量指标；
  掌握外债管理的主要内容。

- 技能目标

  能够分析我国对外投资和利用外资的现状；
  能够分析我国外债管理的基本情况。

模块导入

国际资本流动可以映射出各国宏观经济、货币政策和综合实力的方方面面。你了解国际资本流动吗？你知道国际资本流动有哪些表现方式吗？针对因国际资本流动而产生的外债问题应当如何理解呢？本模块将为你解读国际资本流动、国际投资、国际融资及外债管理。

任务一 国际资本流动概述

一、国际资本流动的含义与分类

国际资本流动，是指资本在各国间转移，或资本在不同国家或地区之间作单向、双向或多向流动，具体包括援助、输出与输入、债权的取得与债务的增加、直接投资、证券投资与贷款、利润获取与利息收支、外汇买卖等。

按照资本跨国流动的方向，国际资本流动可分为资本流入和资本流出。(1) 资本流入是指外国资本流入本国，即本国资本输入。它可以表现为：外国在本国的资产增加、外国对本国的负债减少、本国对外国的债务增加或本国在外国的资产减少。(2) 资本流出是指本国资本流到外国，即本国资本输出。它主要表现为：外国在本国的资产减少、外国对本国的债务增加、本国对外国的债务减少或本国在外国的资产增加。

即测即评

举例说明资本流入与资本流出的各种表现。

按照资本跨国流动时间的长短，国际资本流动可分为长期资本流动与短期资本流动。(1) 长期资本流动是指使用期限在1年以上，或者规定使用期限的资本流动。它主要包括三种类型：国际直接投资、国际证券投资和国际贷款。(2) 短期资本流动是指期限在一年或一年以内即期支付的资本流动。它主要包括如下四类：贸易资本流动、银行资金调拨（外汇头寸的抛补和调拨、短期外汇资金的拆进拆出、国际银行同业往来的收付和结算等）、保值性资本流动、投机性资本流动。

二、国际资本流动的主要原因

（一）资本过剩与国际收支顺差

过剩资本的形成与国际收支大量顺差是早期也是现代国际资本流动的一个重要原因。在金融、经济一体化趋势下，借助于现代通信技术，资本流动的方式不断创新与多样化，国际资本流动越来越频繁而快捷。

（二）利润驱动

增值是资本运动的内在动力，利润驱动是各种资本输出的共有动机。当投资者预期一国的资本收益率高于本国或他国，资本就会从本国或他国流向这一国；而当投资者在一国所获得的实际利润高于本国或他国时，又会追加对这一国的投资，以获取更多的国际超额利润或国际垄断利润，从而加速国际资本流动。同样也是由于利润驱动，资本会从利率低的国家或地区流向利率高的国家或地区。

（三）汇率变化

汇率变动关乎国际投资者的投资损益，因此对其投资决策有着重要影响。本国货币汇率上浮表明该国货币收益率上升，引发短期国际资本流入该国，投资者希望借此获得该国货币未来升值的收益；当本国汇率下浮时，投资者为保有当前已有的收益，会在国际金融市场上抛售该国货币。此外，汇率因素对于短期资本流动的影响主要来自投资者对汇率的预期，投资者往往会基于当前经济形势和自身经验对未来汇率走势做出判断。当一国货币存在升值预期时，会提高该国货币的预期收益率，进而吸引短期国际资本的流入；反之，当一国货币存在贬值预期时，则会引发短期国际资本的外流。

（四）通货膨胀

通货膨胀往往与一个国家的财政赤字有关系。如果一个国家出现了财政赤字，该赤字又是以发行纸币来弥补的，则必然带来通胀压力。一旦发生了严重的通货膨胀，为减少损失，投资者会把国内资产转换成外国债权。如果一个国家发生的财政赤字是以出售债券或向外借款来弥补，则也可能会导致国际资本流动，这是因为，此时人们预期到政府可能会通过印发纸币来抵销债务或征收额外赋税来偿付债务，就会把资产从国内转往国外。

（五）政治、经济及战争风险

一国的政治气候恶化、投资条件改变、已经或可能爆发的战争等，都可能给资本持有者带来损失。

（六）资本流动相关制度

无论是发达国家还是发展中国家，都会不同程度地通过不同的政策和方式来吸引外资，从而扩大了国际资本的需求，引起或加剧国际资本流动。20 世纪 70 年代以来，各国兴起了放松外汇管制和金融管制的浪潮。金融自由化的制度安排，在客观上大大推动了国际资本的流动。

三、国际资本流动的影响

（一）资源配置效应

国际资本在世界范围内的流动起到了合理配置资源的作用：一方面，国际资本可以促进发展中国家的投资，刺激国内居民的消费与福利水平等；另一方面，国际资本提高了发达国家中闲置资金的使用效率，使其获得高于本国资本市场的收益。此外，伴随着国际资本流动的还有发达国家先进的技术输出以及成熟管理理念，这些都给全球经济带来更多福祉。

（二）一体化效应

（1）全球经济的一体化。资本在全球范围内的有效配置有利于增加世界总产出和经济福利，促进先进的生产技术在全球范围内迅速普及，使国际支付能力在各国之间有效调剂，有利于促进国际贸易的发展和平衡各国的国际收支。

（2）金融市场的一体化。国际资本流动带来世界各金融市场 24 小时不间断地进行交易，使世界金融市场连为一体。

（3）金融市场资产价格与收益的一体化。虽然各国经济发展水平、通货膨胀率、税率各异，因而利率水平也不可能完全相同。但是，当一国国内金融市场利率较高时将引发国际资本流入，反之则流出，从而使各国金融市场的利率水平逐渐趋于一致。

（三）放大效应

资金在国际上流动时往往可通过特定机制对一国乃至全球经济发挥远远超过其实力的影响。具体表现为杠杆效应和羊群效应。

（1）杠杆效应是指一定数量的国际资本可以控制的名义数额远远超过其自身的金融交易，绝大多数衍生工具的交易都具有杠杆效应，借助衍生工具，可以对衍生市场上的价格，进而对一国与全球经济发挥影响。

（2）羊群效应是指交易者的心理预期往往决定其交易行为，因而在投机气氛比较浓厚或市场不确定性比较大的短期国际资金流动中，易产生“一人带头，大家跟风”的羊群效应。羊群效应的发现给机构投资者利用国际资金提供了便利，他们故意将某一有利于自己的信息广为宣传，有意识地诱发市场恐慌情绪与从众心理，实现有限资金无法达到的效果。

（四）冲击效应

（1）对经济主权的冲击。国际资本的流动促使各国结成自由贸易区、关税同盟、共同市场以及经济同盟，这些经济一体化组织要求成员让渡部分主权以成立具有超国家权力的共同管理机构，在一定程度上冲击了当事国的国家主权。

（2）对国内金融市场的冲击。短期内外资的大量流入或流出将引起该国金融市场的资金供求失衡，造成利率和金融资产价格的剧烈波动，进而影响到该国的经济运行。

任务二　国际投资

国际投资，又称对外投资或海外投资，是指跨国公司等国际投资主体，将其拥有的货币资本或产业资本通过跨国界流动和运营，以实现价值增值的经济行为，包括国际直接投资和国际间接投资。

一、国际直接投资

国际直接投资是指为了在国外投资获得长期的投资效益，并拥有对企业或公司的控制权和经营管理权而进行的，在国外直接建立企业或公司的投资活动。

（一）国际直接投资的特点

国际直接投资与其他投资相比，具有实体性、控制性、渗透性的重要特点。具体表现在：

（1）国际直接投资是长期资本流动的一种主要形式，不同于短期资本流动，它要求投资主体必须在国外拥有企业实体，直接从事各类经营活动。

（2）国际直接投资取得对企业经营的控制权，不同于间接投资，它通过参与、控制企业经营权获得利益。

（3）国际直接投资表现为资本的国际转移和拥有经营权的资本国际流动两种形态，既有货币投资形式又有实物投资形式。

（4）国际直接投资往往和生产要素的跨国界流动联系在一起，这些生产要素包括生产设备、技术专利、管理人员等。因而国际直接投资是改变资源分配的真实资本的流动。

（二）国际直接投资的方式

（1）在国外创办新企业，包括创办独资企业、设立跨国公司分支机构及子公司。

（2）与东道国或其他国家共同投资，合作建立合营企业。

（3）投资者直接收购现有的外国企业。

（4）购买外国企业股票，达到一定比例以上的股权。

（5）以投资者在国外企业投资所获利润作为资本，对该企业进行再投资。

（三）国际直接投资对我国的意义

国际直接投资的动机包括获取原材料、寻求知识、降低成本、规模经济、稳定国内客户等战略性动机以及出于发挥其特定优势而进行国外直接投资的经济性动机。发展对外直接投资对中国经济具有重大意义，主要表现在以下几个方面：

（1）通过在工业发达、技术先进的国家和地区收购企业或购买股份，直接经营或参与经营管理，可以吸收其中的先进技术，学习有效的管理经验和方法，有助于提高国家的整体技术水平和企业经营的效率。

（2）在贸易摩擦频繁发生的背景下，企业进行对外投资，不仅可以避开一些国家对中国产品所设置的关税和非关税壁垒，带动国内原材料、辅助材料、半成品以及成套设备的出口，而且可以为国内企业提供准确的国际市场行情，减少出口中的盲目性。

（3）通过投资于国外资源性行业，能合理有效地利用国外的自然资源，弥补国内资源的短缺，促进国内经济发展。

中国跨国公司培育新优势

二、国际间接投资

国际间接投资是指以资本增值为目的，为取得利息或股息而进行的一种投资活动。国际间接投资者并不直接参与国外企业的经营管理，其投资活动主要通过国际资本市场进行。

（一）国际间接投资的特点

相比国际直接投资，国际间接投资具有以下特点：

1. 对经营活动无控制权

国际间接投资对筹资者的经营活动没有控制权，而国际直接投资对筹资者的经营活动拥有控制权。

2. 获取收益不同

国际间接投资的收益是利息和股息，而国际直接投资的收益是利润。

3. 流动性大，风险性小

国际间接投资与企业生产经营关联性小（从控制权的角度），二级市场的日益发达与完善使国际间接投资流动性大，风险性小。而国际直接投资一般都要参与一国企业的生产，其生产周期较长，一般在10年以上，并由企业的利润直接偿还投资，资金一旦投入某一特定的项目，要抽出投资比较困难，其流动性小，风险性大。

4. 投资内涵相对狭窄

国际间接投资又称“国际金融投资”，一般只涉及金融领域的资金，即货币资本运动，运用的是虚拟资本。国际直接投资是生产要素的投资，它不仅涉及货币资本运动，还涉及生产资本和商品资本运动及其对资本使用过程的控制，运用的是现实资本。

5. 表现为自发性和频繁性

国际间接投资受国际利率差别的影响而表现为一定的自发性，往往自发地从低利率国家向高利率国家流动。国际间接投资还受到世界经济、政治局势变化的影响，经常频繁移动，以追随投机性利益或寻求安全场所。

（二）国际间接投资的分类

1. 国际证券投资

国际证券投资，即在国际债券市场购买中长期债券，或在外国股票市场上购买企业股票的一种投资活动。从一国资本流出和流入的角度来看，购买国际证券意味着资本流出，发行国际证券则意味着资本流入。

2. 国际信贷投资

国际信贷投资是指由一国政府、银行或国际金融组织向第三国政府、银行及其他自然人或法人提供借贷资金，后者要按约定时间还本付息的一种资金运动形式或投资形式。

任务三 国际融资

一、国际信贷融资

国际信贷融资是一国借款人在国际金融市场上向外国金融机构借入外币资金的一种信用活动和融资方式，是国际融资的主体。国际信贷融资方式主要包括国际贸易信贷融资、国际商业银行贷款、国际金融机构贷款和外国政府贷款。

（一）国际贸易信贷融资

国际贸易信贷融资是指与贸易有直接关系的信贷融资。在整个进出口贸易过程中，进出口商都想获得资金融通。这种融资行为可以看作对国际贸易的金融支持。

根据融资期限的长短，可以将国际贸易信贷融资分为短期融资、中期融资和长期融资。期限在 2 年之内的，为短期融资；在 2 年以上 5 年之内的，为中期融资；超过 5 年的，为长期融资。在进出口业务当中，消费品的进出口商往往需要短期融资。因为消费品生产和销售周期短，故资金周转快，买卖双方都需要快进快出，一般不需中长期融资服务。资本货物的进出口往往需要中长期融资，第二次世界大战以后，资本货物率先进入买方市场，买方往往要求分期付款。分期付款的期限少则几年，多则一二十年，给资本货物的制造商和出口商造成了沉重的资金负担。瑞士银行率先推出福费廷这种以中长期融资为主的出口信贷，解决了处于买方市场的卖方的巨额资金周转问题。

根据银行的融资对象是进口商还是出口商，可以将国际贸易信贷融资分为进口融资和出口融资。融资给进口商的，就是进口融资；融资给出口商的，就是出口融资。

根据融资主体，国际贸易信贷融资可以分为商业融资和银行融资。（1）商业融资是指进、出口商之间互相提供的融资便利，比如进口商向出口商预付货款，进口商为出口商向银行申请开立信用证等，都是进口方为出口方提供的商业融资便利；出口商向进口商提供的货到付款、挂账交易，出口商接受进口商承兑的远期汇票，包括延期付款信用证、承兑信用证在内的多种形式的信用证融资等，都是出口方为进口方提供的商业融资便利。（2）银行融资是银行为其客户提供的融资便利。其中，银行给出口商提供的融资品种形式多样，并且覆盖整个出口过程的各个环节，例如信用证项下的打包贷款、福费廷票据无追索权融资等。银行给进口商的贸易融资也有多种形式，比如进口开证减免保证金额度、进口押汇、信托收据借单提货等。

1. 国际贸易短期信贷融资

（1）信用证项下的出口融资。信用证是银行根据进口商的申请，对出口商开出的保证在收到信用证规定的单据后承兑和付款的银行保证文件。它是一种有条件的银行支付承诺。信用证是一项凭合同开立但不依附于贸易合同而独立存在的文件，其本身就是一种出口融资工具，只要汇票和单据符合信用证条款的要求，开证行就承担第一付款责任。在实际业务中，各银行根据具体交易情况，采取了灵活多变的做法。

1）信用证项下出口押汇。押汇是目前我国国内信用证项下的占主导地位的出口融资业务，由出口商向银行提交即期出口信用证项下的出口单据，经出口商申请，银行根据单据票面金额，在扣除有关费用后，将余款有追索权地支付给出口商，融资利息将在款项收回后按实际占用天数计算后向出口商扣收。信用证项下出口押汇属于短期垫款。

2）打包贷款。打包贷款是指出口商以收到的信用证正本作为还款凭据和抵押品向银行申请的用以生产、备货、装船的贷款。由于最初这种贷款是以处于打包阶段的货物为抵押品，故称打包贷款。从接到订单到货物上船，出口商收购商品、租用运输设备等所需流动资金，都可凭出口订货凭证申请打包贷款。打包贷款一般专款专用，仅用于为执行信用证而进行的购货用途，贷款金额一般不超过信用证金额的 70%，期限不超过 4 个月。

（2）跟单托收项下的出口融资。跟单托收项下的出口融资业务目前国内只有出口托收押汇。出口托收押汇是指在跟单托收方式下，出口商发货后将货运单据提交给出口地托收行，请求托收行预先支付部分或全部货款，托收行根据单据票面金额，在扣除有关费用后，将余款有追索权地支付给出口商，融资利息将在款项收回后按实际占用天数计算后向出口商扣收。

在跟单托收中，交单的方式有付款交单（D/P）和承兑交单（D/A）。在付款交单方式下，进口商必须在付款后才能取得货运单据提货。若不存在进口国的政治风险，出口商收汇的风险相对较小，因而比较容易取得托收银行的融资。在承兑交单方式下，只要进口商承兑了汇票即可取得货运单据提货，汇票到期日进口商是否支付货款则存在较大风险。

出口托收押汇与信用证押汇的主要区别在于是否具有银行的信用保证，出口托收押汇能否收回货款完全取决于进口商的资信，因此风险较大，押汇利率也较高。

（3）电汇结算项下的出口融资。电汇（T/T）是指汇出行应汇款人申请，发送电传或 SWIFT 给在另一国家的分行或代理行指示解付一定金额给收款人的汇款方式。电汇结算的出口融资方式包括以下两种：

1）限额内透支。即银行根据客户资信和担保情况，为客户在其银行往来账户上核定一个透支额度，允许客户根据资金需求在限额内透支，并可以用正常经营的销售收入自动冲减透支余额。与贷款方式相比，透支的特点在于：客户动用透支额度时，不必负担利息；动用的款项可以随时偿还，具有高度的灵活性。采用这种融资方式，要求出口商与银行有密切的业务关系，且出口商资信良好。

2）出口保理。保理是保理公司或者办理保理业务的银行对出口商的融资。融资额度一般为发票金额的 80%。保理商一经核准授信额度，立即买下出口商的发票，无追索权地将 80%的货款预付给出口商，全部货款收妥后再支付余款。保理不仅是简单的融资业务，而是一揽子服务。除了为客户解决资金问题，还要为客户催收货款、办理诉讼、管理应收账款等，还可以为出口企业防范外汇风险（详见模块九外汇风险管理中国际信贷法的相关内容）。

（4）进口押汇融资。进口融资一般都采取进口押汇的方式。进口押汇是具有抵押性质的融资方式，当进口物尚在运送途中，银行的贷款往往以货运单据作为抵押，有时也要求进口商提供补充的抵押物。当货物运抵进口地而进口商仍未支付货款时，进口货物本身就成为银行的抵押品。此时进口商必须作为银行的代理人、凭相关单据进行报关提货，并根据银行的指示以银行的名义将货物存仓。然后在进口商签署质权书的条件下，银行凭进口商签具的、以银行为抬头的信托收据出具提货单，授权货栈把货物转交给借款的进口商。进口押汇是短期融资，期限一般不超过 90 天。

与出口押汇一样，银行对进口商是否进行进口押汇，需要考察进口商的资信状况。进口押汇与出口押汇的区别在于要求的单据不同，进口押汇要求的是提货单，而出口押汇要求的是出口单据。按基础结算方式划分，进口押汇可分为进口代收押汇和信用证项下进口押汇。

（5）提货担保进口融资。提货担保是指进口商开出信用证后，由于货物已抵港而正本提单尚未收到，要求银行为其开出提货担保书，交承运人先行提货。在担保书中，银行保证日后补交正本提单，负责向海运公司缴付有关费用，并赔偿海运公司由此可能产生的各种损失，待正本提单收到后向承运人换回提货担保书。

2. 国际贸易中长期信贷融资

（1）出口信贷。出口信贷是一种国际贸易中长期信贷方式，包括卖方信贷和买方信贷两种（详见模块九外汇风险管理中国际信贷法的相关内容）。

卖方信贷的操作过程如图 11－1 所示。

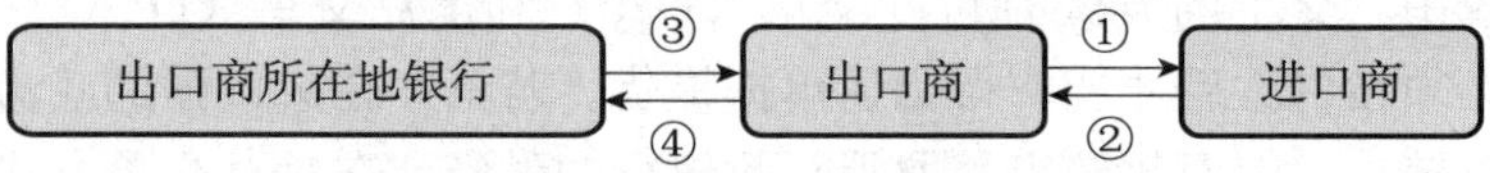

图 11－1　卖方信贷的操作过程

注：①双方签订合同后，出口商以延期支付方式向进口商出售大型设备；

②进口商先付一定比例的定金，在分批交货验收时，再分期付给出口商一定比例的货款，而其余货款在出口商全部交货后由进口商在规定的期限内分期偿还；

③出口商向其所在国银行申请卖方信贷的贷款，取得所需资金；

④出口商以进口商分期偿还的货款向银行偿还贷款本金和利息。

买方信贷的操作过程如图 11－2 所示。

图 11－2　买方信贷的操作过程

注：①进出口商签订合同后，进口商先付货价的 15%作为定金；

②进口商或进口方银行与出口商所在地银行签订贷款协议；

③进口商取得所需资金；

④进口商用取得的贷款支付出口商的货款；

⑤进口方银行根据贷款协议分期偿还出口方银行贷款；

⑥进口商按贷款协议分期偿还银行的欠款。

（2）福费廷出口融资业务。即在国际贸易中进行资本性物资交易（如大型成套机械设备），当出口商以赊销方式出售商品后，把经贴现行（即包买商）认可的被担保过的远期票据卖断给贴现行，从而提前得到货款的一种资金融通业务。办理包买票据业务后，出口商放弃对所出售债权凭证的一切权益，而贴现行作为包买商也必须放弃对出口商的追索权。出口商在背书转让债权凭证的票据时均加注“无追索权”字样，从而将收取债款的权利、风险和责任转嫁给贴现行（详见模块九外汇风险管理中国际信贷法的相关内容）。

（二）国际商业银行贷款

国际商业银行贷款，简称国际银行信贷，是指一国借款人为了本国经济建设的需要，支持某一个建设项目或其他一般用途而在国际金融市场上向外国银行借入资金。

根据贷款银行的不同，国际商业银行贷款可分为单一银行贷款和银团贷款。单一银行贷款，又称双边贷款，是指仅由一家银行提供的贷款。因为国际贷款风险较大，一旦发生损失难以挽回，所以单一银行贷款一般数额较小，期限较短。银团贷款，又称辛迪加贷款，是由一家或几家银行牵头，联合多家商业银行向借款人提供的长期贷款。这是国际商业银行贷款的主要形式。银团贷款具有贷款金额巨大，且期限较长，借款人能自由地使用贷款等特点。

根据贷款期限长短不同，国际商业银行贷款可分为短期信贷、中期信贷和长期信贷三种。国际商业银行贷款多为短中期贷款，期限为 1 年到 5 年；中期贷款多为银团贷款。

国际商业银行贷款具有以下特点：

（1）贷款利率较高且浮动。国际商业银行的存款以短期为主，而国际商业银行贷款多为中长期，为避免利率风险，国际商业银行贷款普遍采用浮动利率，根据约定每 3 个月或 6 个月调整一次利率。贷款利率一般在伦敦银行间同业拆放利率的基准上，再加一定的加息率计算而来，因而国际商业银行贷款利率水平远比其他国际信贷形式高。

（2）贷款可以自由使用，一般不受贷款银行的限制。政府贷款有时对采购的商品加以限制，出口信贷必须与真实交易相关，项目借款则与特定的项目相联系；而国际金融机构贷款需专款专用。相比之下，国际商业银行贷款基本不受限，可由借款人根据自身需要自由使用。

（3）贷款方式灵活，手续简便。政府贷款、国际金融机构贷款、出口信贷的办理手续都比较复杂烦琐，相比之下，国际银行贷款每笔贷款可多可少，借款手续相对简便。

（三）国际金融机构贷款

国际金融机构贷款是指国际金融机构作为贷款人向借款人以贷款协议方式提供的优惠性国际贷款。国际金融机构按地区可分为全球性国际金融机构和区域性国际金融机构。

全球性国际金融机构主要包括国际货币基金组织、世界银行（国际复兴开发银行）、国际开发协会、国际金融公司。以国际货币基金组织为例，该组织对不同收入标准的国家提供优惠或非优惠贷款，旨在保证成员方贸易和非贸易的经常性支付。

区域性国际金融机构，如亚洲开发银行、亚洲基础设施投资银行（亚投行）、泛美开发银行、非洲开发银行、欧洲投资银行等。以亚投行为例，该组织为亚洲基础设施建设等提供贷款，旨在推动亚洲经济体持续增长。

国际金融机构贷款是一种非商业性质的优惠性贷款，具有以下基本特征：

（1）国际金融机构贷款的资金主要来源于各成员方缴纳的股金、捐款以及国际金融机构从资本市场的筹资，其资金放贷宗旨通常包含鼓励成员方从事开发项目、援助发展中国家特别是贫困国家经济发展的内容。例如，亚投行的主要股东都是新兴经济体和发展中国家，亚投行的现有股东也是未来潜在的借款国。

（2）国际金融机构贷款的贷款人为特定的国际金融机构，而其借款人通常也受到特定范围的限制。例如，世界银行贷款的借款人仅限于基金成员方政府、政府机构、由政府机构提供担保的公私企业，国际开发协会贷款的借款人仅限于贫困发展中国家的开发项目当事人，亚洲开发银行贷款的借款人仅限于其成员方的开发本地区项目的投资人。

（3）国际金融机构贷款的条件通常较为优惠，其利息率普遍低于商业银行贷款，其优惠性贷款的利息率可低于3%甚至为无息，其附加费通常也包括承诺和手续费。尽管国际金融机构贷款不完全等同于政府间的“软贷款”，但其贷款条件的整体优惠性往往不亚于政府贷款。

硬贷款与软贷款（以世界银行贷款为例）

（4）国际金融机构贷款通常为中长期贷款，期限较长，其贷款期一般为10年至30年（最长可达50年），宽限期多为5年左右。

（5）国际金融机构贷款大多为开发性贷款，主要用于经济复兴或开发性项目，非项目性贷款通常为配套性使用，这与商业银行贷款也有很大的不同。

（6）国际金融机构贷款对贷款用途往往设有严格的限制，不仅贷款协议要求借款人严格遵守贷款目的和贷款用途条款，而且贷款方通常也对借款人的资金运用进行严格的监督和检查。

（四）外国政府贷款

外国政府贷款是指一国政府向另一国政府提供的，具有一定赠予性质的优惠贷款。它具有政府间开发援助或部分赠予的性质，在国际统计上又叫双边贷款，与多边贷款共同组成官方信贷。双边贷款是政府之间的信贷关系，由两国政府机构或政府代理机构出面谈判，签署贷款协议，确定具有契约性偿还义务的外币债务。

1. 外国政府贷款的类型

（1）软贷款。即政府财政性贷款。一般无息或利率较低，还款期较长，并有较长的宽限期，如比利时政府贷款为无息贷款，偿还期30年，含宽限期10年。这种贷款一般在项目选择上侧重于非营利的开发性项目，如城市基础设施等。

（2）政府软贷款和商业贷款混合。由政府财政性贷款和一般商业性贷款混合，比一般商业性贷款优惠。

（3）政府软贷款和出口信贷混合。这是最普遍实行的一种贷款，一般软贷款占30%～50%。

2. 外国政府贷款特点

（1）属主权外债。外国政府贷款是一国政府对外借用的债务，是国家主权外债。政府贷款的借款人与贷款人均为特定的政府组织，贷款资金主要来自贷款人的国家财政收入。

（2）贷款条件优惠。政府贷款具有利率低、附加费用少的优惠性质。根据国际惯例，此种优惠性贷款至少应含有35%到80%的“赠予成分”，这是根据贷款利率、偿还期限、宽限期和综合贴现率等数据计算出的一种综合性指标。政府贷款的利率一般为1%至3%，有的甚至无息；其附加费通常限于承诺费和手续费。

（3）政府贷款一般为中长期贷款。贷款期通常为10年至40年，并含有2年到15年的宽限期。

（4）限制性采购与投向限制。外国政府贷款大多带有限制性采购或投向限制的附加条件。限制性采购即贷款总额的50%～80%用于购买贷款国的设备、物资、技术成果或技术服务，以此增加贷款国的出口贸易；或者在政府贷款的同时，要求借款人连带使用一定比例的贷款国出口信贷，以带动贷款国民间金融资本的输出。投向限制即借用的外国政府贷款主要用于政府主导型项目建设，主要集中在基础设施、社会发展和环境保护等领域，通常情况下，贷款国的有关机构还将按协议对借款国的项目实施过程进行监督管理。

(5) 政府贷款的订约程序较为复杂。首先，此类贷款通常由借款国选定项目，准备项目文件，并向贷款国提出申请；其次，由贷款国对贷款项目的可行性、项目效益和贷款偿还计划进行审查和评估；再次，在贷款国初步同意贷款的基础上，通过使领馆将书面承诺递交借款国，然后双方就贷款基本条件进行“换文”谈判；最后，由借款国与贷款国放贷机构具体商定贷款协议的详细内容。

二、国际项目融资

(一) 国际项目融资概述

国际项目融资是一种特殊的融资方式，是指以境内建设项目的名义在境外筹措资金，并以项目自身的收入资金流量、自身的资产与权益，承担债务偿还责任的融资方式，也是无追索权或有限追索权的融资方式。

国际项目融资同传统融资方式相比，一方面可获得较高的贷款比例，一般可获得60%～75%的项目资本需求量，一些项目甚至可以做到100%融资；另一方面，项目的贷款期限可以做到比一般商业贷款长，项目贷款期限一般长达数十年，项目融资还可将贷款资金来源限定在特定项目的收益和资产范围之内，可减少项目发起人的投资风险。国际项目融资由于金额大、期限长、风险大，往往采用银团贷款方式。

(二) 国际项目融资的方式

国际项目融资的典型方式是 BOT (build-operate-transfer) 方式，即“建设-经营-移交”方式。它是政府将一个基础设施项目的特许权授予承包商（一般为国际财团），承包商在特许期内负责项目设计、融资、建设和运营，并回收成本，偿还债务，赚取利润，特许期结束后将项目所有权移交政府。实质上，BOT 融资方式是政府与承包商合作经营基础设施项目的一种特殊运作模式，在我国又叫“特许权融资方式”。

BOT 的通常做法，是外国投资者与东道国政府部门或其指定的国有公司（公营部门）签订合同，由外国投资者出资、引资建设这些大型基础设施项目；东道国允许其建成后经营若干年，以收回投资和获取必要的利润。合同对建设和经营的条件（例如项目建成时间、项目建成后的收费原则、政府合理承担一定期限内不建竞争性项目的义务等），有比较具体的约定，合同期满时，项目、设施无偿移交政府部门或公营部门。BOT 通常与无追索权或有限追索权融资（即项目融资）相结合，贷款银行（银团）或债权持有人主要关注项目的预期现金流量，作为贷款偿还和利息收入的保证，对于项目发起人（项目公司股东）无追索权或只有有限追索权。BOT 方式具体实施中还会涉及建造承包商、设备供应商、保险公司等。

BOT 是双赢的融资模式，对东道国和投资者都有诸多益处。

对东道国而言，第一，项目由外国投资者投资而不需本国政府投资，无须资金投入而只要授权，若干年后即可无偿得到基础设施项目，因此，BOT 投融资方式很受各地政府的青睐；第二，国家无须对项目投资的偿还提供担保，因而该项目的债务不会构成国家债务；第三，项目的绝大多数财政和投资回收风险均由投资者自己承担。东道国在这种条件下建成社会需要的基础设施，无疑对本国是有利的。当然，东道国政府对自己所做出的收费标准等承诺，也需慎重考虑，以免对社会公众造成不合理的负担。

对投资者而言，其最大的特点是可以直接进入东道国具有长期发展潜力的基础建设项目，并由此获得其他种种商业机会。在项目建设阶段，可以获得承担项目建设的工作并推销一些设备，带动劳务和贸易的输出。以项目的运营必须产生足够利润为前提，在项目运营阶段，能够从所拥有的项目公司获得红利收入。在项目的运营期满阶段，还可能从项目公司以高价出售的股份中获得投资回报。

三、国际证券融资

国际项目融资实例

国际证券融资是指资金需求者在国际金融市场上通过发行各种债务性证券和股票，直接向公众筹集资金的融资活动。国际证券融资包括国际债券融资和国际股票融资两种形式。

（一）国际债券融资

国际债券融资是指一国政府当局、金融机构、工商企业、地方社会团体以及国际组织机构等单位，通过在国外市场发行以某种货币作为面值的债券而进行的融资活动。国际债券融资包括外国债券融资和欧洲债券融资两种。国际债券融资与其他融资形式相比，具有如下特点：

（1）与国际贸易融资相比，国际债券融资能够为资金使用者筹措到期限较长的资金。

（2）与银团贷款和股权融资相比，国际债券融资运用比较灵活，不受贷款协议限制，而且不稀释控制权。

（3）与国内债券相比，国际债券对其发行人的要求更高，因此能够顺利发行国际债券也是发行人信誉的证明。

（4）与其他融资形式相比，发行人可以筹措到各种货币资金，除了美元还有欧元、英镑、日元等，也可筹集复合货币单位资金，如特别提款权。

自从 1982 年中国国际信托投资公司在日本发行第一笔 100 亿日元的私募国际债券以来，国际债券融资在我国利用外资中所占比重越来越大。

（二）国际股票融资

国际股票融资是指符合发行条件的公司组织以筹集资金为直接目的，依照法律和公司章程的规定向境外投资者出售代表一定股东权利的股票的国际融资方式。根据多数国家证券法的规定，国际股票发行应当符合公开、公平与公正的基本原则，可以采用公开发行或私募发行两种方式发行。

我国国际股票融资

国际股票融资具有永久性的特点。这是由股票融资这一方式决定的，由于股票没有期限的限定，股东在任何情况下都不得要求退股，因而引进的外资能够成为永久的生产性资金留在企业内。国际股票融资具有主动性的特点。通过股票吸引外资，筹资国可运用法律和政策性手段约束投资者的购买方式、购买种类、资金进出的方式、税率等，我国境内公司境外直接上市和间接上市都需要经过证监会的批准，相关外汇取得和使用则需要经过外汇管理局的审批。

境外存托凭证主要有两种形式：美国的 ADR（面向美国投资者发行并在美国证券市场交易的存托凭证）和全球 GDR（发行范围不止一个国家，故名全球存托凭证）。1993 年青岛啤酒作为中国公司第一次在美国股市上出

红筹股

现，随后还有上海石化、马鞍山钢铁、仪征化纤等8家，它们通过境外存托凭证的方式在境外“上市”。

境外存托凭证

四、国际租赁融资

(一) 国际租赁融资概述

国际租赁融资是租赁融资的一种国际化形式，在租赁融资关系中，一国出租人根据另一国承租人的要求购买租赁物并租赁给承租人，由承租人按合同约定支付租金，在租期结束时，承租人能够支付租赁物象征性余值并取得租赁物所有权的交易。租赁融资方式的实质是由三方当事人（出租人、承租人、供货人）之间签订的两份合同（购买合同、租赁合同）所确定的一种债权债务关系。

1. 传统国际租赁融资

（1）金融租赁。金融租赁又称融资租赁，是指当项目单位需要添置技术设备而又缺乏资金时，由承租人选定机器设备，出租人代其购置后出租给承租人使用，承租人按期交付租金，租赁期满后租赁设备退租、续租或拍卖给承租人的一种租赁类型。这种租赁方式以租赁机器设备为主，出租人从租金中全部收回垫付的资本，期限较长，一般为3～5年。金融租赁实质上是给予承租人长期信贷的租赁方式，其重要特点是在合同期内承租人无权取消合同。在合同期满后，可以延长租赁期限，或者由承租人以低价收购租赁的设备，取得所有权。

（2）经营租赁。经营租赁也称服务性租赁，即出租人除租赁物品外，还承担机器设备的保养、维修、提供燃料、原料、部件以及负责培训技术人员。承租人所支付的租金包括上述各种费用。在合同到期前，承租人有权发出书面通知取消合同，退还设备。这种租赁方式一般为中期租赁。

2. 新型国际融资租赁

（1）杠杆融资租赁。杠杆融资租赁简称为杠杆租赁，也被称为平衡租赁或减租租赁，即由需求方所在国为设备提供者提供减税及信贷政策等，使需求企业以较优惠的条件从融资租赁公司获取设备的一种方式。杠杆租赁是目前备受各大融资租赁公司青睐的一种国际租赁方式，该模式的运作原理就是财务杠杆原理。

杠杆租赁的运作方式很复杂，参与的当事人也较多。该模式下，出租人可以将租赁物的所有权、收益权等打包转让或抵押给贷款人，通常贷款人无权向出租人追索。融资租赁公司作为出租方仅承担设备成本的小部分（通常为20％～40％），这部分资金就是“杠杆”，剩余的大部分由银行或非银行等金融机构出资。杠杆租赁适用的租赁物大多金额巨大，如飞机、轮船、卫星等购置成本特别高的大型设备。

（2）项目融资租赁。项目融资租赁是对一个特定的对象进行的融资安排，一般是具体的经济实体或项目安排，而不是具体的个人法人。把贷款的还款资金来源以在经济实体未来能够实现的现金流和预期收益作为保障是项目融资的特殊之处，把它融入租赁领域中，就产生了所谓的项目融资租赁。项目融资租赁的创新性体现在：一是针对项目本身而不是项目的发起人提供资金；二是租金来源以项目收益作为保障；三是租金并不固定，而是与项目收益特征相联系，并与项目经营效益呈比例关系。

杠杆租赁的优势

（3）抽成融资租赁。抽成融资租赁通常也被称为收益百分比融资租赁。这种融资租赁模式适用于在一定程度上垄断、回笼期较长且现金流较为稳定的项目，可以采用收益权担保或收费分成等抽成租赁模式。这种模式的租金往往决定于承租人的盈利状况，支付一定租金后，合同租金余额要按照规定的抽成比例从承租人营业收入中抽取。

（4）风险融资租赁。风险融资租赁是风险投资融合金融租赁的新生物。风险融资租赁的实质是指出租人以承租人的部分股东权益作为投资回报。该种模式通常是出租人设定租金和股东权益收益等作为投资回报，通过租赁债权或者设备投资等方式将设备出租给承租人。这种融资租赁模式适用于高科技、高风险产业资金来源的新渠道。

（5）结构式参与融资租赁。结构式参与融资租赁主要包括注资、还租、回报三个阶段。注资是第一个阶段，与一般融资租赁的资金注入方式一样。还租是结构式参与模式的第二个阶段，是指将未来项目现金流量按照之前约定的比例分配给出租人和承租人。例如假定合同约定将70%的未来项目现金流量以租金的形式分配给出租人，用于还租。剩余的30%由承租人自行支配使用。最后是回报阶段，该阶段是指当成本全部收回时，按现金流量的既定比例作为回报率，出租人有权利在一定年限内仍享有资金回报。三个阶段都进行完毕后，租赁标的物的所有权应由出租人转移给承租人，所有权的转移标志着整个项目融资租赁过程的结束。结构式参与融资租赁模式适用于没有融资担保、出租人同时也是供货人、租金和租期不易确定的融资租赁业务。

（二）国际融资租赁的优势

国际融资租赁是结合国际贸易、国际金融、跨境租借等多领域的交叉性产物，有着巨大的制度优势：

1. 加速资金周转

与直接购买设备相比，通过融资租赁方式有着更大的优势。以中小企业为例，当生产需要采购大型设备时，简单的直接购买方式对于资金实力薄弱的中小企业来说风险太大。相比直接购买方式，融资租赁方式期限设置往往以标的物的经济寿命年限为标准，这样可相对减少租金。

2. 促进技术创新

一国的国际竞争力体现在一国技术创新的能力。采用国际融资租赁方式一方面可以使我国国内企业以较低前期投入引进先进设备，避免了由于技术进步致使落伍设备的产品不具有竞争力的风险；另一方面，与国际先进技术的共享，可以刺激国内企业及时更新技术装备。

3. 降低融资费用

采用国际融资租赁可以为承租人降低融资费用。企业实践中将采用融资租赁和未采用融资租赁时的投资效益进行比较分析，得出采用融资租赁将会降低融资费用的结论。

4. 规避利率与汇率风险

以融资租赁公司为例，因从国外采购租赁物件经常要涉及外汇使用，无法避免汇率变化带来的风险。当采用国际融资租赁时，一方面，可以在合同订立时将外汇结算改为人民币结算后，以人民币计价的方式进行租赁来避免因人民币与外币兑换比值变动所带来的汇率风险；另一方面，融资租赁公司以合同的形式规定采用固定利率，这样承租企业就可以规避银行利率水平波动带来的风险。

任务四　外债管理

一、外债的含义和种类

根据国际货币基金组织和世界银行的定义，外债是指在任何特定时间内，一国居民对非居民承担的具有契约性偿还责任的债务，包括本金的偿还和利息的支付。根据国家外汇管理局的定义，外债是指在中国境内的机关、团体、企业、事业单位、金融机构或其他机构对中国境外的国际金融组织、外国政府、金融机构、企业或其他机构用外国货币承担的具有契约性偿还义务的债务。

按照偿还责任划分，外债分为主权外债和非主权外债。主权外债，是指由国务院授权机构代表国家举借的、以国家信用为保证对外偿还的债务。非主权外债，是指除主权外债以外的其他外债，包括国际金融组织贷款、外国政府贷款、买方信贷、外国企业贷款、发行外币债券、国际金融租赁、延期付款、补偿贸易中直接以现汇偿还的债务以及其他形式的对外债务。

二、外债的衡量指标

外债在促进一国经济发展，引进国际先进技术和管理经验方面起到了积极的推动作用。但同时，1982—1985 年全球性债务危机、1994—1995 年墨西哥金融危机、1997 年东南亚金融危机、1998 年俄罗斯金融危机、2008 年冰岛破产危机，给世人敲响了外债系统性风险的警钟。债务危机作为一种经济现象，指债务国在国际借贷领域中大量负债，超过借款者自身清偿能力，造成大规模逾期等违约现象，引爆金融危机。衡量一国外债的主要指标如表 11 - 1 所示。

表 11 - 1　衡量一国外债的主要指标

指标	定义	阈值
偿债率	$偿债率=\dfrac{当年外债还本付息总额}{当年货物服务出口总额}$	一般国家：控制在 20%以内为宜；发展中国家：应控制在 25%以内，危险线为 30%
负债率	$负债率=\dfrac{年末外债余额}{当年国内生产总值}$	国际公认的外债负债率标准是控制在 20%以下
债务率	$债务率=\dfrac{年末外债余额}{当年外汇收入}$	国际公认的债务率标准是小于 100%，即外债余额增长速度不超过外汇收入增长速度
短期债务比例	$短期债务比例=\dfrac{短期外债余额}{所有外债余额}$	受市场波动影响大，短期债务比例不宜超过 25%

三、外债管理的主要内容

外债管理是指一国政府通过法规、政策和技术措施实行外债结构优化的管理行为。它是在确定的总规模范围内，结合一国经济对资金的需求，对构成总量的各个债务要素，即利率、期限、币种和融资形式等进行最优组合，减少风险，保证偿债能力。外债管理主要包括外债规模管理、外债结构管理、外债营运管理和外债风险管理四个方面。

（一）外债规模管理

外债规模管理是指在一定时期内，确定举借外债的数量界限，即适当的外债规模。如果外债规模增长过快，超过对外债的偿付能力和对外资的消化吸收能力，一方面会增加还债的经济负担，甚至引发偿债危机；另一方面会造成外汇资金的闲置与浪费，增加筹资成本和风险。但借款过少，又会使国内一部分生产资源不能及时转化为生产力，影响经济发展。因此，确定适度的外债规模是发展中国家有效管理外债的关键。加强外债规模的控制，必须通过科学的定性、定量分析，找到最佳外债规模。

从宏观角度，分析一国外债规模是否合理，主要参考债务率、偿债率、负债率等指标。根据国际上通行的标准，20%的负债率、100%的债务率和25%的偿债率是债务国控制外债规模的警戒线。也就是说，当有关外债指标处于警戒线以下时，外债总量是适度和安全的；反之，当有关指标超过警戒线时，则外债总量超过承受能力，需要进行调整。

从微观角度，分析一家企业外债规模是否合理，主要参考“投注差”，即投资总额与注册资本的差额。在规模管控方面，境内机构借用外债需有外债指标或额度，外商投资企业借用外债需满足“投注差”，即短期外债余额和中长期外债发生额不得超过“投注差”；中资机构（含金融机构）借用中长期外债需向发展改革委申请发生额指标，借用短期外债需向外汇局申请余额指标。“投注差”模式具有管理简单、容易操作等优点。

（二）外债结构管理

外债结构管理是指一国政府通过法规、政策和技术措施实行外债结构优化的管理行为。在确定的总规模范围内，通过对国际资本市场的分析，结合国内建设对资金需求的特点，对构成总量的各个债务要素，即利率、期限、币种和融资形式等进行最优组合，以降低成本，减少风险，保证偿债能力。

外债结构的变化，会引起债务总量规模的变化，进而影响到外债利用效益和外债成本。对外债结构的管理，是对各种来源和不同借款条件下外资的性质、筹措方法、利弊等进行比较，然后决定取舍，其目标是保持一个合理、灵活、均衡和适度的外债结构。

外债结构的管理主要涉及如下几方面问题：

1. 利率结构

借债利率的高与低、固定与浮动，是直接影响外债成本的一个重要因素。每次借入债务的利率状况，影响着总体债务的利率结构和总体债务利息的支付数额，因此，借入外债不仅要考虑债务利率的高低，同时还要控制浮动利率的比重，要保持固定利率债务占较大比重，以明确利息负担。

2. 币种结构

选择何种货币借款，即整体债务中货币借款的构成也是外债管理的一个重要环节。使币种结构合理化的基本方法为：一是合理选择货币，尽可能实现出口收汇币种与借款币种相一致，以减少汇率换算的损失。二是举债时尽可能实现币种多样化，分散单一币种汇率的剧烈波动的风险。三是积极推进本币外债，美元外债占美国外债的90%以上，所以美国企业外债的汇率风险极低，以此为鉴，我国应积极推进本币外债，以减少国内企业的外汇风险。

3. 期限结构

首先，国际经验表明，短期外债占比过高，偿还风险就高，尤其当短期外债中热钱数量较大时，国际市场汇率和利率波动，易引起资金逆流，伤害一国经济，要防范短期外债风险，就要控制短期外债规模。其次，在当今国际金融市场动荡不安的情况下，债务期限不仅取决于利率高低，还取决于债务货币的选择。选择趋势性升值货币为债务货币时，债务的期限以短为宜；选择趋势性贬值货币为债务货币时，债务的期限以长为宜。最后，在决定债务期限长短时，应根据经济发展的需要，综合考虑资金需求、资金运用收益、汇率风险等因素，并在总体上注意期限结构长短搭配，避免还本付息过于集中。

4. 来源结构

按贷款来源划分，外债由政府贷款、国际金融组织贷款和国际商业银行贷款组成。一般来说，政府贷款和国际金融组织贷款的期限长、利率低，条件比较优惠；商业银行贷款往往期限短、利率高，受国际金融市场借贷关系变化的影响较大，因此，优惠性的政府贷款和国际金融组织贷款在总债务中的比重大小是衡量资金来源结构是否合理的一个标准。

5. 使用结构

外债管理能否进入良性循环，关键在于外债的使用是否产生效益，而效益的产生往往与外债投向结构有很大关系。一般来说，外债使用结构管理的主要内容是：一方面使外债的使用与出口创汇相结合，以保证按时还本付息；另一方面使外债的用途与国内的产业政策相结合。

6. 债务人结构

由于经济中所有制结构的不同，各个借款人所承担的债务对国民经济构成的潜在压力不尽相同，各国政府一般都力图避免外债负担全部集中在中央政府身上。对所有类型的公共外债均由外债管理部门统一监管；对于私人部门的外债，由商业银行按巴塞尔协议等风控要求进行监管。

（三）外债营运管理

外债营运管理是对外债从借入到使用、产生效益至最后偿还的整个运行过程进行管理，包括外债借入管理、外债使用管理和外债偿还管理。

在“借”外债的环节，企业举借外债需要有项目或真实交易背景，使用管理侧重“自律”，遵循“自担风险、自负盈亏”的原则。借款企业应建立外债管理评估体系，评估币种、期限、利率与风险，制定经济适度的借款方案与风险防范方案。监管机构要引导、限制和惩戒不必要的盲目外借，加强外债借入的必要性管理。

在“用”外债的环节，借款人应把握最优资源配置原则、生产性原则、经济效益原则和资源转换原则，对负债使用投向进行监控，并对资金使用效率进行评估。外债的使用效率包括经济效率、社会效率、生态改善等。对外债资金的用途进行必要限制是外债实行额度管理不可或缺的配套措施，其目的是防止外债资金用于投机目的，避免企业之间变相买卖外债额度。

在“还”外债的环节，应注意如下几点：第一，制定长期的对外经济发展战略，有计划地偿债。第二，充分利用各种金融创新手段，减轻偿债负担。第三，在一定条件下可以借新还旧。借新债还旧债，不仅可以在发生偿债困难时使用，更是一种债务安排技巧，在保持外债总量不变的情况下，改善外债偿还的期限结构，以争取宽松的偿债时间，以及利用国际金融市场上利率变化，借入低利率债务偿还原有的高利率债务，从而减轻总体债务负担。

（四）外债风险管理

在外债的管理和运营过程中，风险管理主要是通过使用工具和制定制度，对外债风险进行化解、分散、补偿等。外债风险管理的内容包括：

1. 控制期限错配风险

短期外债，期限短、流动性强、风险较高；中长期外债，期限长、流动性弱、风险较低。因此，在外债额度上，应加强监测，控制期限错配风险。在外债中长期指标分配上，要有一定的机动指标不用于项目投资，而是用于债务结构的调整。随着债务积累增大，机动比例应保持在10%左右，以防范整体债务风险。

拉美债务危机的教训

2. 衍生工具锁定风险

借款企业利用掉期、期权、远期和即期外汇买卖等金融衍生产品，控制利率、汇率风险，对市场产生的不利变化进行管理，锁定成本或收益，对外债进行长期、动态和系统化管理，规避市场风险。然而，金融衍生产品专业性强，本身也有风险。企业在使用衍生品工具进行外债风险管理时，需严格坚持套期保值原则，坚持与现货的品种、规模、方向、期限相匹配，遵循稳健原则，禁止任何以追逐利润为目的的投机性交易。

3. 建立偿债风险基金

在每年出口收入中提取适当比例资金建立偿债风险基金，这个比例是根据每年逾期本息占应还本息的比例而来，以保证呆账部分和偿付困难部分的还本付息。

模块小结

任务一	国际资本流动概述	国际收支顺差、利润驱动、汇率变化、通货膨胀等都会引起国际资本流动。资本在国际范围内流动，使资本合理地重新配置，促进金融市场与经济的一体化，但是国际资本流动具有杠杆效应，短期热钱会对金融市场产生较大冲击。
任务二	国际投资	国际投资是跨国公司等国际投资主体，将其拥有的货币资本或产业资本通过跨国界流动和运营，以实现价值增值的经济行为，包括国际直接投资和国际间接投资。国际直接投资包括在国外创办企业、直接收购外国企业等。国际间接投资者并不直接参与国外企业的经营管理，包括国际证券投资、国际信贷投资。
任务三	国际融资	国际信贷融资包括国际贸易信贷融资、国际商业银行贷款、国际金融机构贷款和外国政府贷款。国际项目融资以境内建设项目的名义在境外筹措资金，并以项目自身的收入资金流量、自身的资产与权益，承担债务偿还责任，典型方式是BOT方式。国际证券融资包括国际债券融资和国际股票融资两种形式，其中，国际股票融资又包括境外直接IPO、红筹股上市、分拆上市等。国际租赁融资包括经营租赁在内的传统国际融资租赁，也包括杠杆融资租赁、项目融资租赁、结构式参与融资租赁等在内的新型国际融资租赁。

续表

任务四	外债管理	偿债率、负债率、债务率、短期债务比例指标可衡量一国外债的规模是否合理；在外债规模既定的条件下，通过调整利率、币种、期限、债务人等结构，实现外债结构的优化；要从“借、用、还”三个环节对外债进行营运管理，通过使用衍生工具和建立偿债风险基金，对外债风险进行化解、分散和补偿。

模块测评

◎ 简述题

1. 什么是国际资本流动？引起国际资本流动的原因有哪些？
2. 什么是国际融资？国际融资的具体方式有哪些？
3. 什么是国际信贷融资？国际信贷融资方式有哪些？
4. 什么是国际项目融资？国际项目融资有什么特点？
5. 什么是外债？衡量外债的指标有哪些？

◎ 实务题

1. 我国某出口企业拟向国外出口大型机器设备，但国外进口商无法实现现汇付款。为保证贸易实现，请为该企业设计解决方案。

2. 登录国家外汇管理局官网，进入“统计数据”窗口，下载相关数据，根据1985—2024年中国外债流动与国民经济、外汇收入数据，分析我国外债规模的合理性。

模块十二 国际金融机构

学习目标

- 知识目标

  了解国际货币基金组织的宗旨、资金来源、主要业务活动；
  了解世界银行的宗旨、资金来源、主要业务活动；
  了解国际清算银行的宗旨、资金来源、主要业务活动；
  了解亚洲开发银行的宗旨、资金来源、主要业务活动；
  了解我国同各国际金融机构的关系。

- 技能目标

  能够结合实际分析如何加强我国与国际金融机构的合作。

模块导入

生活中，我们经常听到有关国际货币基金组织、世界银行、国际清算银行等国际金融机构的报道，许多权威性的金融数据都来自这些机构。如国际货币基金组织数据库，包括 IMF eLibrary 和 IMF DATA，于 2020 年起免费向公众开放。其中，IMF eLibrary 会发布《世界经济展望》《全球金融稳定报告》《IMF 国别报告》《地区经济展望》等；IMF DATA 资源主要包括国际收支统计（balance of payment statistics，BOP)、国际金融统计（international financial statistics，IFS)、贸易方向统计（direction of trade statistics，DTS）等。那么，什么是国际金融机构？国际金融机构在世界经济与金融领域发挥着怎样的作用？本模块将为你解读国际金融机构。

国际金融机构（international financial institution)，又称国际金融组织，是由一些国家政府之间通过签署国际条约或协定而建立的从事国际金融管理和国际金融活动，协调国际金融关系，维持国际货币及信用体系正常运转的超国家性质的组织机构。国际金融机构的名称大多称作银行，也有的叫作基金组织、公司、协会等。

国际金融机构的特点是：（1）国际金融机构是超国家性质的，对任何国家而言都是非居民。（2）国际金融机构的经营管理不以营利为目的，其主要目标是协调国际货币关系，促进国际经济合作，推动全球经济发展。（3）国际金融机构不按某一国家的法律或惯例建立并运作，有自己独特的运营方式。（4）国际金融机构的基本业务多以贷款这种最基本的金融工具为主，但并不完全按照市场经济原则来进行。（5）各国在国际金融机构中的地位并不是完全平等的。各国在国际金融组织内的发言权事实上是以其在世界经济中的经济实力为基础的。因此，西方发达国家在国际金融机构中占有较大的话语权，而发展中国家的地位和影响力十分有限。

国际金融机构的产生和发展

任务一　国际货币基金组织

一、国际货币基金组织的建立及其宗旨

国际货币基金组织是根据1944年在美国布雷顿森林召开的联合国货币金融会议上通过的《国际货币基金组织协定》而成立的全球性政府间国际金融机构。1945年12月，国际货币基金组织正式成立，总部设在华盛顿。1947年3月1日，国际货币基金组织开始正式运作，随后成为联合国的专门机构，在经营上有其独立性。国际货币基金组织与世界银行集团、世界贸易组织共同构成战后国际经济秩序的三大支柱。

IMF作为永久性机构的宗旨是：（1）促进国际货币合作，为国际货币问题的磋商和协作提供方法；（2）促进国际贸易的扩大与平衡发展，以提高和维持高水平就业和实际收入，以及开发成员的生产资源；（3）稳定国际汇率，在成员之间保持有秩序的汇价安排，避免竞争性的汇价贬值；（4）协助建立成员经常性交易的多边支付制度，消除妨碍世界贸易的外汇管制；（5）向成员提供临时性资金，帮助其纠正国际收支失衡。

国际货币基金组织的管理机构由理事会、执行董事会、总裁和业务机构组成。其成员实行会员制，包括初始成员和其他成员，二者在权利和义务上没有区别。理事会是基金组织的最高权力机构，执行董事会负责处理基金组织日常业务。

二、国际货币基金组织的资金来源

（一）基金份额

1. 基金份额的含义

基金份额是成员向国际货币基金组织认缴的资金，是基金组织最主要的资金来源。基金份额以基金组织的记账单位特别提款权（SDR）计值。

当加入基金组织时，该成员就被分配一定的份额，份额大致基于成员在世界经济中的相对地位。基金组织利用份额公式评估一个成员的相对地位。现行份额公式是以下变量的加权平均值，即GDP（权重为50%）、开放度（30%）、经济波动性（15%），以及国际储备（5%）。

基金组织理事会定期（通常每隔五年）进行份额总检查。份额的任何变化必须经85%

的总投票权批准，并且，一个成员的份额未经其同意不得改变。份额总检查解决两个主要问题：总增资规模以及增资在成员之间的分配。首先，份额总检查使基金组织能够从成员的国际收支需要和它满足这些需要的能力两个方面来评估份额的充足性。其次，份额总检查可以增加成员的份额，以反映其在世界经济中相对地位的变化。

目前基金组织191个成员的联合份额总计为7 157亿特别提款权（约合9 600亿美元）。基金组织最大的成员是美国，其份额占17.42%。中国是基金组织第三大成员，占总份额的6.40%。

2. 基金份额的作用

份额认缴是基金组织资金的核心。成员的份额决定了其与基金组织的金融和组织关系，包括其向基金组织出资的最高限额和投票权，以及其可从基金组织获得贷款的限额，因而份额在基金组织中发挥着关键作用：

（1）份额认缴。成员认缴的份额决定了其向基金组织提供资金的最高限额。成员在加入基金组织时必须全额缴纳份额。在国际货币基金组织建立之初，以黄金和本币的形式来缴纳。1978年，取消了份额的25%必须以黄金缴纳的规定，改为以特别提款权（SDRs）或广泛接受的货币（如美元、欧元、日元或英镑）缴付，其余75%部分仍以成员本币缴付。份额中的外汇存放于有关国家的中央银行，本币则存放于本国中央银行在基金组织的账户中。

（2）投票权。国际货币基金组织的重大决策由成员投票表决，份额基本上决定成员在基金组织决策中的投票权。每个成员拥有250票的基本投票权。基金组织每个成员的投票权由基本票加上每10万特别提款权的份额增加的一票构成。2008年改革将基本票固定为占总投票的5.502%。目前的基本票数几乎是2008年改革实施之前基本票数的三倍。

（3）获得贷款。成员可从基金组织获得的融资数额（贷款限额）以其份额为基础。例如，在备用和中期安排下，成员每年可以借入份额145%以内的资金，累计最多为份额的435%。然而，特殊情况下的贷款限额可能更高。

（二）借款

国际货币基金组织另一重要的资金来源是借款。国际货币基金组织通过与成员协议，向成员借入资金，作为对成员提供资金融通的一个来源。

（三）基金组织的黄金

黄金在国际货币体系中发挥的中心作用直到1973年布雷顿森林体系（固定汇率体系）崩溃时才告结束。自那以后，黄金的作用已削弱，但它仍然是一些国家储备中的一种重要资产，而且基金组织仍然是世界上持有黄金最多的官方机构之一。基金组织持有约9 050万盎司（2 814.1吨）黄金，存放在指定的存放托管机构。根据历史成本计算，基金组织的黄金持有总量为32亿特别提款权（约合45亿美元）。但按市场价格计算，基金组织的黄金持有总量约为801亿特别提款权（约合1 127亿美元）。

基金组织持有的黄金主要通过四个渠道：（1）基金组织在成立时决定，初始认缴份额以及后来增加份额的25%应用黄金支付。这是基金组织最大的黄金来源。（2）所有费用支付（成员因使用基金组织信贷而需支付的利息）通常用黄金完成。（3）如果一成员希望获得另一成员的货币，可通过向基金组织出售黄金来实现。根据该规定向基金组织出售最大一笔黄金的成员是南非（1970—1971 年度）。（4）成员还可使用黄金偿还基金组织以前提供的信贷。

根据 1976 年 1 月的《牙买加协议》，基金组织将它持有的 1/6 的黄金分 4 年按市价出售，所得之利润（即市价超过黄金官价 1 盎司＝35 美元的部分）作为信托基金，向低收入成员提供优惠贷款。

根据 2008 年 4 月商定的基金组织新收入模式，基金组织设立一个以黄金出售利润为资金来源的专项基金，用于增强其向低收入国家提供优惠贷款的能力。这一举措目的是使基金组织实现稳健的长期财务状况。

三、国际货币基金组织的主要业务活动

国际货币基金组织的主要业务是：向成员提供各种贷款；汇率监督与政策协调；为成员提供培训、咨询等服务。

（一）向成员提供各种贷款

发放贷款是国际货币基金组织最主要的业务活动。包括第一类：普通贷款（详见模块六）、补偿与应急贷款、缓冲库存贷款和中期贷款；第二类：补充贷款和临时信用贷款；第三类：信托基金贷款、结构调整贷款等。

（二）汇率监督与政策协调

（1）通过发行特别提款权来调节国际储备资产的供应和分配。（2）通过汇率监督促进汇率稳定。（3）协调成员的国际收支调节活动。（4）取消货币兑换限制。（5）促进国际货币制度改革。

（三）为成员提供培训、咨询等服务

（1）向成员政府提供专家咨询、官员培训等技术援助。（2）收集和交换金融信息与统计。

四、我国与国际货币基金组织

1945 年，中国是国际货币基金组织的创始成员之一，当时的代表是“中华民国政府”。新中国成立后，我国政府曾多次致电国际货币基金组织，要求恢复我国的合法席位，但由于美国的阻挠，问题一直被搁置下来。直到 1980 年 4 月 17 日，国际货币基金组织才正式恢复我国的合法席位。目前，中国在国际货币基金组织内有四个席位：一个创始成员国席位和三个地位成员席位（台湾、香港、澳门）。1991 年国际货币基金组织组织在北京设立常驻代表处。

国际货币与金融委员会

中国加入基金组织时缴纳的份额为 5.5 亿特别提款权，1980 年 4 月恢复在基金组织的合法席位时，与基金组织商定把份额提高到 18 亿特别提款权。

在经历历次份额检查之后，中国的份额不断增加，截至 2016 年 1 月，中国占总投票权的 6.394%，超越德国、法国和英国，位列美国和日本之后，中国得到了更大的话语权。

我国不断增强与国际货币基金组织的业务往来，包括获取贷款、接受培训、参加会

议、接受基金组织出版物等，但与其他发展中国家相比，我国利用国际货币基金组织的资金并不多。

任务二 世界银行集团

世界银行集团（world bank group，WBG）包括国际复兴开发银行（简称世界银行）、国际开发协会、国际金融公司、多边投资担保机构和国际投资争端解决中心五个相对独立的机构。世界银行集团有189个成员，员工来自170多个国家，在130多个地方设有办事处。世界银行集团是一个独特的全球性合作伙伴，所属五家机构共同致力于寻求在发展中国家减少贫困和建立共享繁荣的可持续之道。

一、世界银行

（一）世界银行的建立及其宗旨

世界银行，即国际复兴开发银行（international bank for reconstruction and development，IBRD），是1944年7月布雷顿森林会议后与国际货币基金组织同时产生的另一个国际金融组织，于1945年12月成立，1946年6月开始营业，1947年11月成为联合国的一个专门机构。总部设在华盛顿，并在纽约、日内瓦、巴黎、东京等地设有办事处。根据世界银行协定，凡参加该行的国家必须首先是国际货币基金组织的成员，但国际货币基金组织的成员不一定是世界银行的成员。目前，国际复兴开发银行是189个国家共有的全球开发合作机构。

世界银行的宗旨主要是通过向发展中国家提供中长期资金和投资来帮助发展中国家实现长期稳定的经济发展，具体包括：

（1）对于生产目的的投资提供便利，以协助成员的复兴和开发，并鼓励不发达国家的生产和资源开发；

（2）通过保证或参与私人贷款和私人投资的方式，促进私人对外投资；

（3）用鼓励国际投资以开发成员资源的方法，促进国际贸易的长期平衡发展，以维持国际收支的平衡。

（4）与国际其他方面的贷款相配合，提供贷款保证。

世界银行的组织机构是理事会、执行董事会、行政管理机构。世界银行的最高权力机构是理事会。执行董事按照理事会的授权，负责处理世界银行的日常业务。世界银行行政管理机构由行长、若干副行长、局长、处长、工作人员组成。行长是行政管理机构的首脑，其在执行董事会的有关方针政策的指导下，负责银行的日常行政管理工作，任免银行高级职员和工作人员。行长没有投票权，只有在执行董事会表决中双方的票数相等时，才可以投关键性的一票。

（二）世界银行的资金来源

（1）成员缴纳的股金。目前股东国政府认缴资本总计约140亿美元。

（2）通过发行债券取得借款。在国际债券市场发行债券来借款，是世界银行资金的一个很重要的来源。IBRD自1959年以来始终保持3A级信用等级。这一高信用等级使其能以低成本借债并以优惠条件向中等收入国家提供贷款。在世界银行贷款中，约70%依靠发行债券作为资金来源，这使其能自1946年以来提供贷款5 000多亿美元用于在世界各地扶贫。

（3）业务净收益。IBRD的收入来源为股本收益和少量贷款盈利，收入用于支付运营经费，纳入储备金以改善收支平衡，并且每年给IDA（面向最贫困国家的基金）拨款。

（三）世界银行的主要业务活动

作为世界最大的开发银行，IBRD通过向中等收入国家和资信良好的低收入国家提供贷款、担保、风险管理产品和咨询服务，并通过协调各国应对地区性和全球性挑战，支持世界银行集团的使命。

世界银行集团与中等收入国家（MIC）合作，后者既是客户，也是股东。这些国家是全球增长的主要推动力，是重大基础设施投资的所在地，也是发达经济体和贫困国家出口产品的主要进口国。许多中等收入国家取得了快速经济和社会进步，在寻找全球挑战的解决之道方面发挥出日益巨大的作用。但是，中等收入国家也占世界贫困人口的70%以上，贫困人口往往生活在偏远地区。获得私人资本的渠道有限，使得这些国家容易受到经济冲击和跨国危机的影响，包括气候变化、被迫移民和流行病。世界银行是中等收入国家的重要合作伙伴，后者占IBRD业务量的60%以上。

1. 贷款

世界银行最主要的业务是向成员尤其是向发展中国家发放贷款。

（1）世界银行的贷款原则。

1）世界银行只向成员政府、中央银行担保的公私机构提供贷款。

2）贷款一般与世界银行审定、批准的特定项目相结合，世界银行要进行详细审查，认为确属经济上最优先考虑的项目才提供贷款。目前世界银行仍是以农业、农村发展和能源运输等基础设施项目，以及教育、环保等为重点贷款方向。

3）贷款方必须具备实施项目的条件，如技术水平、出口情况、创汇能力、外债情况、资源情况等。

4）只贷给确实不能以合理条件从其他来源获得资金的项目，世界银行根据各国情况确定贷款占项目总投资的比例，借款国必须匹配足够的配套资金。

5）只贷给有偿还能力的成员，世界银行严格审查贷款国的还债能力。

6）贷款的使用不能限定在某一个特定成员中进行，采购要通过国际招标，以保证贷款不被挪用，并保证所有的成员和非成员都有参加投标的机会，从而使世界银行的资金能周转于各成员之间。

（2）世界银行的贷款种类。

1）项目贷款，又称为特定投资贷款，是世界银行最主要的贷款，是指贷款的发放用于资助成员的某个具体的发展项目，目的在于支持各国经济的稳步发展。世界银行在农业和农村发展、教育、能源、工业、交通、城市发展和供水等方面的大部分贷款属于这一类，强调要与一定的项目相结合，专款专用，并由世界银行工作人员负责评估和监督完成。所以成员从申请到按项目进度使用贷款，都有严密的程序。

2）部门贷款，又称行业贷款。由部门投资及维护贷款、部门调整贷款和中间金融机构贷款组成。这三种贷款的使用重点各有侧重。

3）结构调整贷款，主要用于帮助借款国在宏观经济、部门经济和结构体制等方面进行必要的调整和改革，更有效地利用资金和资源。

4）联合贷款，是世界银行同其他贷款者一起，共同为借款国的项目融资，以帮助缓和世界银行有限的资金来源与不断增长的成员资金需求之间的矛盾。

5）“第三窗口”贷款。第三窗口贷款于 1975 年设立，其贷款条件介于世界银行硬贷款和国际开发协会软贷款之间的限于援助低收入国家的贷款。其贷款利率（4.5%）与世界银行一般贷款利率（8.5%）的差额由利息补贴基金弥补，该基金来源于发达国家和石油输出国的自愿捐助。该项贷款宽限期长达 25 年，人均国民生产总值低于 375 美元的发展中国家才可以申请此项贷款。

2. 提供知识和技术综合服务

IRBD 向国家和地方政府提供各种培训和咨询服务，培训内容涉及经济政策、项目管理、金融知识乃至创新型金融解决方案，并利用这些战略咨询服务帮助成员政府推进改革，以改善服务，鼓励增加私人投资，创新和共享解决方案。

（四）我国与世界银行

中国是世界银行的创始国之一。1980 年 5 月 15 日，中国在世界银行和所属国际开发协会及国际金融公司的合法席位得到恢复。同年 9 月 3 日，该行理事会通过投票，同意将中国在该行的股份从原来的 7 500 股增加到 12 000 股。在世界银行的执行董事会中，中国单独派有一名董事。中国目前已成为世界银行第三大股东国，仅次于美国和日本。

中国一直与其保持着良好的合作关系，在贷款合作、知识合作和国际发展合作三个方面成果显著，推动了中国交通运输、行业改造、能源、农业等国家重点建设以及金融、文卫环保等事业的发展，世界银行还通过本身的培训机构，为中国培训了大批了解世界银行业务、熟悉专业知识的管理人才。

例如，2009 年至 2014 年，中国政府与世界银行合作，在中国的安徽省、山东省和宁夏回族自治区实施“农民工技能培训与就业”贷款项目，世界银行为项目提供贷款 5 000 万美元，中国政府配套资金约 3 500 万美元。该项目为 522 628 人提供了技能培训，其中大多数人来自农村，为 420 多万求职人员提供了就业服务，提升了 23 所职业技术学校和培训中心的培训能力，为农民工拓展就业渠道、改善就业环境、提高收入水平创造了有利条件。

二、国际开发协会

（一）国际开发协会的建立及其宗旨

国际开发协会（international development association，IDA）于 1960 年设立，是世界银行专门为向发展中国家提供赠款和长期优惠贷款的附属机构。国际开发协会按股份公司方式组建，其投票权的分配与成员认缴的股份挂钩。国际开发协会在组织机构上与世界银行是“两块牌子，一套班子”，其与世界银行共用一套人员体系，其理事、执行董事、经理和工作人员都由世界银行的相应人员兼任。不过在财务上是独立分开的，从这个意义上来说，国际开发协会可以被理解为世界银行的一套独立的账户体系。

国际开发协会的宗旨是专门向不发达国家提供比世界银行的贷款条件更为优惠的长期信贷，以促进其经济发展和国内居民生活水平的提高，并作为世界银行贷款的补充，推动世界银行目标的实现。

（二）国际开发协会的资金来源

（1）成员认缴的股本。国际开发协会的成员分为两组：第一组是工业发达国家和南非、科威特，这些国家认缴的股本需以可兑换货币缴付，所缴股本全部供国际开发协会出借；第二组是亚、非、拉发展国家，这些国家认缴股本的10%需以可兑换货币进行缴付，其余90%用本国货币缴付，而且这些货币在未征得货币所属国同意前，国际开发协会不得使用。

（2）成员提供的补充资金。由于成员认缴的股金不能满足信贷要求，而按照规定，协会又不能在国际金融市场发行债券来筹集资金，所以，协会要求有能力的成员，主要是第一类国家，在一定时期内提供补充资金，以保证协会的资金来源。

（3）世界银行的拨款，即世界银行从其净收入中拨给国际开发协会一部分款项，作为国际开发协会贷款的资金来源。

（三）国际开发协会的主要业务活动

1. 发放贷款

国际开发协会主要针对低收入发展中国家发放贷款。贷款不收利息，仅收0.75%的手续费，贷款期限长达50年，前10年不必还本，从第二个10年起每年还本1%，其余30年每年还本3%，贷款可以全部或部分用本国货币偿还。实际上，这是一种长期低利息贷款，一般叫作软贷款。

2. 建立赠款制度

因许多发展中国家的高债务负担制约其发展，国际开发协会特意建立一个根据国家债务压力风险分配赠款的制度，以帮助借款国确保债务的可承受性。

3. 建立衡量效果的指标体系

衡量效果的指标体系能够适时监控借款国的发展进展，适时将效果和产出与国际开发协会的国家方案和项目相联系以便更好地完善项目方案。它可以更好地评估这些国家和国际开发协会的工作，加强捐赠资源使用问责制，并最终惠及贫困人口。为了解决现有数据的缺陷，国际开发协会的重点目标之一就是在国家战略中提高对效果的重视，扩大对国家提高衡量效果能力的直接支持。

4. 依据政策业绩分配资源

国际开发协会根据国家政策业绩分配资源，政策业绩的实力是有效利用资源的最佳指标。国际开发协会将大部分资源分配给制度有效、公共部门管理良好、腐败程度较低的国家。

5. 实现基础广泛增长

国际开发协会还通过改善公共部门治理、反腐败，以及加强制度与能力建设支持国家实现基础广泛的增长。国际开发协会在这一领域的战略包括经济政策改革、公共部门管理改革、法律和司法改革，以及加强公共资源使用的监督、透明度和问责制。

（四）我国与国际开发协会

中国于1980年恢复了在国际开发协会的席位，成为协会的第二类成员，即借款国。截止到1999年7月，国际开发协会共向中国提供了102亿美元无息贷款（软贷款）。鉴于中国多年来取得的举世瞩目的发展成就，中国已于1999年7月1日从国际开发协会“毕业”。

三、国际金融公司

（一）国际金融公司的建立和宗旨

国际金融公司（international finance corporation，IFC）也是世界银行下属机构之一，

1956 年 7 月正式成立，总部设在华盛顿。它虽是世界银行的附属机构，但它本身具有独立的法人地位。国际金融公司是首个将推动私营企业发展作为其主要目标的政府间组织。

国际金融公司的宗旨主要是：配合世界银行的业务活动，向成员特别是其中的发展中国家的重点私人企业提供无须政府担保的贷款或投资，鼓励国际私人资本流向发展中国家，以推动这些国家的私人企业的成长，促进其经济发展。

国际金融公司的组织机构和管理办法与世界银行相同，其最高权力机构是理事会；理事会下设执行董事会，负责处理日常事务，正副理事、正副执行董事也就是世界银行的正副理事和正副执行董事。

（二）国际金融公司的资金来源

国际金融公司的资金主要来源包括：

（1）成员缴纳的股金。

（2）从世界银行和其他来源借入的资金。

（3）国际金融公司业务经营净收入。

（三）国际金融公司的主要业务活动

国际金融公司的经营活动主要是投资和贷款，其基本特点是：

第一，以私人企业，特别是中小企业为经营对象。

第二，贷款发放无须政府担保，当然也以政府不反对为前提。

第三，以入股方式对私人企业投资，但是其股份不超过公司总资本的 25%，也不承担对被投资企业的经营管理责任。

第四，注重与国际金融市场上的私人金融资本合作，强调与私人金融机构共同为私人企业提供贷款。

第五，不优惠却利于借款人资金周转的信贷条件。其主要表现为：贷款金额较小，但不超过项目金额的 25%，每笔贷款通常为 200 万～400 万美元；采用固定利率形式且高于世界银行贷款利率；以 7～15 年的中长期贷款为主，但其宽限期较长。

（四）我国与国际金融公司

我国目前是国际金融公司投资增长最快的国家之一。国际金融公司在我国投资的重点是鼓励包括中小企业在内的我国本土私营部门的发展；支持我国西部和内陆省份的发展；促进基础设施、社会服务和环境产业的私营投资。国际金融公司对中小企业的支持可以减轻国企改革带来的压力。同时，我国对金融行业的开放将为国际金融公司进一步支持具有商业可行性的私营金融机构，尤其是银行业和保险业的发展带来新的机遇。

任务三　国际清算银行

一、国际清算银行的建立和宗旨

国际清算银行（bank for international settlement，BIS）成立于 1930 年，是根据《海牙国际协定》，英国、法国、德国、意大利、比利时、日本六国的中央银行以及美国摩根保证信托公司、纽约花旗银行、芝加哥花旗银行共同出资组建的国际金融机构，总部设在瑞士巴塞尔。

国际清算银行是最早出现的国际金融机构，最初创办的目的是处理第一次世界大战后德国的赔偿支付及有关的清算等业务问题。第二次世界大战后，它成为经济合作与发展组织成员之间的结算机构，该行的宗旨也逐渐转变为促进各国中央银行之间的合作，为国际金融业务提供便利，并接受委托或作为代理人办理国际清算业务等，被人们称为中央银行的银行。

国际清算银行是一个重要的国际金融机构，在中央银行外汇储备管理和国际金融研究方面享有很高的声誉。

国际清算银行是以股份公司的形式建立的，组织机构包括股东大会、董事会、办事机构。

二、国际清算银行的资金来源

（一）成员缴纳的股金

国际清算银行建立时，法定资本为5亿金法郎，1969年增至15亿金法郎，以后几度增资。该行股份的80%为各国中央银行持有，其余20%为私人持有。

（二）借款

国际清算银行向各成员中央银行借款，补充该行自有资金的不足。

（三）吸收存款

接受各国中央银行的黄金存款和商业银行的存款。

三、国际清算银行的业务活动

（一）处理国际清算事务

国际清算银行承担着大量的国际结算业务。

（二）办理或代理有关银行业务

国际清算银行可从事的业务主要有：接受成员中央银行的黄金或货币存款；买卖黄金、货币和可供上市的证券；向成员中央银行提供贷款或存款服务；可与商业银行和国际机构进行类似业务。国际清算银行不得向政府提供贷款或以其名义开设往来账户。

（三）定期举办中央银行行长会议

国际清算银行于每月的第一个周末在巴塞尔举行西方主要国家中央银行的行长会议，商讨有关国际金融问题，协调有关国家的金融政策，促进各国中央银行的合作。

四、国际清算银行的巴塞尔银行监管委员会

巴塞尔银行监管委员会简称巴塞尔委员会，原称银行法规与监管事务委员会，是由美国、英国、法国、德国、意大利、日本、荷兰、加拿大、比利时、瑞典十个国家的中央银行于1974年底共同成立的。它作为国际清算银行的一个正式机构，以各国中央银行官员和银行监管当局为代表，总部设在瑞士的巴塞尔。

巴塞尔委员会本身不具有法定跨国监管的权力，所作结论或监管标准与指导原则在法律上也没有强制效力，仅供参考，但因该委员会成员来自世界主要发达国家，影响力很

大。在“国外银行业务无法避免监管”与“适当监管”原则下，消除世界各国监管范围差异是巴塞尔委员会运作追求的目标。巴塞尔委员会制定了一系列协议、监管标准与指导原则，如《关于统一国际银行资本衡量和资本标准的协议》《有效银行监管核心原则》等。这些协议、监管标准与指导原则统称为巴塞尔协议。这些协议的实质是为了完善与补充单个国家对商业银行监管体制的不足，减轻银行倒闭的风险与代价，是对国际商业银行联合监管的最主要形式。这些文件的制定与推广对稳定国际金融秩序起到了积极作用。

五、我国与国际清算银行

我国于1984年与国际清算银行建立了业务联系，中国人民银行于1986年开始与国际清算银行办理外汇与黄金业务。1996年9月9日，国际清算银行董事会通过决议，决定接纳中国、巴西、中国香港、印度、韩国、墨西哥、俄罗斯、沙特、新加坡的中央银行和货币当局为该行的新成员。香港回归之后，其在国际清算银行的地位保持不变，继续享有独立的股份与投票权。我国加入国际清算银行，有助于我国及时了解国际金融界主要决策者的政策取向，更好地把握国际金融体系和国际金融市场的重要动态，扩大我国金融监管人员与国际银行监管人员之间的密切合作，促进我国金融业监管水平的提高。

任务四　亚洲开发银行

一、亚洲开发银行的建立和宗旨

亚洲开发银行（Asian development bank，ADB）简称“亚行”，是亚洲和太平洋地区的区域性金融机构。根据1963年12月在菲律宾首都马尼拉由联合国亚太经社会主持召开的第一届亚洲经济合作部长级会议的决议，1965年11月至12月在马尼拉召开的第二届会议通过了亚洲开发银行章程。该章程于1966年8月22日生效，11月在东京召开首届理事会，宣告该行正式成立，同年12月19日该行正式营业，总部设在马尼拉。

亚洲开发银行的宗旨是帮助发展中成员减少贫困，提高人民生活水平，以实现“没有贫困的亚太地区”这一终极目标。亚行主要通过开展政策对话、提供贷款、担保、技术援助和赠款等方式支持其成员在基础设施、能源、环保、教育和卫生等领域的发展。

亚洲开发银行的组织机构主要有理事会和董事会。亚洲开发银行的最高权力和决策机构是由所有成员代表组成的理事会，通常每年举行一次会议。理事会一般由各成员方财长或中央银行行长组成，每个成员在亚行有正、副理事各一名。行长是该行的合法代表，由理事会选举产生，任期5年且可连任。理事会的主要职责是：接纳新会员；改变注册资本；选举董事或行长；修改章程。亚洲开发银行的董事会由12个董事和12个副董事组成，其成员分成12个选区，每个选区各派出1个董事和副董事。日本、美国和中国三大股东国是单独选区，各自派出自己的董事和副董事。其他成员组成9个多方选区，董事和副董事一职由选区内不同成员根据股份大小分别派出或轮流派出。

二、亚洲开发银行的资金来源

（一）普通资金

亚洲开发银行最主要的资金来源是普通资金，它由股本、储备、净收益以及从国际资本市场的借款构成。截至2024年11月，日本、美国和中国是亚洲开发银行主要的出资国，其认缴股本额占亚行总股份的比例分别为15.571%、15.571%、6.429%。

（二）开发基金

开发基金主要是来自亚洲开发银行发达国家或地区成员的捐赠，用于向亚太地区贫困国家或地区发放优惠贷款。

（三）技术援助特别基金

1967年亚洲开发银行成立了技术援助特别基金，用以提高发展中国家成员或地区成员的人力资源素质和加强执行机构的建设。该项基金的一个来源为赠款，另一个来源是在为亚洲开发基金增资36亿美元时将其中的2%拨给技术援助的特别基金。

（四）日本特别基金和扶贫基金

亚洲开发银行理事会于1988年3月10日决定成立日本特别基金。这部分资金或以赠款的形式，资助成员的公营、私营部门的开发项目，或以单独或联合赠款的形式，对亚洲开发银行向公营部门开发项目进行贷款的技术援助部分予以资助。2000年5月23日，亚洲开发银行决定建立“日本扶贫基金”，用以资助扶贫项目。扶贫基金重点支持那些直接向贫困人口提供经济和社会服务的项目，帮助贫困人口获得自我发展的能力，使贫困成员的脱贫计划能持续进行。

（五）联合融资

联合融资是指一个或一个以上的外部经济实体与亚洲开发银行共同为某一开发项目融资。目前，亚洲开发银行最大的融资伙伴是官方机构。

三、亚洲开发银行的主要业务活动

（一）贷款

按贷款发放的条件划分，贷款有硬贷款、软贷款和赠款三类。硬贷款的贷款利率为浮动利率，每半年调整一次，贷款期限为10～30年（2～7年宽限期）。软贷款也就是优惠贷款，只提供给人均国民收入低于670美元且还款能力有限的国家或地区成员，贷款期限为40年（10年宽限期），没有利息，仅有1%的手续费。赠款用于技术援助，资金由技术援助特别基金提供，赠款额没有限制。

（二）股本投资

股本投资是对私营部门开展的一项业务，也不需要政府担保。除亚洲开发银行直接经营的股本投资外，还通过发展中成员的金融机构进行小额的股本投资。

（三）技术援助

技术援助可分为项目准备技术援助、项目执行援助、咨询技术援助和区域活动技术援助。

（四）联合融资和担保

亚洲开发银行不仅自己为其发展中成员的发展提供资金，而且吸引多边、双边机构以及商业金融机构的资金，投向共同的项目。我国上海南浦大桥项目是亚洲开发银行在中国开展的第一个联合融资项目，亚洲开发银行提供了 7 000 万美元的贷款，从商业渠道联合融资 4 800 万美元。亚洲开发银行对参加联合融资和私营机构所提供的贷款还提供担保服务。担保服务可以帮助发展中成员从私营机构那里争取到优惠的贷款。

亚洲基础设施投资银行

四、我国与亚洲开发银行

中国从 1986 年加入亚洲开发银行开始，双方在发展经济、消除贫困、保护环境等方面开展了广泛的合作。亚洲开发银行对华贷款全部为硬贷款，年利率为 6.5%～6.9%，贷款期限为 15～25 年。中国是亚行第三大认股国。在 1987 年 4 月举行的理事会第 20 届年会董事会改选中，中国当选为董事国并获得在董事会中单独的董事席位。同年 7 月 1 日，亚行中国董事办公室正式成立。2000 年 6 月 16 日，亚行驻中国代表处在北京成立。2002 年 5 月，亚行第 35 届年会在上海举行。

模块小结

任务一	国际货币基金组织	国际货币基金组织的宗旨是：（1）促进国际货币合作；（2）促进国际贸易的扩大与平衡发展；（3）稳定国际汇率，在成员之间保持有秩序的汇价安排；（4）协助建立成员经常性交易的多边支付制度，消除妨碍世界贸易的外汇管制；（5）向成员提供临时性资金，帮助其纠正国际收支失衡。
任务二	世界银行集团	世界银行的宗旨主要是通过向发展中国家提供中长期资金和投资来帮助发展中国家实现长期稳定的经济发展。国际开发协会的宗旨是专门向不发达国家提供比世界银行的贷款条件更为优惠的长期信贷。国际金融公司的宗旨主要是向发展中国家的私人企业提供无须政府担保的贷款或投资，以推动这些国家的私人企业的成长，促进其经济发展。
任务三	国际清算银行	国际清算银行的宗旨是促进各国中央银行之间的合作，为国际金融业务提供便利，并接受委托或作为代理人办理国际清算业务等，被人们称为中央银行的银行。
任务四	亚洲开发银行	亚洲开发银行的宗旨是帮助发展中成员减少贫困，提高人民生活水平，以实现“没有贫困的亚太地区”这一终极目标。

模块测评

◎ 简述题

1. 简述国际货币基金组织的宗旨及主要业务活动。
2. 简述世界银行的宗旨及主要业务活动。
3. 简述国际清算银行的宗旨及主要业务活动。

4. 简述亚洲开发银行的宗旨及主要业务活动。

◎ 实务题

网络实训：

1. 登录国际货币基金组织网站，了解其基本情况。
2. 登录世界银行集团网站，了解其基本情况。
3. 登录国际清算银行网站，了解其基本情况。
4. 登录亚洲开发银行网站，了解其基本情况。

参考文献

［1］叶蜀君．国际金融．4版．北京：清华大学出版社，2022.

［2］魏秀敏．国际金融实务．北京：对外经济贸易大学出版社，2010.

［3］保罗・R克鲁格曼，茅瑞斯・奥伯斯法尔德，马克・J梅里兹．国际经济学：理论与政策（第十一版）．北京：中国人民大学出版社，2021.

［4］弗雷德里克・S米什金．货币金融学（第十三版）．北京：中国人民大学出版社，2024.

［5］朱箴元，林琳．国际金融．北京：中国金融出版社，2012.

［6］奚君羊．国际金融学．4版．上海：上海财经大学出版社，2024.

［7］景乃权，黑祖庆．国际结算与贸易融资．北京：中国人民大学出版社，2014.

［8］杨胜刚，姚小义．国际金融．4版．北京：高等教育出版社，2016.